ALLIANCE

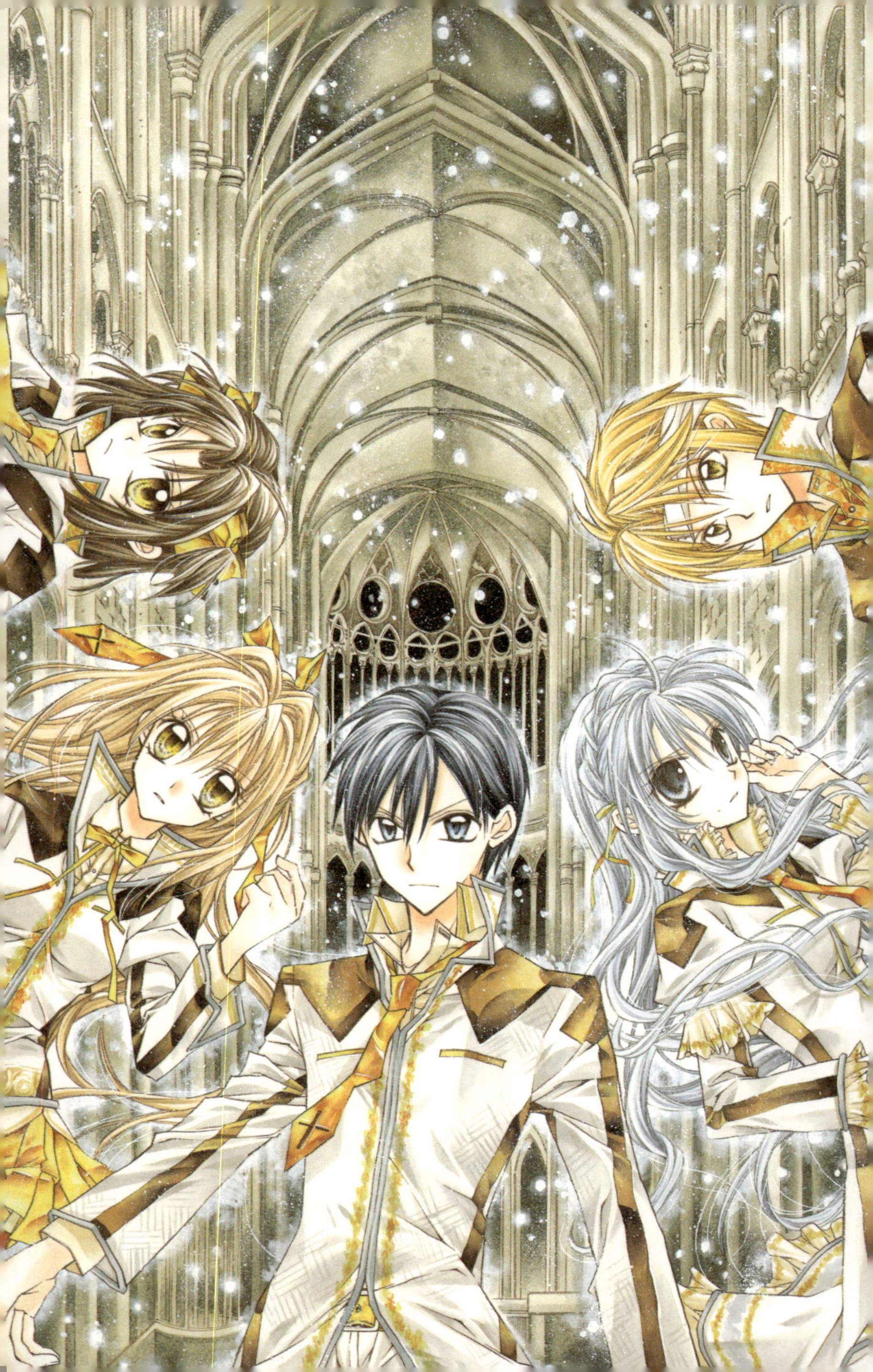

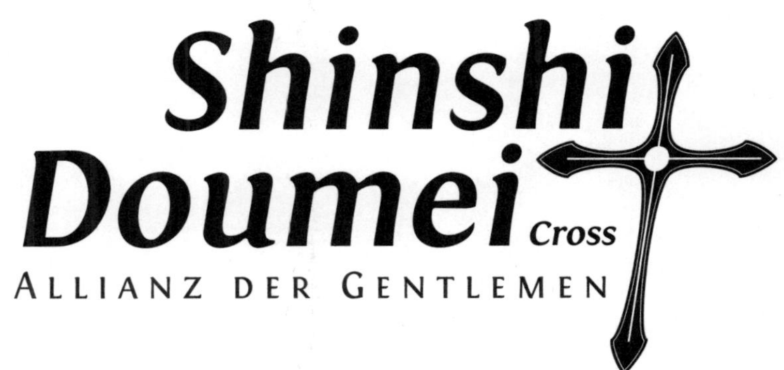

1

Arina Tanemura

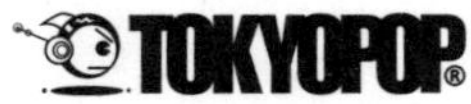

Inhalt

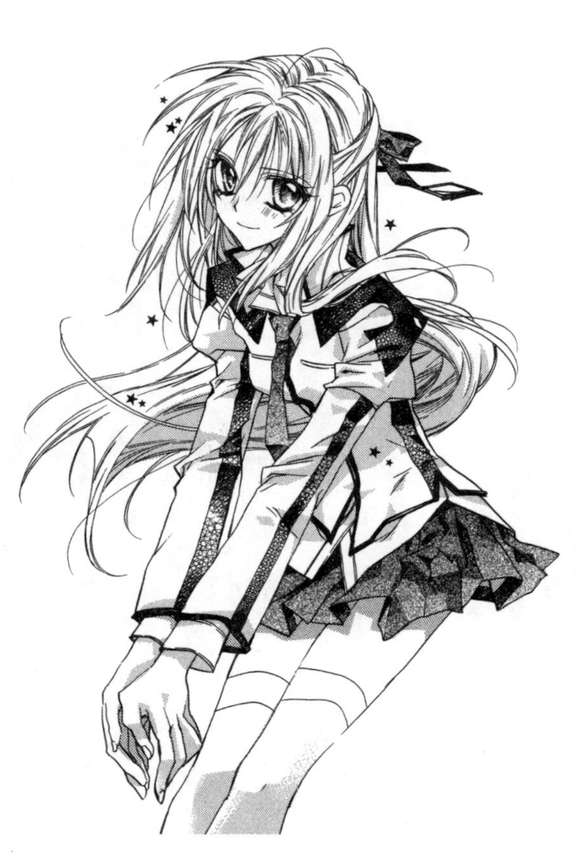

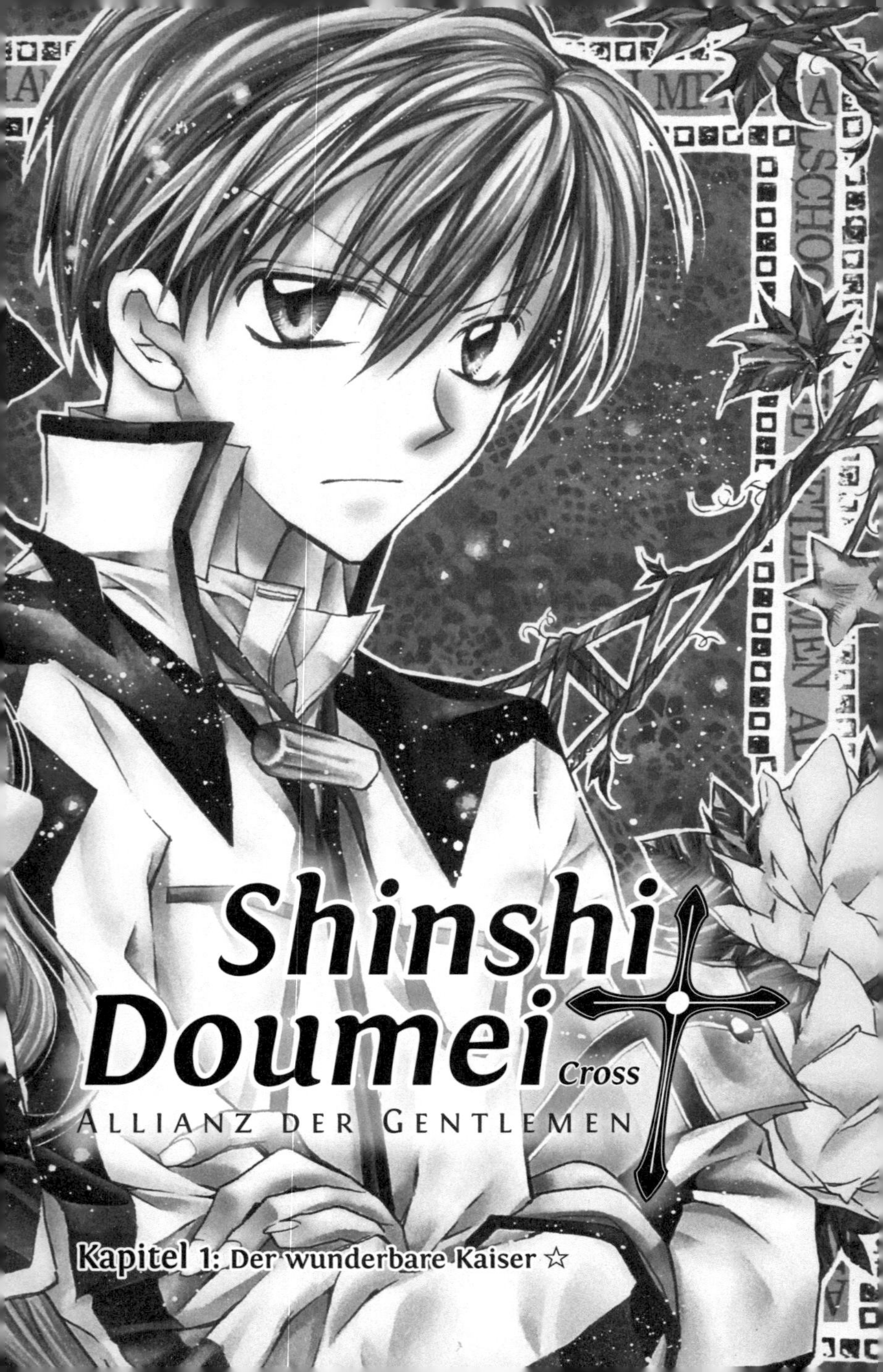
Shinshi Doumei Cross
Allianz der Gentlemen
Kapitel 1: Der wunderbare Kaiser ☆

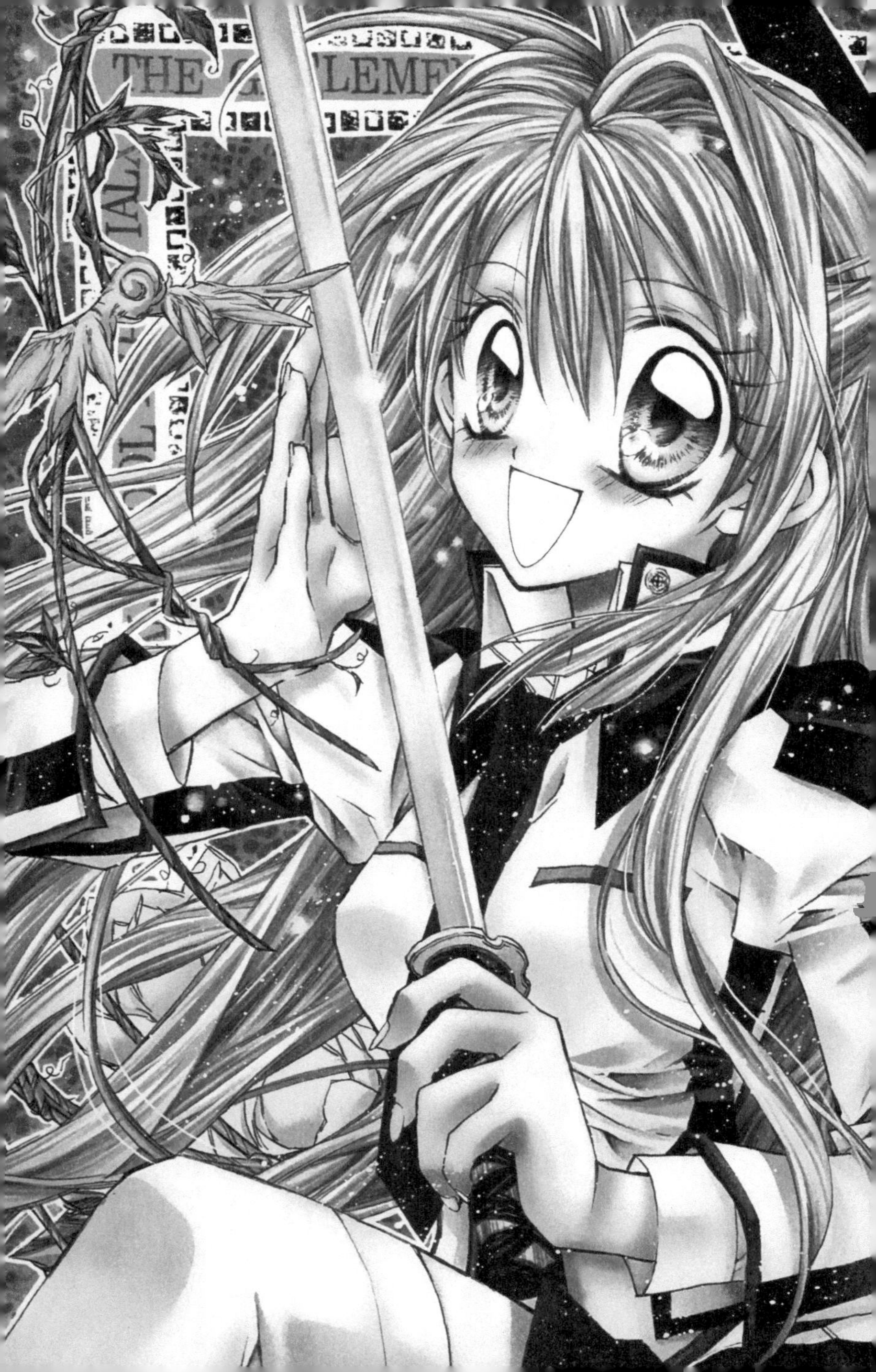

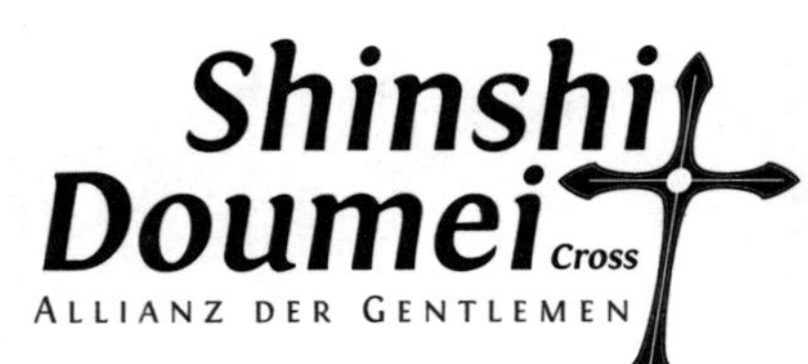
Shinshi
Doumei
Cross
ALLIANZ DER GENTLEMEN

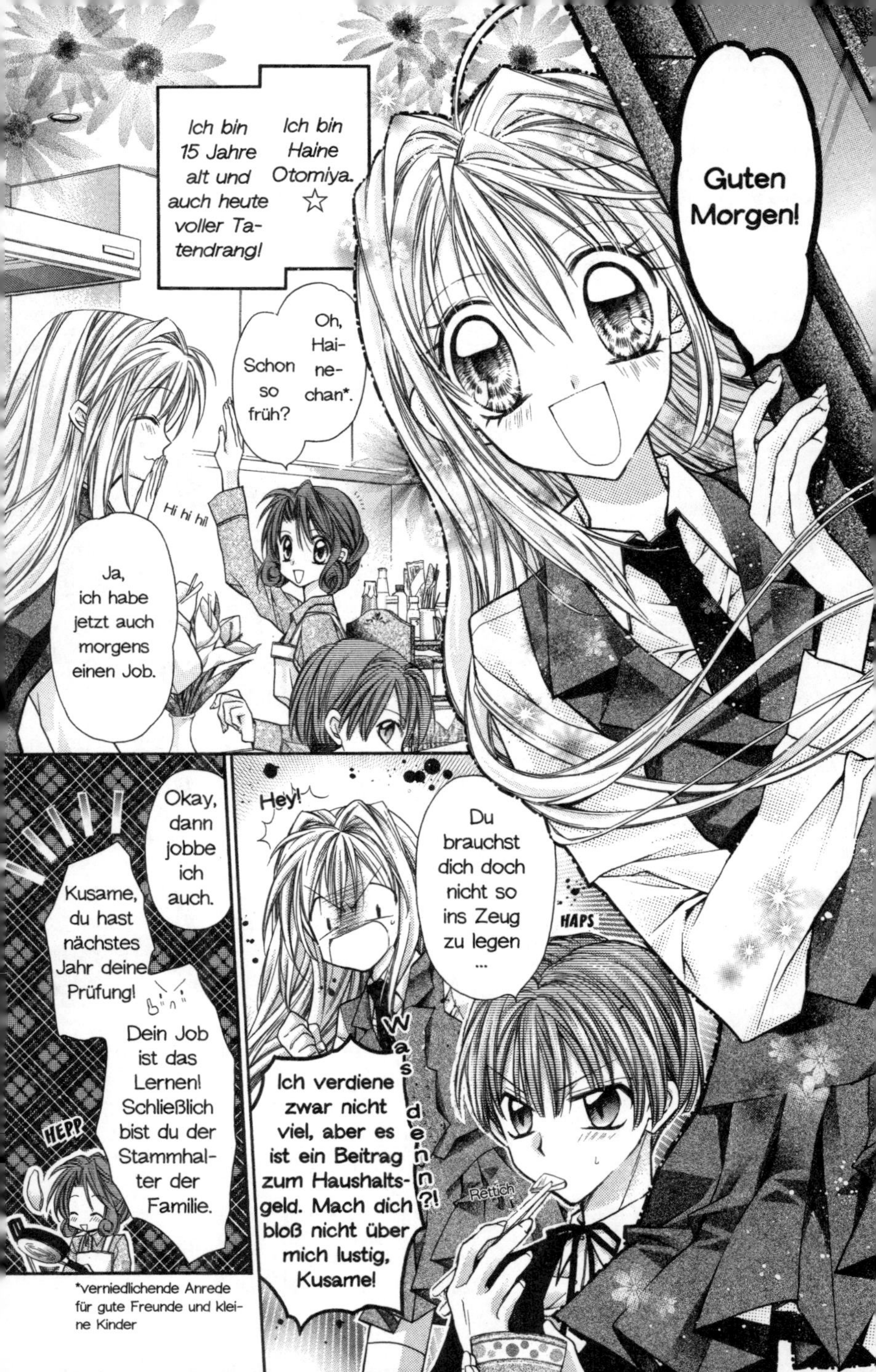

*verniedlichende Anrede für gute Freunde und kleine Kinder

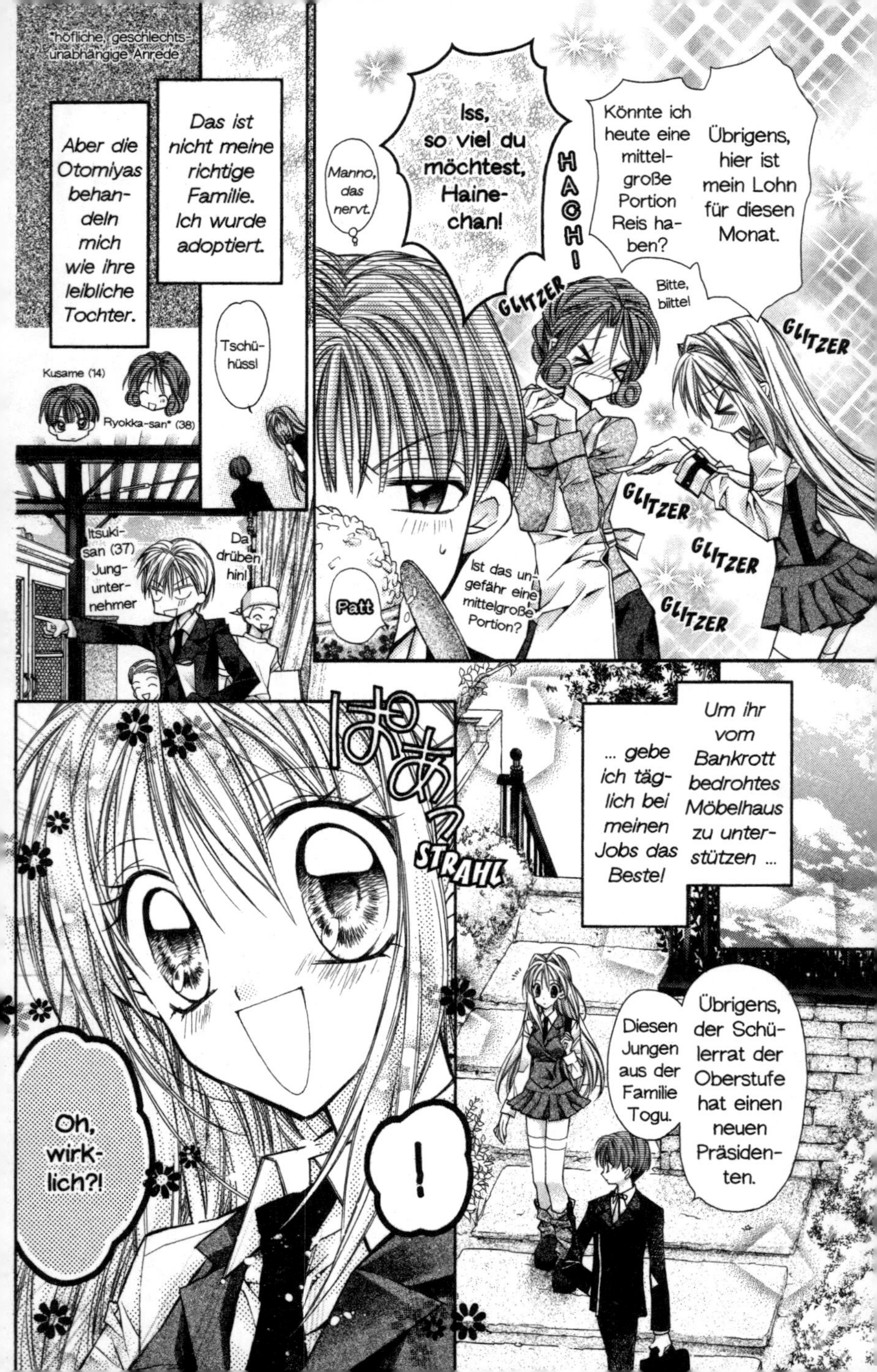
Übrigens, hier ist mein Lohn für diesen Monat.
Könnte ich heute eine mittelgroße Portion Reis haben?
HACHI!
Iss, so viel du möchtest, Haine-chan!
Manno, das nervt.
Bitte, biitte!
GLITZER
GLITZER
GLITZER
GLITZER
GLITZER
GLITZER
Ist das ungefähr eine mittelgroße Portion?
Patt
*höfliche, geschlechtsunabhängige Anrede
Das ist nicht meine richtige Familie. Ich wurde adoptiert.
Aber die Otomiyas behandeln mich wie ihre leibliche Tochter.
Tschühüss!
Kusame (14)
Ryokka-san* (38)
Da drüben hin!
Itsuki-san (37) Jungunternehmer
Um ihr vom Bankrott bedrohtes Möbelhaus zu unterstützen ...
... gebe ich täglich bei meinen Jobs das Beste!
STRAHL
Übrigens, der Schülerrat der Oberstufe hat einen neuen Präsidenten.
Diesen Jungen aus der Familie Togu.
!
Oh, wirklich?!

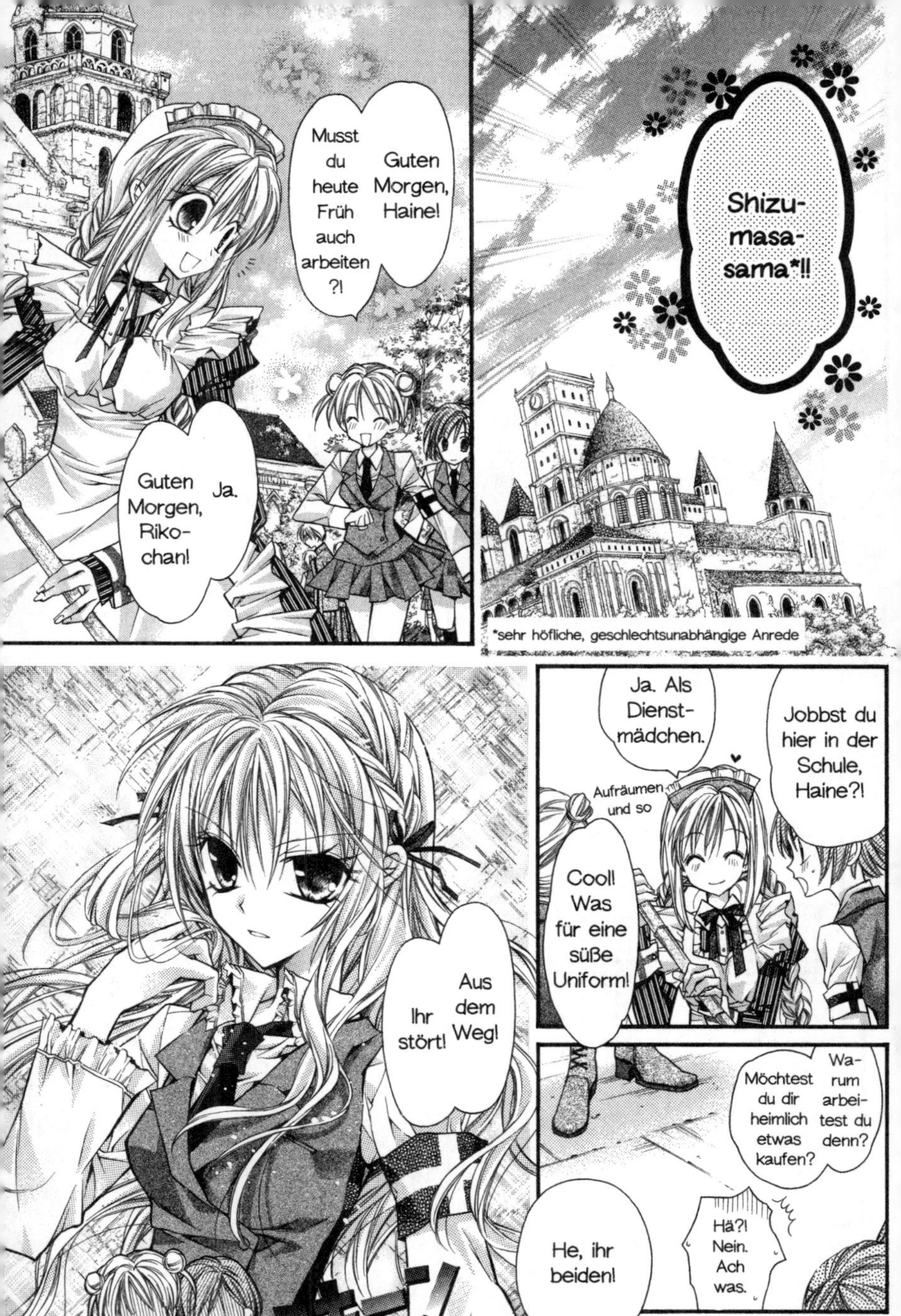
Shizu-masa-sama*!!
Guten Morgen, Haine!
Musst du heute Früh auch arbeiten?!
Ja.
Guten Morgen, Riko-chan!
Jobbst du hier in der Schule, Haine?!
Ja. Als Dienst-mädchen.
Aufräumen und so
Cool! Was für eine süße Uniform!
Wa-rum arbei-test du denn?
Möchtest du dir heimlich etwas kaufen?
Hä?! Nein. Ach was.
He, ihr beiden!
Aus dem Weg!
Ihr stört!
ERSTARRT
*sehr höfliche, geschlechtsunabhängige Anrede

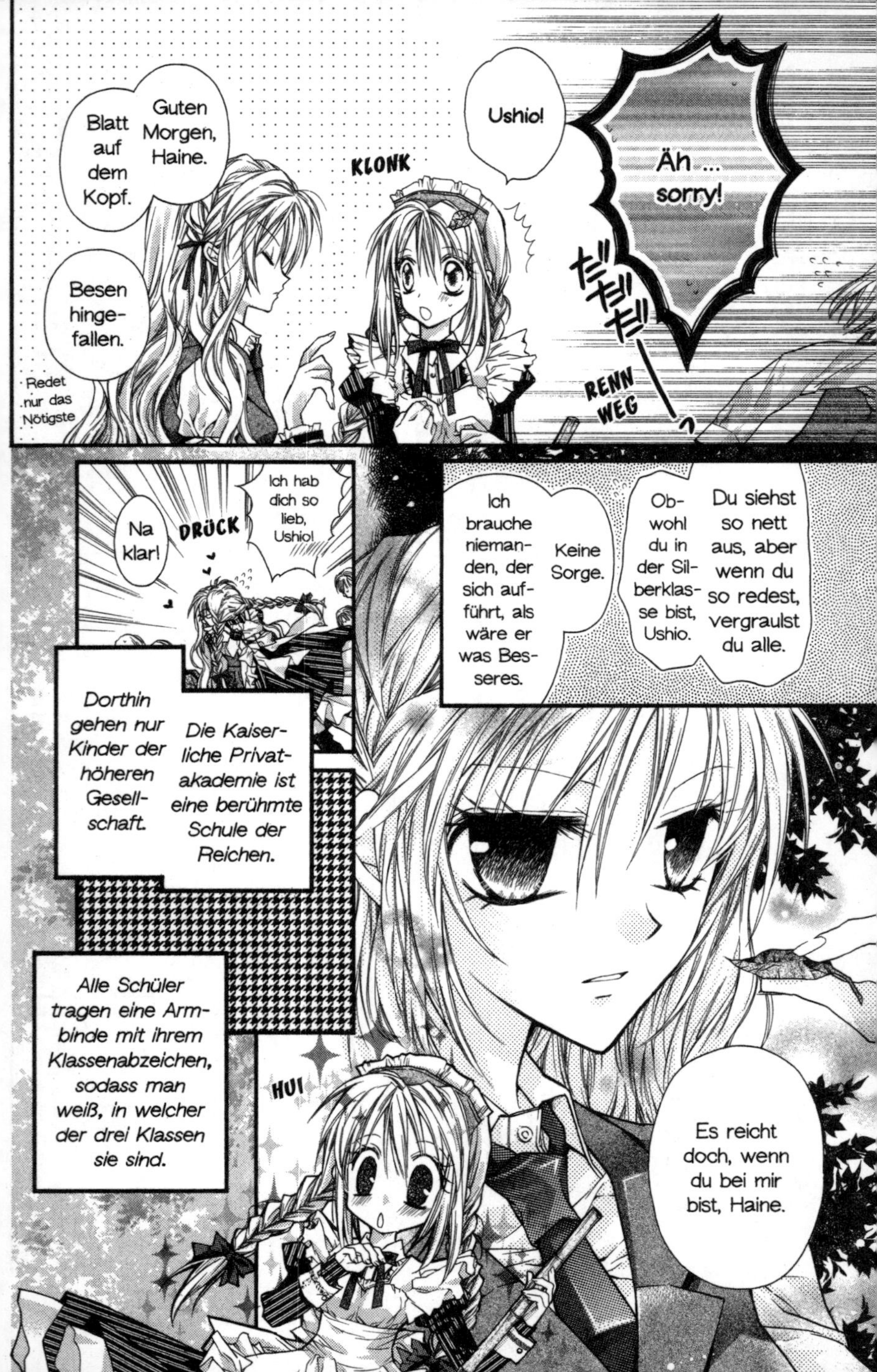
Äh ... sorry!
だだだー
RENN WEG
Ushio!
KLONK
Guten Morgen, Haine.
Blatt auf dem Kopf.
Besen hinge-fallen.
Redet nur das Nötigste
Du siehst so nett aus, aber wenn du so redest, vergraulst du alle.
Obwohl du in der Silberklasse bist, Ushio.
Keine Sorge.
Ich brauche niemanden, der sich aufführt, als wäre er was Besseres.
Ich hab dich so lieb, Ushio!
DRÜCK
Na klar!
Die Kaiserliche Privatakademie ist eine berühmte Schule der Reichen.
Dorthin gehen nur Kinder der höheren Gesellschaft.
Es reicht doch, wenn du bei mir bist, Haine.
HUI
Alle Schüler tragen eine Armbinde mit ihrem Klassenabzeichen, sodass man weiß, in welcher der drei Klassen sie sind.

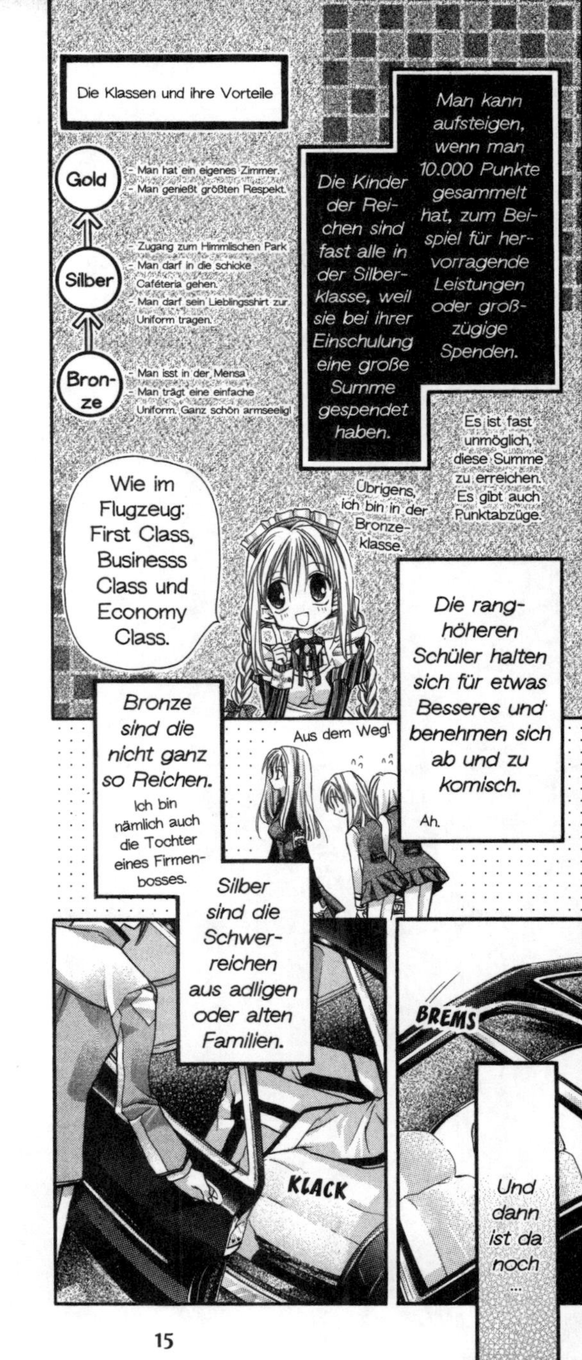
Die Klassen und ihre Vorteile
Gold
- Man hat ein eigenes Zimmer.
- Man genießt größten Respekt.
Silber
- Zugang zum Himmlischen Park
- Man darf in die schicke Caféteria gehen.
- Man darf sein Lieblingsshirt zur Uniform tragen.
Bronze
- Man isst in der Mensa
- Man trägt eine einfache Uniform. Ganz schön armseelig!
Man kann aufsteigen, wenn man 10.000 Punkte gesammelt hat, zum Beispiel für hervorragende Leistungen oder großzügige Spenden.
Die Kinder der Reichen sind fast alle in der Silberklasse, weil sie bei ihrer Einschulung eine große Summe gespendet haben.
Es ist fast unmöglich, diese Summe zu erreichen. Es gibt auch Punktabzüge.
Übrigens, ich bin in der Bronzeklasse.
Wie im Flugzeug: First Class, Businesss Class und Economy Class.
Die ranghöheren Schüler halten sich für etwas Besseres und benehmen sich ab und zu komisch.
Ah.
Aus dem Weg!
Bronze sind die nicht ganz so Reichen.
Ich bin nämlich auch die Tochter eines Firmenbosses.
Silber sind die Schwerreichen aus adligen oder alten Familien.
BREMS
Und dann ist da noch ...
KLACK

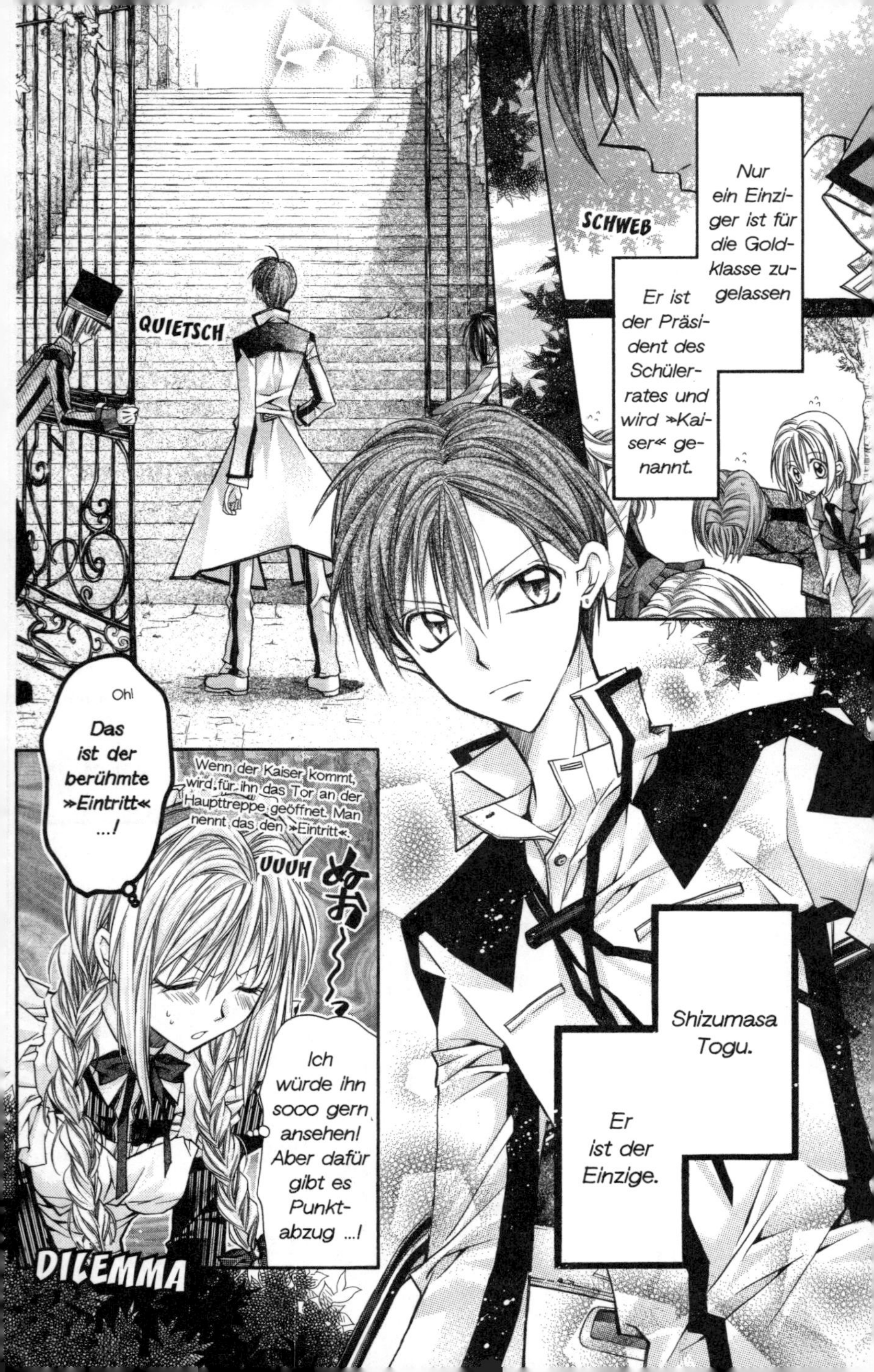
Nur ein Einziger ist für die Goldklasse zugelassen
SCHWEB
Er ist der Präsident des Schülerrates und wird »Kaiser« genannt.
QUIETSCH
Shizumasa Togu.
Er ist der Einzige.
Oh! Das ist der berühmte »Eintritt« ...!
Wenn der Kaiser kommt, wird für ihn das Tor an der Haupttreppe geöffnet. Man nennt das den »Eintritt«.
UUUH
ぬお～～
Ich würde ihn sooo gern ansehen! Aber dafür gibt es Punktabzug ...!
DILEMMA

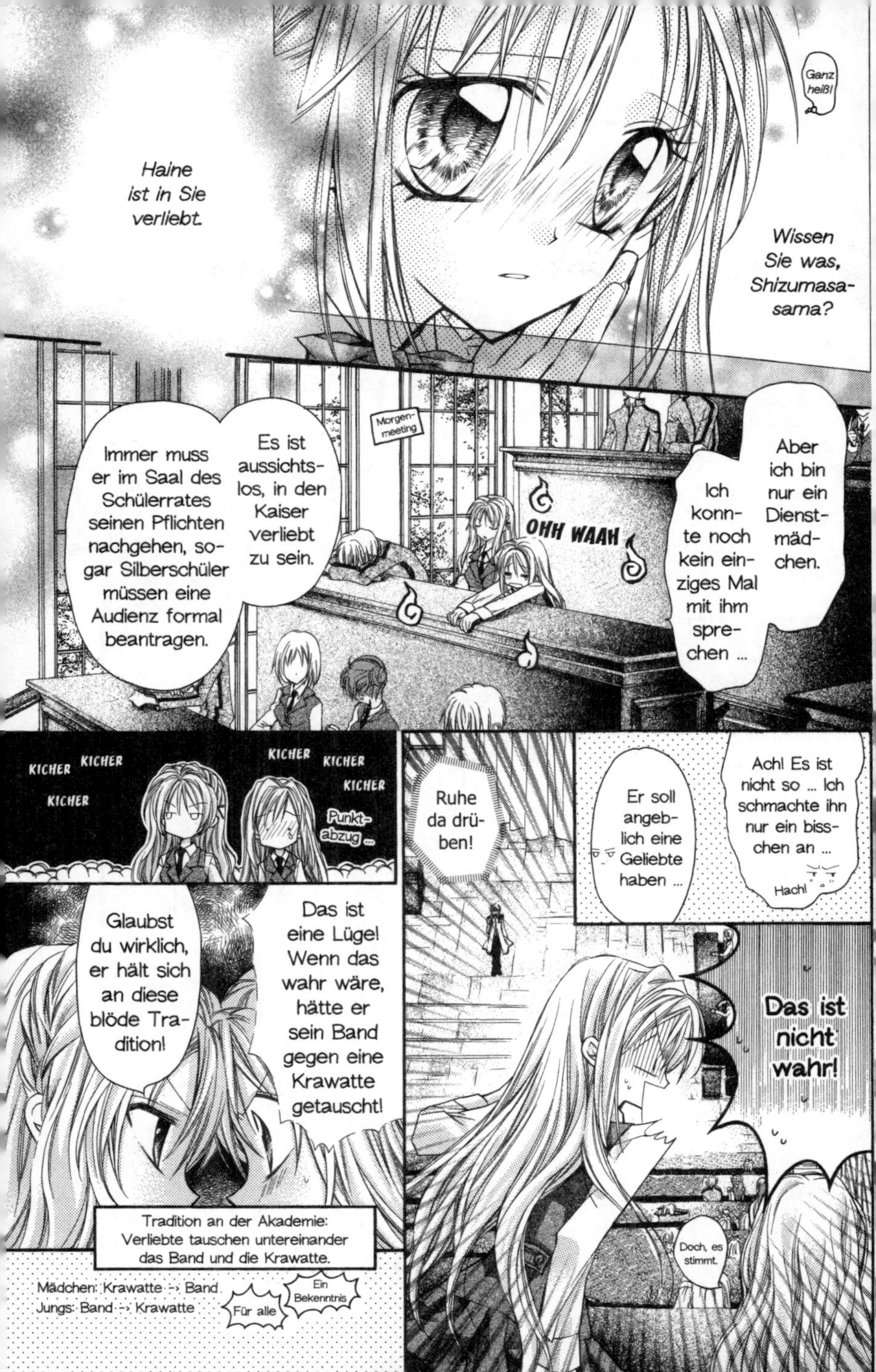
Ganz heiß!
Wissen Sie was, Shizumasa-sama?
Haine ist in Sie verliebt.
Aber ich bin nur ein Dienstmädchen.
Ich konnte noch kein einziges Mal mit ihm sprechen ...
Morgen-meeting
OHH WAAH
Es ist aussichtslos, in den Kaiser verliebt zu sein.
Immer muss er im Saal des Schülerrates seinen Pflichten nachgehen, sogar Silberschüler müssen eine Audienz formal beantragen.
Ach! Es ist nicht so ... Ich schmachte ihn nur ein bisschen an ...
Hach!
Er soll angeblich eine Geliebte haben ...
Ruhe da drüben!
KICHER KICHER KICHER
KICHER KICHER KICHER
Punktabzug ...
Das ist nicht wahr!
Doch, es stimmt.
Das ist eine Lüge! Wenn das wahr wäre, hätte er sein Band gegen eine Krawatte getauscht!
Glaubst du wirklich, er hält sich an diese blöde Tradition!
Tradition an der Akademie: Verliebte tauschen untereinander das Band und die Krawatte.
Mädchen: Krawatte -> Band
Jungs: Band -> Krawatte
Ein Bekenntnis
Für alle

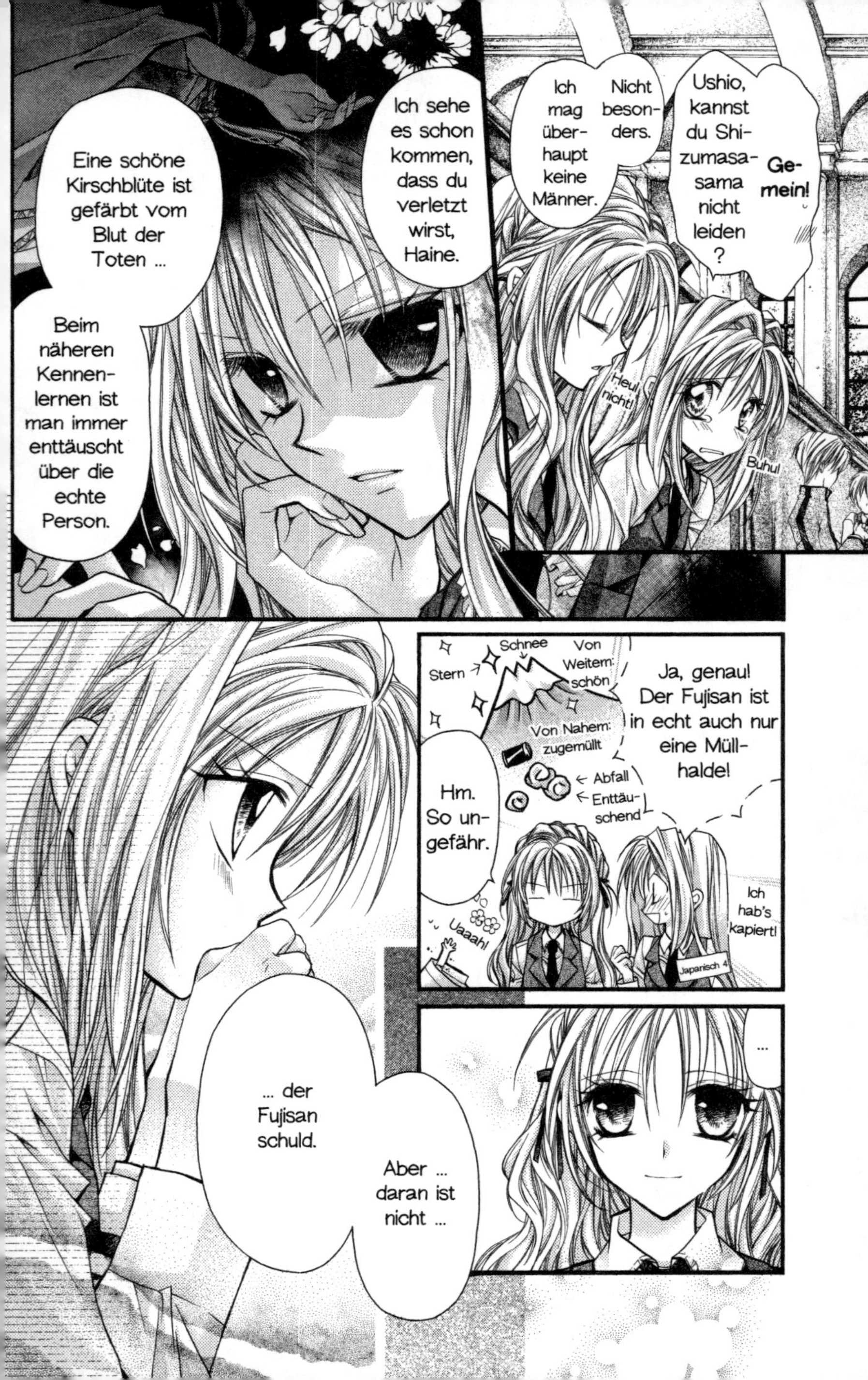
Ushio, kannst du Shizumasa-sama nicht leiden?
Gemein!
Nicht besonders.
Ich mag überhaupt keine Männer.
Heul nicht!
Buhu!
Ich sehe es schon kommen, dass du verletzt wirst, Haine.
Eine schöne Kirschblüte ist gefärbt vom Blut der Toten ...
Beim näheren Kennenlernen ist man immer enttäuscht über die echte Person.
Ja, genau! Der Fujisan ist in echt auch nur eine Müllhalde!
Von Weitem: schön
Schnee
Stern
Von Nahem: zugemüllt
Abfall
Enttäuschend
Ich hab's kapiert!
Japanisch 4
Hm. So ungefähr.
Uaaah!
...
Aber ... daran ist nicht ...
... der Fujisan schuld.

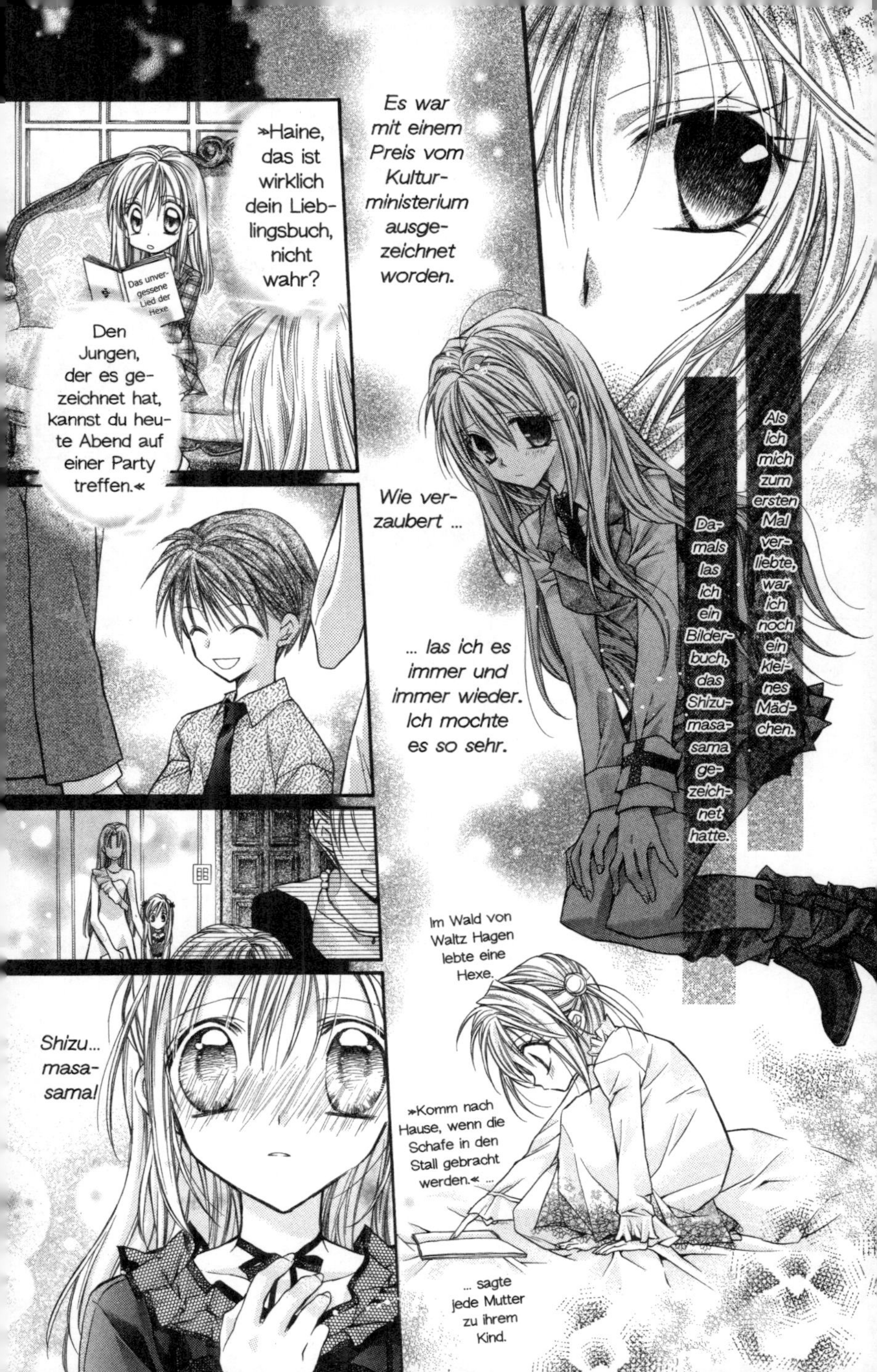
Als ich mich zum ersten Mal verliebte, war ich noch ein kleines Mädchen.
Damals las ich ein Bilderbuch, das Shizumasa-sama gezeichnet hatte.
Es war mit einem Preis vom Kulturministerium ausgezeichnet worden.
»Haine, das ist wirklich dein Lieblingsbuch, nicht wahr?
Das unvergessene Lied der Hexe
Den Jungen, der es gezeichnet hat, kannst du heute Abend auf einer Party treffen.«
Wie verzaubert ...
... las ich es immer und immer wieder. Ich mochte es so sehr.
Im Wald von Waltz Hagen lebte eine Hexe.
»Komm nach Hause, wenn die Schafe in den Stall gebracht werden.« ...
... sagte jede Mutter zu ihrem Kind.
Shizu... masa-sama!

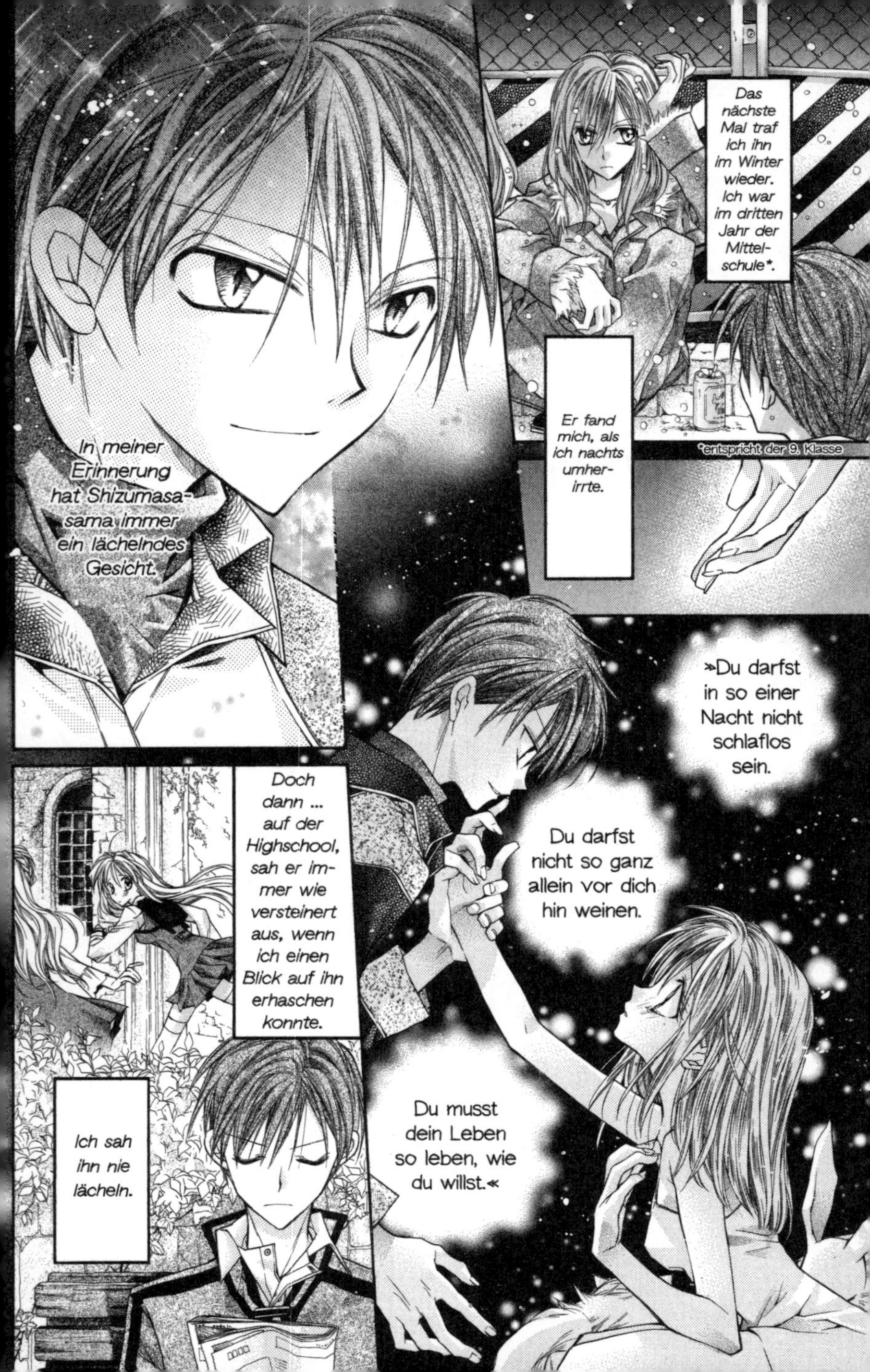
Das nächste Mal traf ich ihn im Winter wieder. Ich war im dritten Jahr der Mittelschule*.
*entspricht der 9. Klasse
Er fand mich, als ich nachts umherirrte.
In meiner Erinnerung hat Shizumasa-sama immer ein lächelndes Gesicht.
»Du darfst in so einer Nacht nicht schlaflos sein.
Du darfst nicht so ganz allein vor dich hin weinen.
Du musst dein Leben so leben, wie du willst.«
Doch dann ... auf der Highschool, sah er immer wie versteinert aus, wenn ich einen Blick auf ihn erhaschen konnte.
Ich sah ihn nie lächeln.

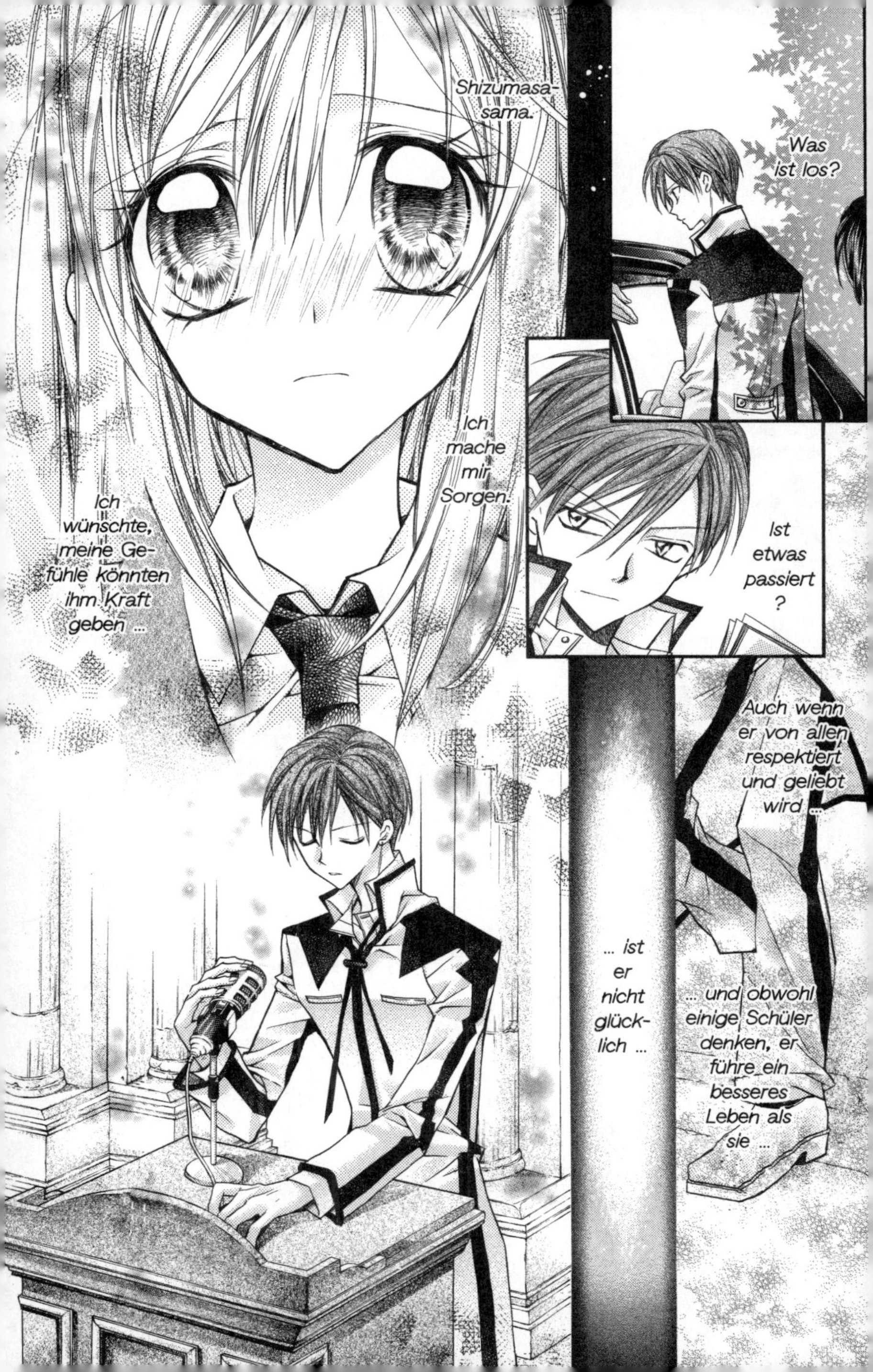
Was ist los?
Ist etwas passiert?
Shizumasa-sama.
Ich mache mir Sorgen.
Ich wünschte, meine Gefühle könnten ihm Kraft geben ...
Auch wenn er von allen respektiert und geliebt wird ...
... und obwohl einige Schüler denken, er führe ein besseres Leben als sie ...
... ist er nicht glücklich ...

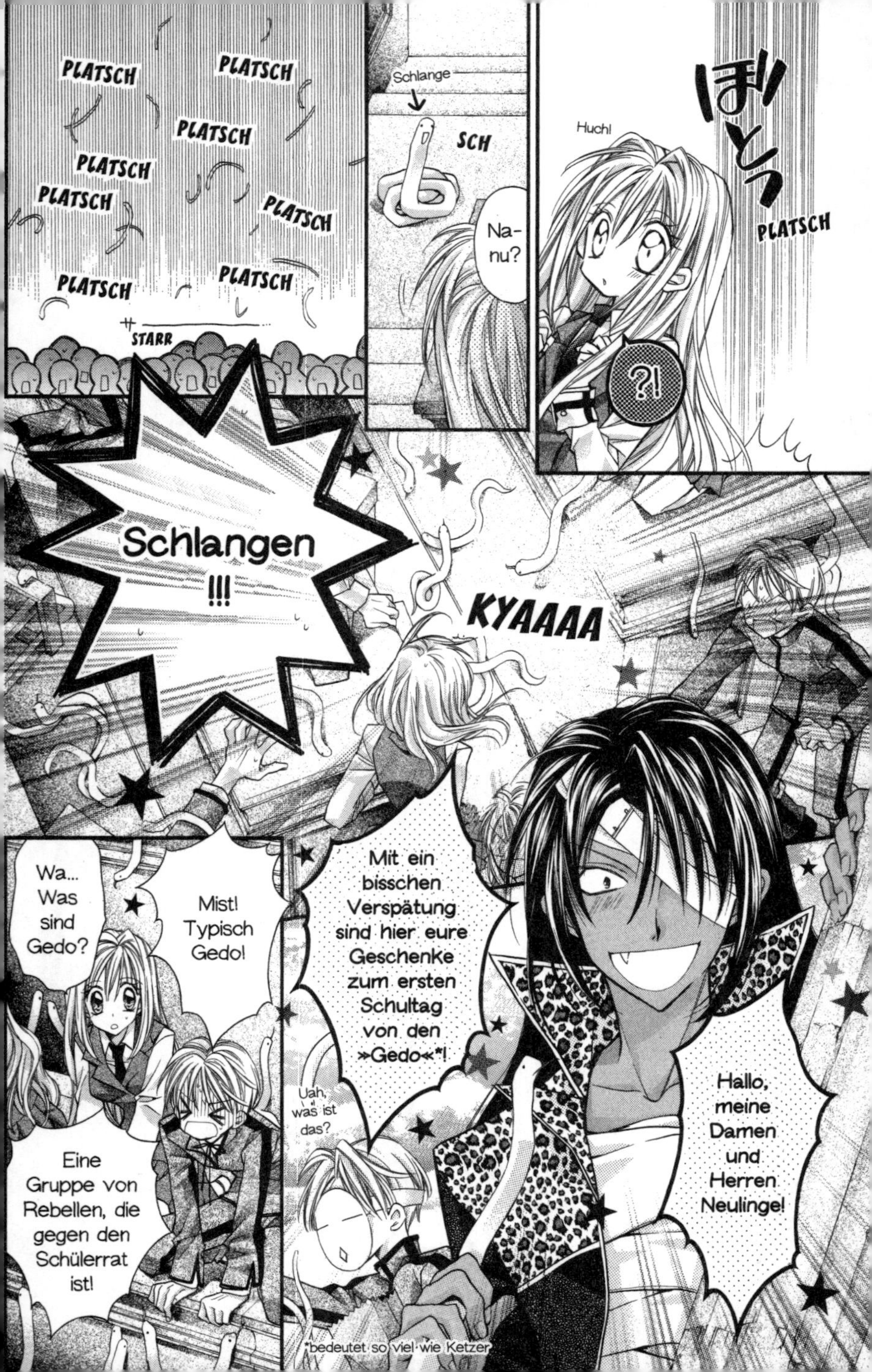

*bedeutet so viel wie Ketzer

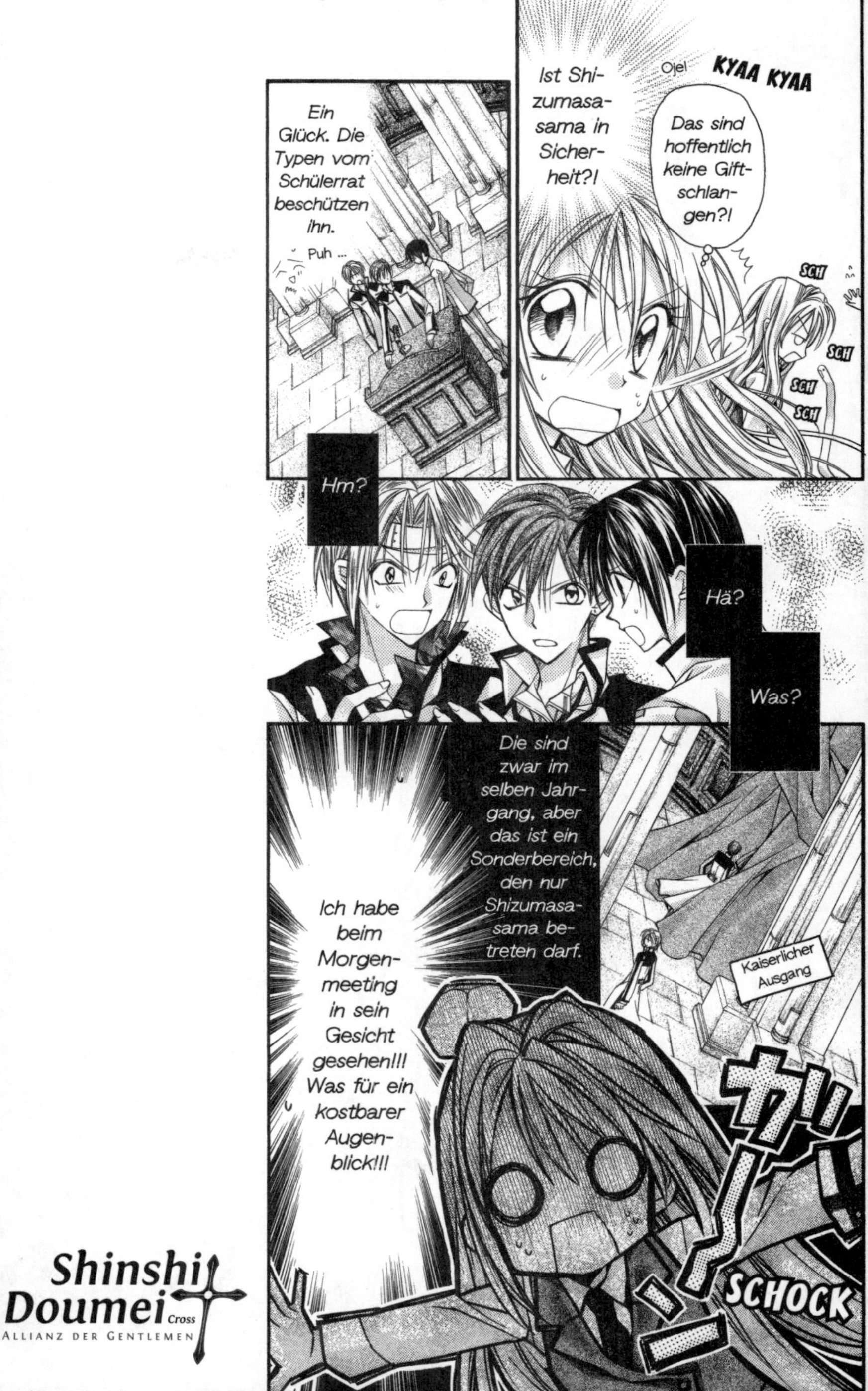

Shinshi Doumei Cross
ALLIANZ DER GENTLEMEN

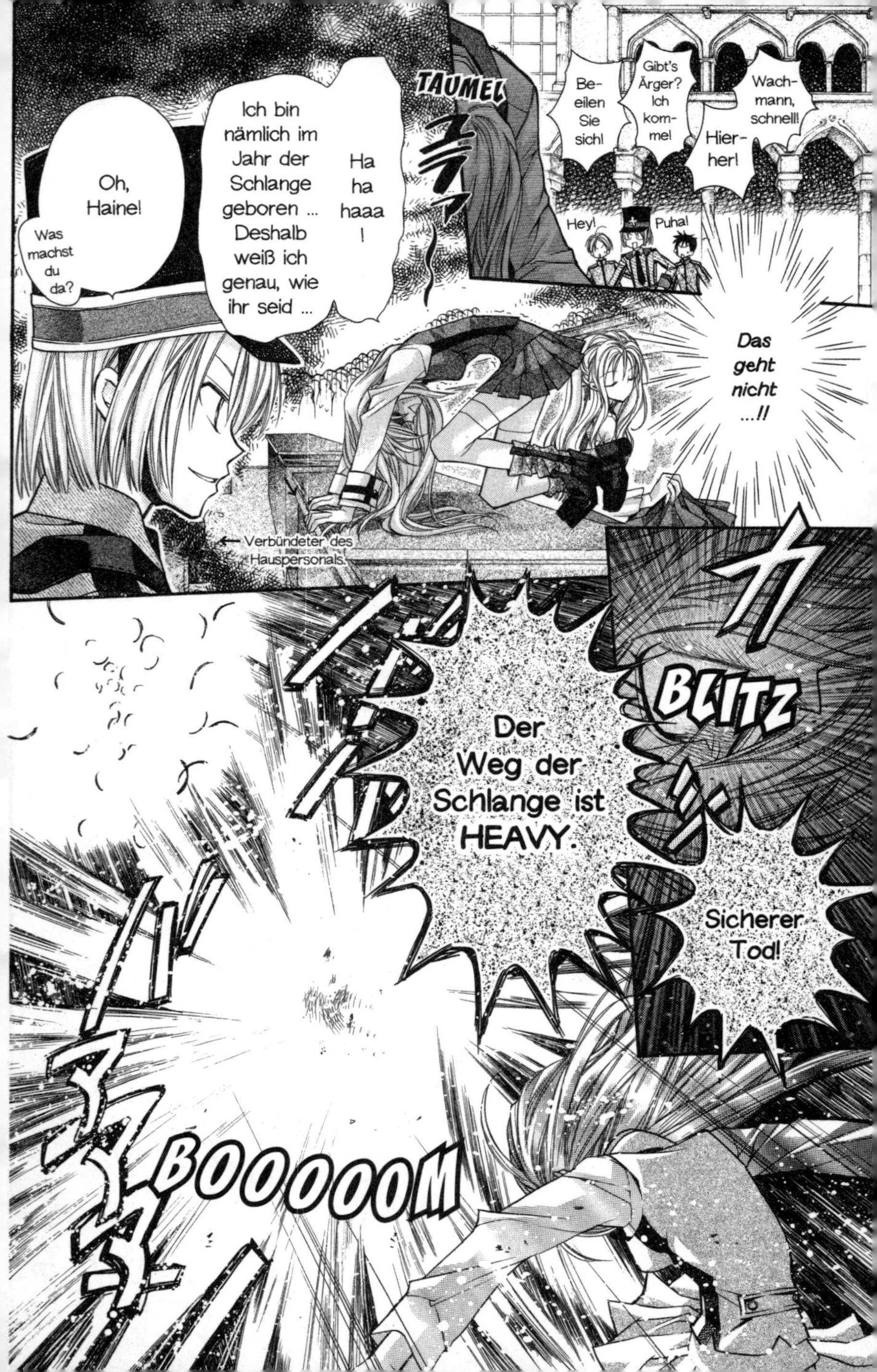
Wach-
mann,
schnell!
Hier-
her!
Gibt's
Ärger?
Ich
komm-
me!
Be-
eilen
Sie
sich!
Puha!
Hey!
TAUMEL
Ha
ha
haaa
!
Ich bin
nämlich im
Jahr der
Schlange
geboren ...
Deshalb
weiß ich
genau, wie
ihr seid ...
Oh,
Haine!
Was
machst
du
da?
Das
geht
nicht
...!!
← Verbündeter des
Hauspersonals.
BLITZ
Der
Weg der
Schlange ist
HEAVY.
Sicherer
Tod!
BOOOOOM

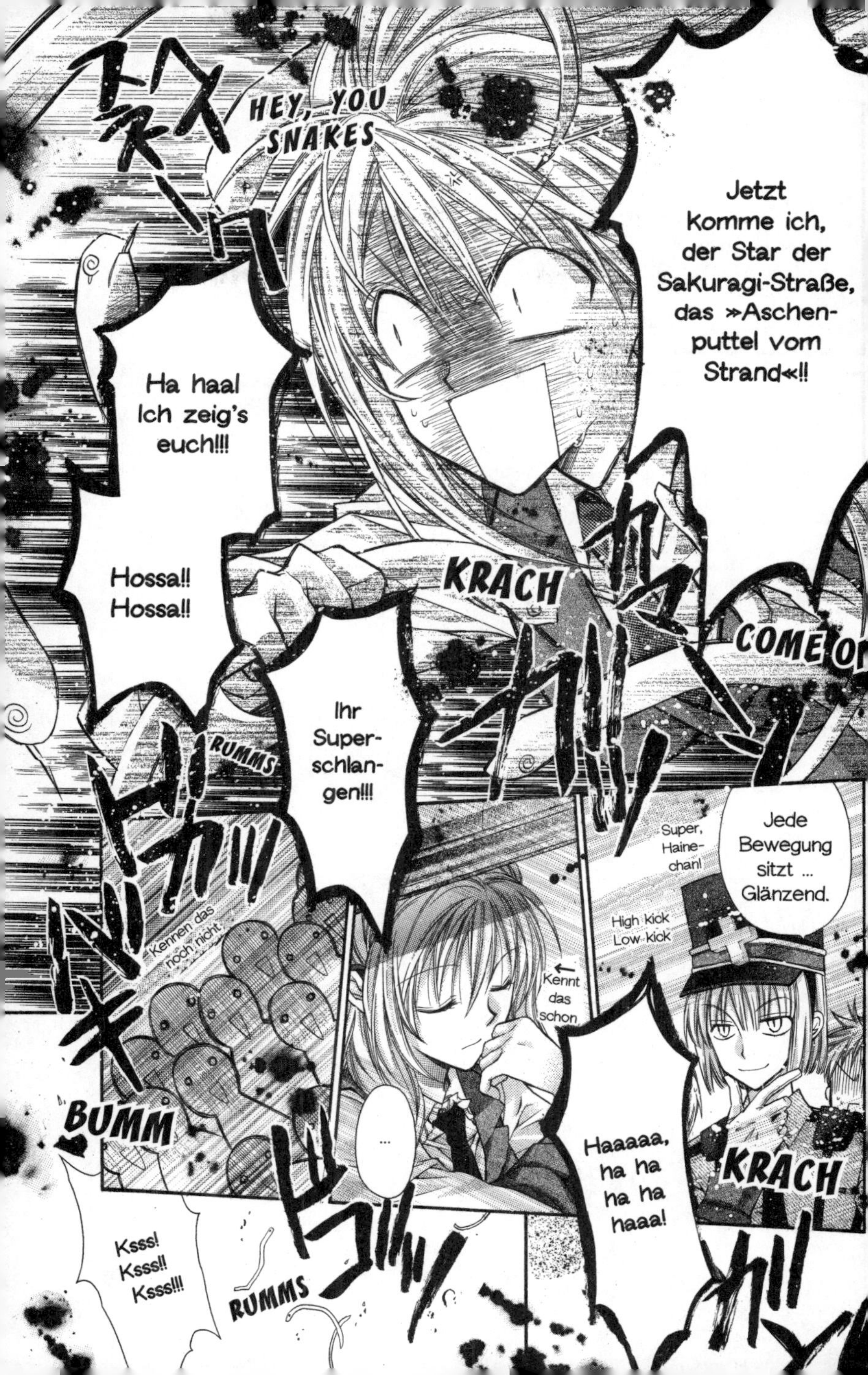

HEY, YOU SNAKES
Jetzt komme ich, der Star der Sakuragi-Straße, das »Aschenputtel vom Strand«!!
Ha haa! Ich zeig's euch!!!
KRACH
COME ON
Hossa!! Hossa!!
Ihr Superschlangen!!!
RUMMS
Jede Bewegung sitzt ... Glänzend.
Super, Haine-chan!
High kick Low kick
Kennen das noch nicht
← Kennt das schon
...
BUMM
Haaaaa, ha ha ha ha haaa!
KRACH
Ksss! Ksss!! Ksss!!!
RUMMS

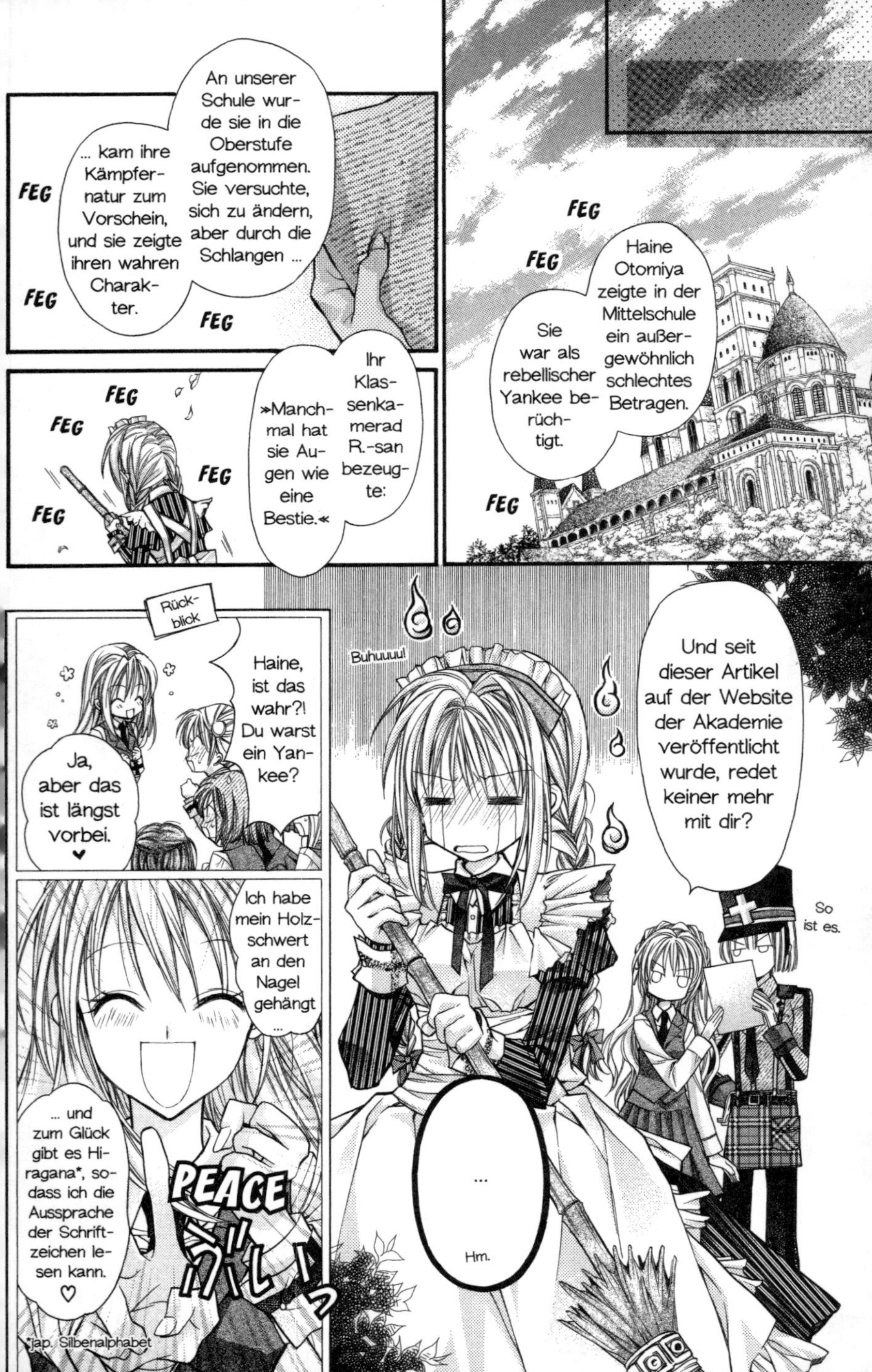

*jap. Silbenalphabet

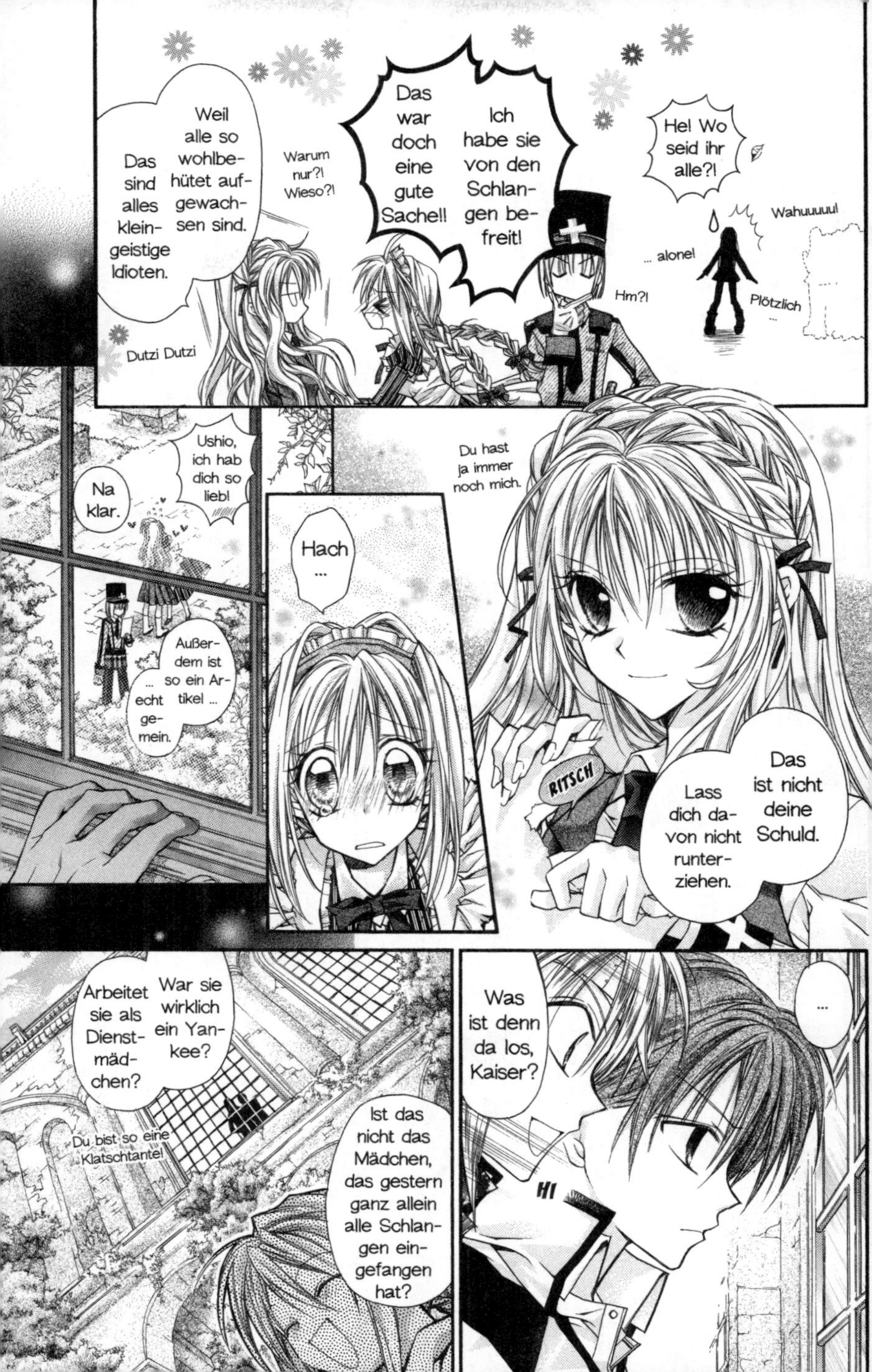
He! Wo seid ihr alle?!
Wahuuuuu!
... alone!
Plötzlich ...
Hm?!
Ich habe sie von den Schlangen befreit!
Das war doch eine gute Sache!!
Warum nur?! Wieso?!
Weil alle so wohlbehütet aufgewachsen sind.
Das sind alles kleingeistige Idioten.
Dutzi Dutzi
Du hast ja immer noch mich.
Hach ...
Ushio, ich hab dich so lieb!
Na klar.
Außerdem ist so ein Artikel ...
... echt gemein.
RITSCH
Das ist nicht deine Schuld.
Lass dich davon nicht runterziehen.
...
Was ist denn da los, Kaiser?
HI
Ist das nicht das Mädchen, das gestern ganz allein alle Schlangen eingefangen hat?
War sie wirklich ein Yankee?
Arbeitet sie als Dienstmädchen?
Du bist so eine Klatschtante!

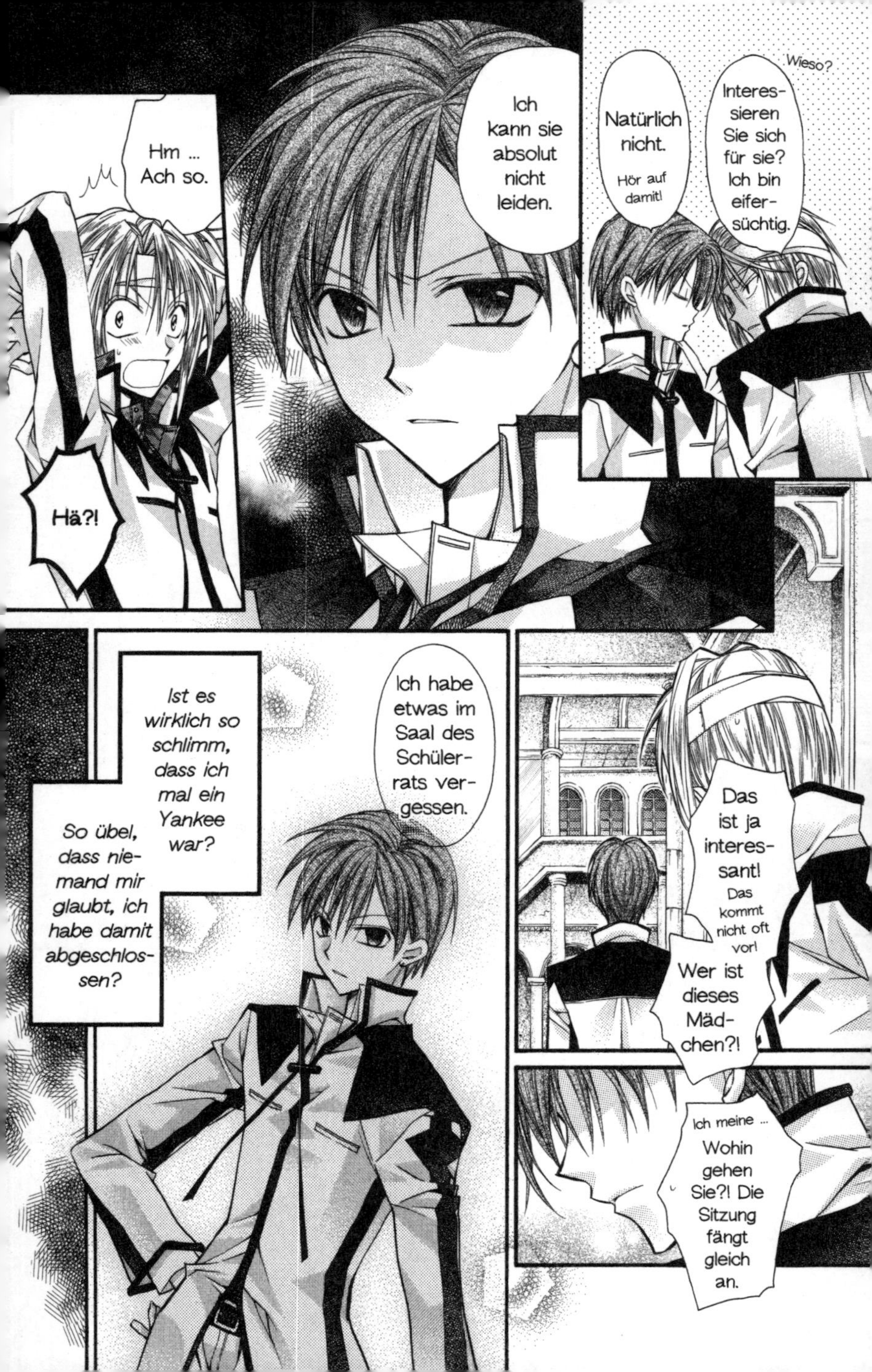

Wieso?
Interessieren Sie sich für sie? Ich bin eifersüchtig.
Natürlich nicht.
Hör auf damit!
Ich kann sie absolut nicht leiden.
Hm ... Ach so.
Hä?!
Das ist ja interessant!
Das kommt nicht oft vor!
Wer ist dieses Mädchen?!
Ich meine ...
Wohin gehen Sie?! Die Sitzung fängt gleich an.
Ich habe etwas im Saal des Schülerrats vergessen.
Ist es wirklich so schlimm, dass ich mal ein Yankee war?
So übel, dass niemand mir glaubt, ich habe damit abgeschlossen?

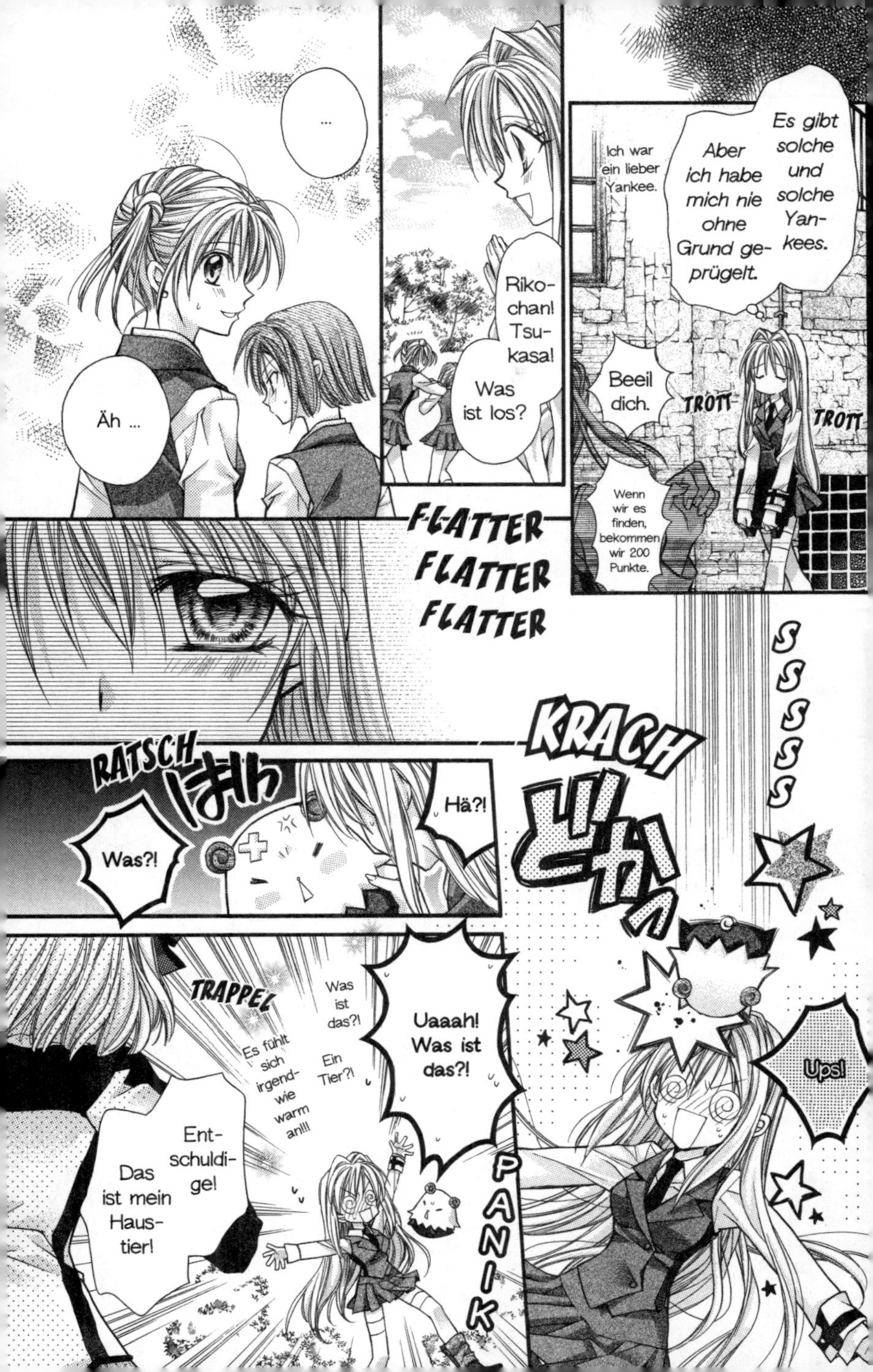
Es gibt solche und solche Yankees.
Aber ich habe mich nie ohne Grund geprügelt.
Ich war ein lieber Yankee.
TROTT
TROTT
Beeil dich.
Wenn wir es finden, bekommen wir 200 Punkte.
Riko-chan! Tsukasa!
Was ist los?
...
Äh ...
FLATTER
FLATTER
FLATTER
SSSSSS
KRACH
Hä?!
RATSCH
Was?!
Ups!
PANIK
Uaaah! Was ist das?!
Was ist das?!
Ein Tier?!
Es fühlt sich irgendwie warm an!!
TRAPPEL
Entschuldige!
Das ist mein Haustier!

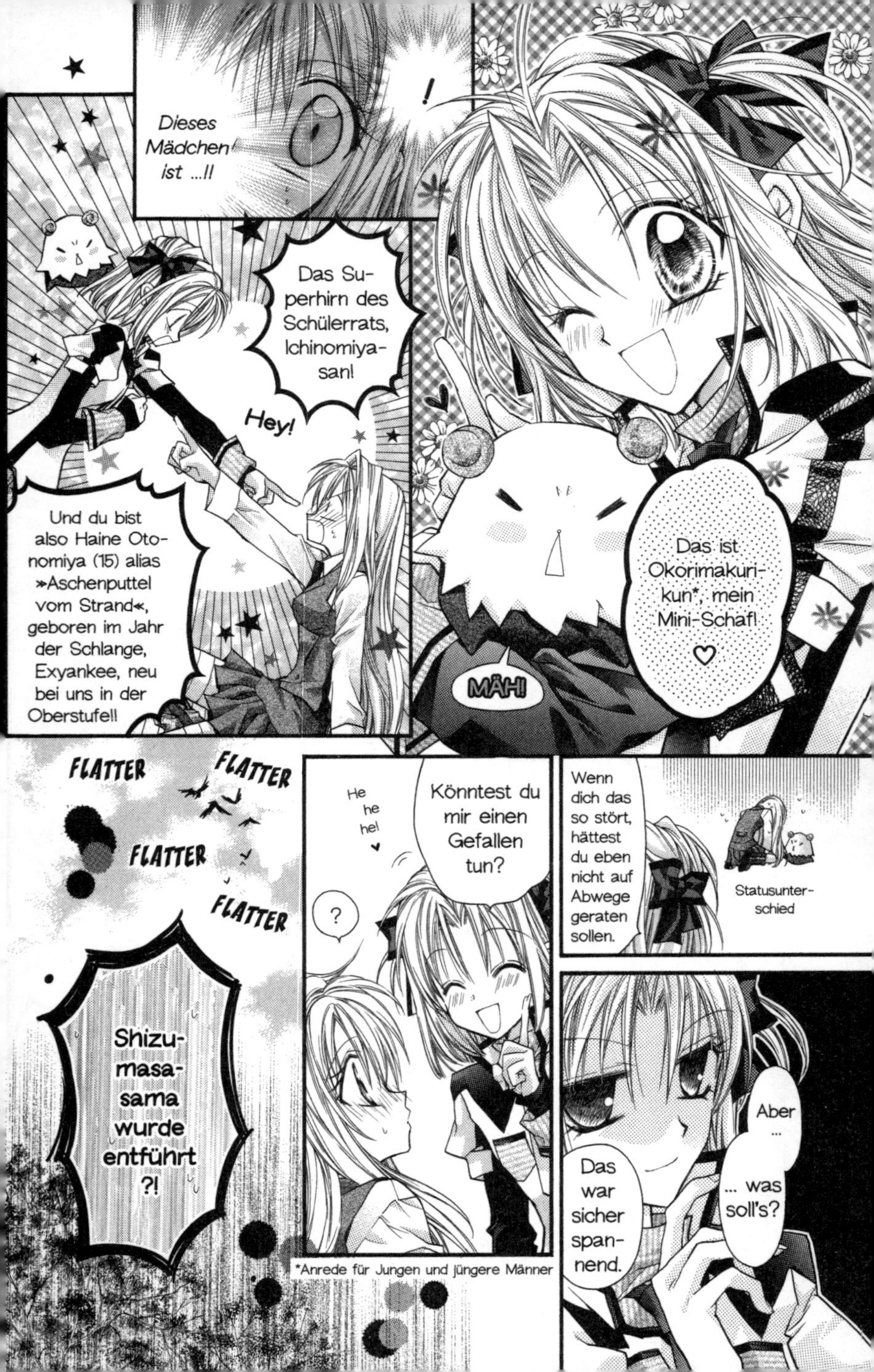

*Anrede für Jungen und jüngere Männer

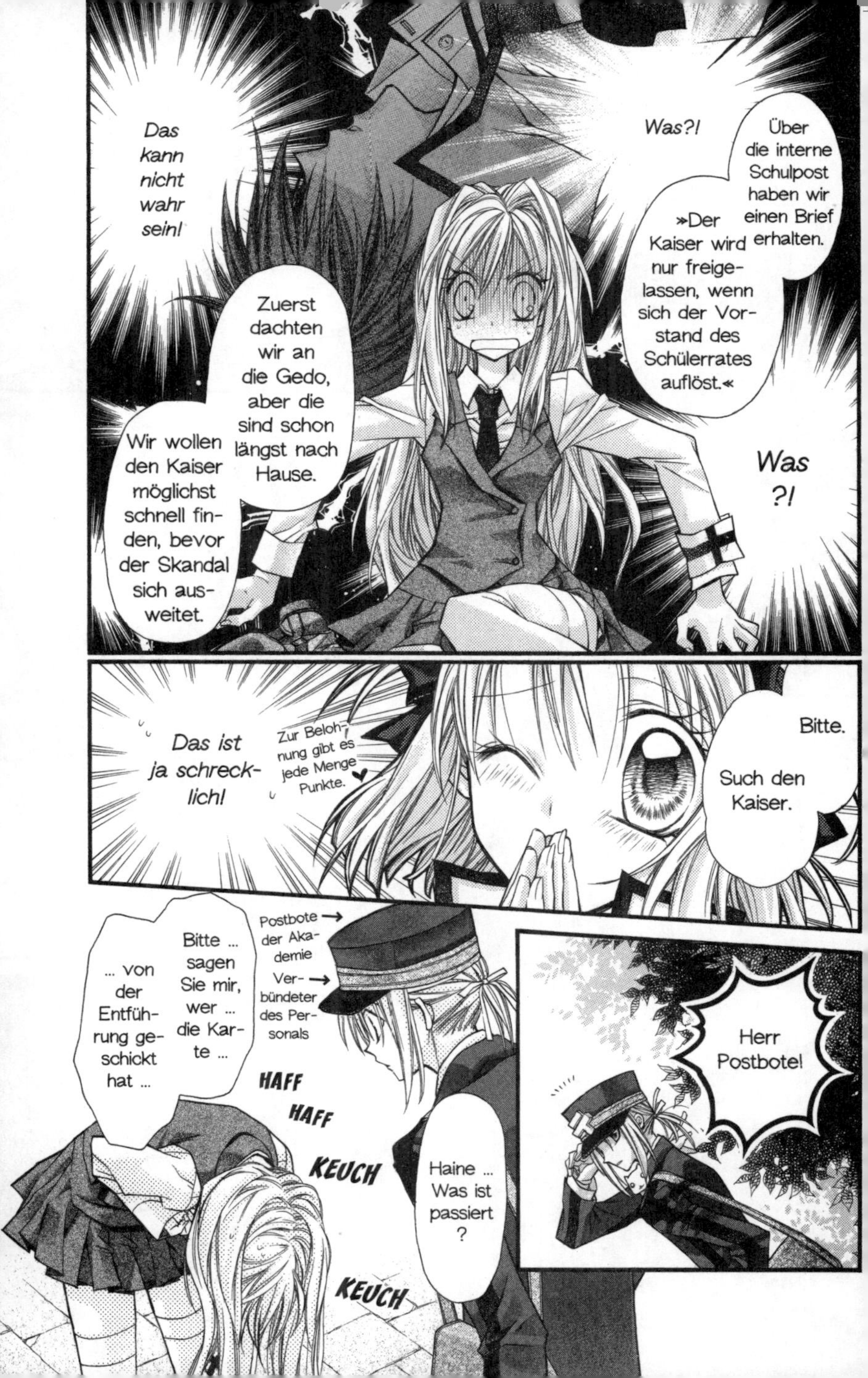

Über die interne Schulpost haben wir einen Brief erhalten.
»Der Kaiser wird nur freigelassen, wenn sich der Vorstand des Schülerrates auflöst.«
Was?!
Das kann nicht wahr sein!
Was ?!
Zuerst dachten wir an die Gedo, aber die sind schon längst nach Hause.
Wir wollen den Kaiser möglichst schnell finden, bevor der Skandal sich ausweitet.
Bitte.
Such den Kaiser.
Zur Belohnung gibt es jede Menge Punkte.
Das ist ja schrecklich!
Herr Postbote!
Postbote der Akademie
Verbündeter des Personals
Haine ... Was ist passiert ?
Bitte ... sagen Sie mir, wer ... die Karte ...
... von der Entführung geschickt hat ...
HAFF
HAFF
KEUCH
KEUCH

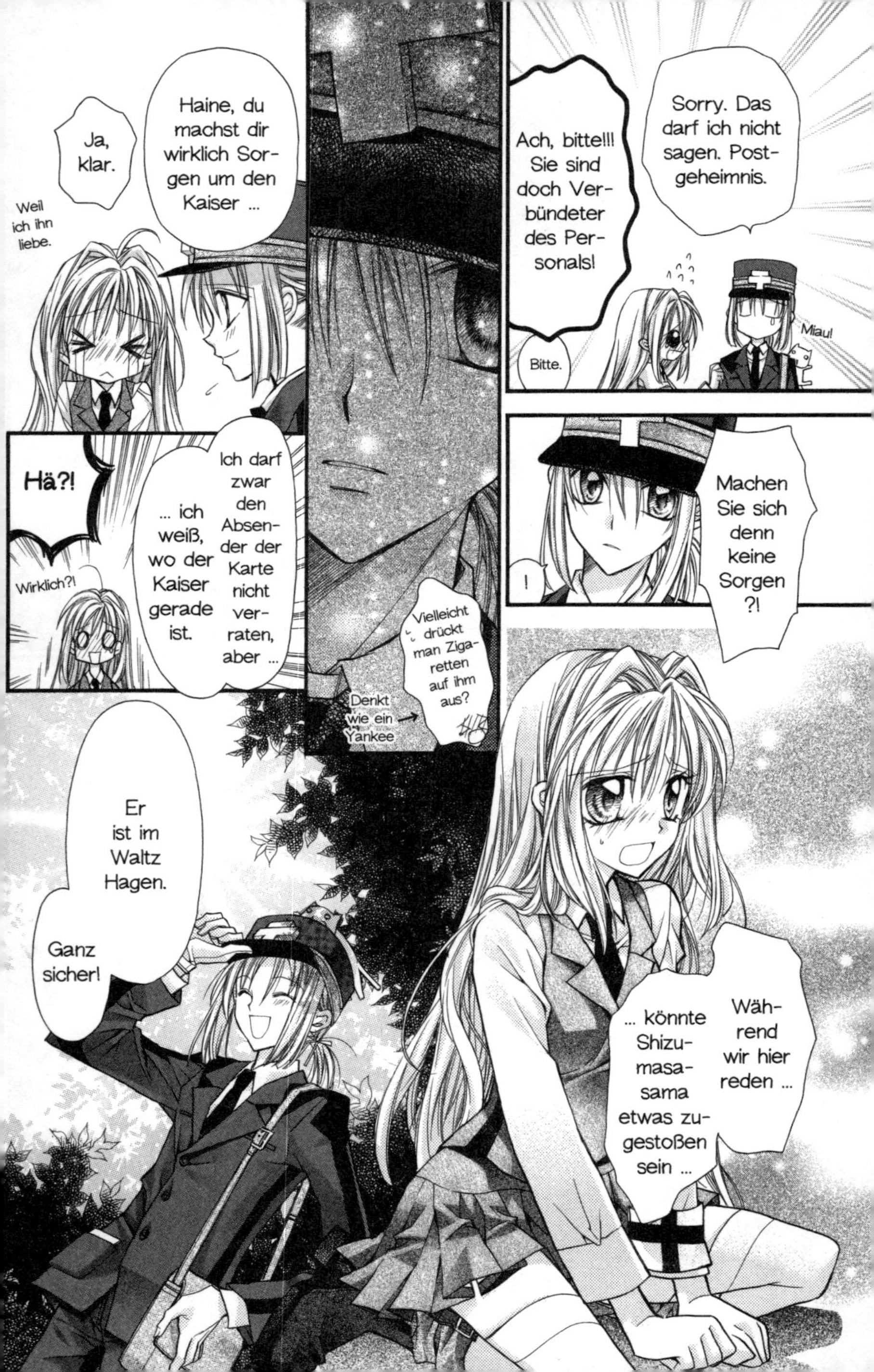

Sorry. Das darf ich nicht sagen. Postgeheimnis.
Ach, bitte!!! Sie sind doch Verbündeter des Personals!
Bitte.
Miau!
Machen Sie sich denn keine Sorgen?!
!
Vielleicht drückt man Zigaretten auf ihm aus?
Denkt wie ein Yankee
Haine, du machst dir wirklich Sorgen um den Kaiser ...
Ja, klar.
Weil ich ihn liebe.
Ich darf zwar den Absender der Karte nicht verraten, aber ...
... ich weiß, wo der Kaiser gerade ist.
Hä?!
Wirklich?!
Während wir hier reden ...
... könnte Shizumasa-sama etwas zugestoßen sein ...
Er ist im Waltz Hagen.
Ganz sicher!

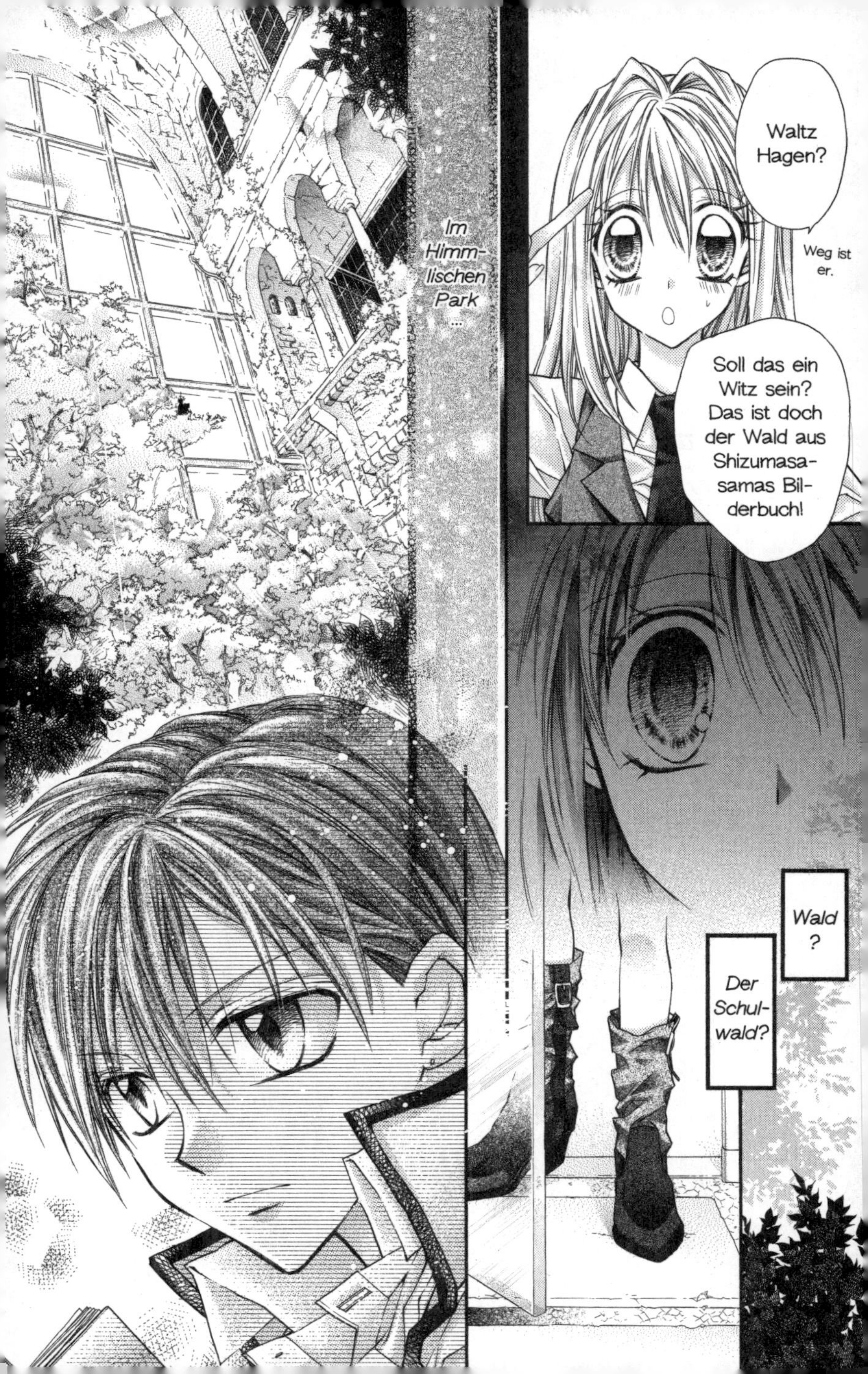
Waltz Hagen?
Weg ist er.
Soll das ein Witz sein? Das ist doch der Wald aus Shizumasa-samas Bilderbuch!
Wald?
Der Schulwald?
Im Himmlischen Park ...

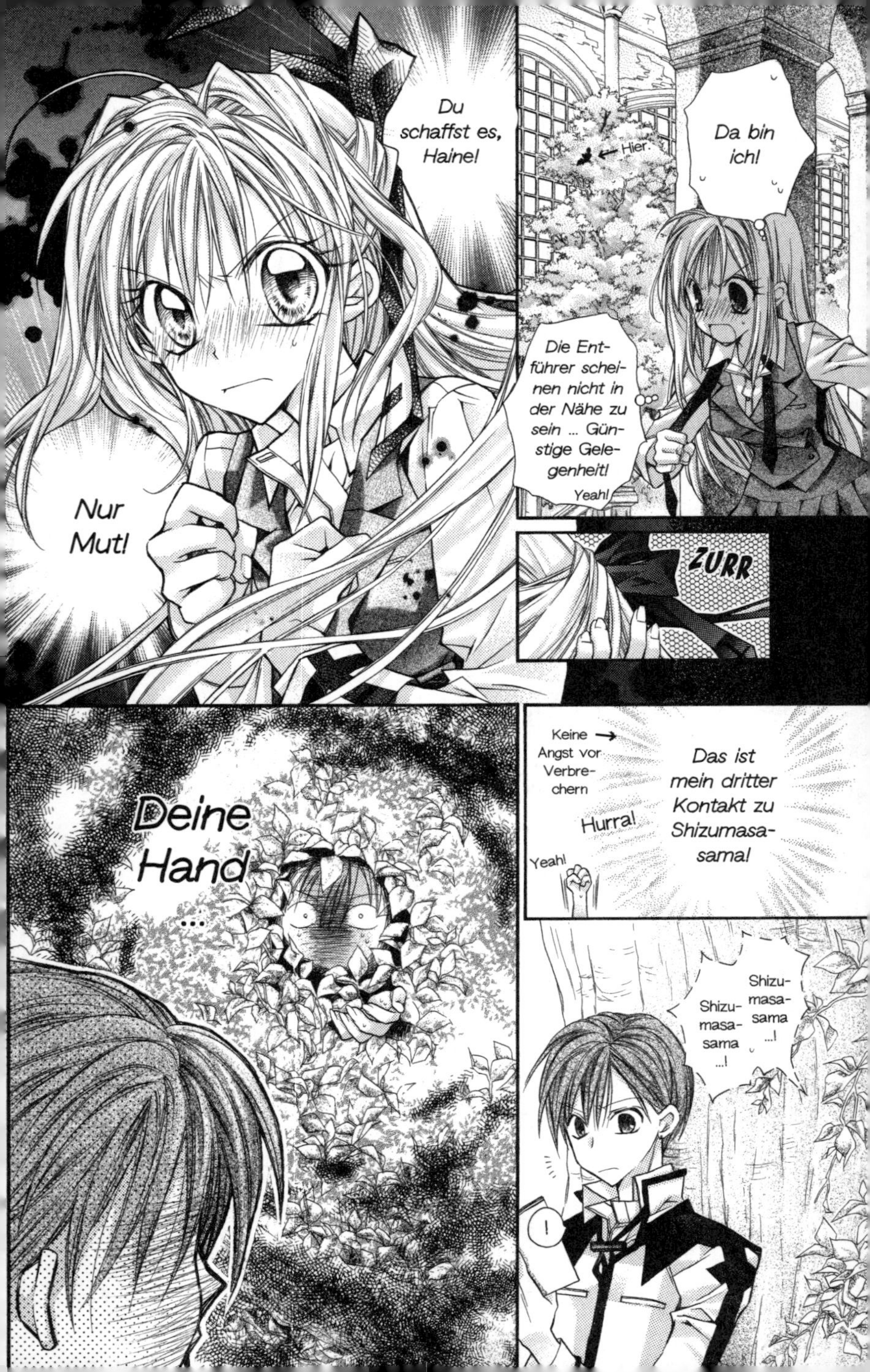
Da bin ich!
Hier.
Die Entführer scheinen nicht in der Nähe zu sein ... Günstige Gelegenheit!
Yeah!
ZURR
Du schaffst es, Haine!
Nur Mut!
Das ist mein dritter Kontakt zu Shizumasa-sama!
Keine Angst vor Verbrechern
Hurra!
Yeah!
Shizumasa-sama ...!
Shizumasa-sama ...!
!
Deine Hand ...

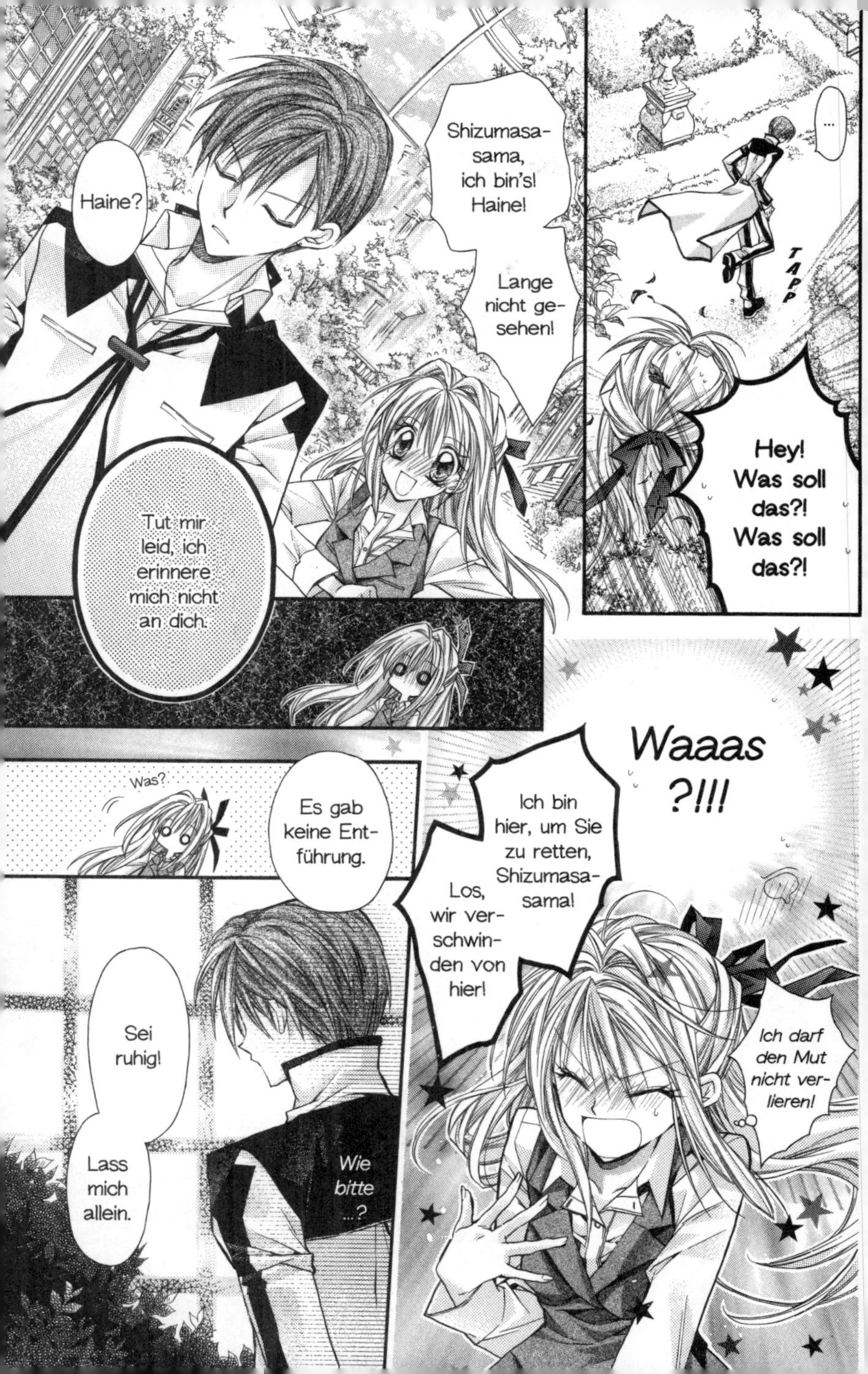
...
TAPP
Hey! Was soll das?! Was soll das?!
Shizumasa-sama, ich bin's! Haine!
Lange nicht gesehen!
Haine?
Tut mir leid, ich erinnere mich nicht an dich.
Waaas ?!!!
Ich darf den Mut nicht verlieren!
Ich bin hier, um Sie zu retten, Shizumasa-sama!
Los, wir verschwinden von hier!
Es gab keine Entführung.
Was?
Wie bitte ...?
Sei ruhig!
Lass mich allein.

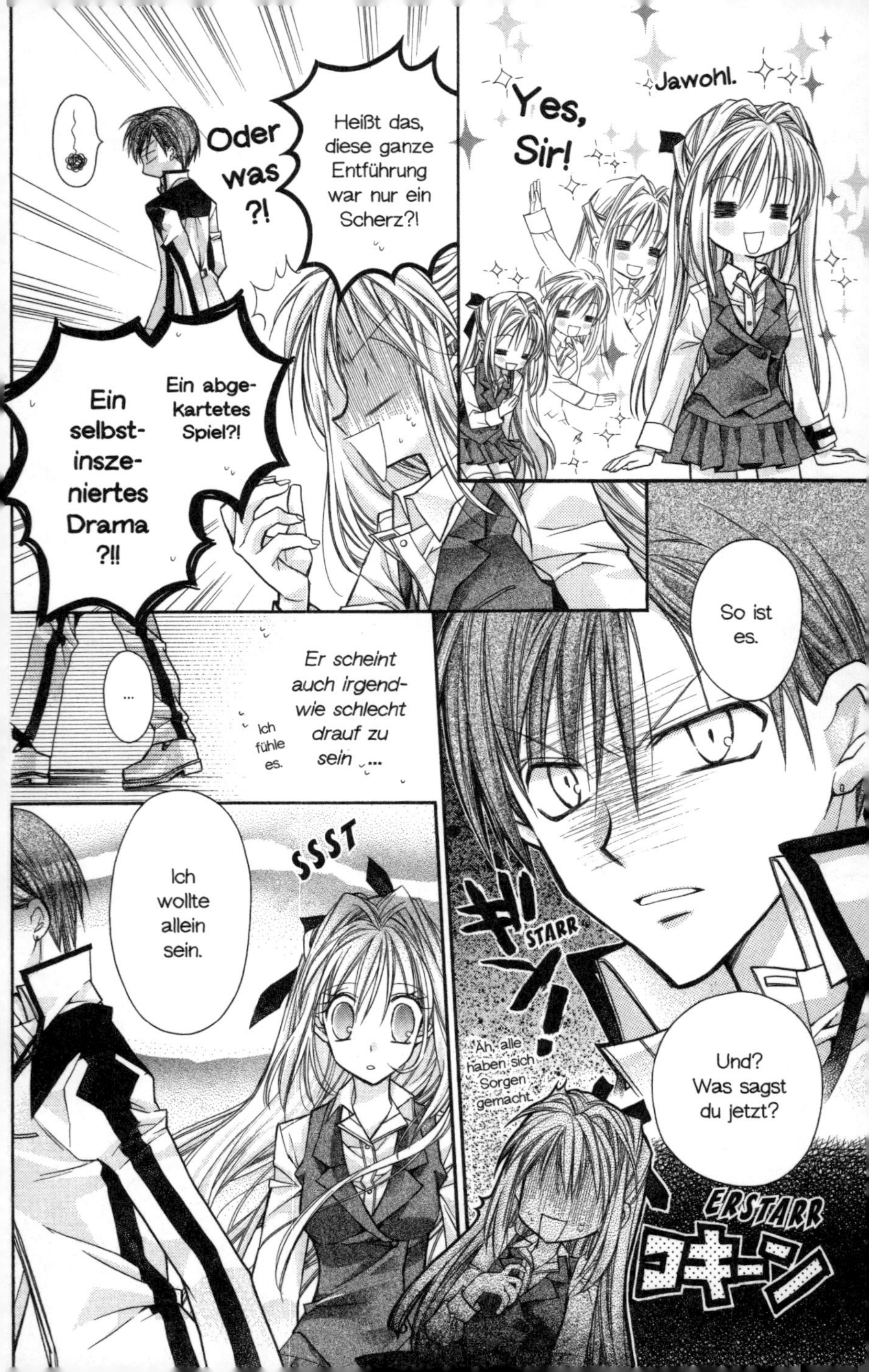

Jawohl.
Yes, Sir!
Heißt das, diese ganze Entführung war nur ein Scherz?!
Oder was?!
Ein abgekartetes Spiel?!
Ein selbstinszeniertes Drama?!!
So ist es.
Er scheint auch irgendwie schlecht drauf zu sein ...
Ich fühle es.
...
Und? Was sagst du jetzt?
STARR
Äh, alle haben sich Sorgen gemacht.
ERSTARR
SSST
Ich wollte allein sein.

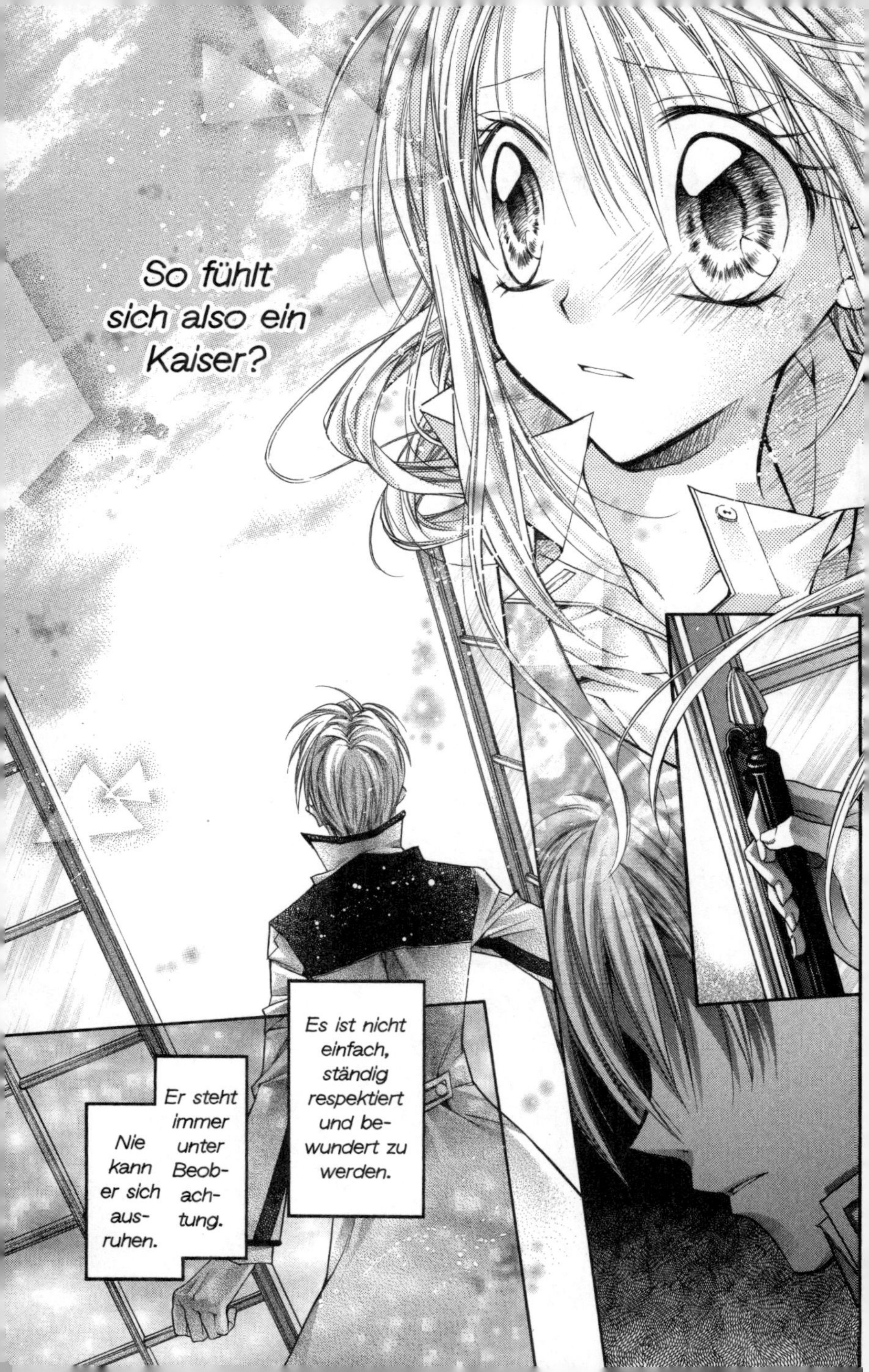
So fühlt sich also ein Kaiser?
Es ist nicht einfach, ständig respektiert und be-wundert zu werden.
Er steht immer unter Beob-ach-tung.
Nie kann er sich aus-ruhen.

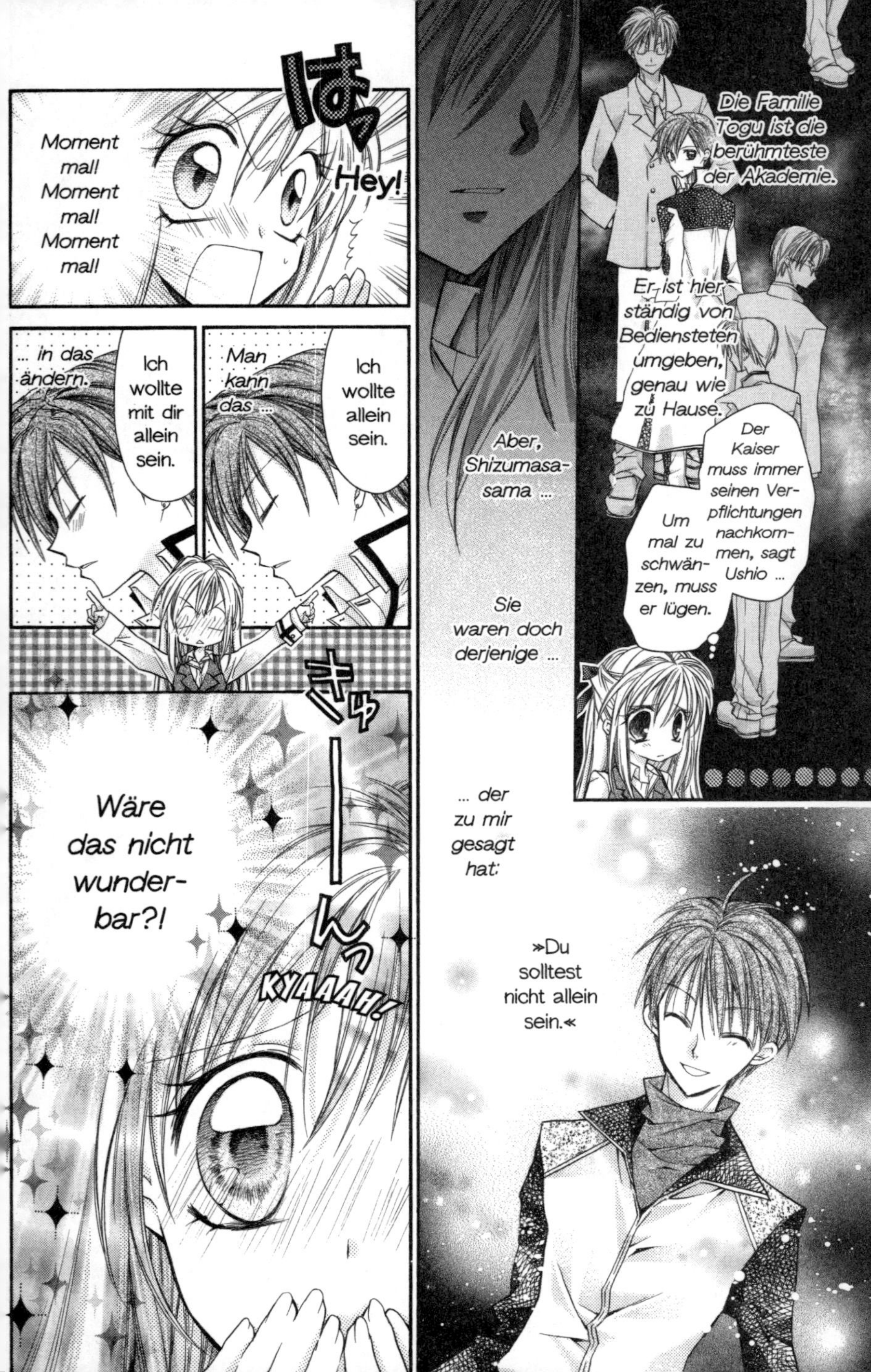

Die Familie Togu ist die berühmteste der Akademie.
Er ist hier ständig von Bediensteten umgeben, genau wie zu Hause.
Der Kaiser muss immer seinen Verpflichtungen nachkommen, sagt Ushio ...
Um mal zu schwänzen, muss er lügen.
Aber, Shizumasa-sama ...
Sie waren doch derjenige ...
... der zu mir gesagt hat:
»Du solltest nicht allein sein.«
はっ
Hey!
Moment mal! Moment mal! Moment mal!
Ich wollte allein sein.
Man kann das ...
Ich wollte mit dir allein sein.
... in das ändern.
きゅーーんっ
KYAAAH!
Wäre das nicht wunder-bar?!

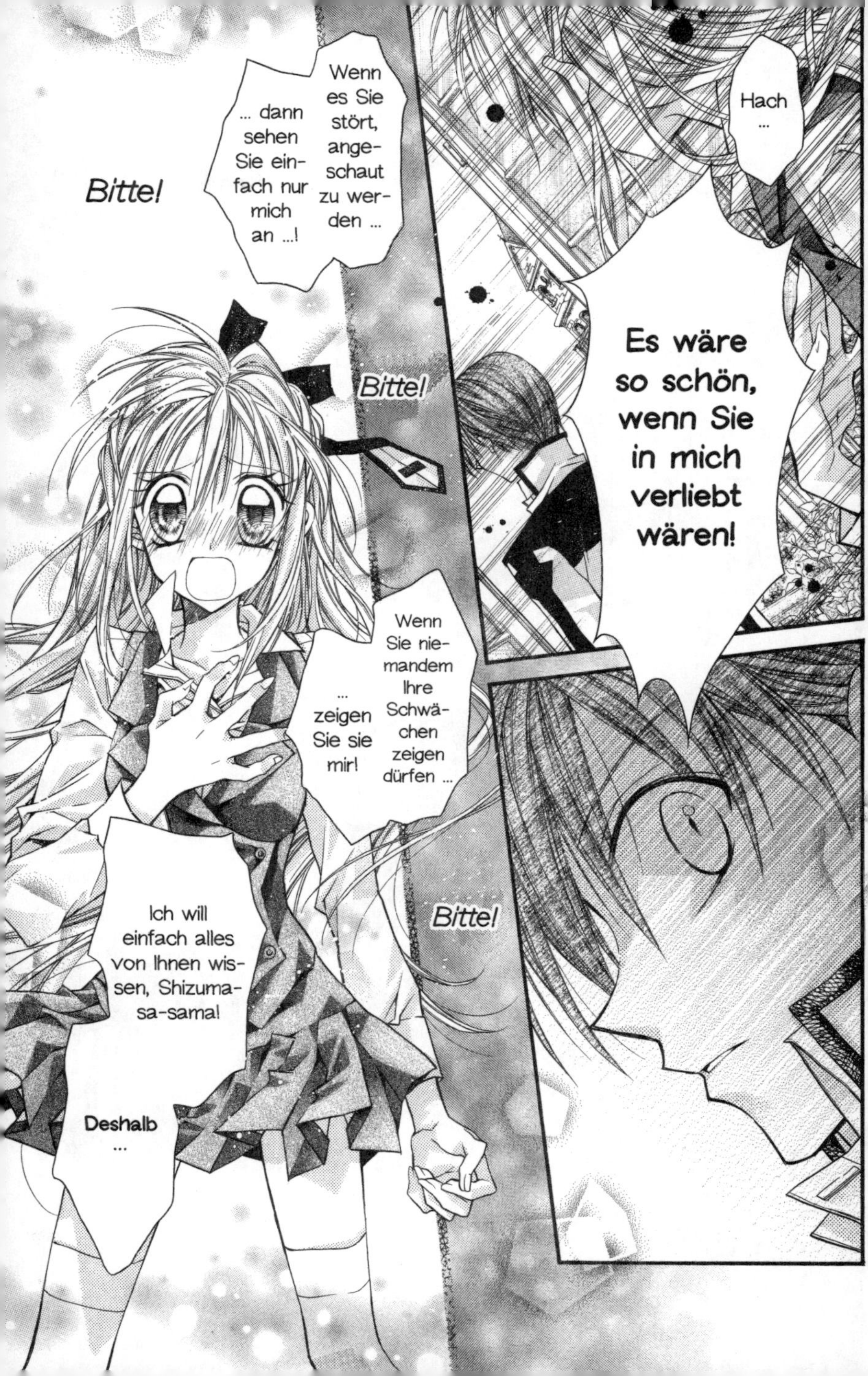
Hach ...
Es wäre so schön, wenn Sie in mich verliebt wären!
Wenn es Sie stört, angeschaut zu werden ...
... dann sehen Sie einfach nur mich an ...!
Bitte!
Bitte!
Wenn Sie niemandem Ihre Schwächen zeigen dürfen ...
... zeigen Sie sie mir!
Bitte!
Ich will einfach alles von Ihnen wissen, Shizumasa-sama!
Deshalb ...

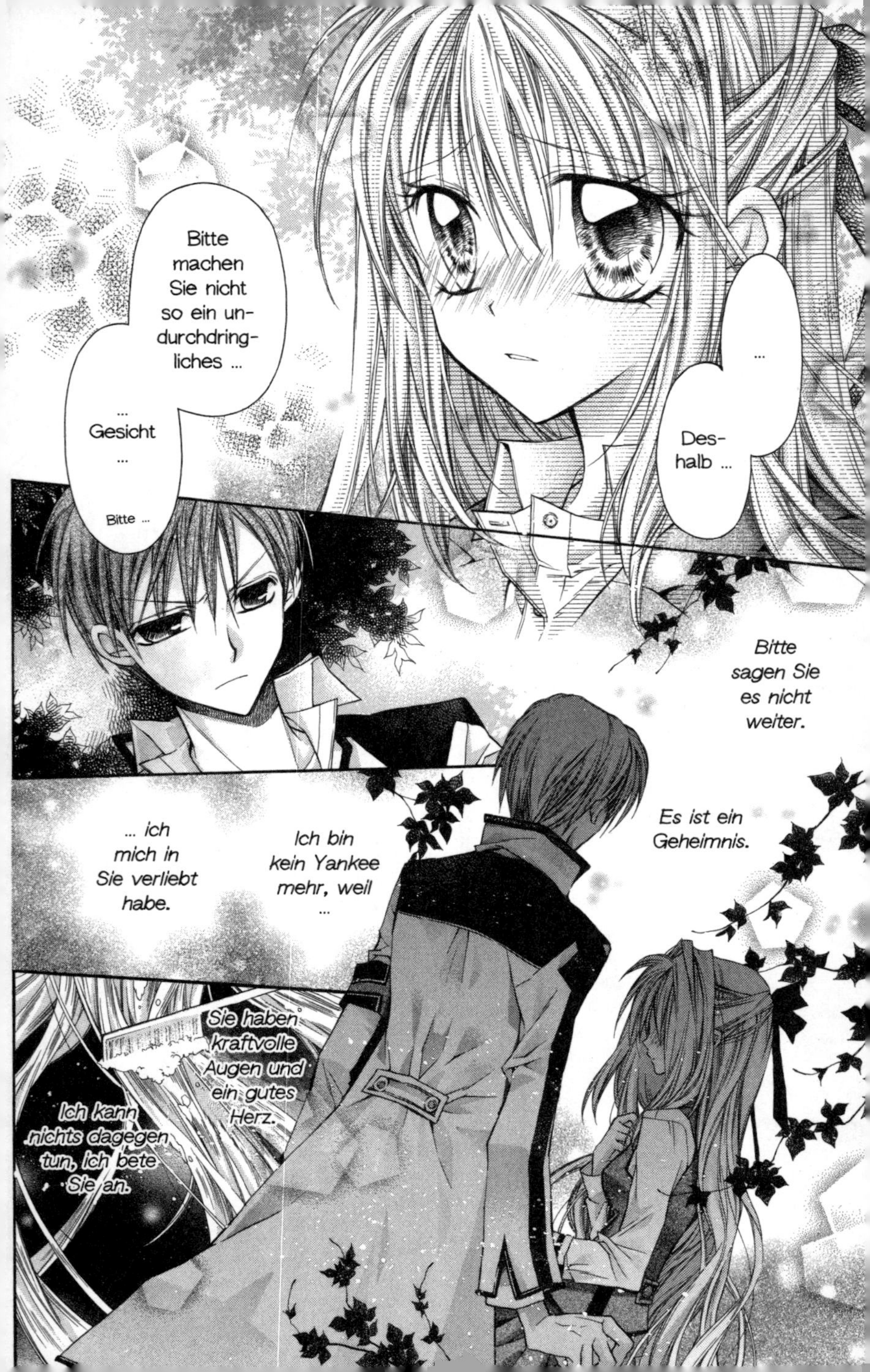
...
Des-
halb ...
Bitte machen Sie nicht so ein un-
durchdring-
liches ...
... Gesicht ...
Bitte ...
Bitte sagen Sie es nicht weiter.
Es ist ein Geheimnis.
Ich bin kein Yankee mehr, weil ...
... ich mich in Sie verliebt habe.
Sie haben kraftvolle Augen und ein gutes Herz.
Ich kann nichts dagegen tun, ich bete Sie an.

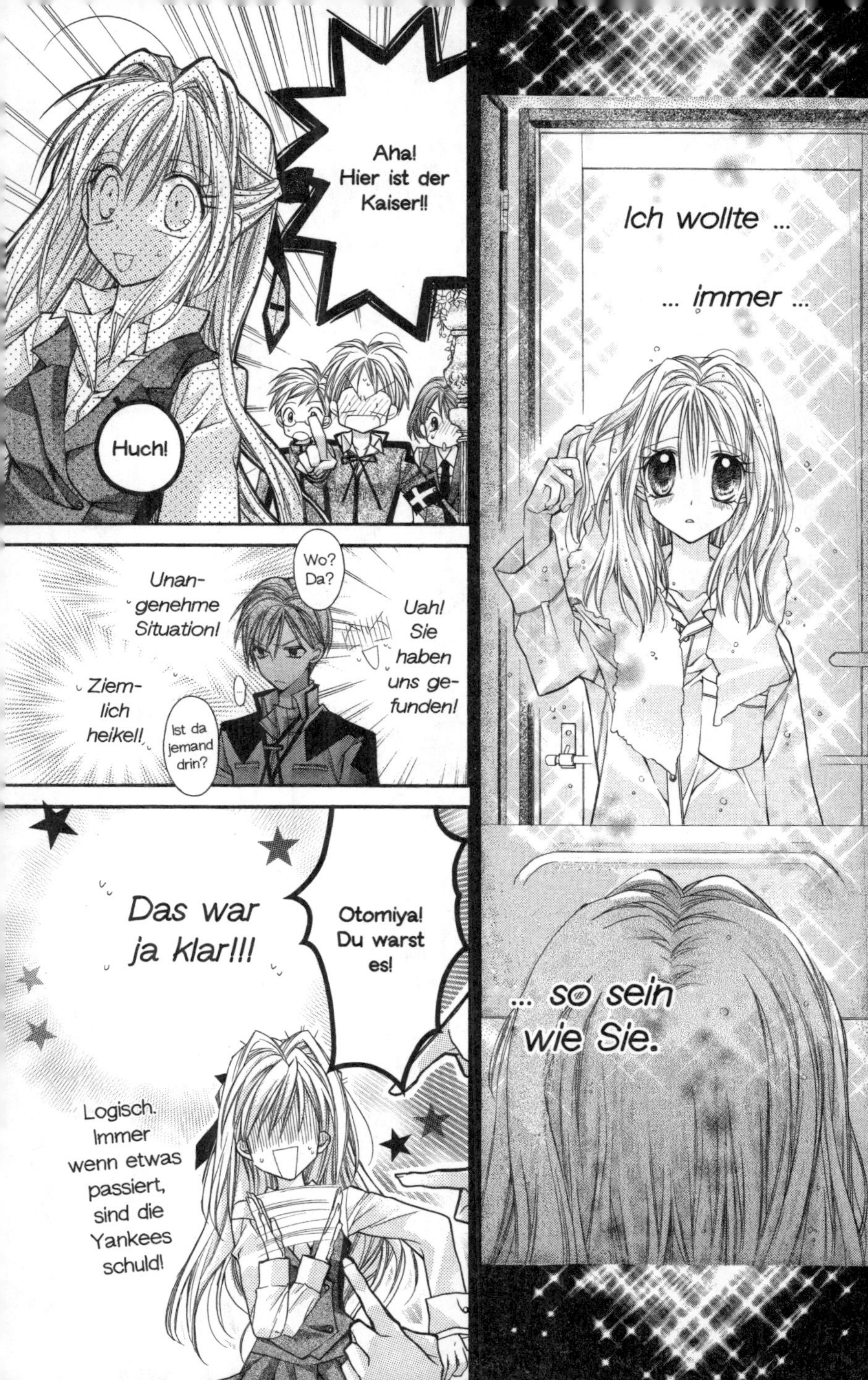

Ich wollte ...
... immer ...
... so sein wie Sie.
Aha! Hier ist der Kaiser!!
Huch!
Uah! Sie haben uns gefunden!
Wo? Da?
...
Ist da jemand drin?
Unangenehme Situation!
Ziemlich heikel!
Otomiya! Du warst es!
Das war ja klar!!!
Logisch. Immer wenn etwas passiert, sind die Yankees schuld!

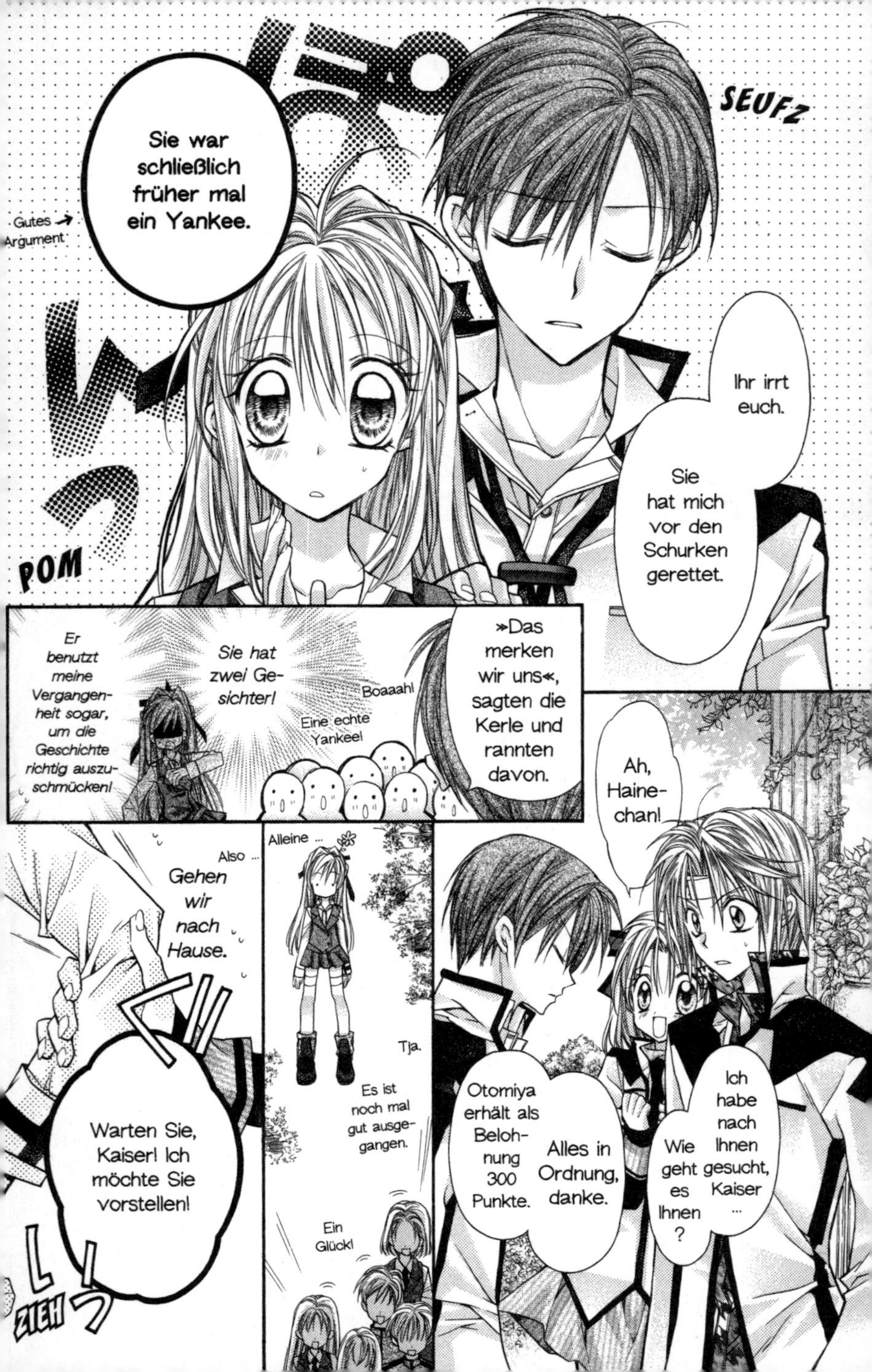
SEUFZ
Sie war schließlich früher mal ein Yankee.
Gutes Argument
Ihr irrt euch.
Sie hat mich vor den Schurken gerettet.
POM
»Das merken wir uns«, sagten die Kerle und rannten davon.
Boaaah!
Eine echte Yankee!
Sie hat zwei Gesichter!
Er benutzt meine Vergangenheit sogar, um die Geschichte richtig auszuschmücken!
Ah, Haine-chan!
Ich habe nach Ihnen gesucht, Kaiser ...
Wie geht es Ihnen?
Alles in Ordnung, danke.
Otomiya erhält als Belohnung 300 Punkte.
Alleine ...
Tja.
Es ist noch mal gut ausgegangen.
Ein Glück!
Also ...
Gehen wir nach Hause.
Warten Sie, Kaiser! Ich möchte Sie vorstellen!
ZIEH

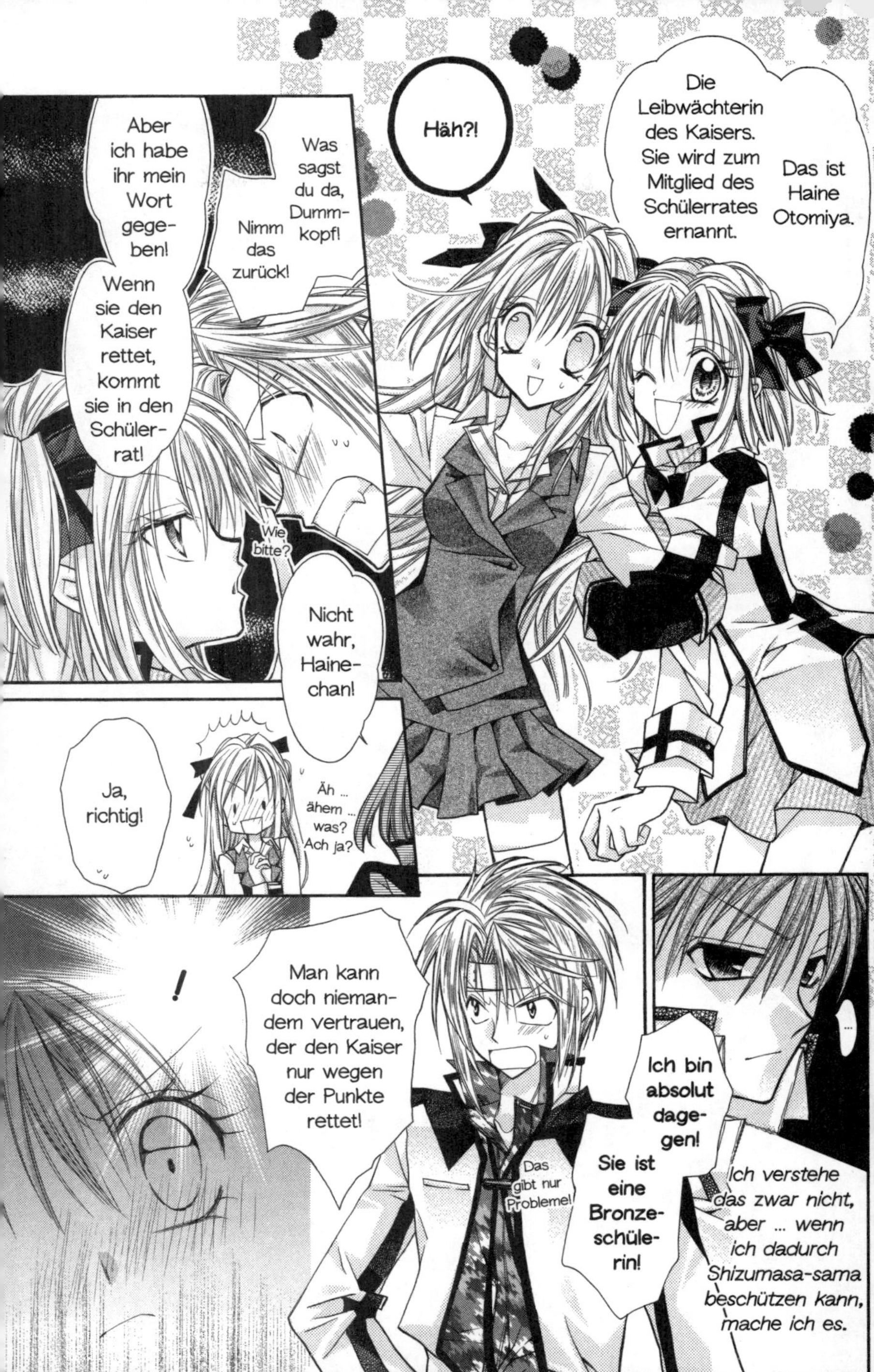
Das ist Haine Otomiya.
Die Leibwächterin des Kaisers. Sie wird zum Mitglied des Schülerrates ernannt.
Häh?!
Was sagst du da, Dummkopf!
Nimm das zurück!
Aber ich habe ihr mein Wort gegeben!
Wenn sie den Kaiser rettet, kommt sie in den Schülerrat!
Wie bitte?
Nicht wahr, Haine-chan!
Äh ... ähem ... was? Ach ja?
Ja, richtig!
...
Ich verstehe das zwar nicht, aber ... wenn ich dadurch Shizumasa-sama beschützen kann, mache ich es.
Ich bin absolut dagegen!
Sie ist eine Bronzeschülerin!
Das gibt nur Probleme!
Man kann doch niemandem vertrauen, der den Kaiser nur wegen der Punkte rettet!
!

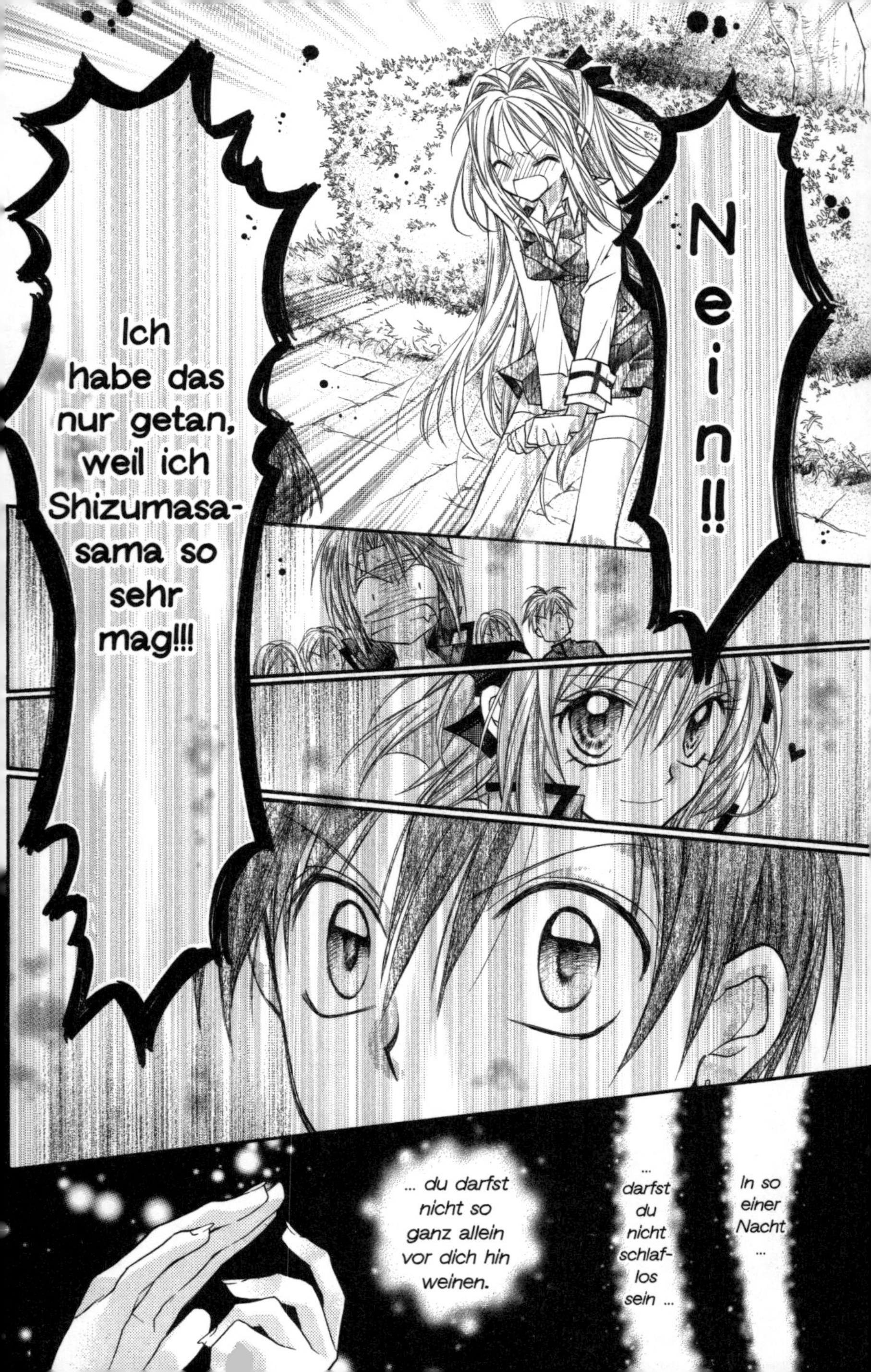

Nein!!
Ich habe das nur getan, weil ich Shizumasa-sama so sehr mag!!!
In so einer Nacht ...
... darfst du nicht schlaf-los sein ...
... du darfst nicht so ganz allein vor dich hin weinen.

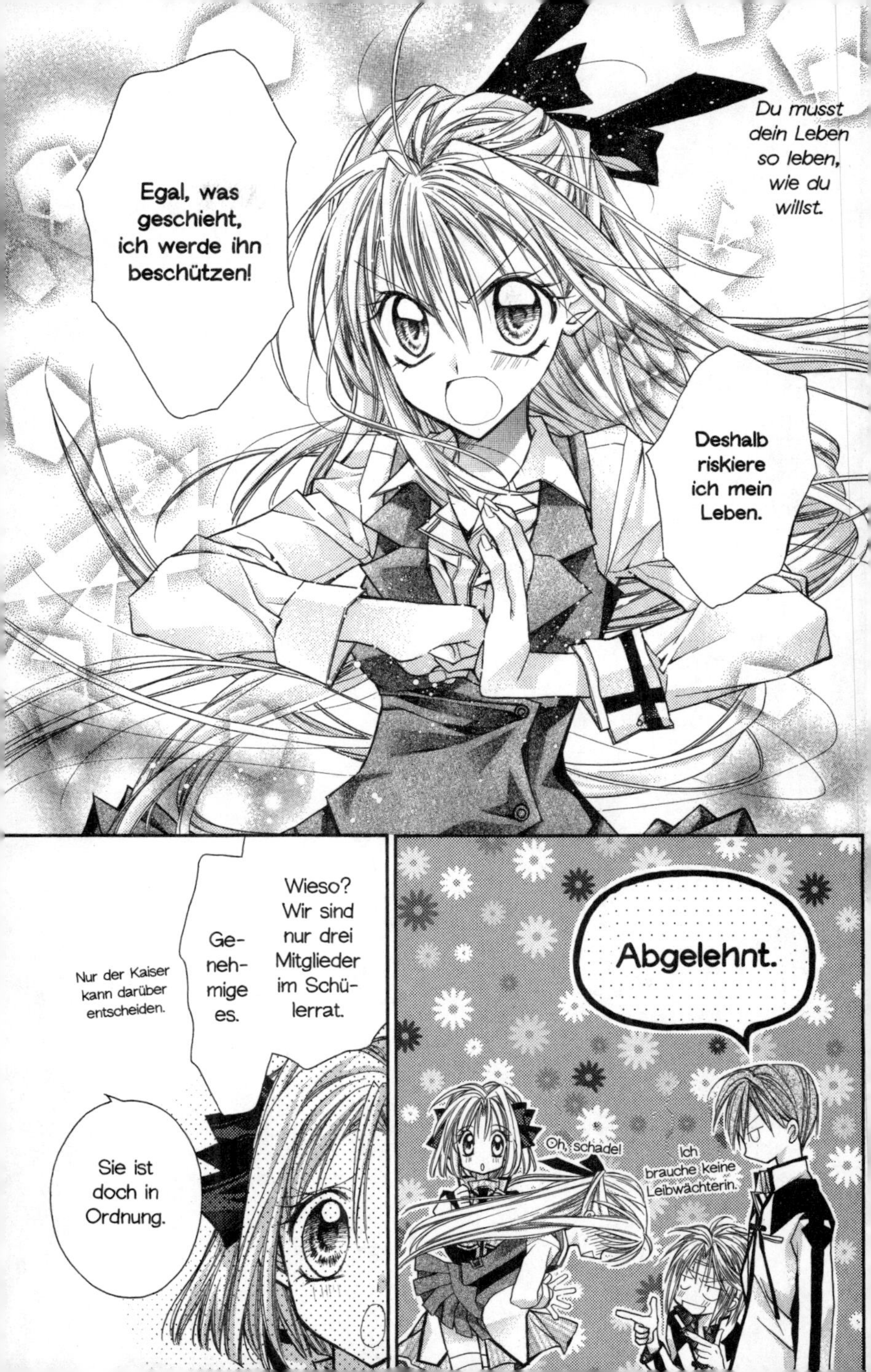
Du musst dein Leben so leben, wie du willst.
Egal, was geschieht, ich werde ihn beschützen!
Deshalb riskiere ich mein Leben.
Abgelehnt.
Ich brauche keine Leibwächterin.
Oh, schade!
Wieso? Wir sind nur drei Mitglieder im Schülerrat.
Ge-neh-mige es.
Nur der Kaiser kann darüber entscheiden.
Sie ist doch in Ordnung.

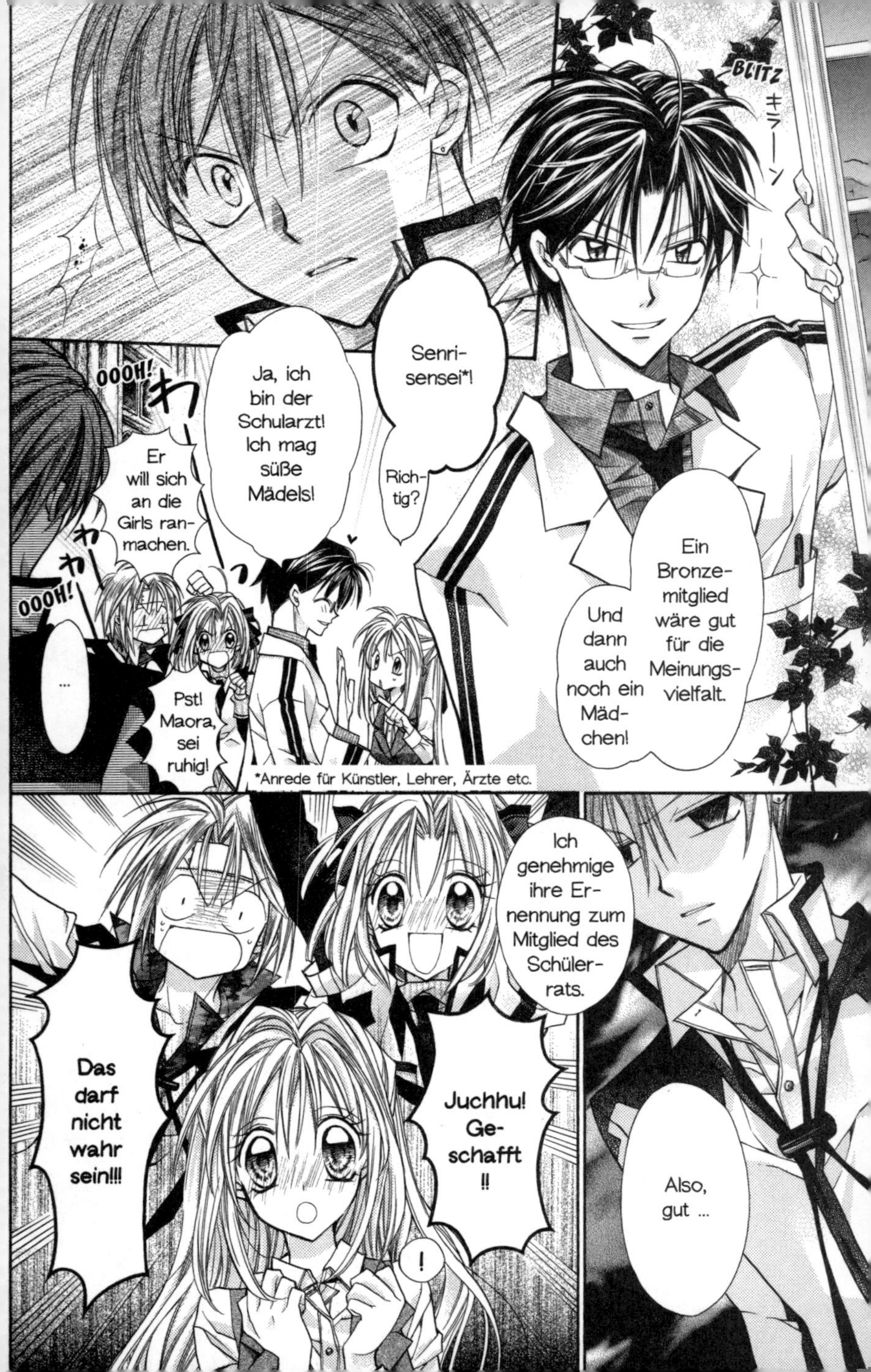

*Anrede für Künstler, Lehrer, Ärzte etc.

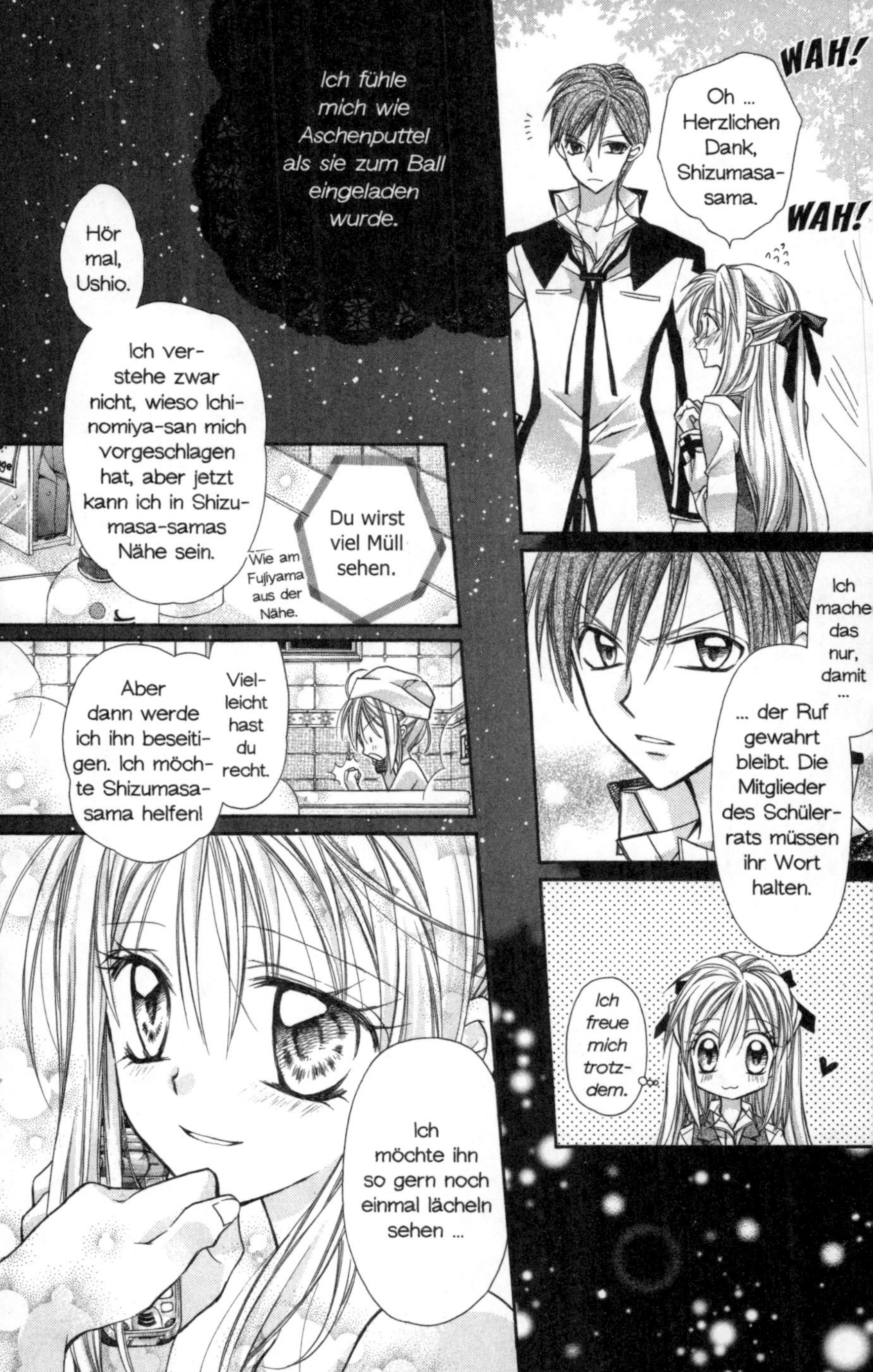
WAH!
Oh ... Herzlichen Dank, Shizumasa-sama.
WAH!
Ich fühle mich wie Aschenputtel als sie zum Ball eingeladen wurde.
Hör mal, Ushio.
Ich verstehe zwar nicht, wieso Ichinomiya-san mich vorgeschlagen hat, aber jetzt kann ich in Shizumasa-samas Nähe sein.
Du wirst viel Müll sehen.
Wie am Fujiyama aus der Nähe.
Ich mache das nur, damit ...
... der Ruf gewahrt bleibt. Die Mitglieder des Schülerrats müssen ihr Wort halten.
Vielleicht hast du recht.
Aber dann werde ich ihn beseitigen. Ich möchte Shizumasa-sama helfen!
Ich freue mich trotzdem.
Ich möchte ihn so gern noch einmal lächeln sehen ...

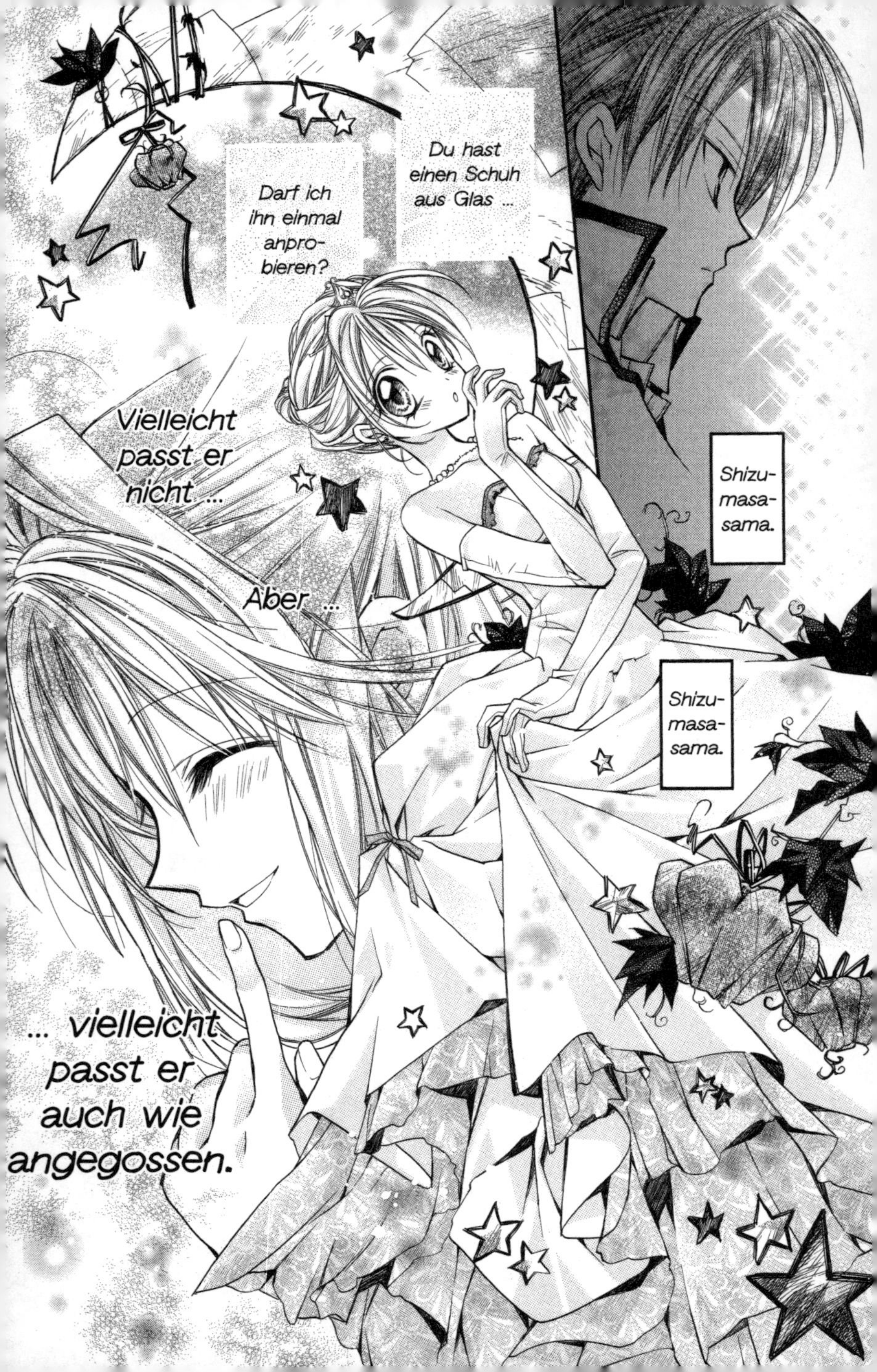
Du hast einen Schuh aus Glas ...
Darf ich ihn einmal anpro-bieren?
Shizu-masa-sama.
Shizu-masa-sama.
Vielleicht passt er nicht ...
Aber ...
... vielleicht passt er auch wie angegossen.

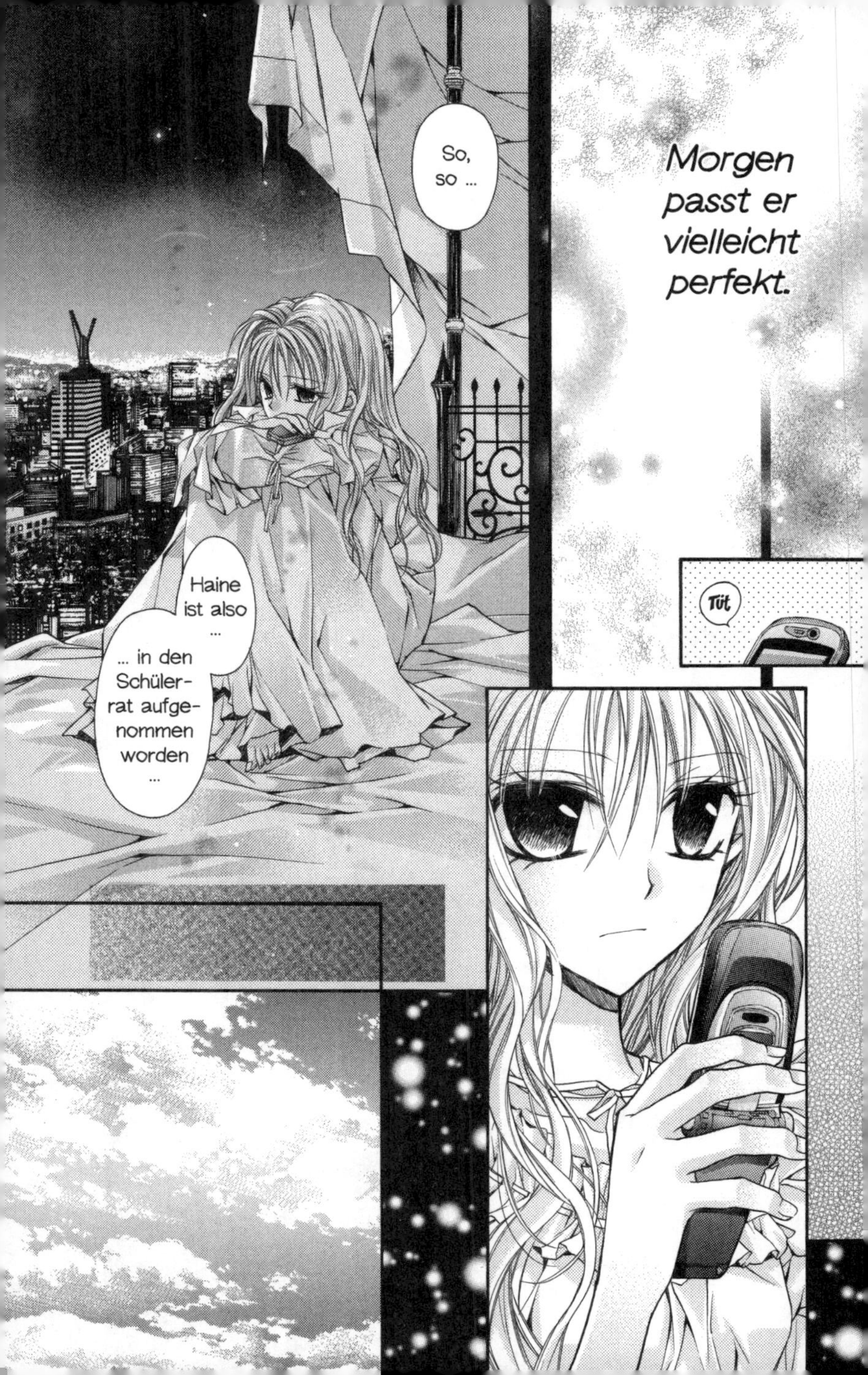
Morgen passt er vielleicht perfekt.
Tüt
So, so ...
Haine ist also ...
... in den Schülerrat aufgenommen worden ...

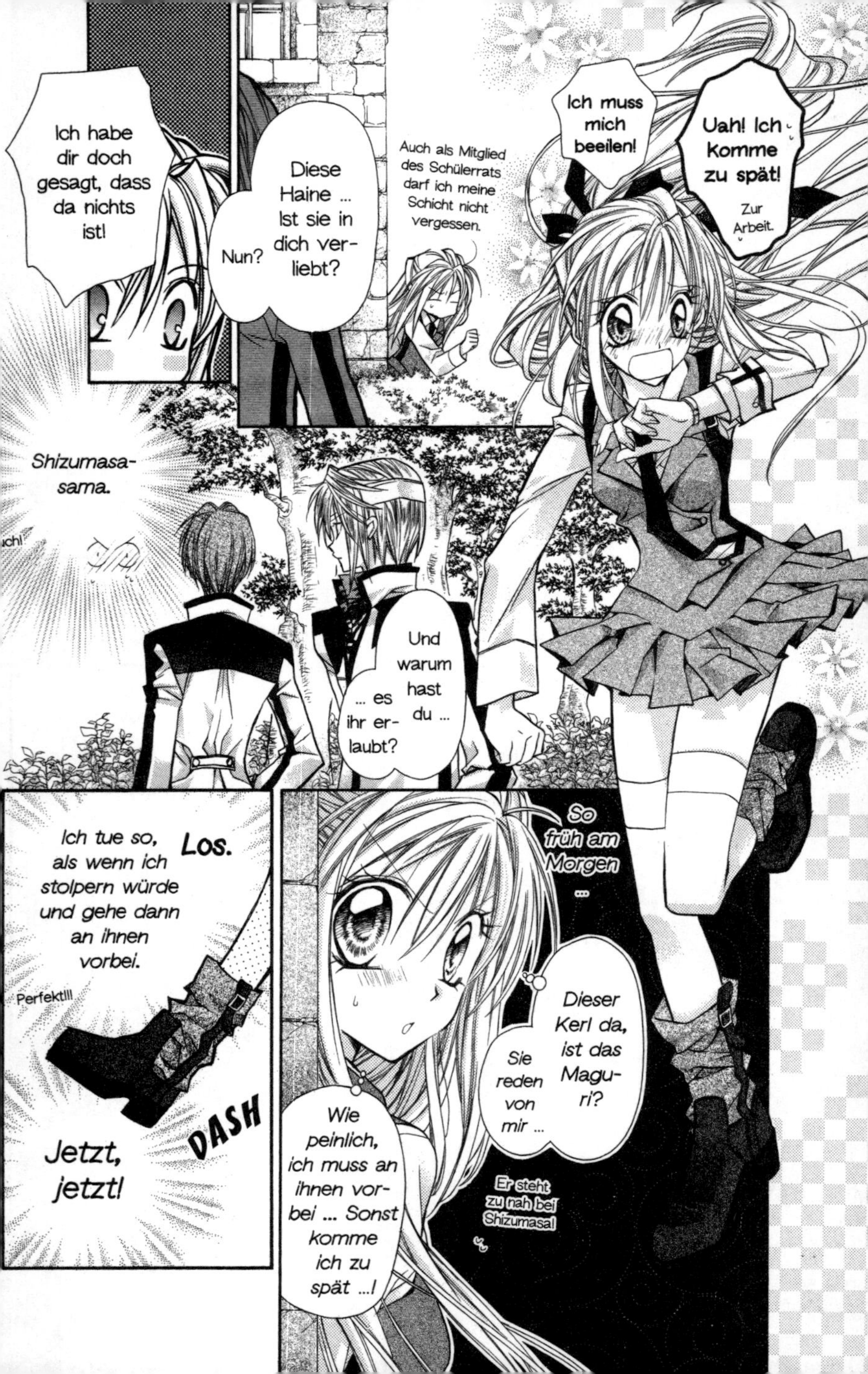
Uah! Ich komme zu spät!
Zur Arbeit.
Ich muss mich beeilen!
Auch als Mitglied des Schülerrats darf ich meine Schicht nicht vergessen.
Diese Haine ... Ist sie in dich verliebt?
Nun?
Ich habe dir doch gesagt, dass da nichts ist!
Und warum hast du ... es ihr erlaubt?
Shizumasa-sama.
So früh am Morgen ...
Dieser Kerl da, ist das Maguri?
Sie reden von mir ...
Er steht zu nah bei Shizumasa!
Wie peinlich, ich muss an ihnen vorbei ... Sonst komme ich zu spät ...!
Los.
Ich tue so, als wenn ich stolpern würde und gehe dann an ihnen vorbei.
Perfekt!!!
DASH
Jetzt, jetzt!

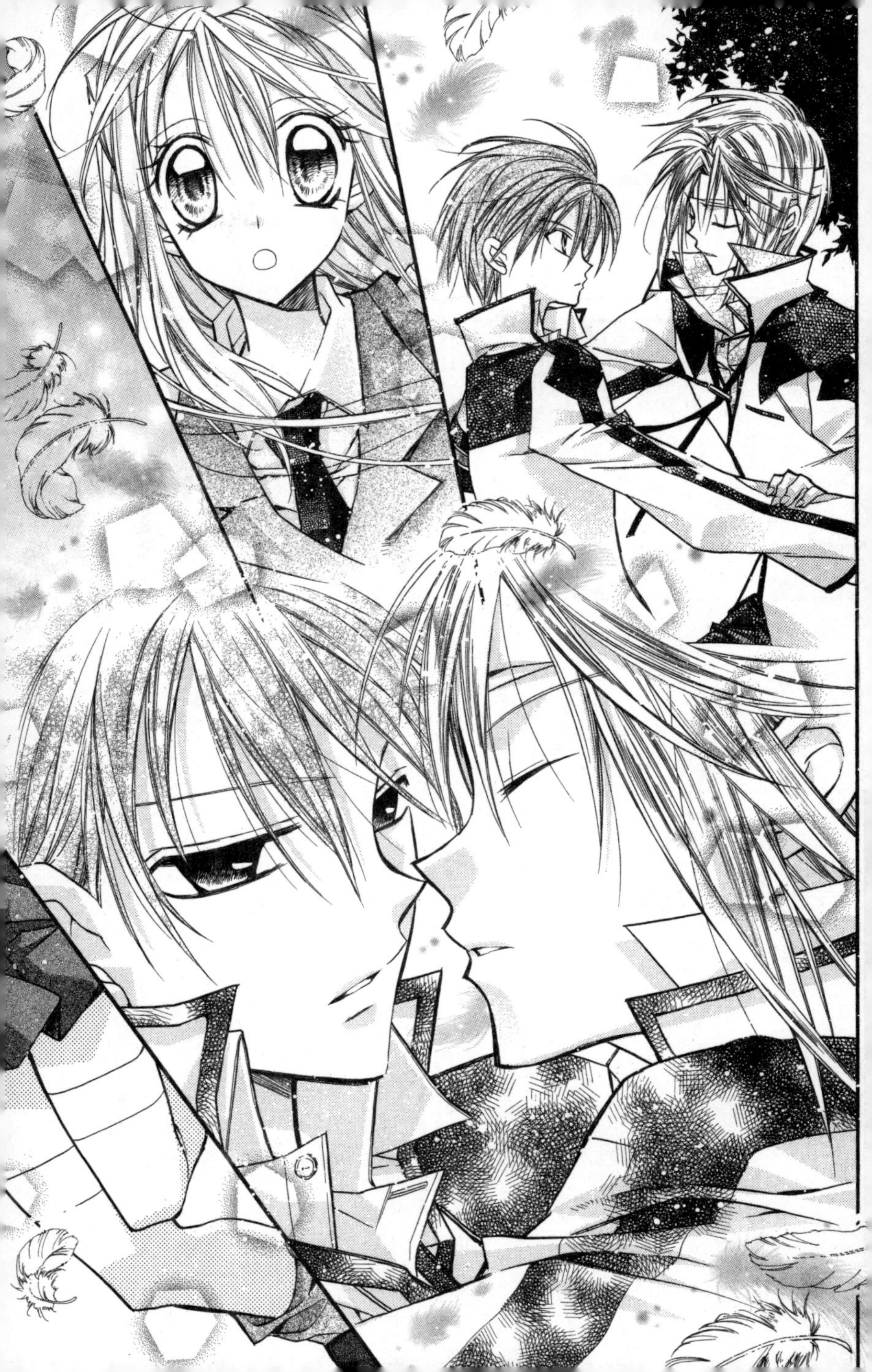

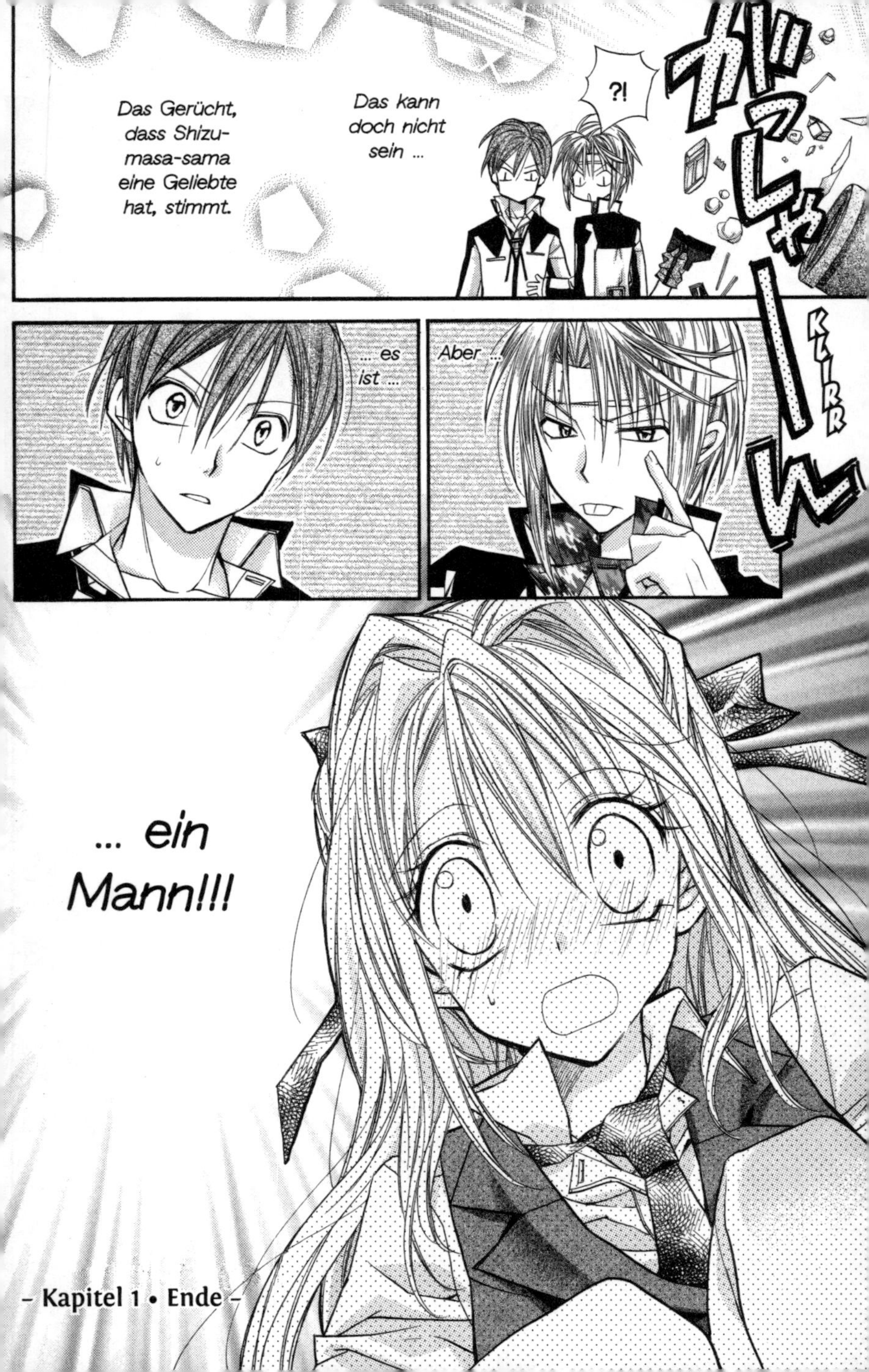
?!
Das kann doch nicht sein ...
Das Gerücht, dass Shizumasa-sama eine Geliebte hat, stimmt.
KLIRR
Aber ...
... es ist ...
... ein Mann!!!
– Kapitel 1 • Ende –

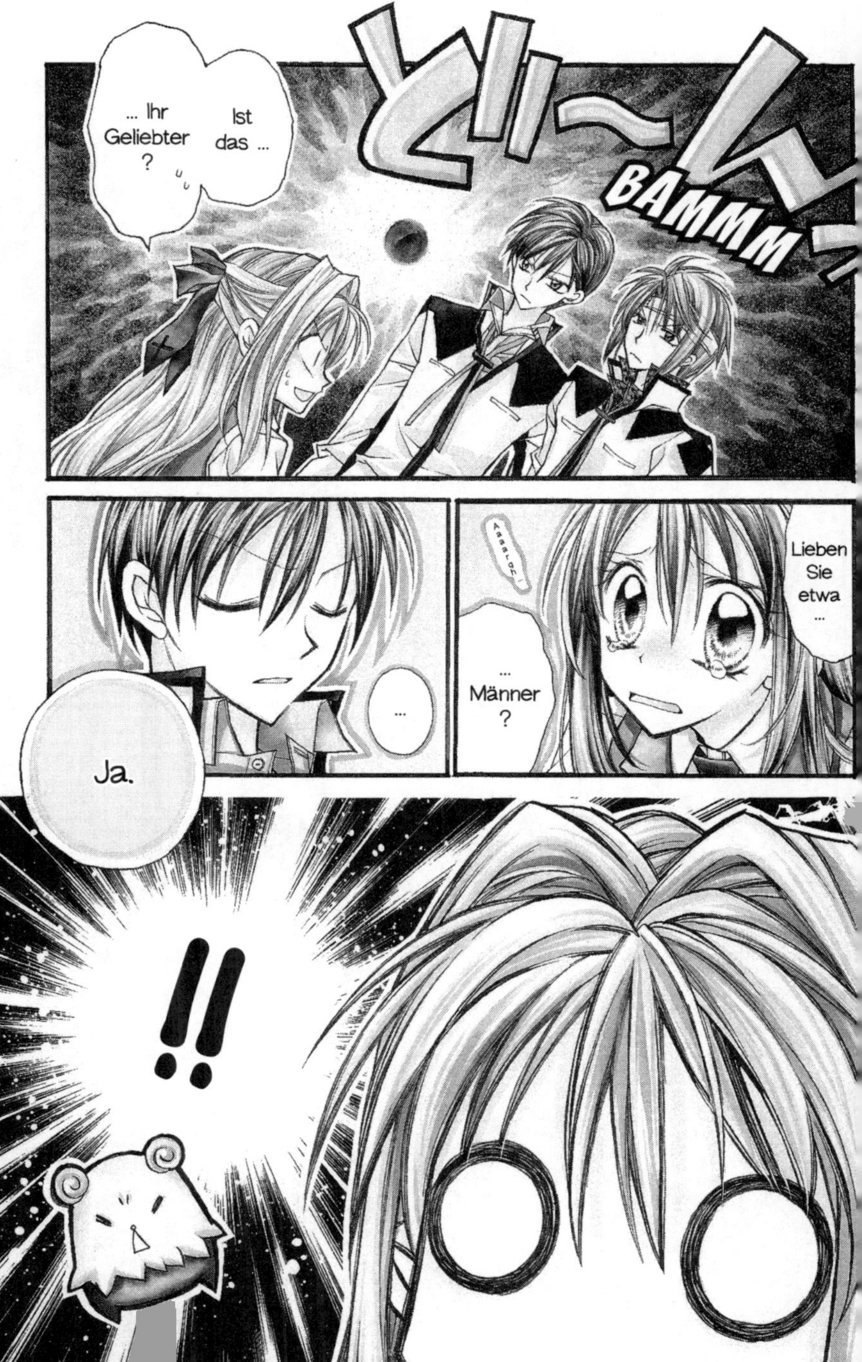
BAMMMM
Ist das ...
... Ihr Geliebter ?
Lieben Sie etwa ...
Aaaargh!
... Männer ?
...
Ja.
!!

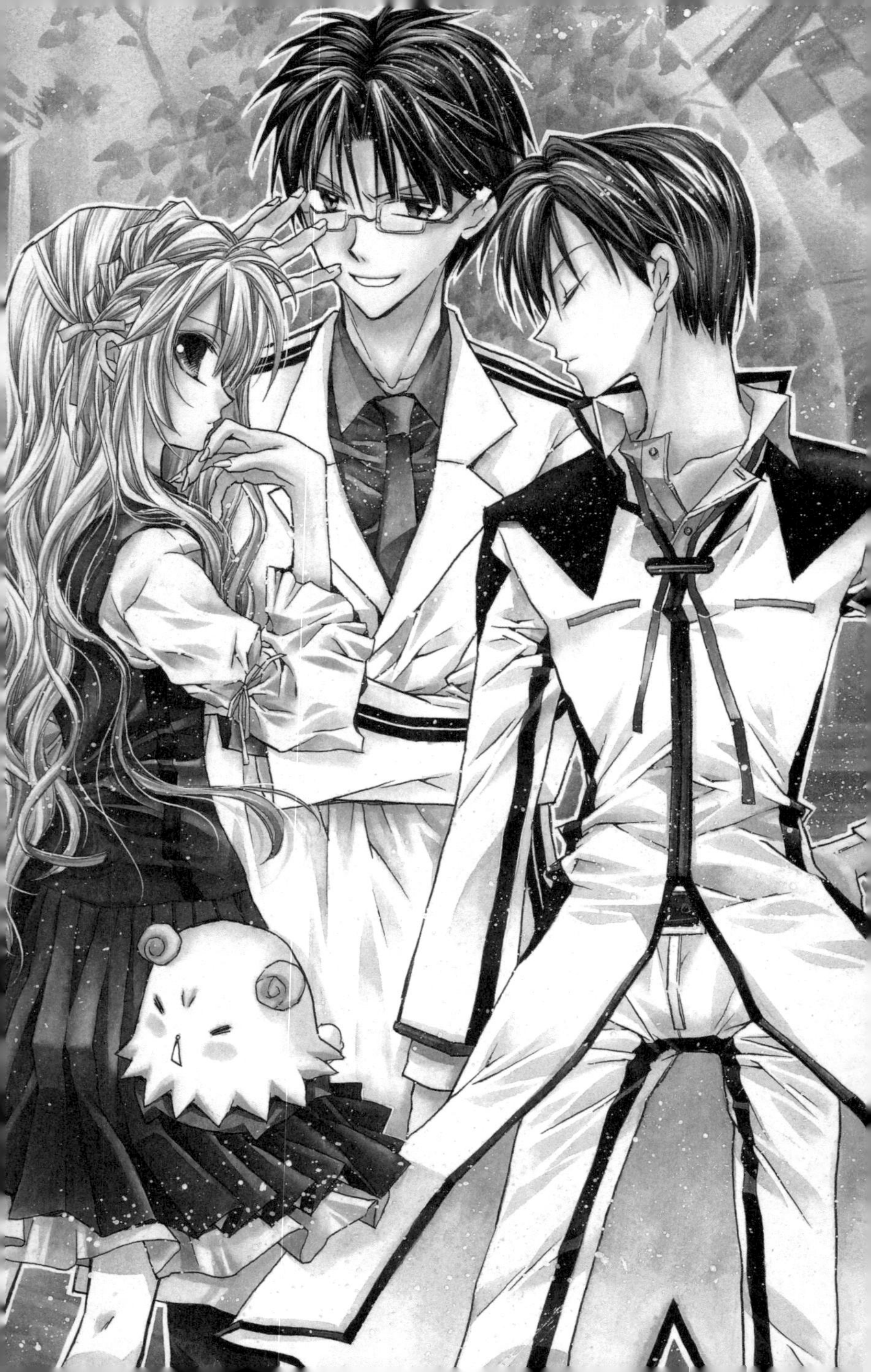

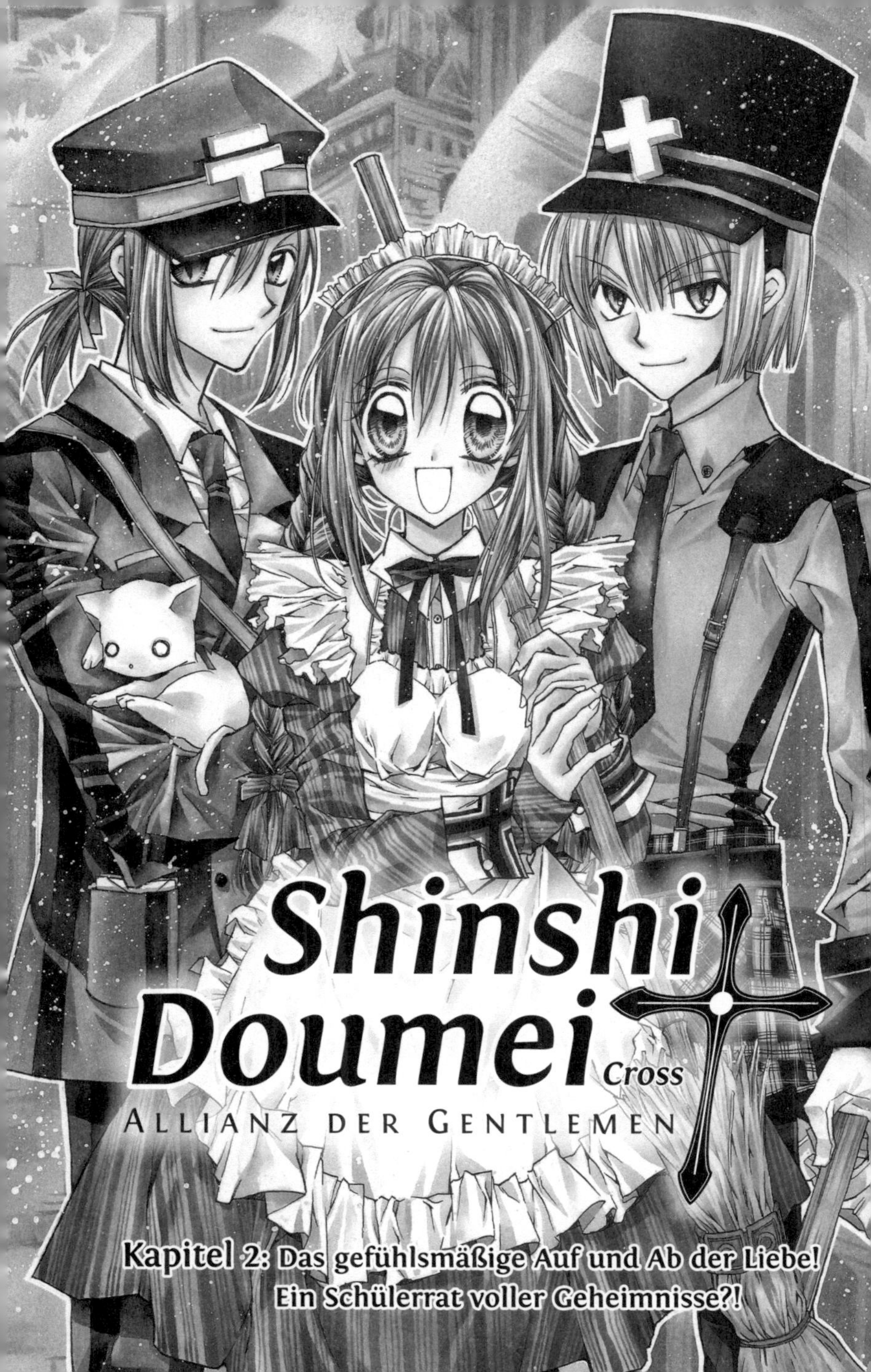
Shinshi Doumei Cross
Allianz der Gentlemen
Kapitel 2: Das gefühlsmäßige Auf und Ab der Liebe!
Ein Schülerrat voller Geheimnisse?!

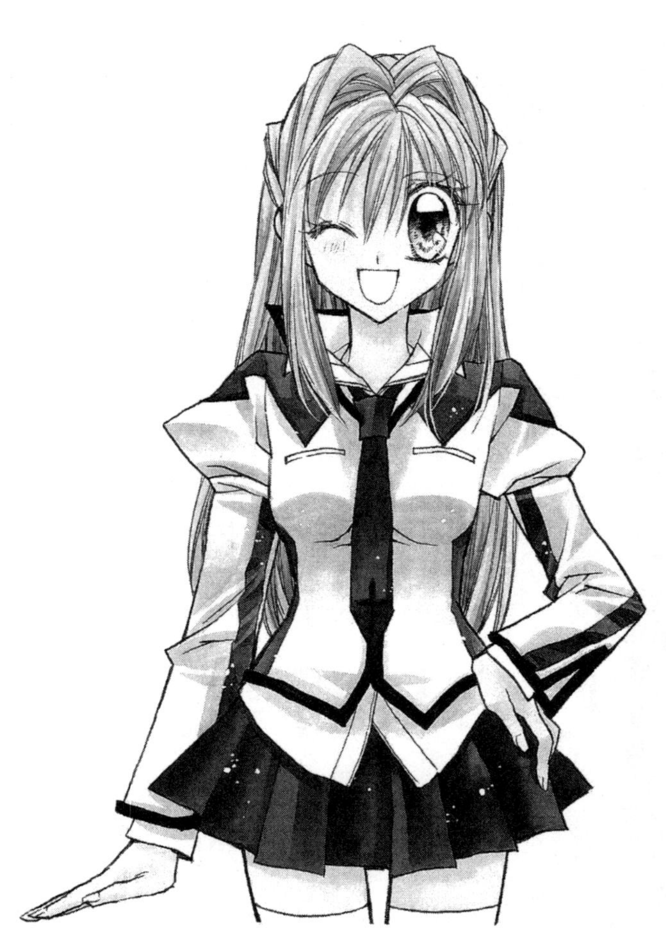

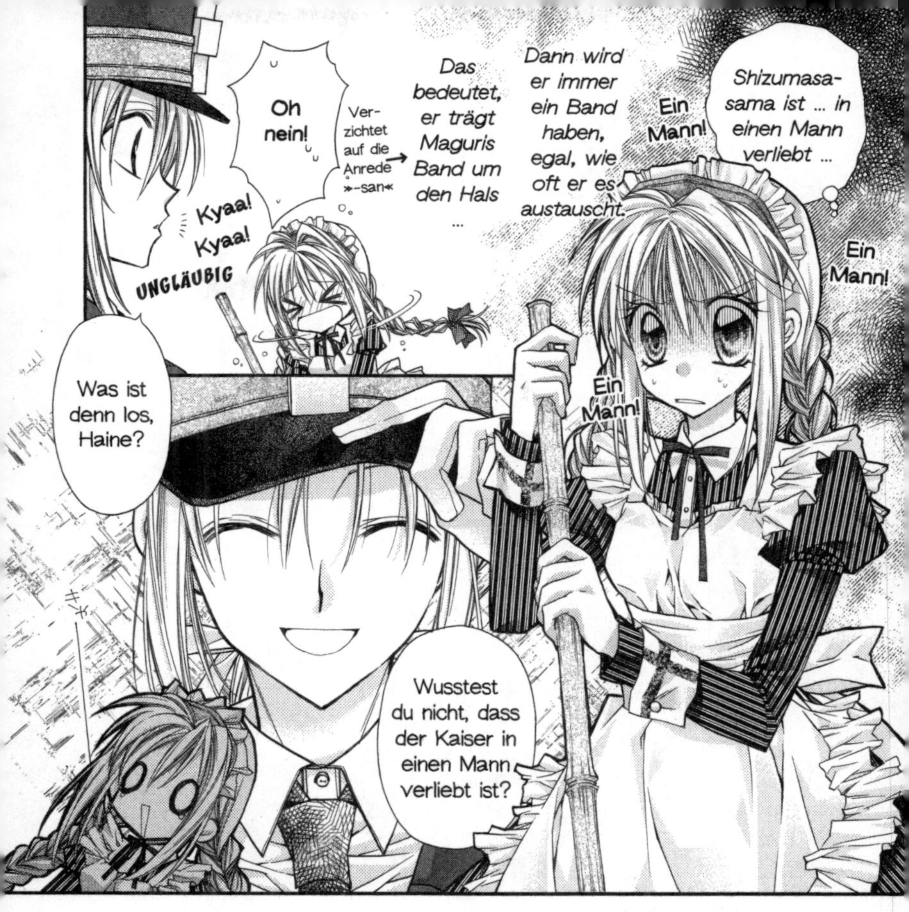

Shizumasa-sama ist ... in einen Mann verliebt ...

Ein Mann!

Ein Mann!

Ein Mann!

Dann wird er immer ein Band haben, egal, wie oft er es austauscht.

Das bedeutet, er trägt Maguris Band um den Hals ...

Verzichtet auf die Anrede »-san«

Oh nein!

Kyaa! Kyaa!

UNGLÄUBIG

Was ist denn los, Haine?

Wusstest du nicht, dass der Kaiser in einen Mann verliebt ist?

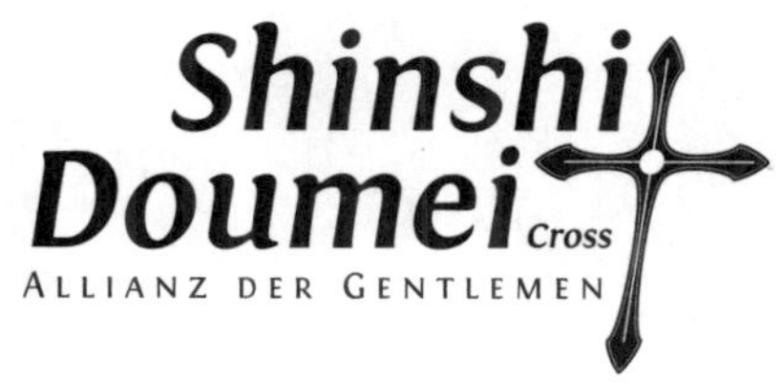

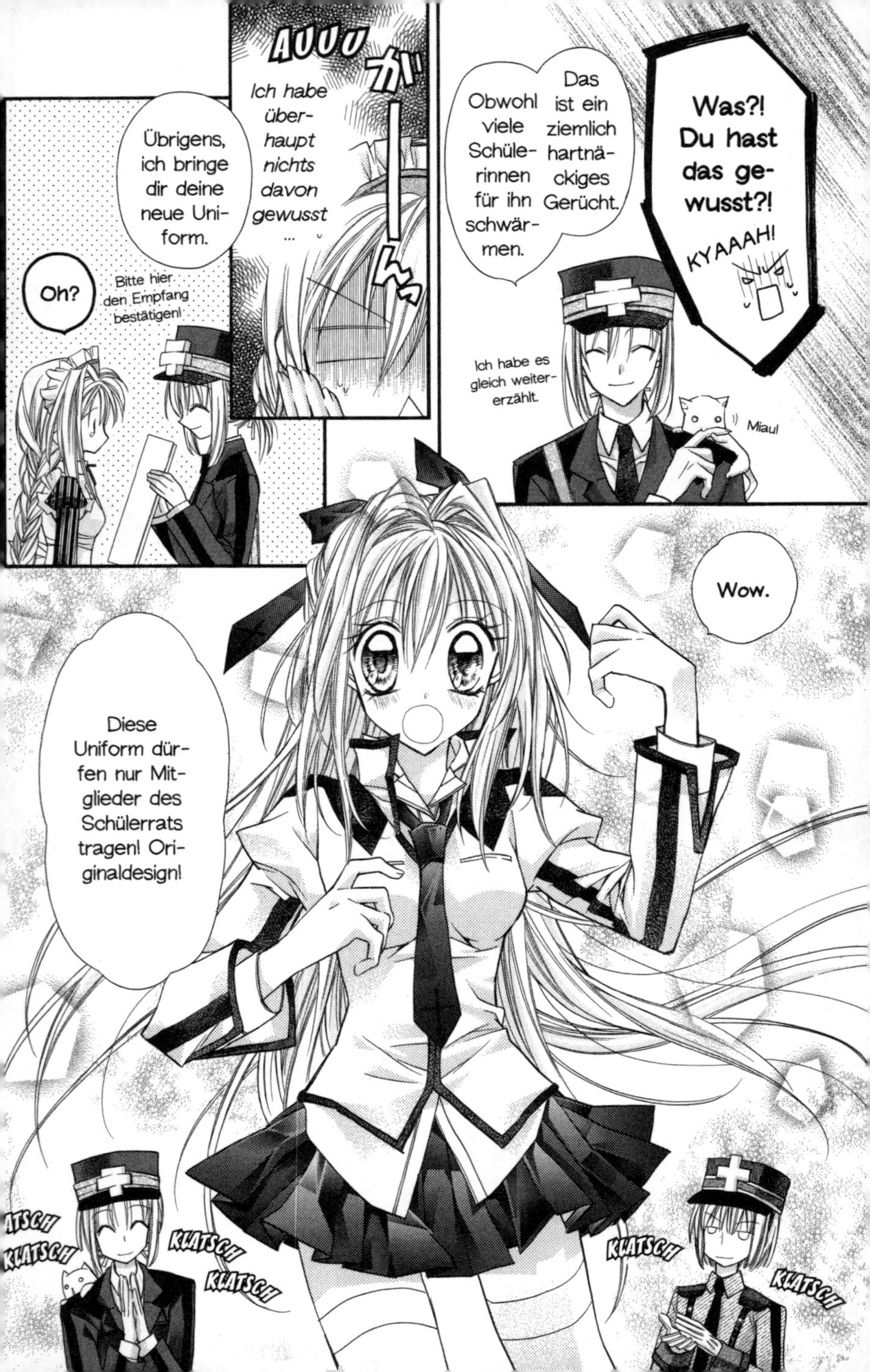Übrigens, ich bringe dir deine neue Uniform.
Oh?
Bitte hier den Empfang bestätigen!
AUUU
Ich habe überhaupt nichts davon gewusst ...
Das ist ein ziemlich hartnäckiges Gerücht.
Obwohl viele Schülerinnen für ihn schwärmen.
Was?! Du hast das gewusst?!
KYAAAH!
Ich habe es gleich weitererzählt.
Miau!
Wow.
Diese Uniform dürfen nur Mitglieder des Schülerrats tragen! Originaldesign!
KLATSCH
KLATSCH
KLATSCH
KLATSCH
KLATSCH
KLATSCH

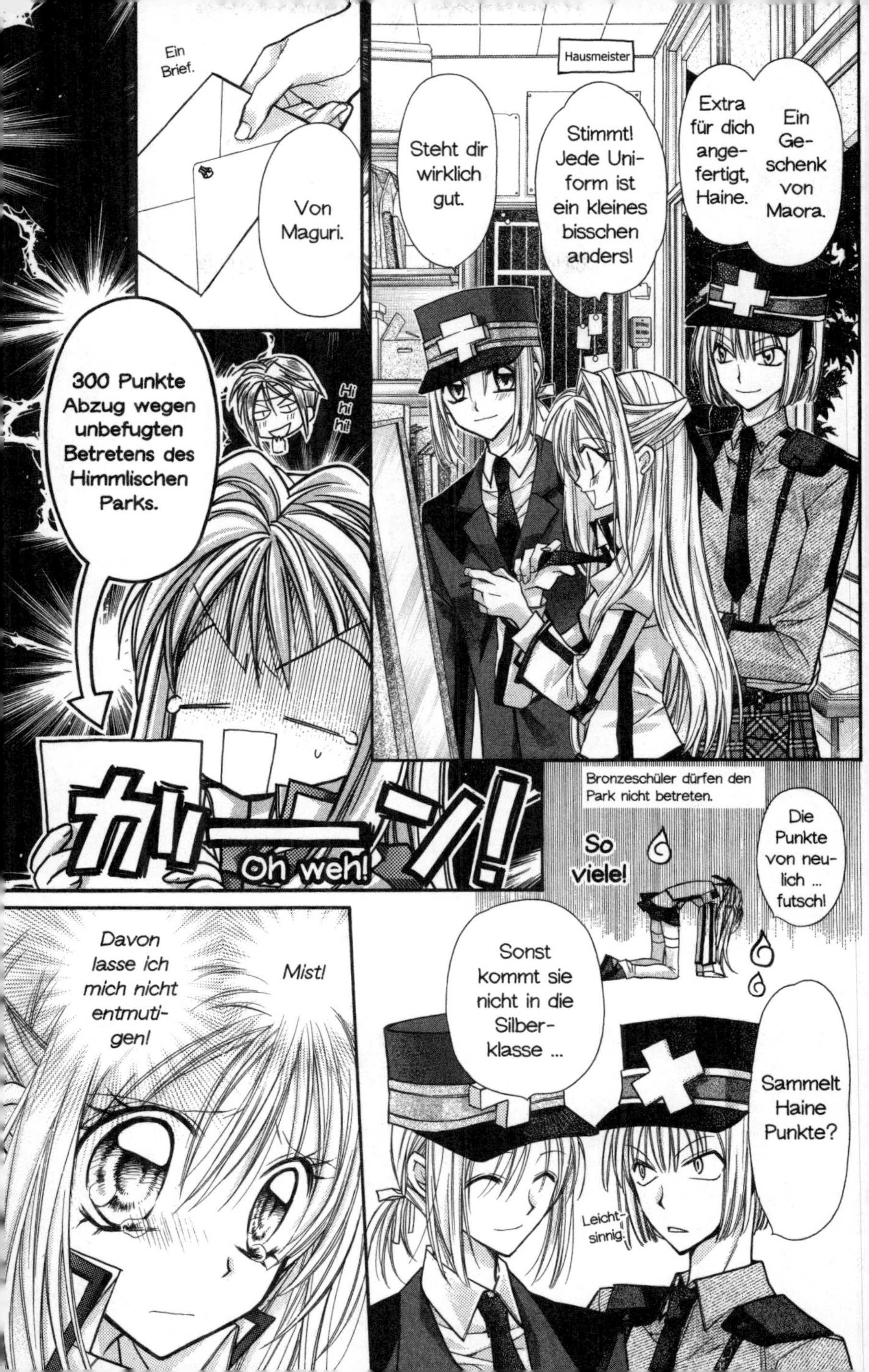
Hausmeister
Ein Geschenk von Maora.
Extra für dich angefertigt, Haine.
Stimmt! Jede Uniform ist ein kleines bisschen anders!
Steht dir wirklich gut.
Ein Brief.
Von Maguri.
300 Punkte Abzug wegen unbefugten Betretens des Himmlischen Parks.
Hi hi hi!
カーン!
Oh weh!
Bronzeschüler dürfen den Park nicht betreten.
Die Punkte von neulich ... futsch!
So viele!
Sammelt Haine Punkte?
Sonst kommt sie nicht in die Silberklasse ...
Leichtsinnig.
Mist!
Davon lasse ich mich nicht entmutigen!

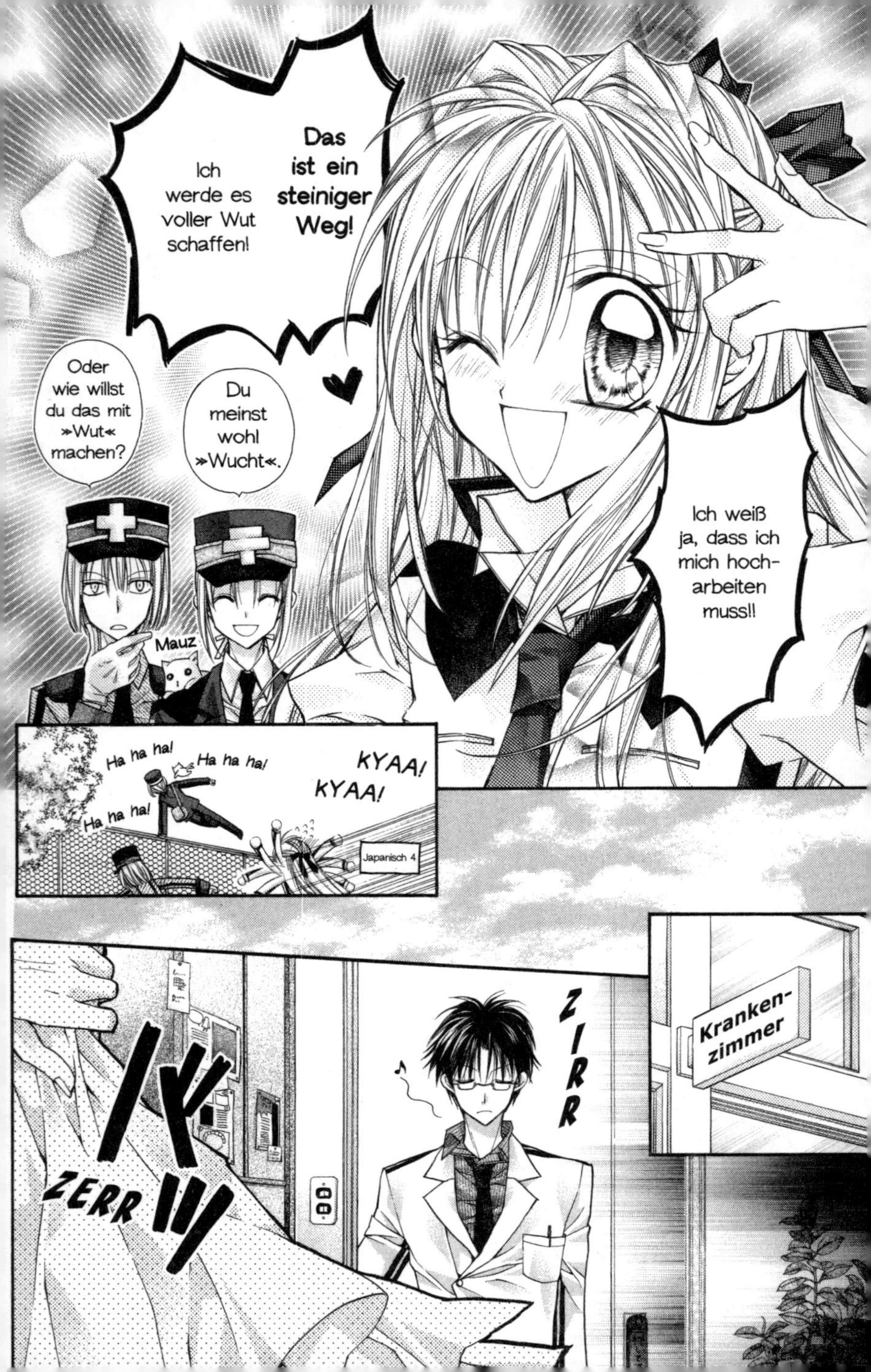
Das ist ein steiniger Weg!
Ich werde es voller Wut schaffen!
Ich weiß ja, dass ich mich hoch-arbeiten muss!!
Du meinst wohl »Wucht«.
Oder wie willst du das mit »Wut« machen?
Mauz
KYAA! KYAA!
Ha ha ha!
Ha ha ha!
Ha ha ha!
Japanisch 4
Kranken-zimmer
ZIRR
ZERR

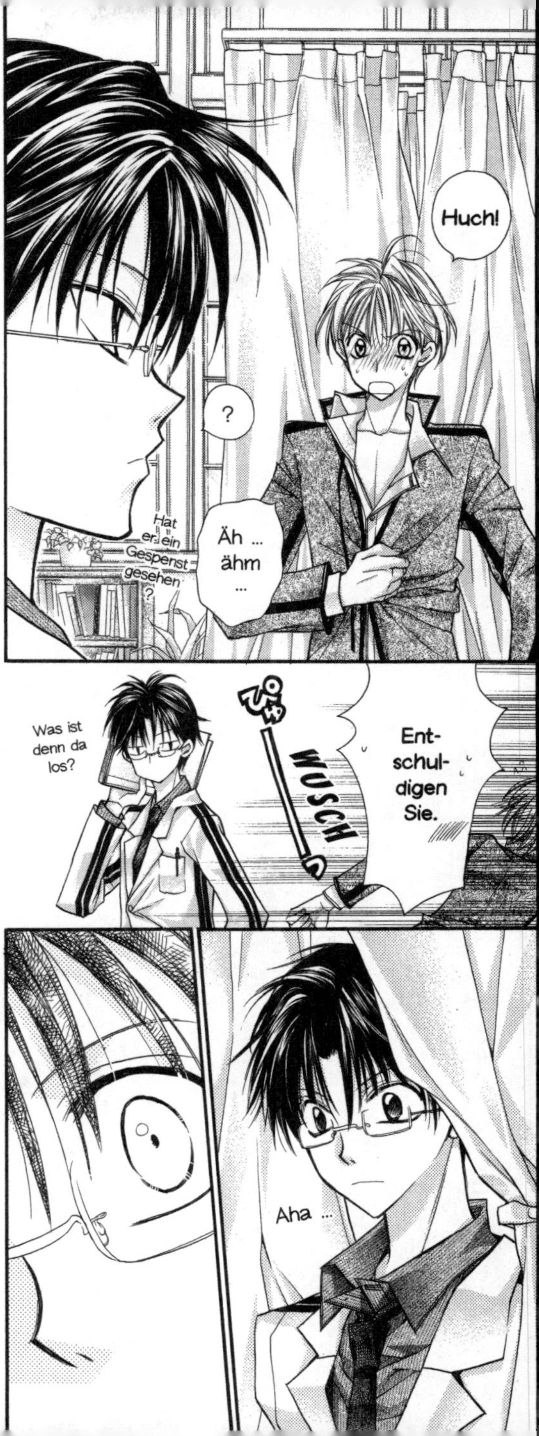

Huch!

?

Äh ... ähm ...

Hat er ein Gespenst gesehen?

ぴゅ

WUSCH

Entschuldigen Sie.

Was ist denn da los?

Aha ...

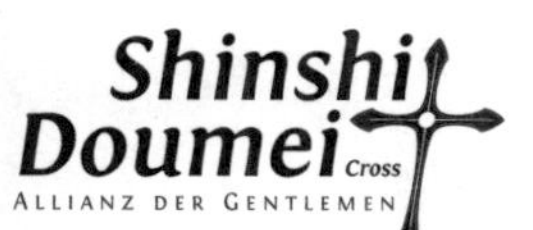

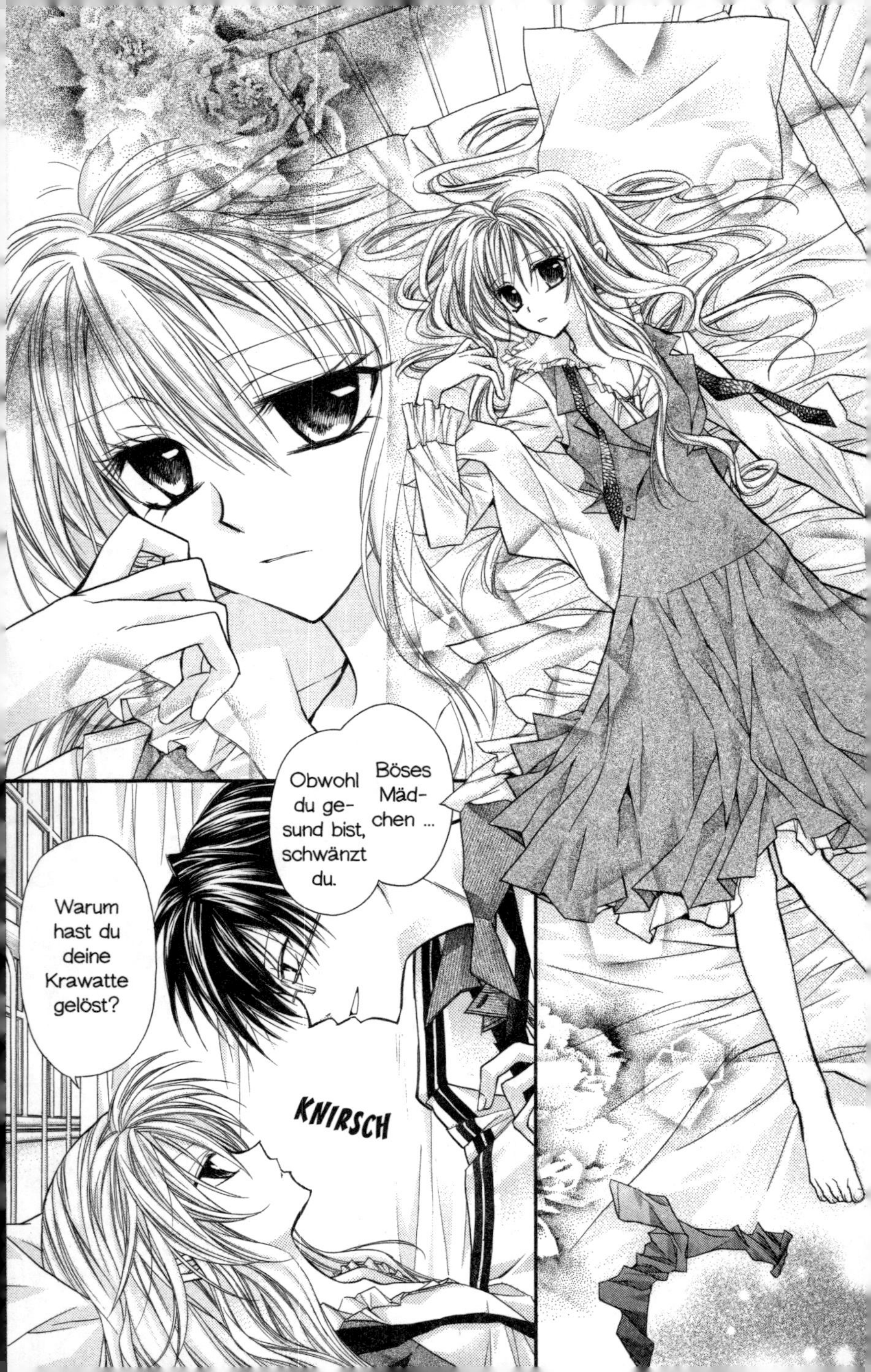
Böses Mädchen ...
Obwohl du gesund bist, schwänzt du.
Warum hast du deine Krawatte gelöst?
KNIRSCH

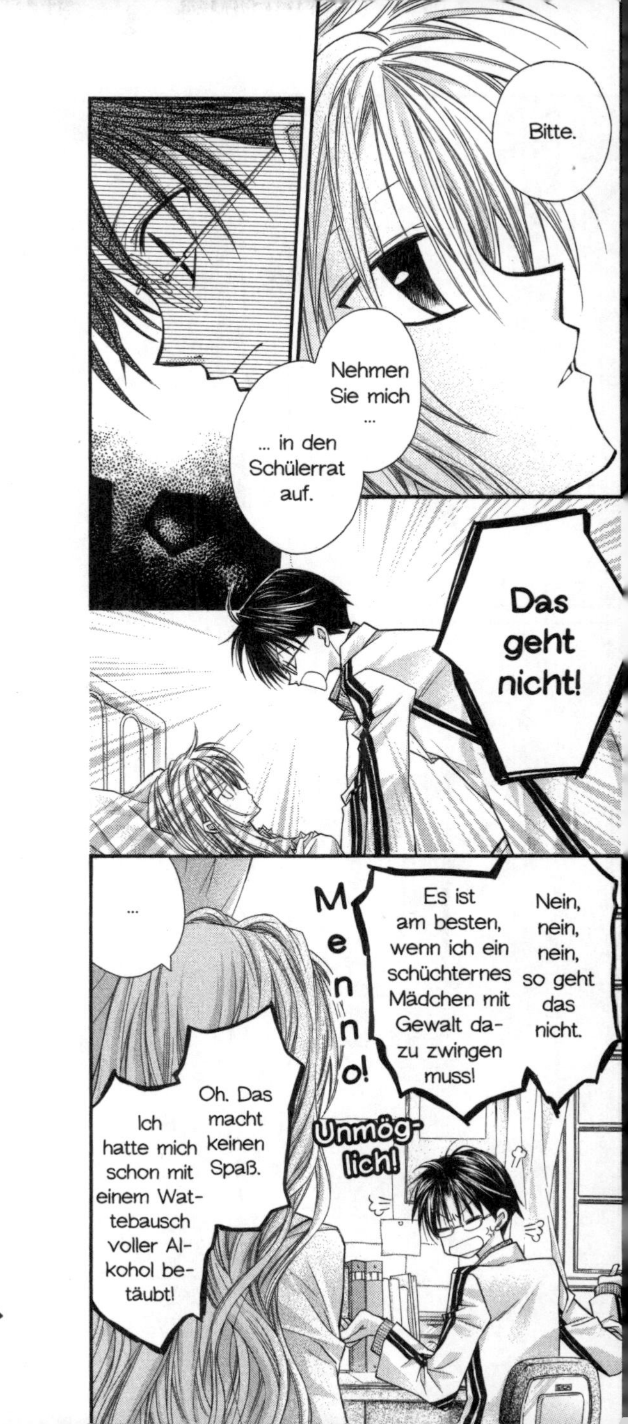

Shinshi Doumei Cross
ALLIANZ DER GENTLEMEN

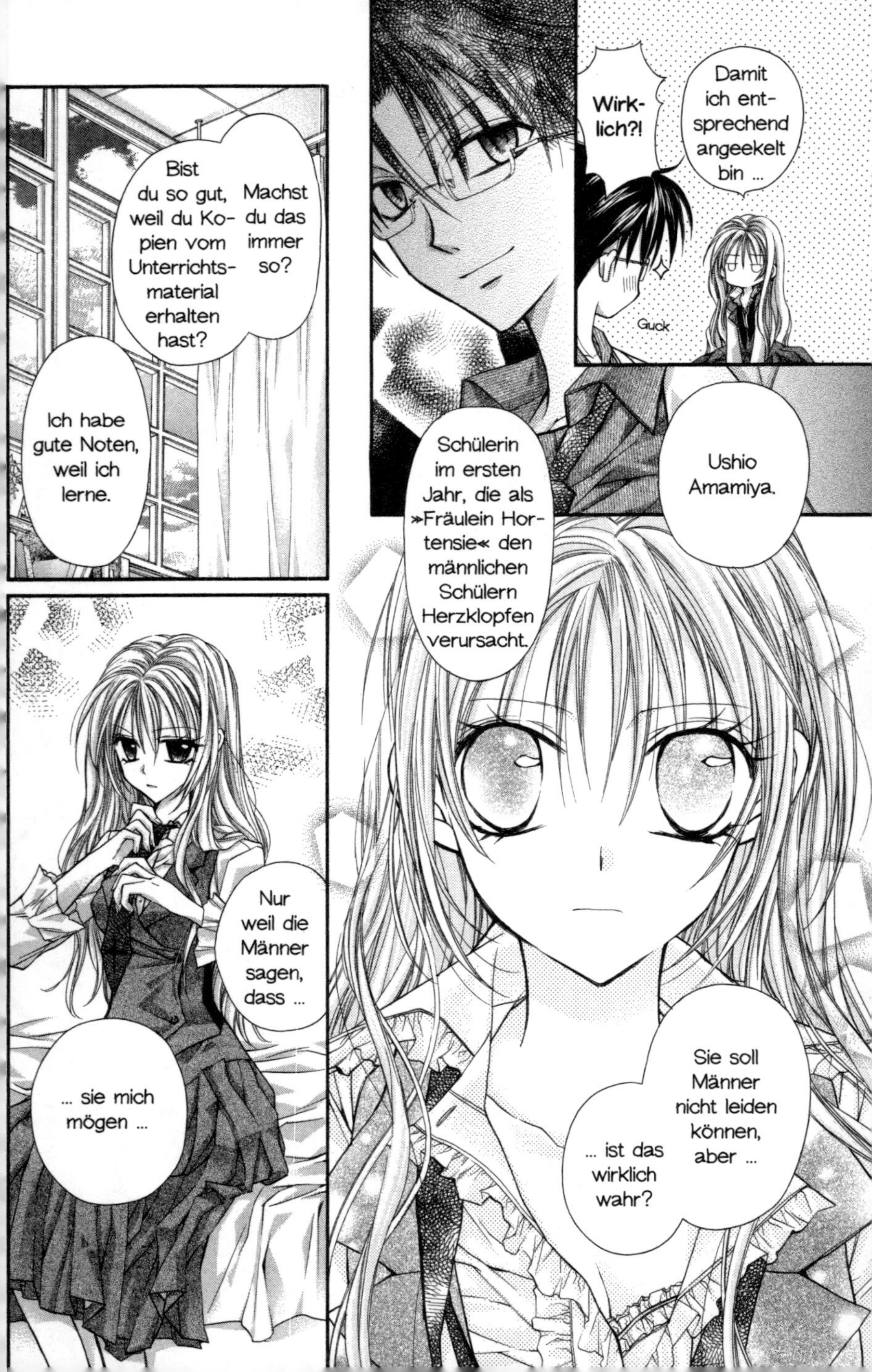

Damit ich entsprechend angeekelt bin ...
Wirklich?!
Guck
Ushio Amamiya.
Schülerin im ersten Jahr, die als »Fräulein Hortensie« den männlichen Schülern Herzklopfen verursacht.
Sie soll Männer nicht leiden können, aber ...
... ist das wirklich wahr?
Machst du das immer so?
Bist du so gut, weil du Kopien vom Unterrichtsmaterial erhalten hast?
Ich habe gute Noten, weil ich lerne.
Nur weil die Männer sagen, dass ...
... sie mich mögen ...

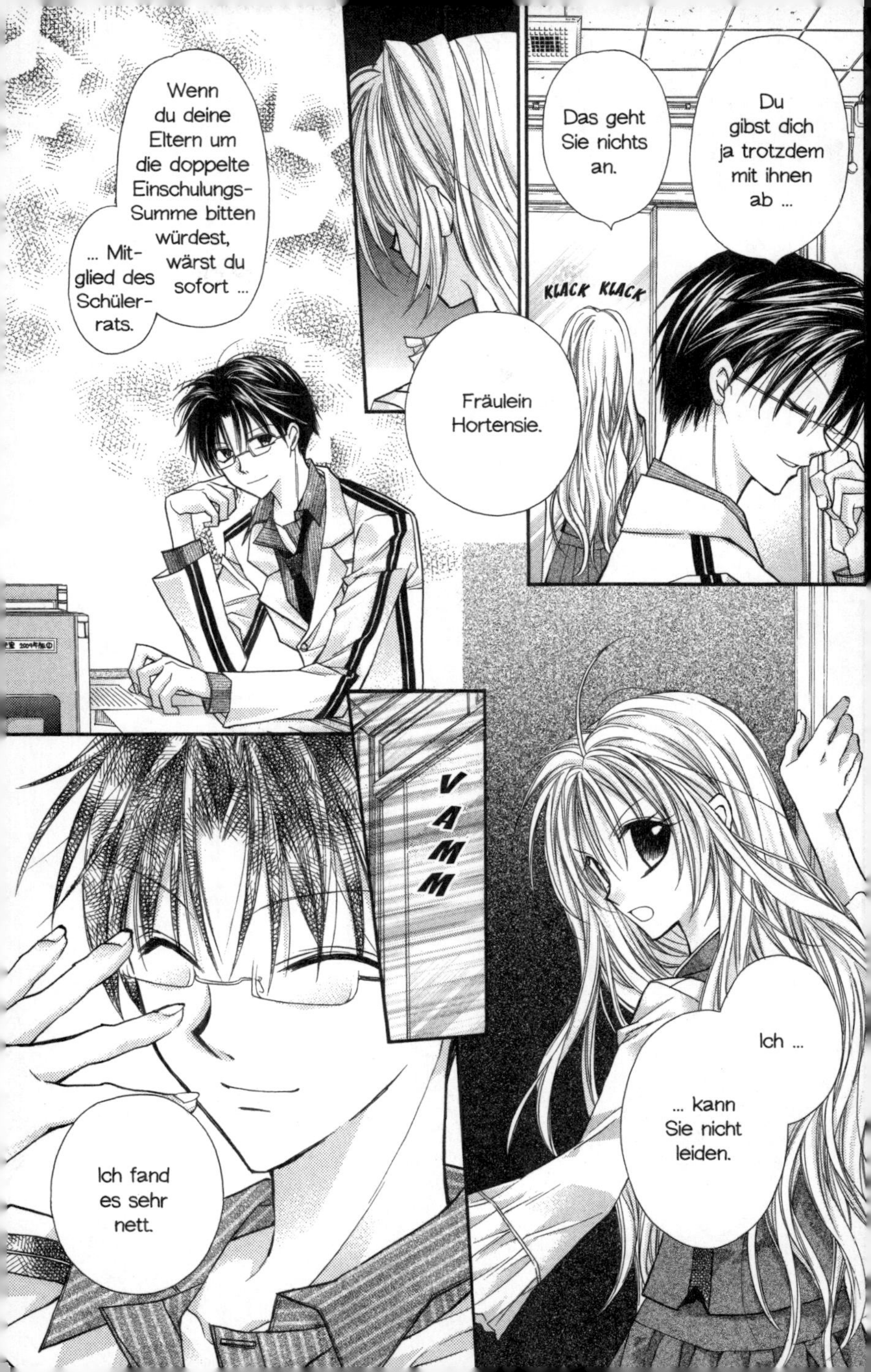
Du gibst dich ja trotzdem mit ihnen ab ...
Das geht Sie nichts an.
KLACK KLACK
Fräulein Hortensie.
Wenn du deine Eltern um die doppelte Einschulungs-Summe bitten würdest, wärst du sofort ...
... Mitglied des Schülerrats.
Ich ...
... kann Sie nicht leiden.
VAMM
Ich fand es sehr nett.

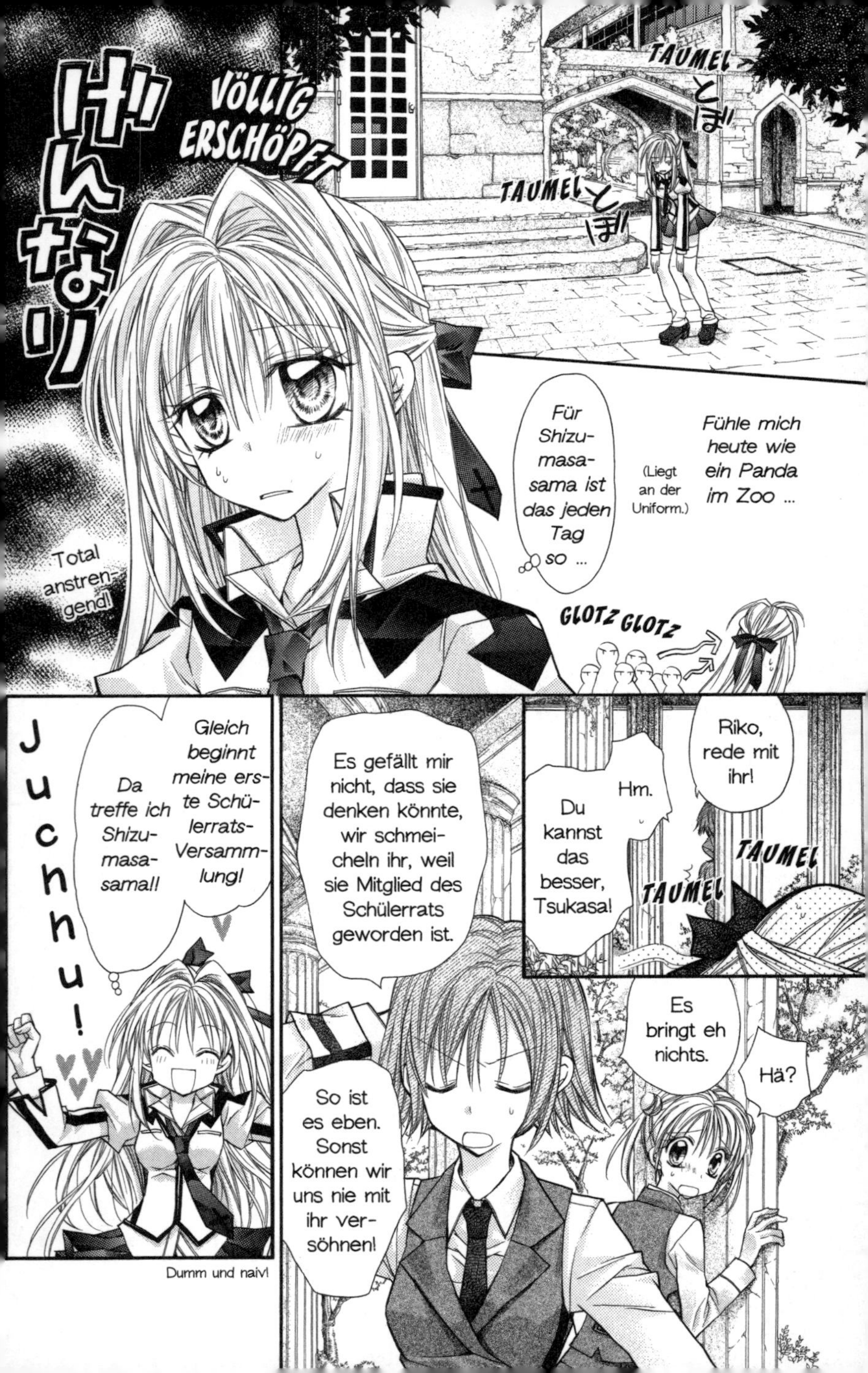
げんなり
VÖLLIG ERSCHÖPFT
TAUMEL とぼ
TAUMEL とぼ
Fühle mich heute wie ein Panda im Zoo ...
(Liegt an der Uniform.)
Für Shizu-masa-sama ist das jeden Tag so ...
Total anstren-gend!
GLOTZ GLOTZ
Riko, rede mit ihr!
Hm.
Du kannst das besser, Tsukasa!
TAUMEL
TAUMEL
Es gefällt mir nicht, dass sie denken könnte, wir schmeicheln ihr, weil sie Mitglied des Schülerrats geworden ist.
Es bringt eh nichts.
Hä?
So ist es eben. Sonst können wir uns nie mit ihr ver-söhnen!
Gleich beginnt meine ers-te Schü-lerrats-Versamm-lung!
Da treffe ich Shizu-masa-sama!
Juchhu!
Dumm und naiv!

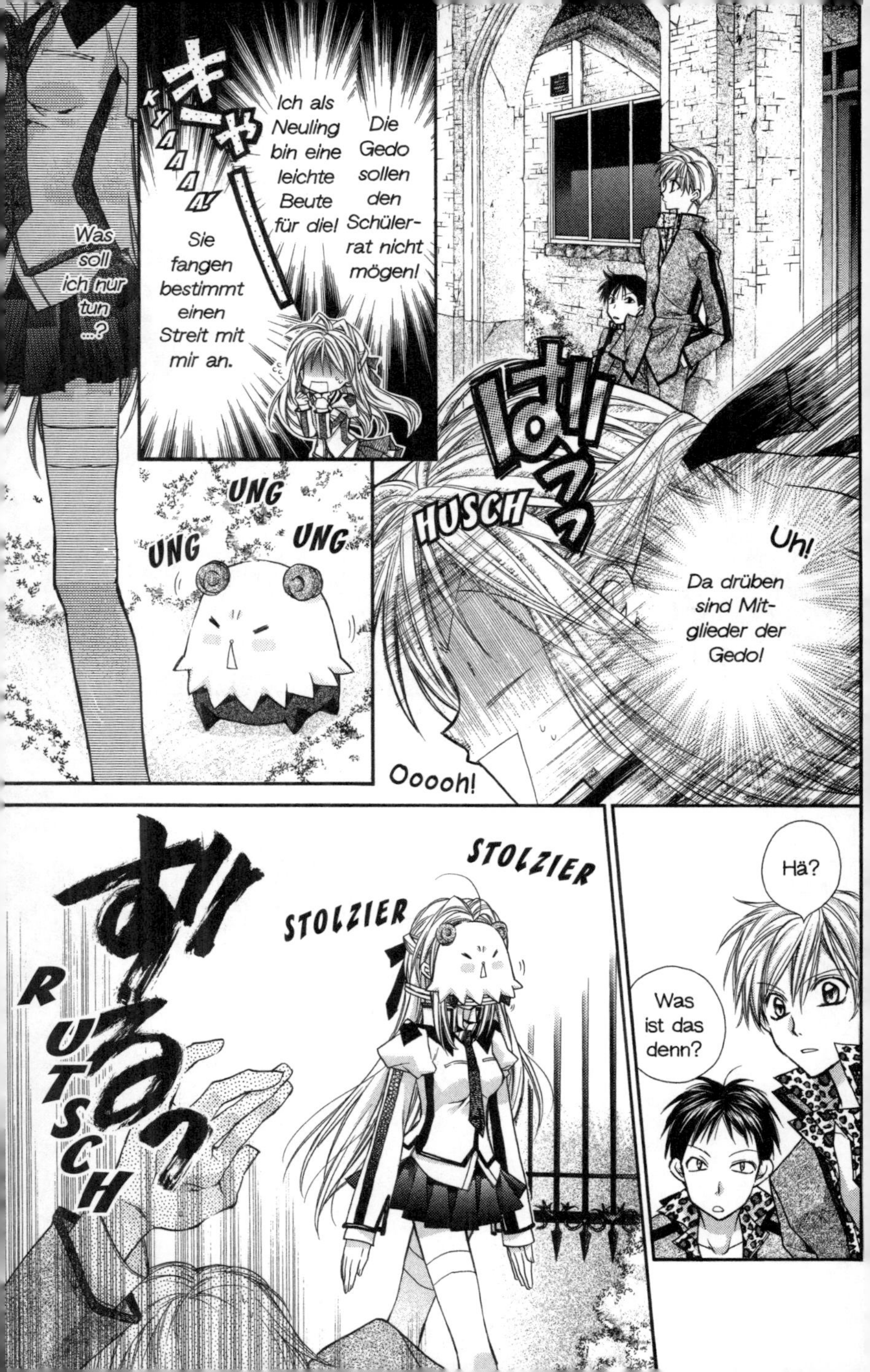
Was soll ich nur tun ...?
KYAAAAA!
Die Gedo sollen den Schülerrat nicht mögen!
Ich als Neuling bin eine leichte Beute für die!
Sie fangen bestimmt einen Streit mit mir an.
HUSCH
Uh!
Da drüben sind Mitglieder der Gedo!
UNG
UNG
UNG
Ooooh!
Hä?
Was ist das denn?
STOLZIER
STOLZIER
RUTSCH

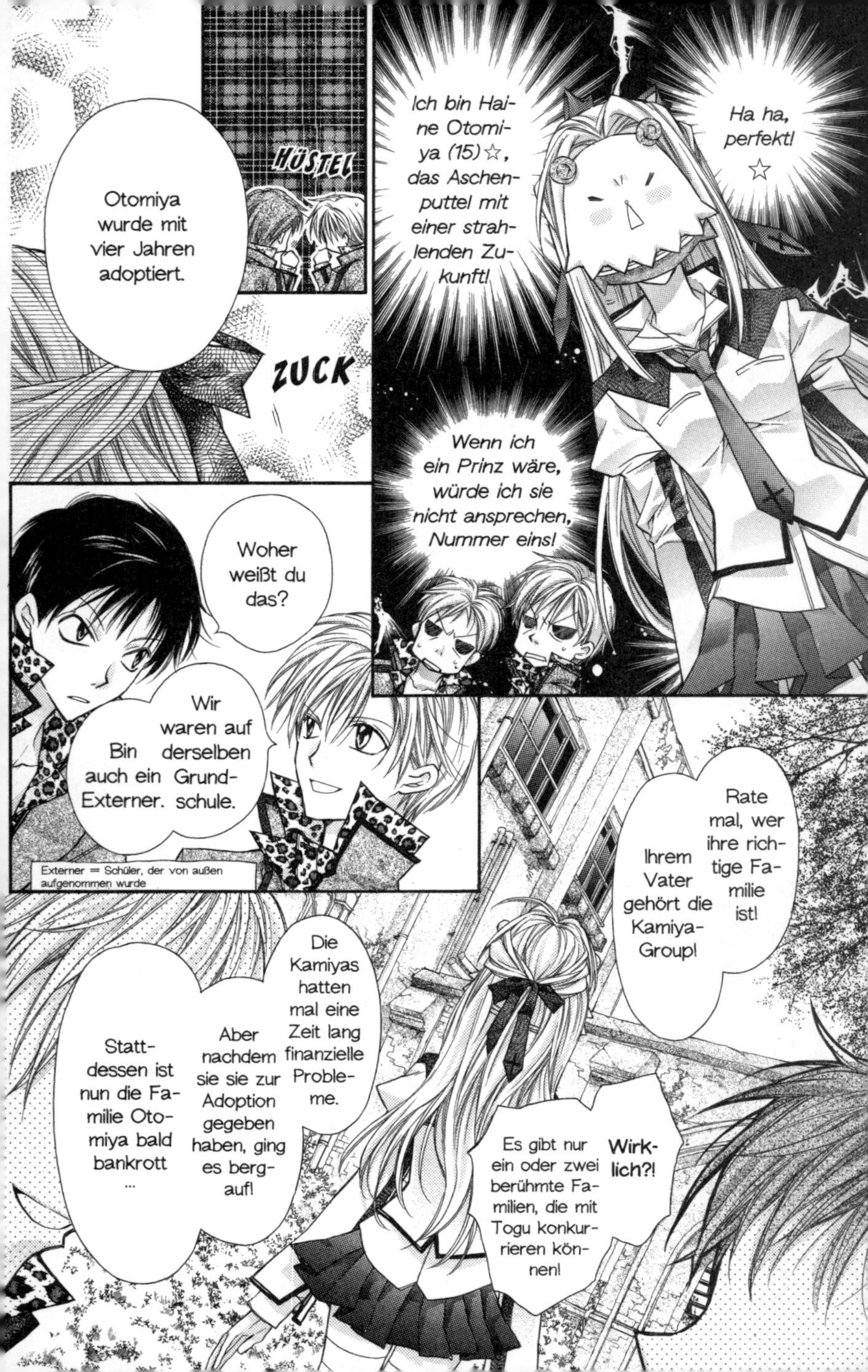
Ich bin Haine Otomiya (15)☆, das Aschenputtel mit einer strahlenden Zukunft!
Ha ha, perfekt! ☆
Wenn ich ein Prinz wäre, würde ich sie nicht ansprechen, Nummer eins!
HÜSTEL
Otomiya wurde mit vier Jahren adoptiert.
ZUCK
Woher weißt du das?
Wir waren auf derselben Grundschule.
Bin auch ein Externer.
Externer = Schüler, der von außen aufgenommen wurde
Rate mal, wer ihre richtige Familie ist!
Ihrem Vater gehört die Kamiya-Group!
Wirklich?!
Es gibt nur ein oder zwei berühmte Familien, die mit Togu konkurrieren können!
Die Kamiyas hatten mal eine Zeit lang finanzielle Probleme.
Aber nachdem sie sie zur Adoption gegeben haben, ging es bergauf!
Stattdessen ist nun die Familie Otomiya bald bankrott ...

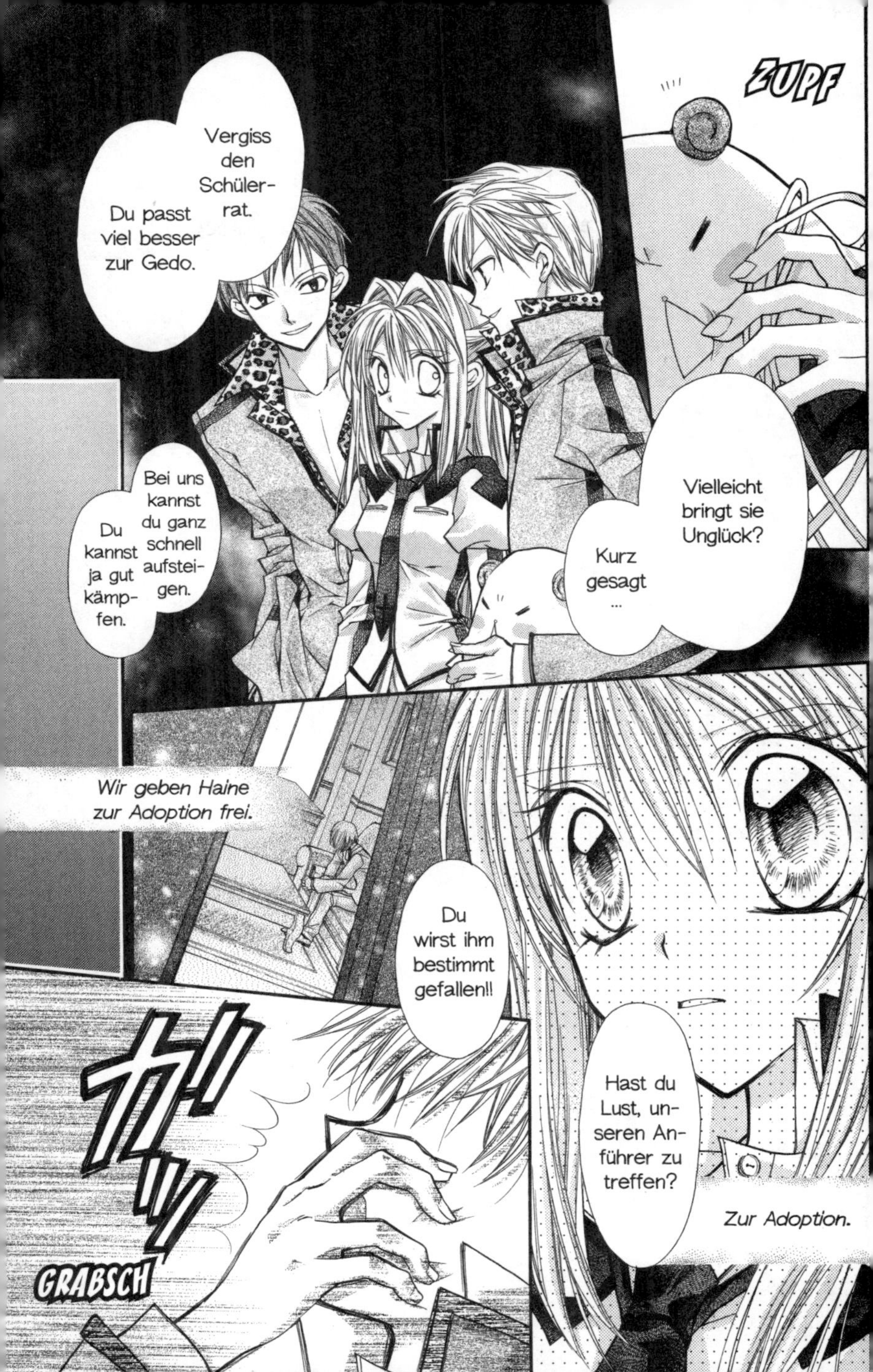
ZUPF
Vergiss den Schüler-rat.
Du passt viel besser zur Gedo.
Vielleicht bringt sie Unglück?
Kurz gesagt ...
Bei uns kannst du ganz schnell aufstei-gen.
Du kannst ja gut kämp-fen.
Wir geben Haine zur Adoption frei.
Du wirst ihm bestimmt gefallen!!
Hast du Lust, un-seren An-führer zu treffen?
Zur Adoption.
GRABSCH

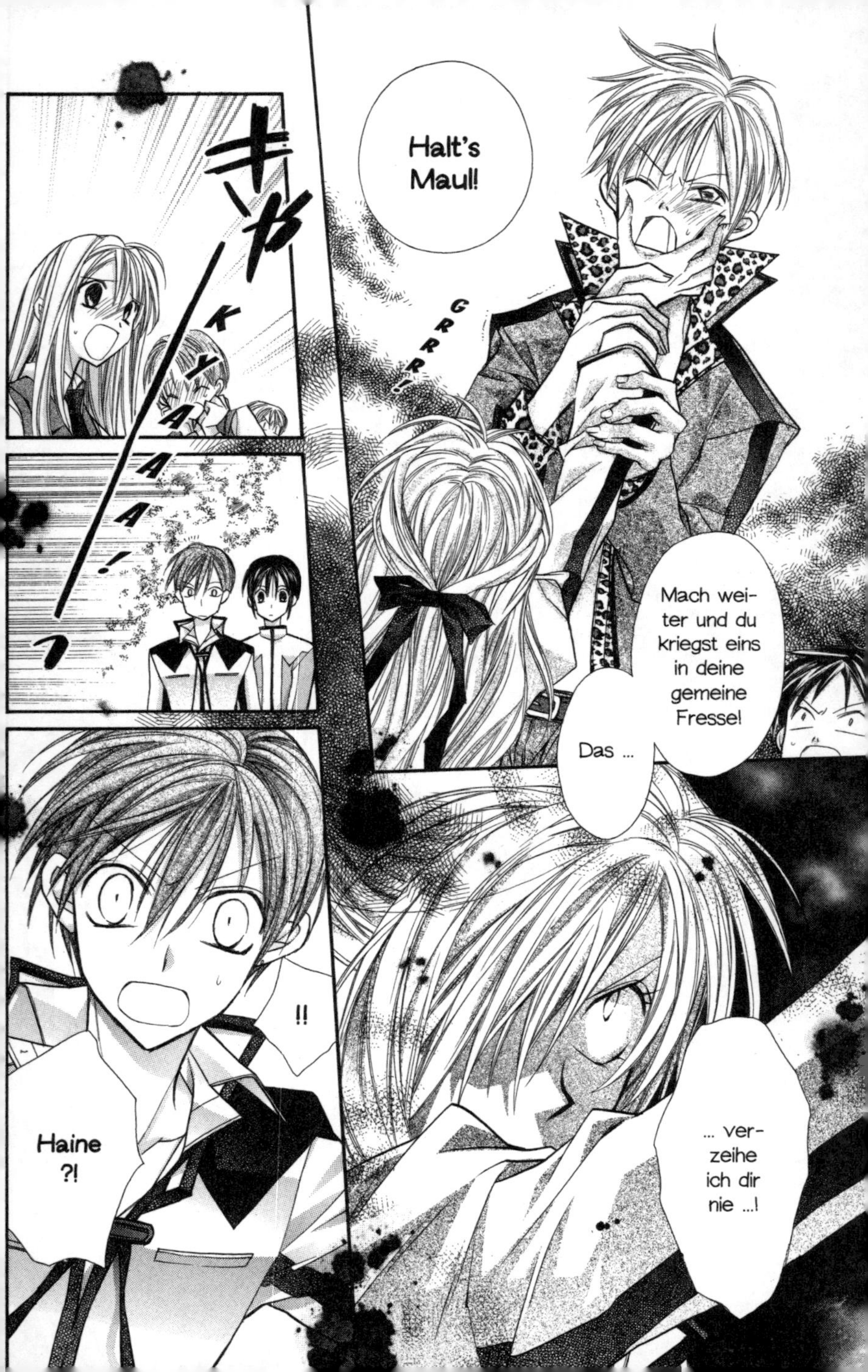
Halt's Maul!
GRRR!
Mach weiter und du kriegst eins in deine gemeine Fresse!
KYAAAA!
Das ...
... verzeihe ich dir nie ...!
!!
Haine ?!

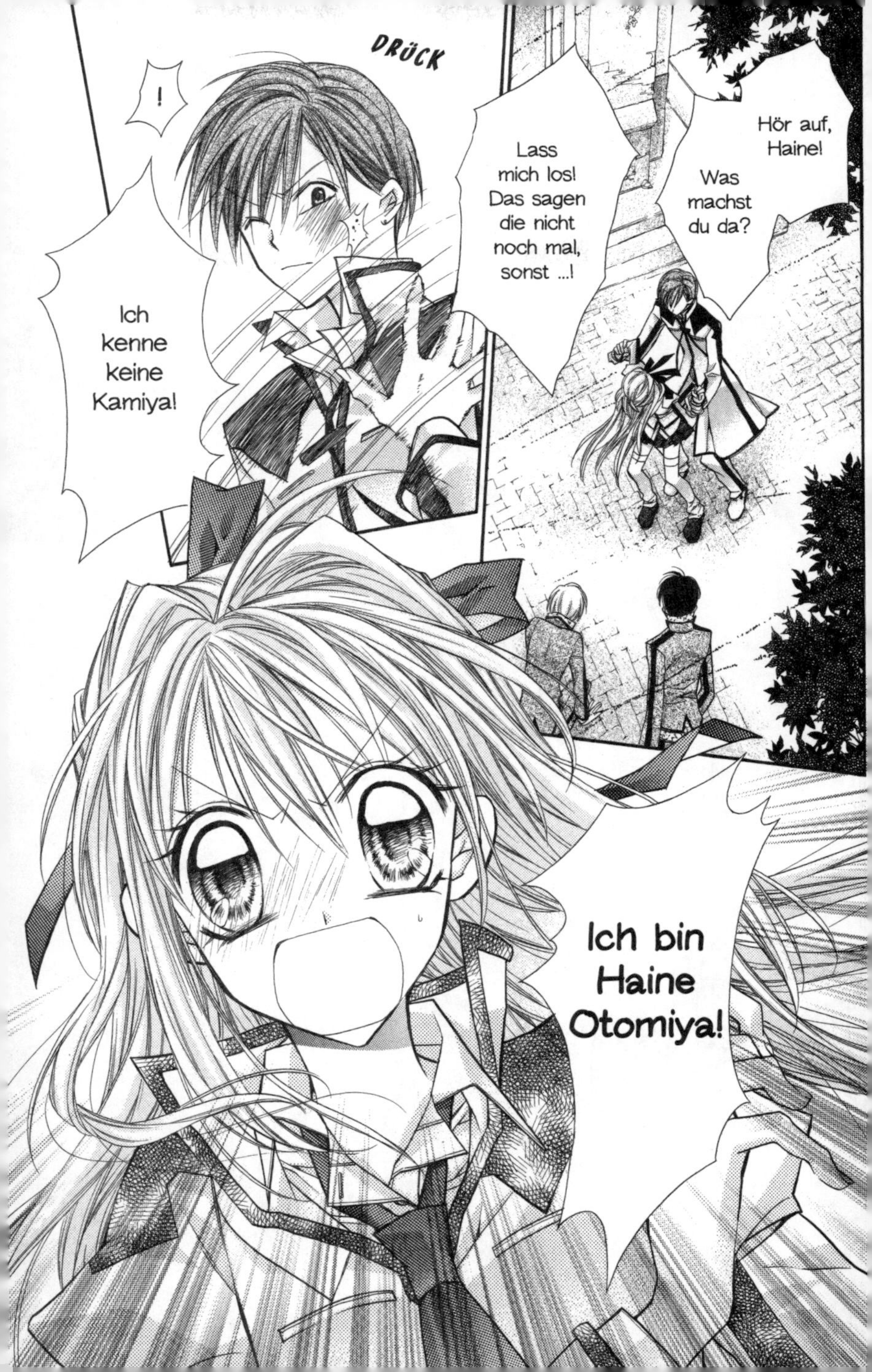
Hör auf, Haine!
Was machst du da?
Lass mich los! Das sagen die nicht noch mal, sonst ...!
DRÜCK
!
Ich kenne keine Kamiya!
Ich bin Haine Otomiya!

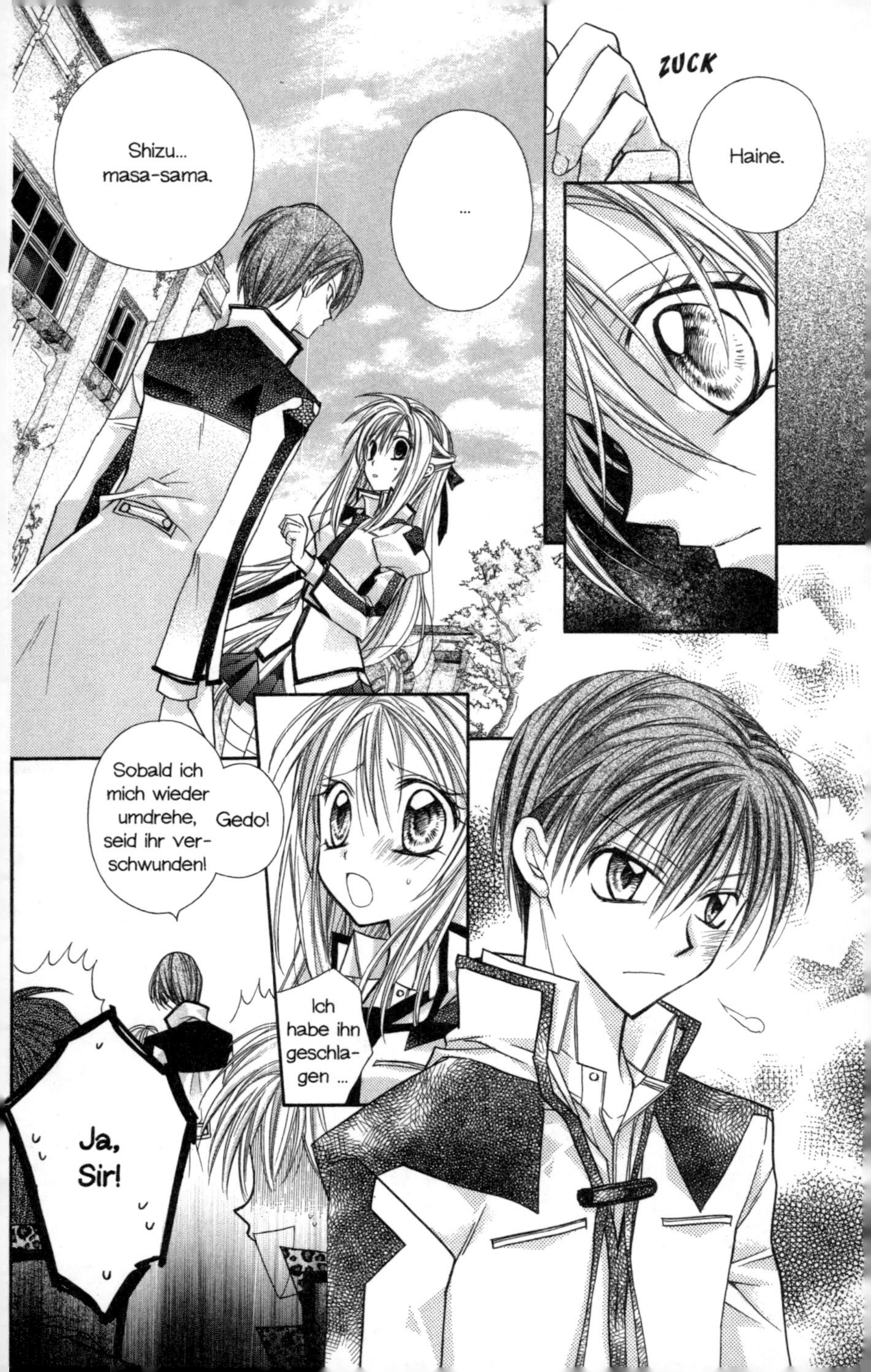
ZUCK
Haine.
...
Shizu... masa-sama.
Gedo!
Sobald ich mich wieder umdrehe, seid ihr verschwunden!
Ja, Sir!
Ich habe ihn geschlagen ...

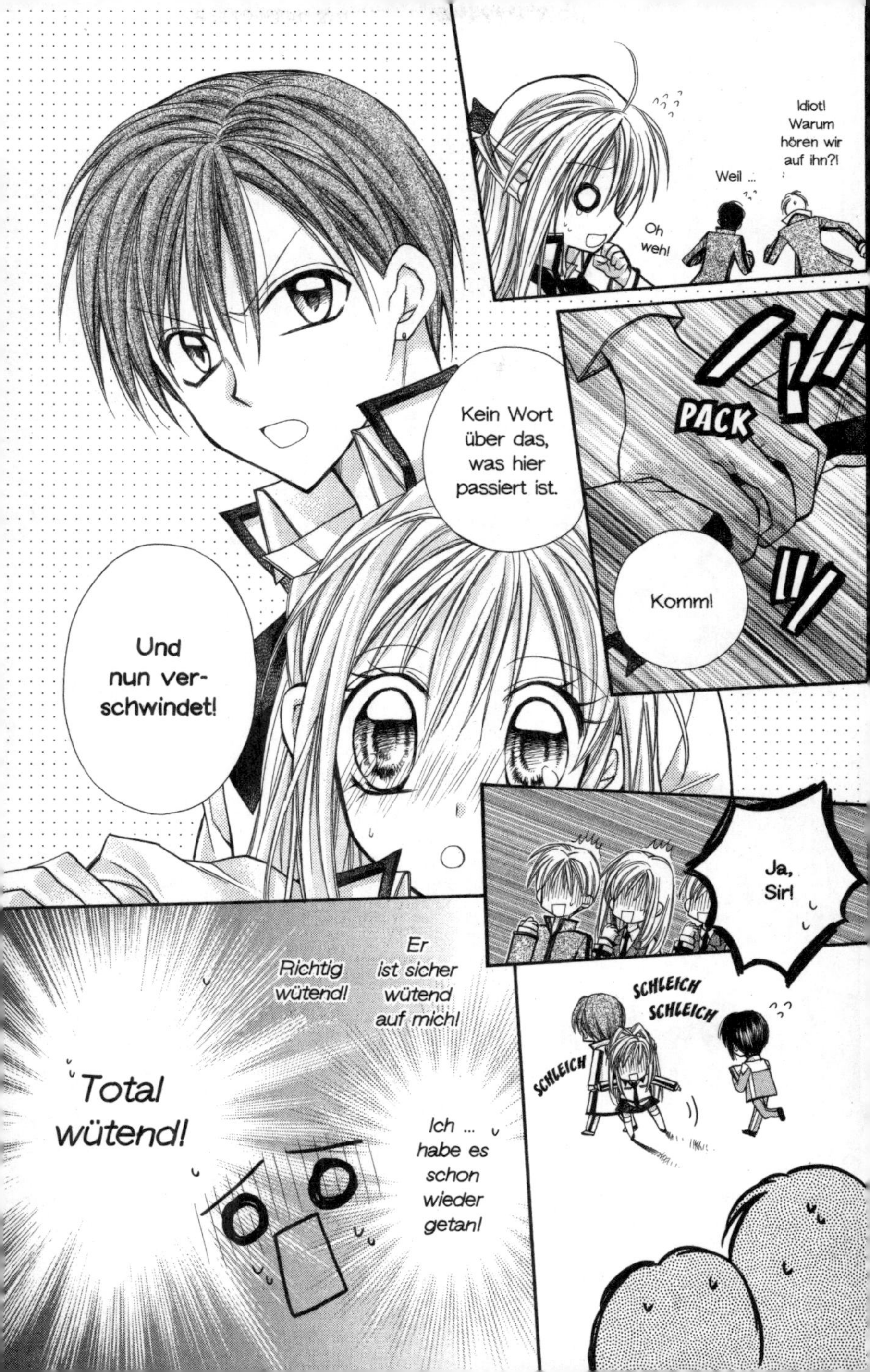

Idiot! Warum hören wir auf ihn?!
Weil ...
Oh weh!
PACK
Komm!
Kein Wort über das, was hier passiert ist.
Und nun verschwindet!
Ja, Sir!
SCHLEICH
SCHLEICH
SCHLEICH
Er ist sicher wütend auf mich!
Richtig wütend!
Total wütend!
Ich ... habe es schon wieder getan!

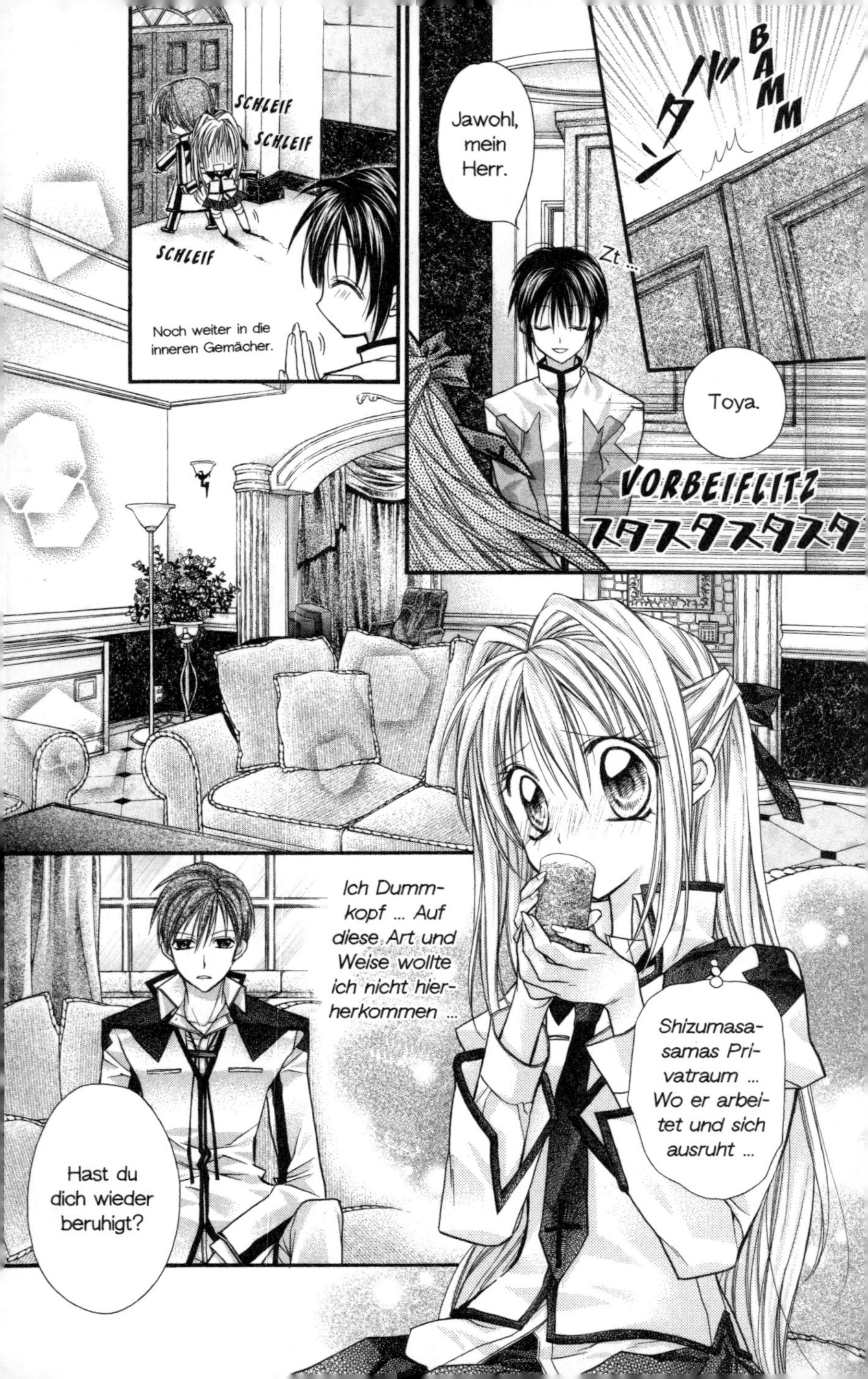
BAMM
バタン
Toya.
Zt ...
Jawohl, mein Herr.
VORBEIFLITZ
スタスタスタスタ
SCHLEIF
SCHLEIF
SCHLEIF
Noch weiter in die inneren Gemächer.
Shizumasa-samas Privatraum ... Wo er arbeitet und sich ausruht ...
Ich Dummkopf ... Auf diese Art und Weise wollte ich nicht hierherkommen ...
Hast du dich wieder beruhigt?

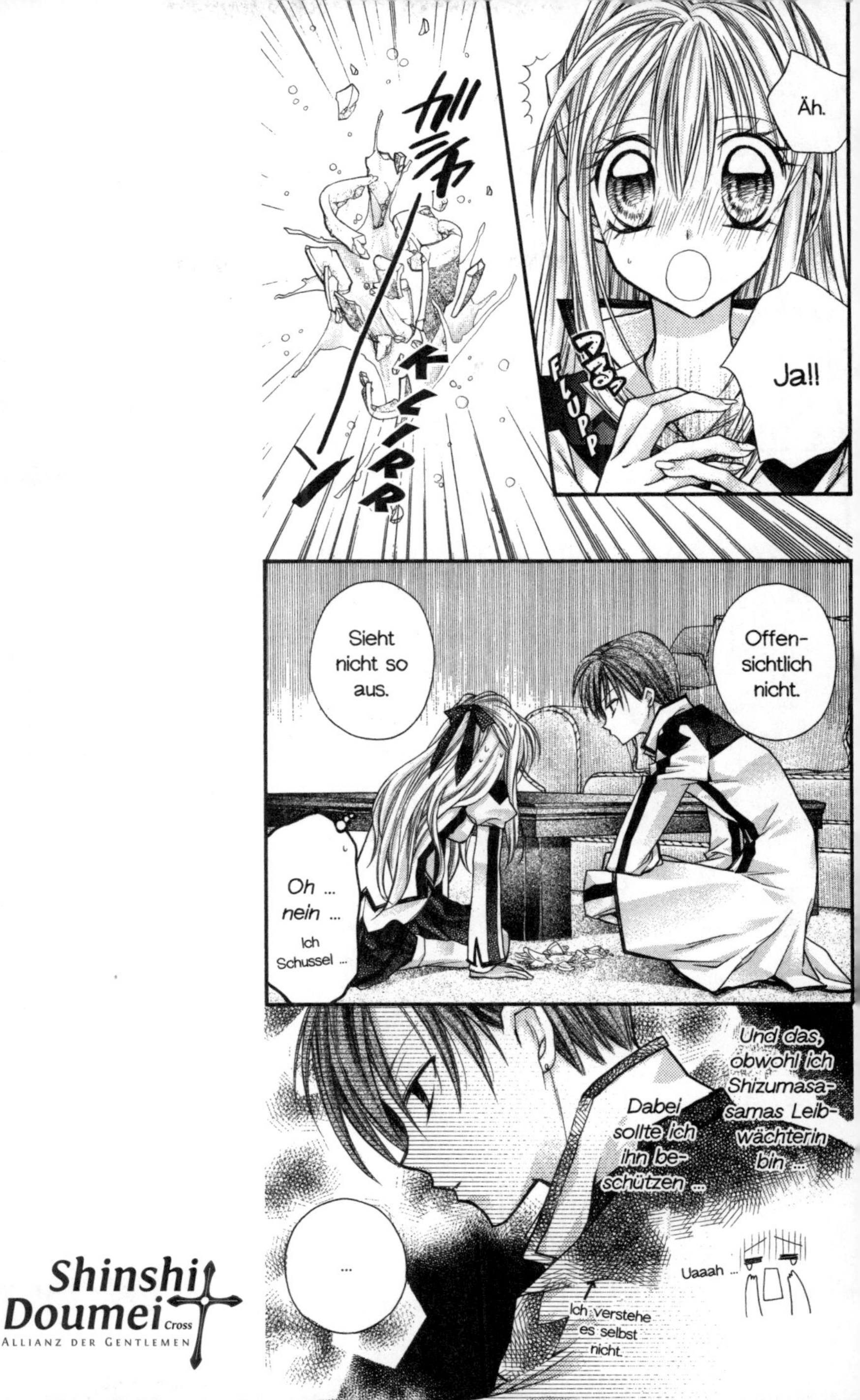
Äh.
Ja!!
FLUPP
KLIRR
Offen-sichtlich nicht.
Sieht nicht so aus.
Oh ... nein ... Ich Schussel ...
Und das, obwohl ich Shizumasa-samas Leibwächterin bin ...
Dabei sollte ich ihn beschützen ...
...
Uaaah ...
Ich verstehe es selbst nicht.
Shinshi Doumei Cross
ALLIANZ DER GENTLEMEN

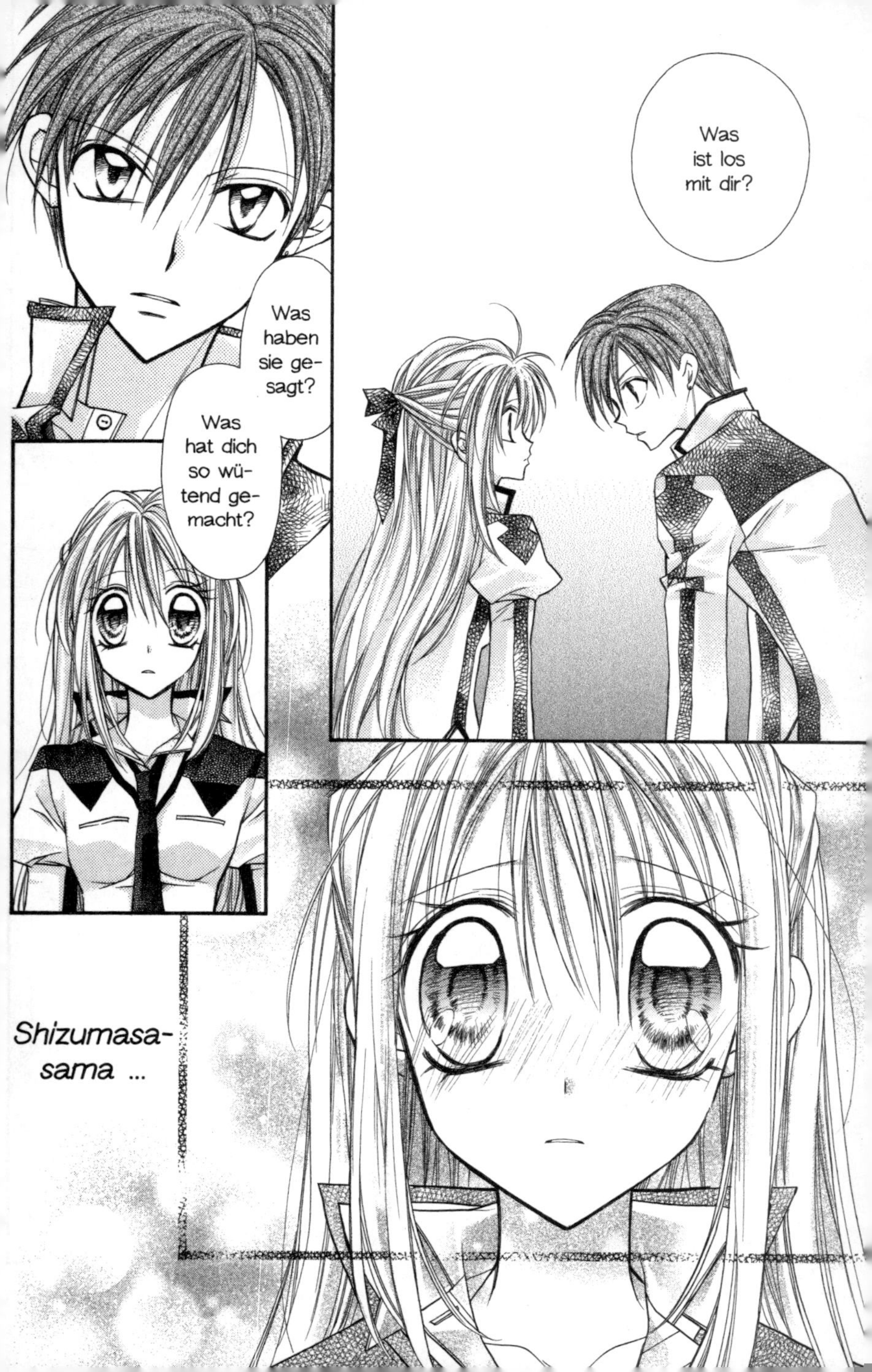
Was ist los mit dir?
Was haben sie gesagt?
Was hat dich so wütend gemacht?
Shizumasa-sama ...

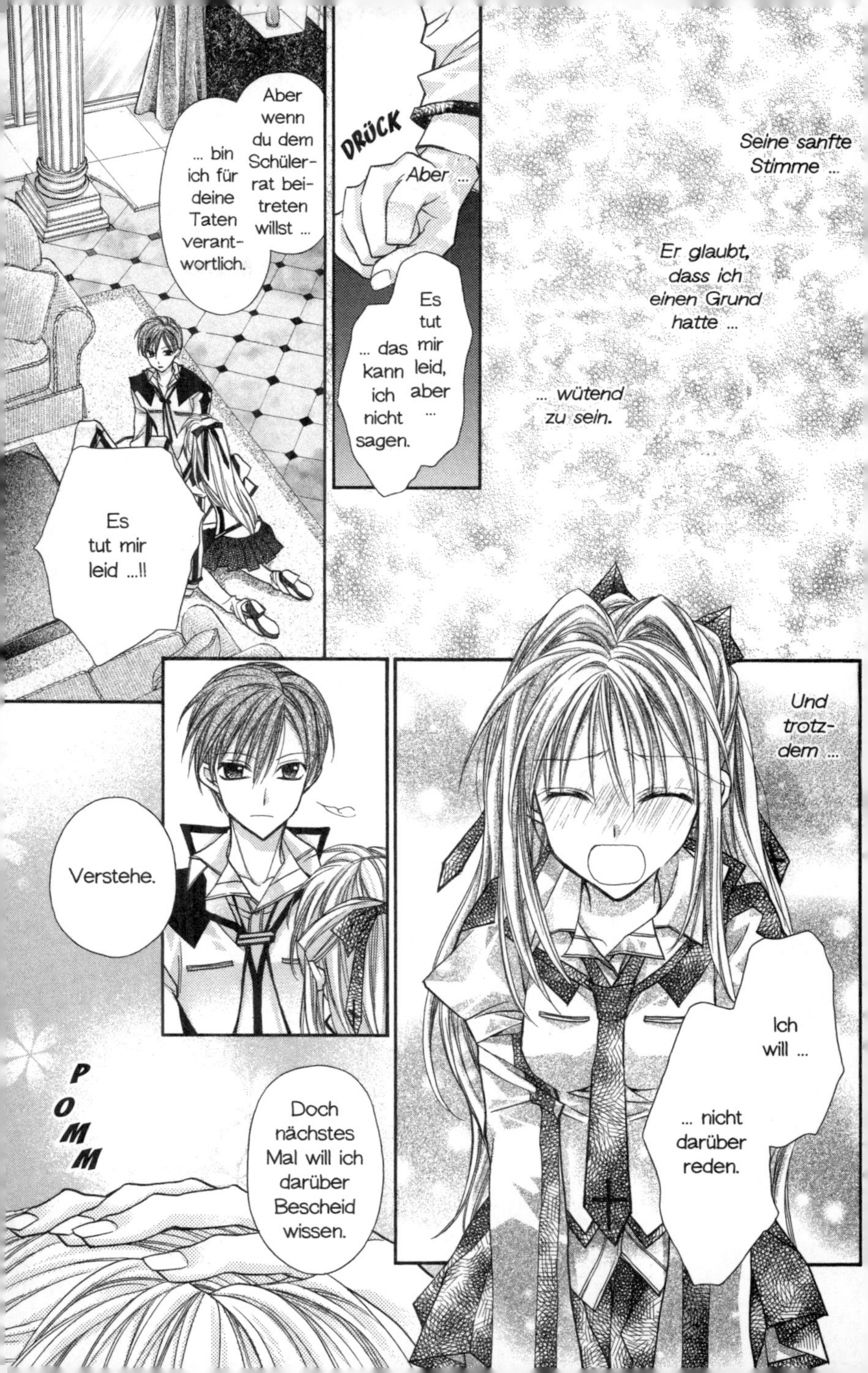
Seine sanfte Stimme ...
Er glaubt, dass ich einen Grund hatte ...
... wütend zu sein.
DRÜCK
Aber ...
Es tut mir leid, aber ...
... das kann ich nicht sagen.
Aber wenn du dem Schüler-rat bei-treten willst ...
... bin ich für deine Taten verant-wortlich.
Es tut mir leid ...!!
Und trotz-dem ...
Ich will ...
... nicht darüber reden.
Verstehe.
Doch nächstes Mal will ich darüber Bescheid wissen.
POMM

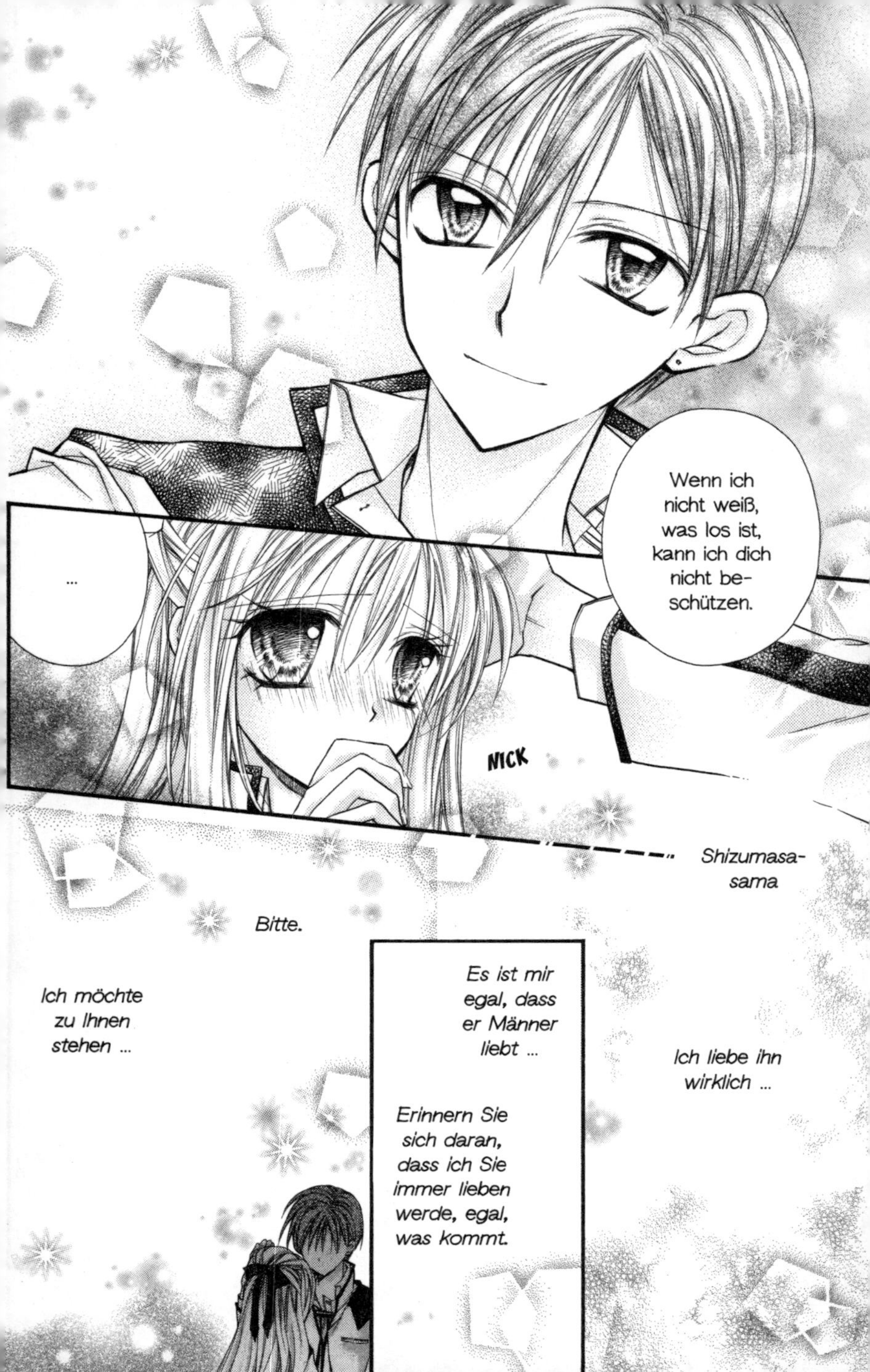
Wenn ich nicht weiß, was los ist, kann ich dich nicht beschützen.
...
NICK
Shizumasa-sama
Bitte.
Ich liebe ihn wirklich ...
Es ist mir egal, dass er Männer liebt ...
Erinnern Sie sich daran, dass ich Sie immer lieben werde, egal, was kommt.
Ich möchte zu Ihnen stehen ...

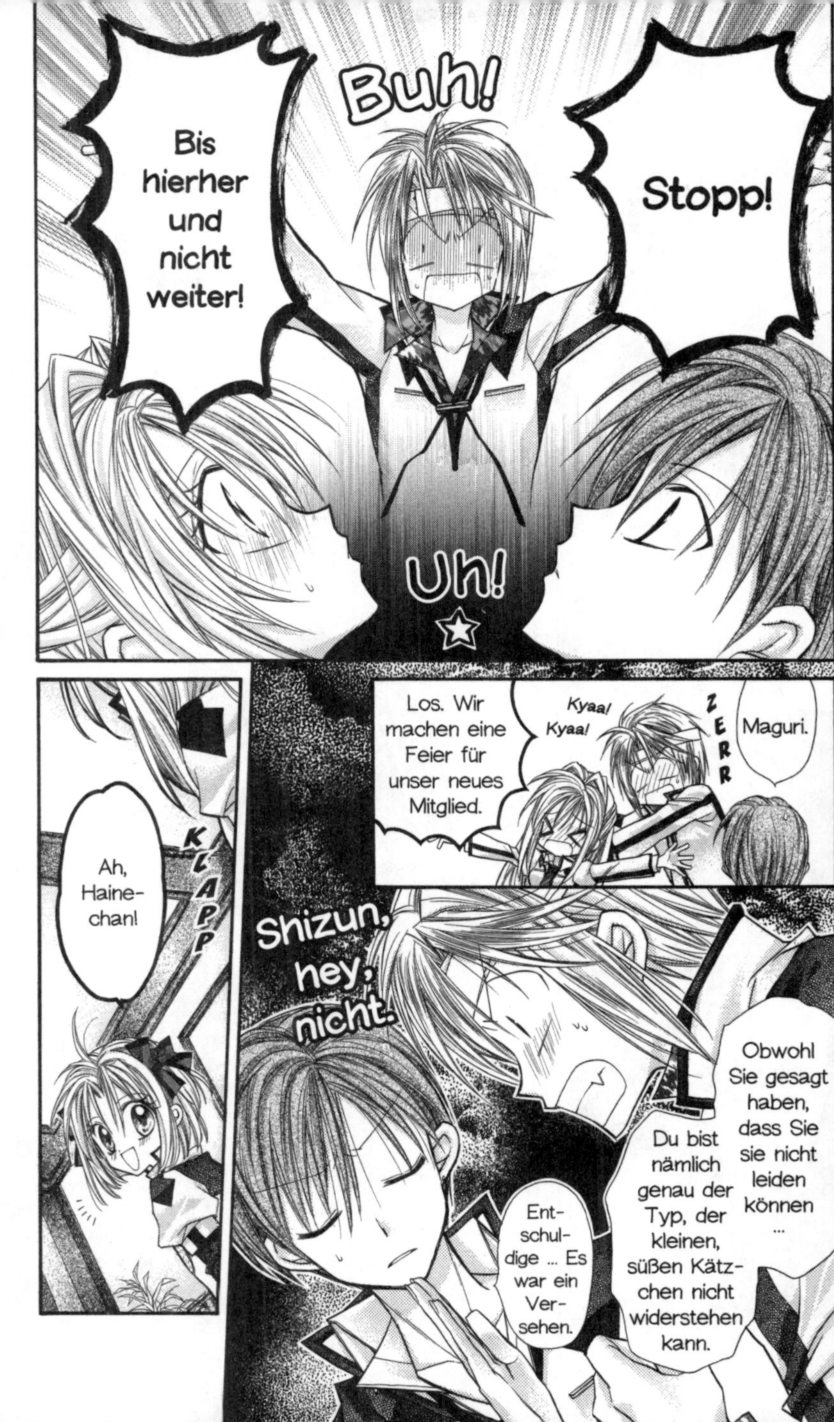

Stopp!
Buh!
Bis hierher und nicht weiter!
Uh! ☆
Maguri.
ZERR
Kyaa! Kyaa!
Los. Wir machen eine Feier für unser neues Mitglied.
KLAPP
Ah, Haine-chan!
Shizun, hey, nicht.
Obwohl Sie gesagt haben, dass Sie sie nicht leiden können ...
Du bist nämlich genau der Typ, der kleinen, süßen Kätzchen nicht widerstehen kann.
Ent-schul-dige ... Es war ein Ver-sehen.

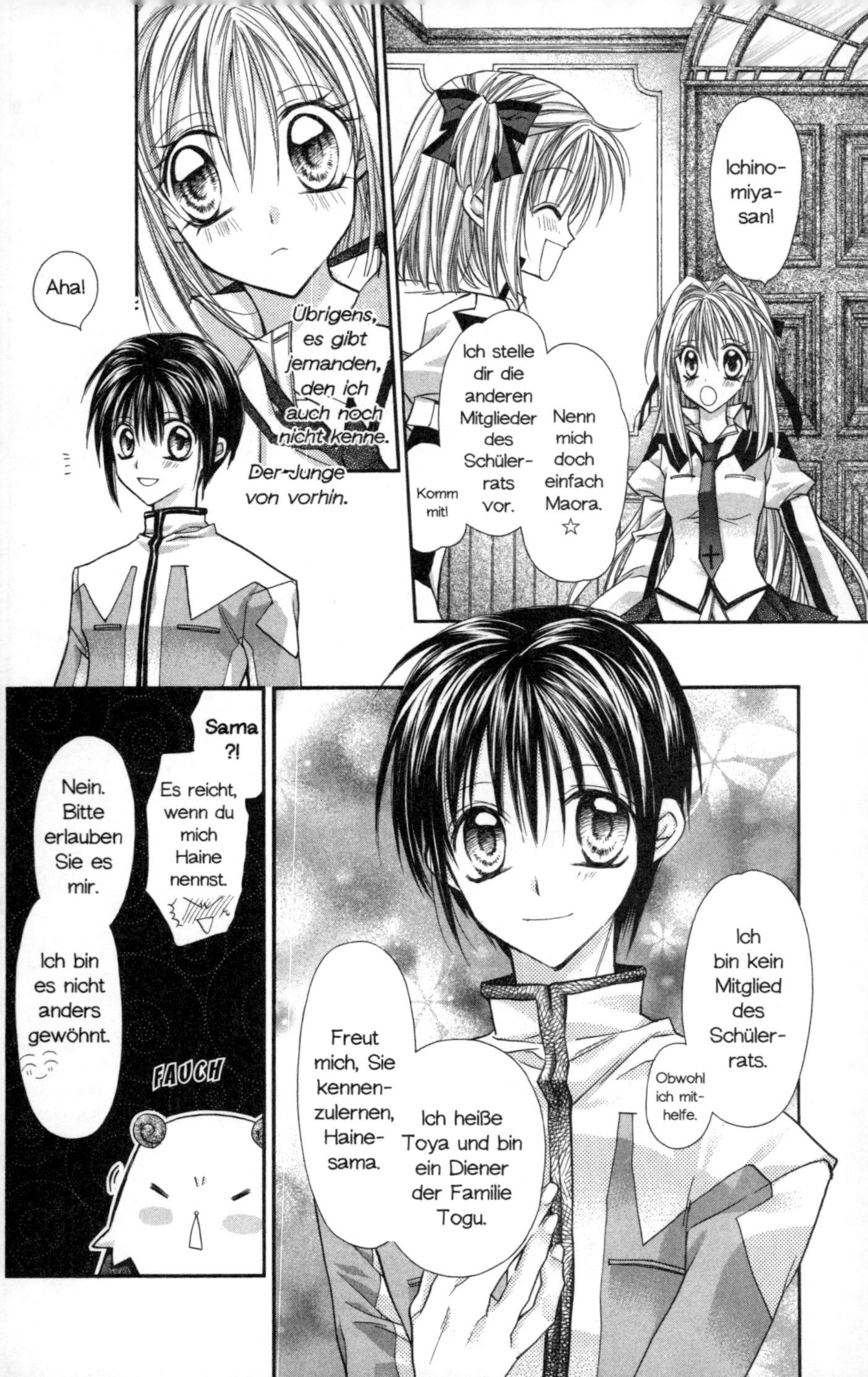

Ichinomiya-san!
Nenn mich doch einfach Maora. ☆
Ich stelle dir die anderen Mitglieder des Schülerrats vor.
Komm mit!
Übrigens, es gibt jemanden, den ich auch noch nicht kenne.
Der Junge von vorhin.
Aha!
Ich bin kein Mitglied des Schülerrats.
Obwohl ich mithelfe.
Ich heiße Toya und bin ein Diener der Familie Togu.
Freut mich, Sie kennenzulernen, Haine-sama.
Sama ?!
Es reicht, wenn du mich Haine nennst.
Nein. Bitte erlauben Sie es mir.
Ich bin es nicht anders gewöhnt.
FAUCH

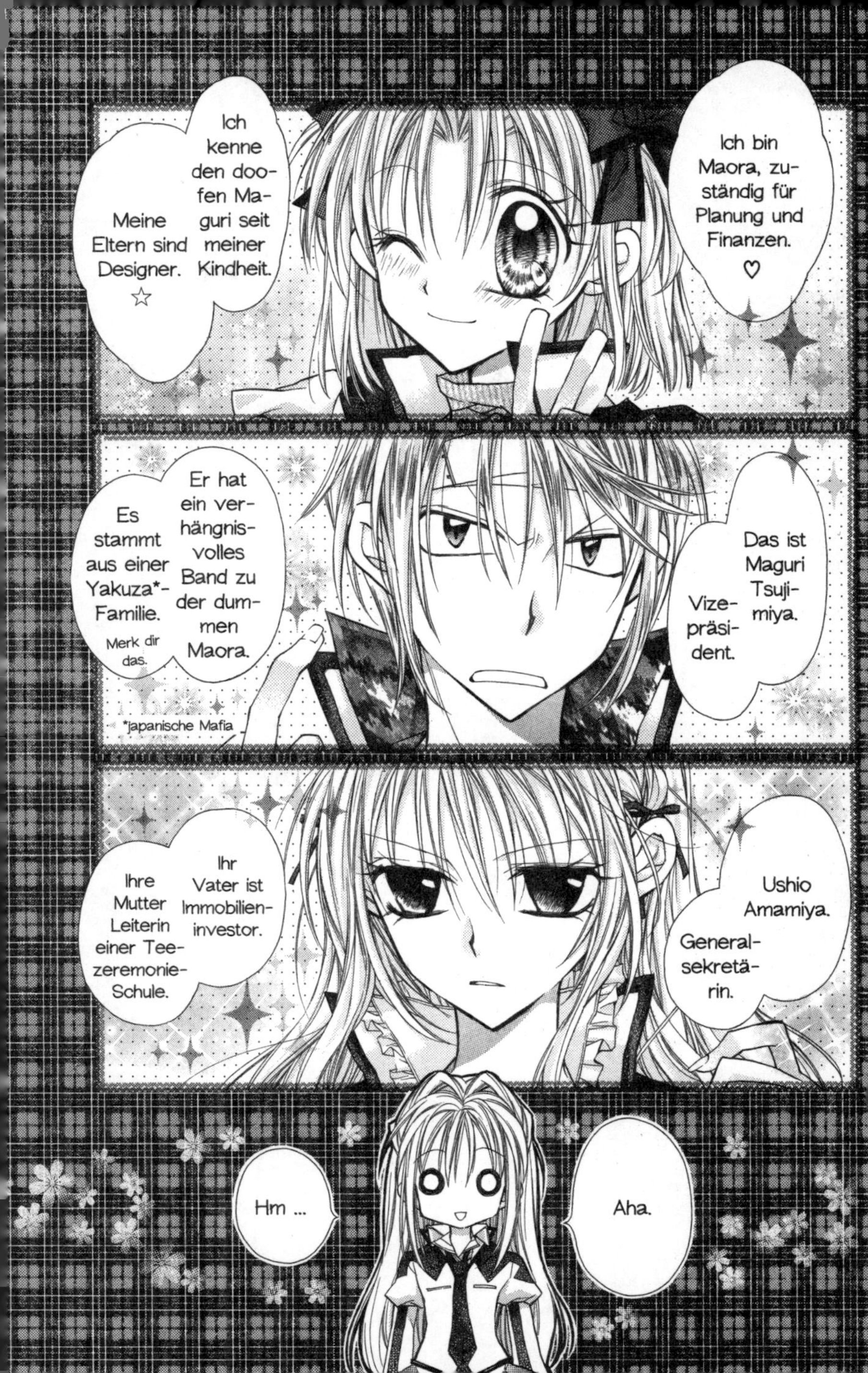

Ich bin Maora, zuständig für Planung und Finanzen. ♡
Ich kenne den doofen Maguri seit meiner Kindheit.
Meine Eltern sind Designer. ☆
Das ist Maguri Tsujimiya.
Vizepräsident.
Er hat ein verhängnisvolles Band zu der dummen Maora.
Es stammt aus einer Yakuza*-Familie.
Merk dir das.
*japanische Mafia
Ushio Amamiya.
Generalsekretärin.
Ihr Vater ist Immobilieninvestor.
Ihre Mutter Leiterin einer Teezeremonie-Schule.
Aha.
Hm ...

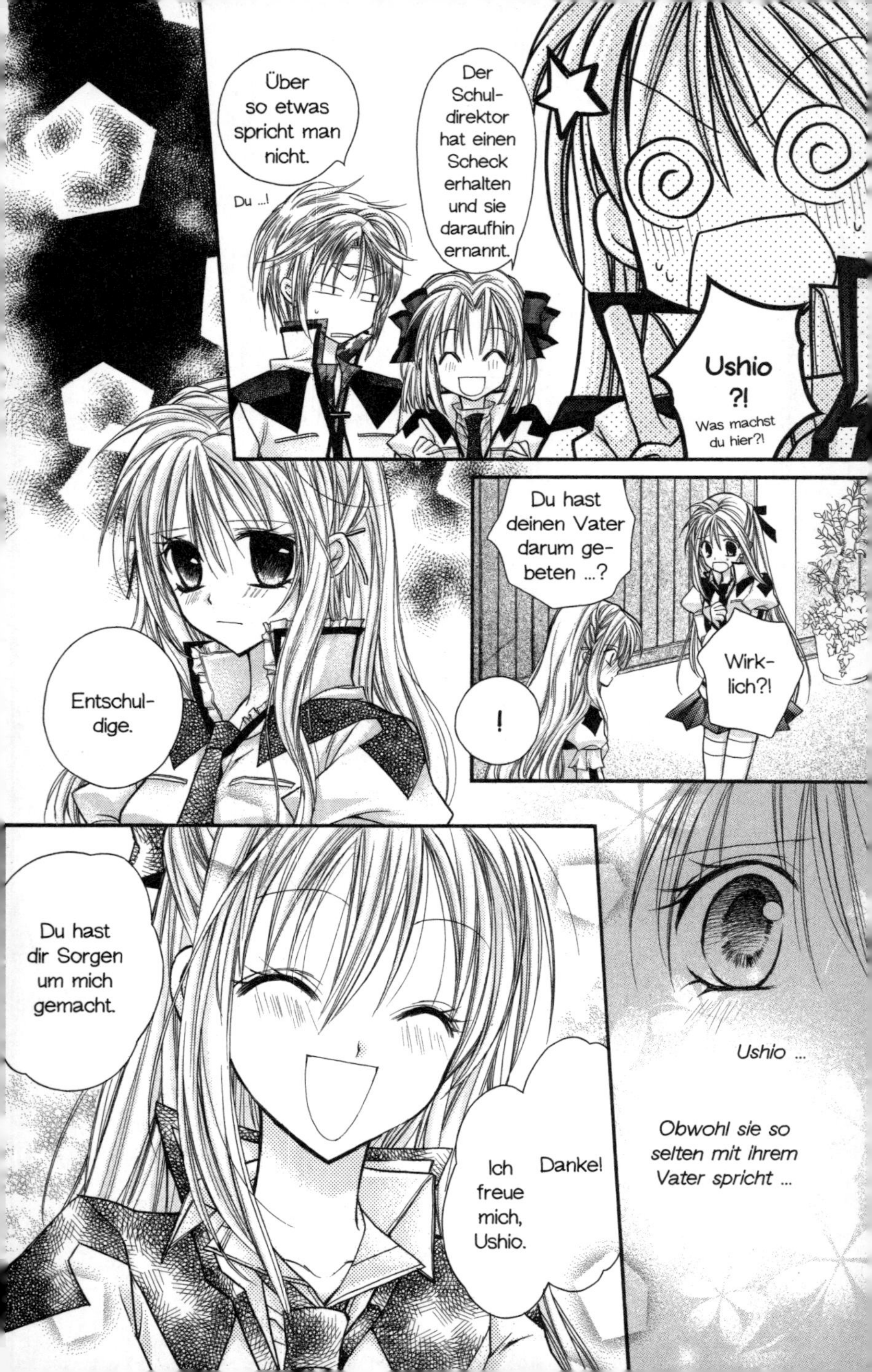
Ushio ?!
Was machst du hier?!
Der Schuldirektor hat einen Scheck erhalten und sie daraufhin ernannt.
Du ...!
Über so etwas spricht man nicht.
Du hast deinen Vater darum gebeten ...?
Wirklich?!
!
Entschuldige.
Ushio ...
Obwohl sie so selten mit ihrem Vater spricht ...
Danke!
Ich freue mich, Ushio.
Du hast dir Sorgen um mich gemacht.

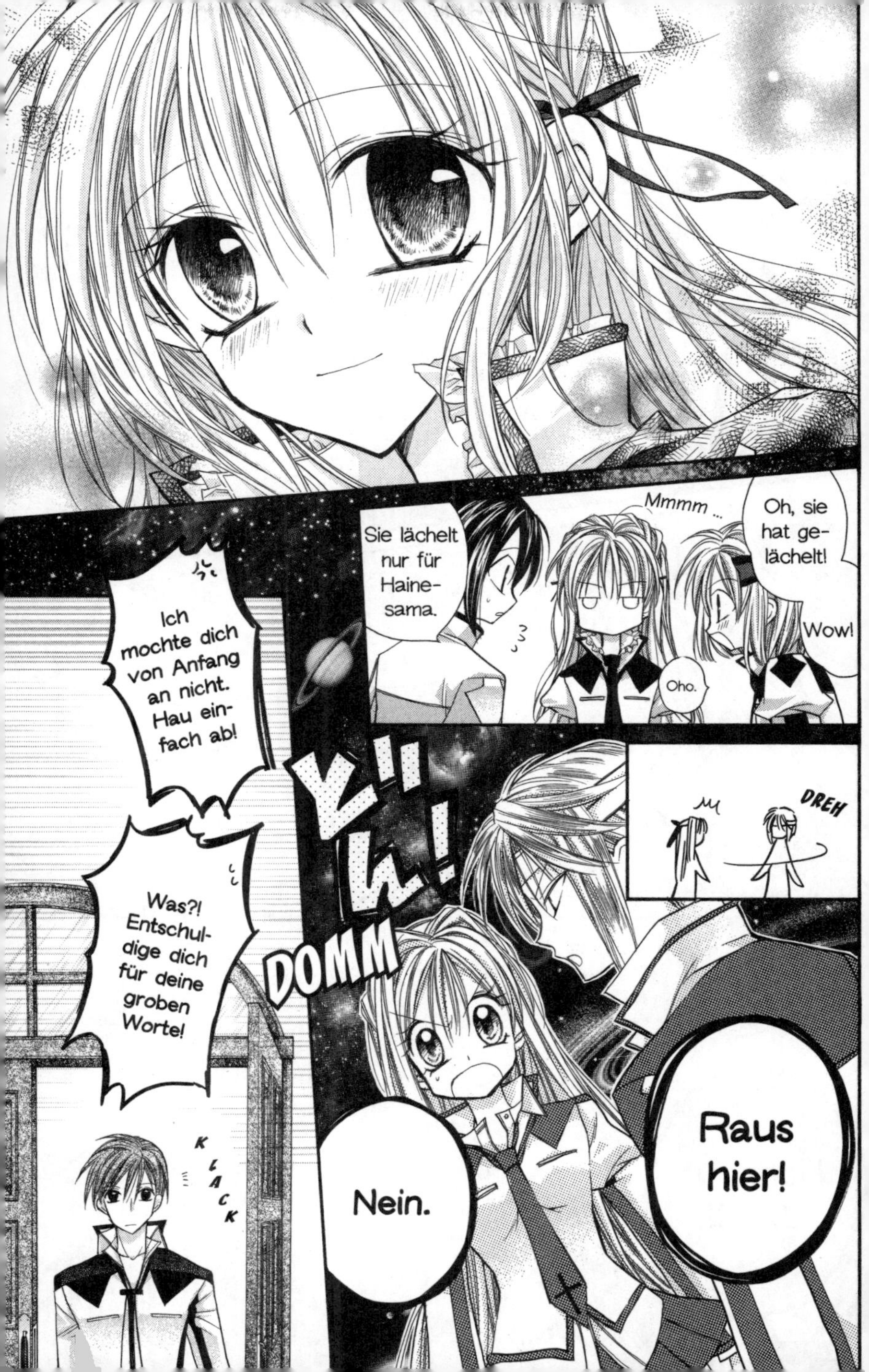

Oh, sie hat gelächelt!
Wow!
Mmmm ...
Oho.
Sie lächelt nur für Haine-sama.
Ich mochte dich von Anfang an nicht. Hau einfach ab!
DREH
Raus hier!
Nein.
DOMM
Was?! Entschuldige dich für deine groben Worte!
KLACK

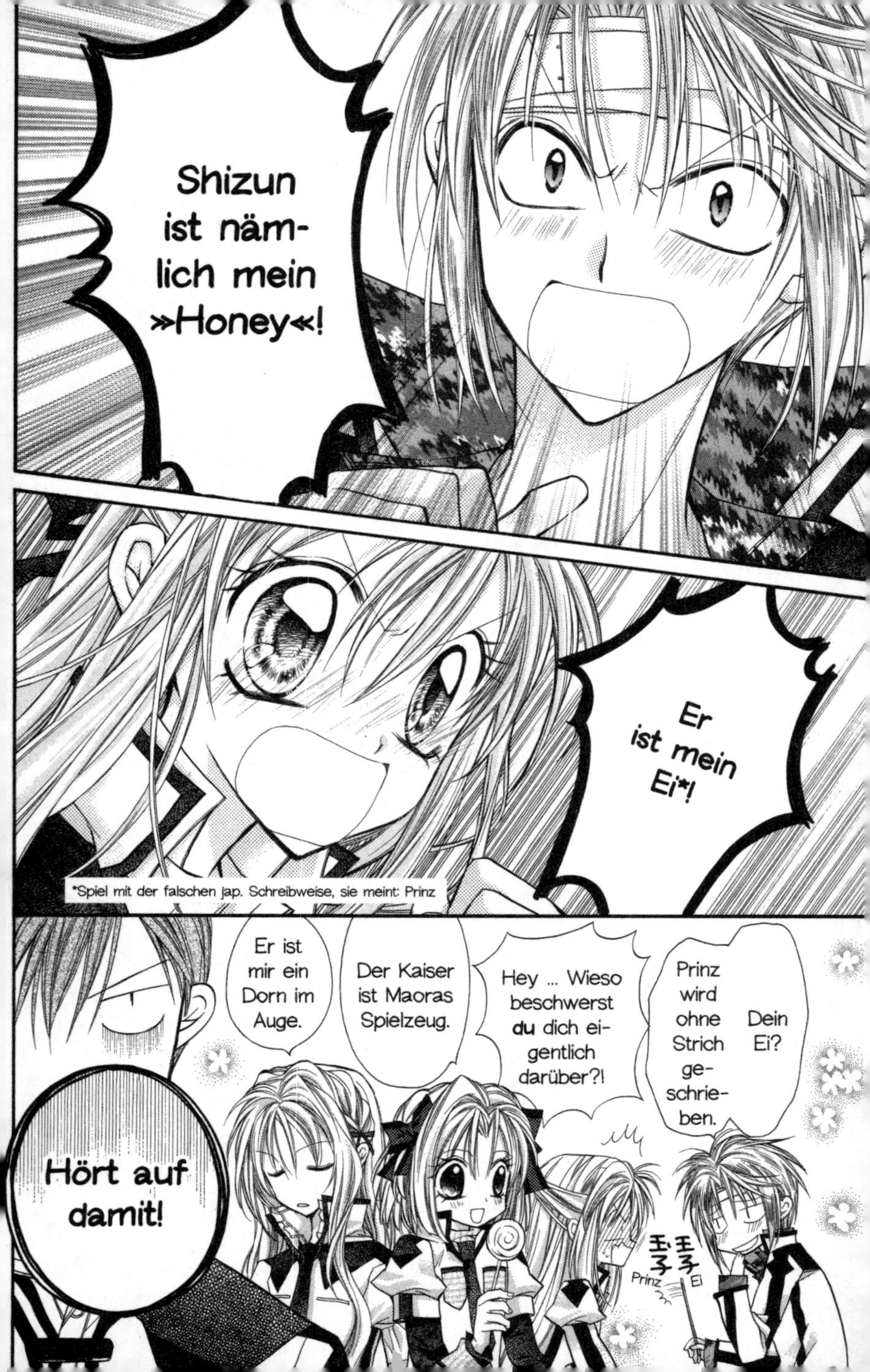
Shizun ist nämlich mein »Honey«!
Er ist mein Ei*!
*Spiel mit der falschen jap. Schreibweise, sie meint: Prinz
Dein Ei?
Prinz wird ohne Strich geschrieben.
Hey ... Wieso beschwerst **du** dich eigentlich darüber?!
Der Kaiser ist Maoras Spielzeug.
Er ist mir ein Dorn im Auge.
王子 Prinz
玉子 Ei
Hört auf damit!

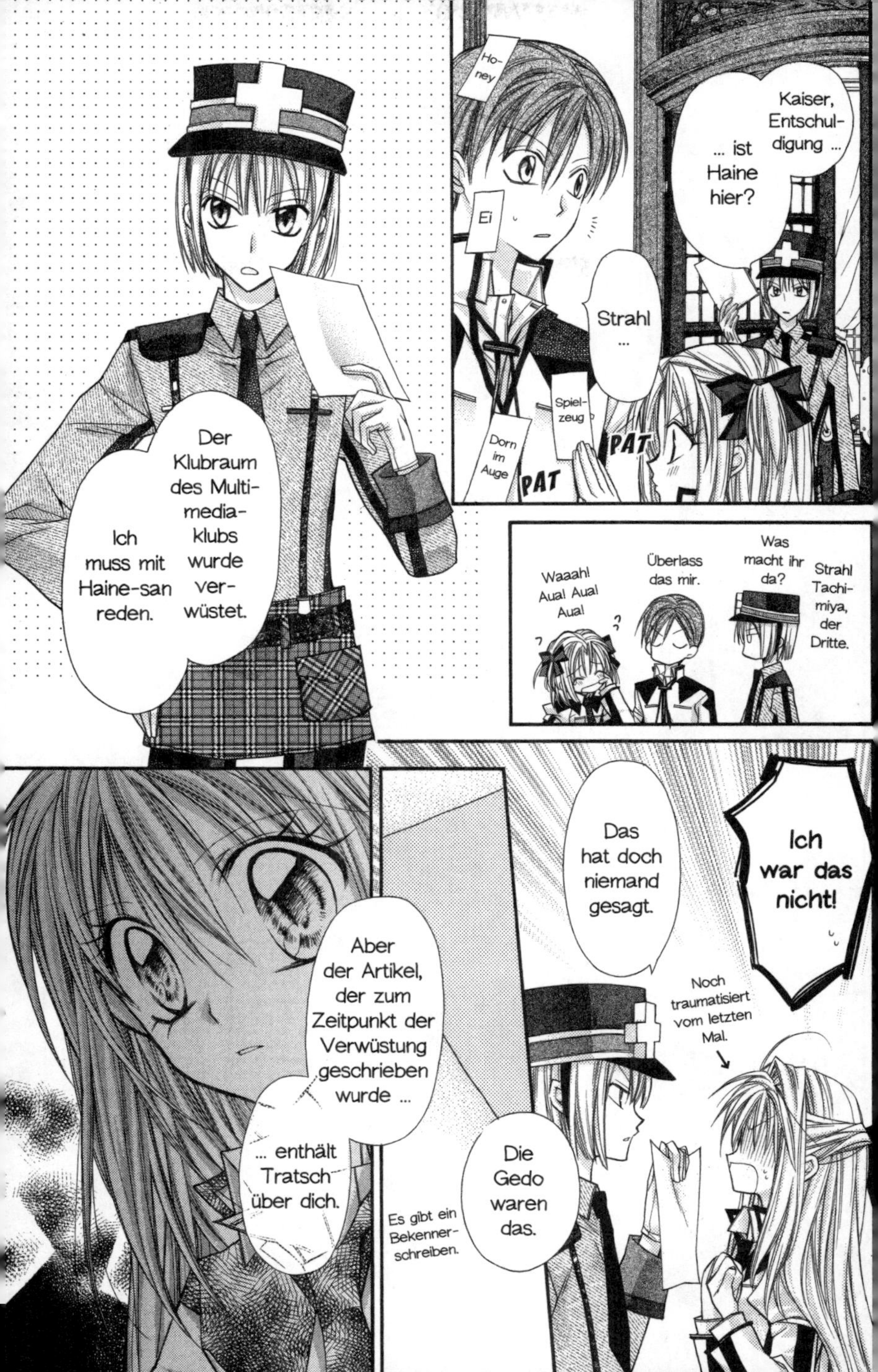
Kaiser, Entschuldigung ...
... ist Haine hier?
Honey
Ei
Strahl ...
Spielzeug
Dorn im Auge
PAT
PAT
Der Klubraum des Multimediaklubs wurde verwüstet.
Ich muss mit Haine-san reden.
Strahl Tachimiya, der Dritte.
Was macht ihr da?
Überlass das mir.
Waaah! Aua! Aua! Aua!
Ich war das nicht!
Das hat doch niemand gesagt.
Noch traumatisiert vom letzten Mal.
Die Gedo waren das.
Es gibt ein Bekennerschreiben.
Aber der Artikel, der zum Zeitpunkt der Verwüstung geschrieben wurde ...
... enthält Tratsch über dich.

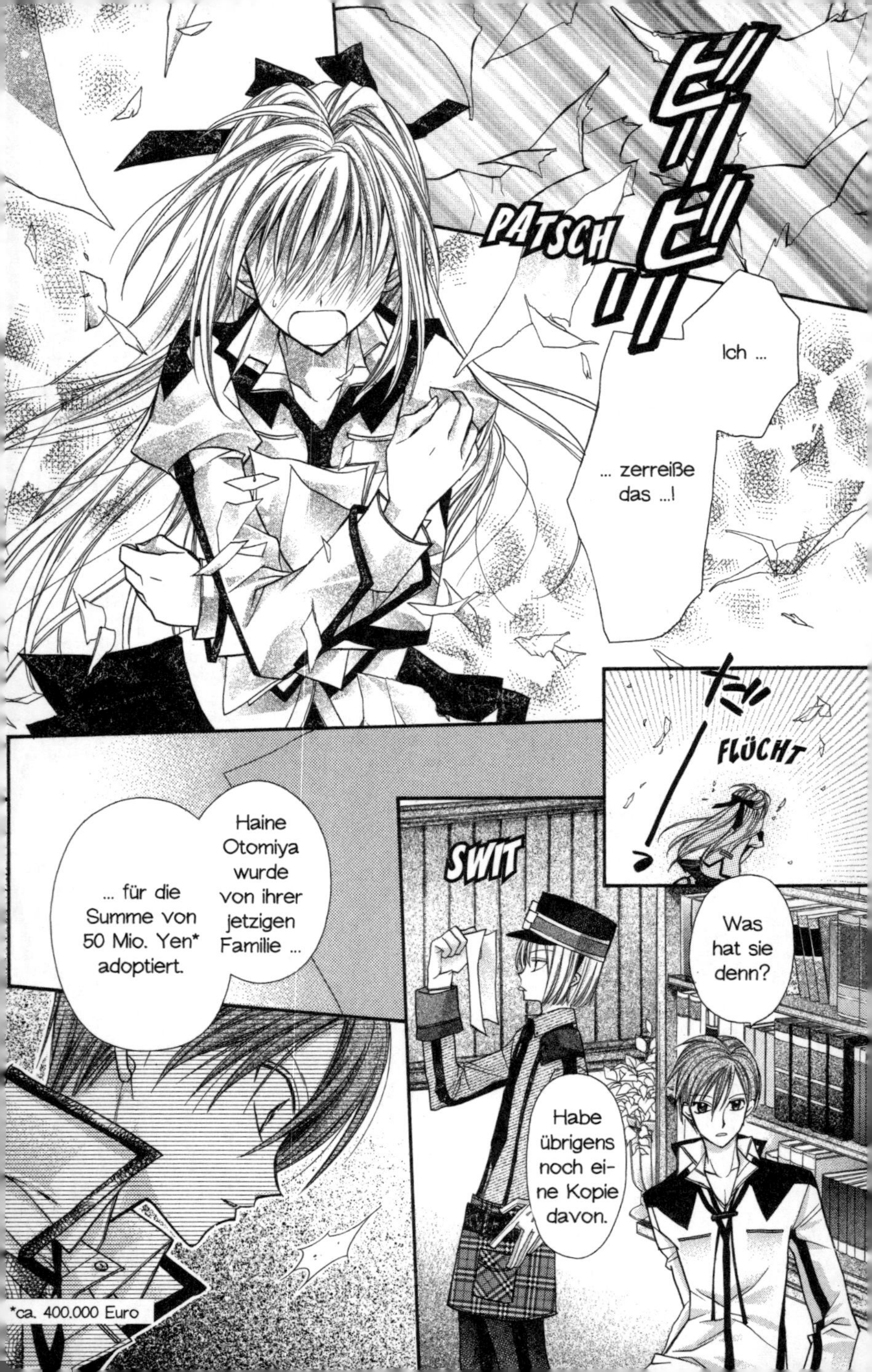
PATSCH
Ich ...
... zerreiße das ...!
FLÜCHT
Was hat sie denn?
SWIT
Habe übrigens noch ei-ne Kopie davon.
Haine Otomiya wurde von ihrer jetzigen Familie ...
... für die Summe von 50 Mio. Yen* adoptiert.
*ca. 400.000 Euro

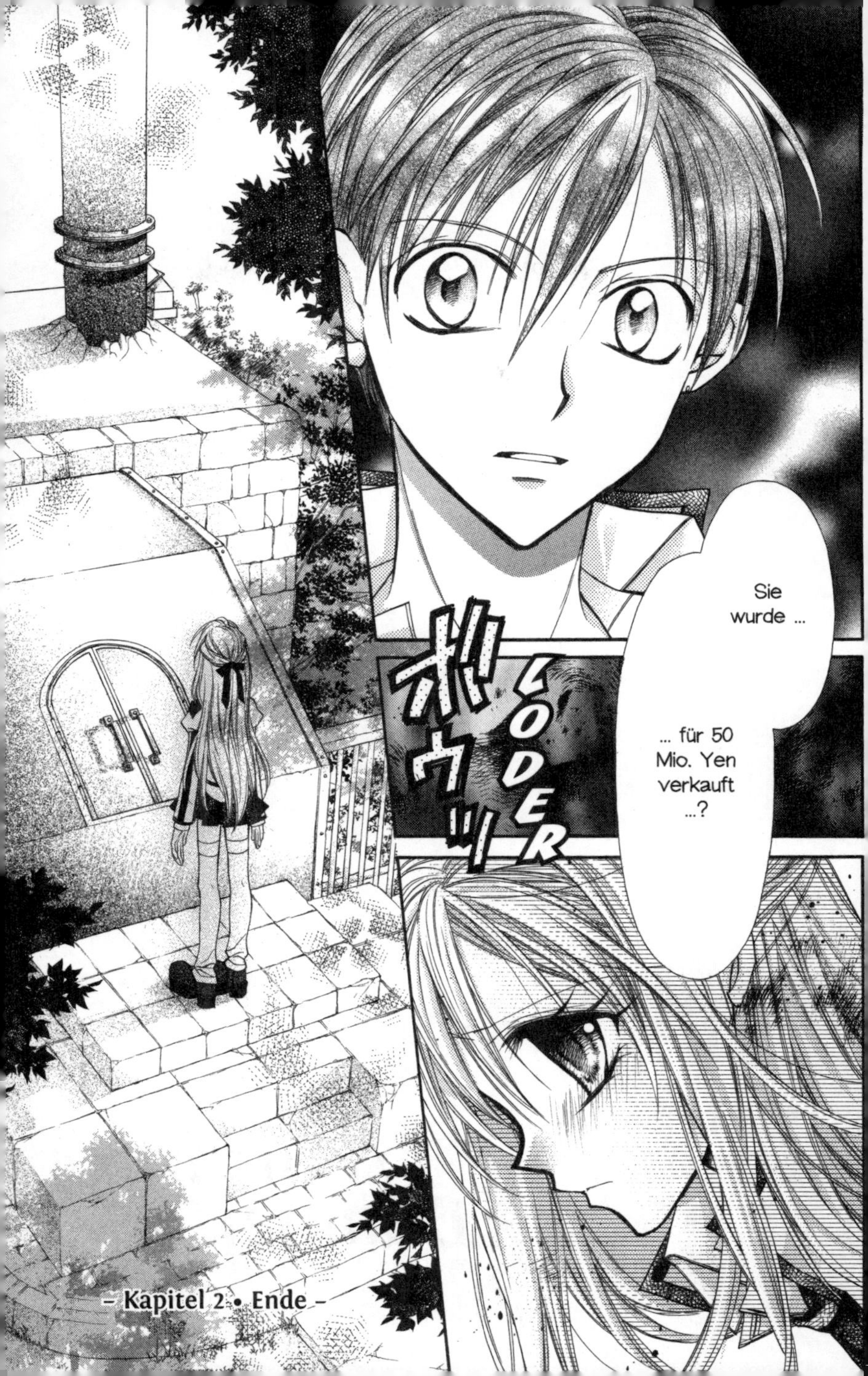
Sie wurde ...
LODER
... für 50 Mio. Yen verkauft ...?
– Kapitel 2 • Ende –

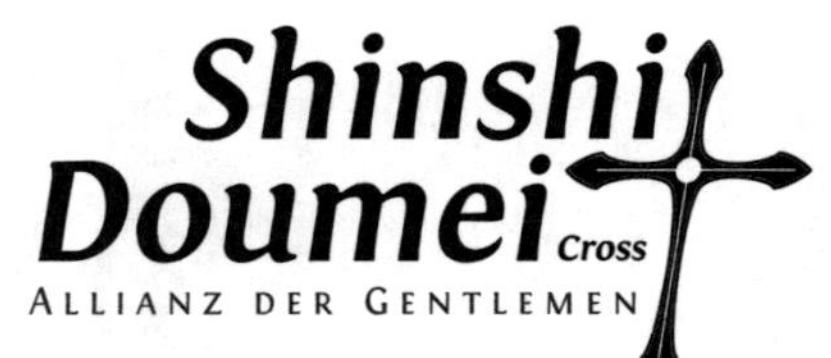
Shinshi
Doumei
Cross
ALLIANZ DER GENTLEMEN

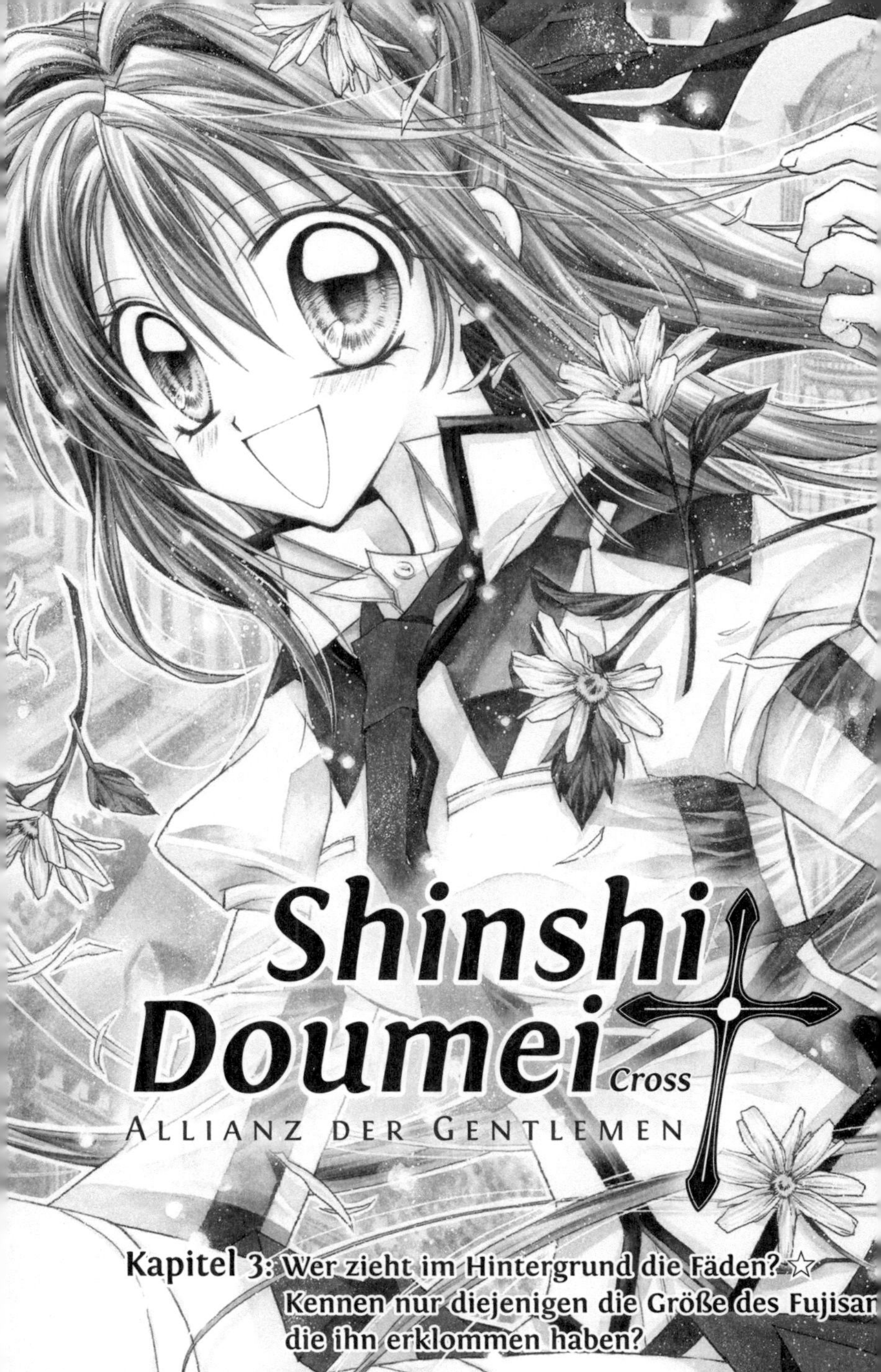
Shinshi Doumei Cross
Allianz der Gentlemen
Kapitel 3: Wer zieht im Hintergrund die Fäden? ☆
Kennen nur diejenigen die Größe des Fujisan
die ihn erklommen haben?

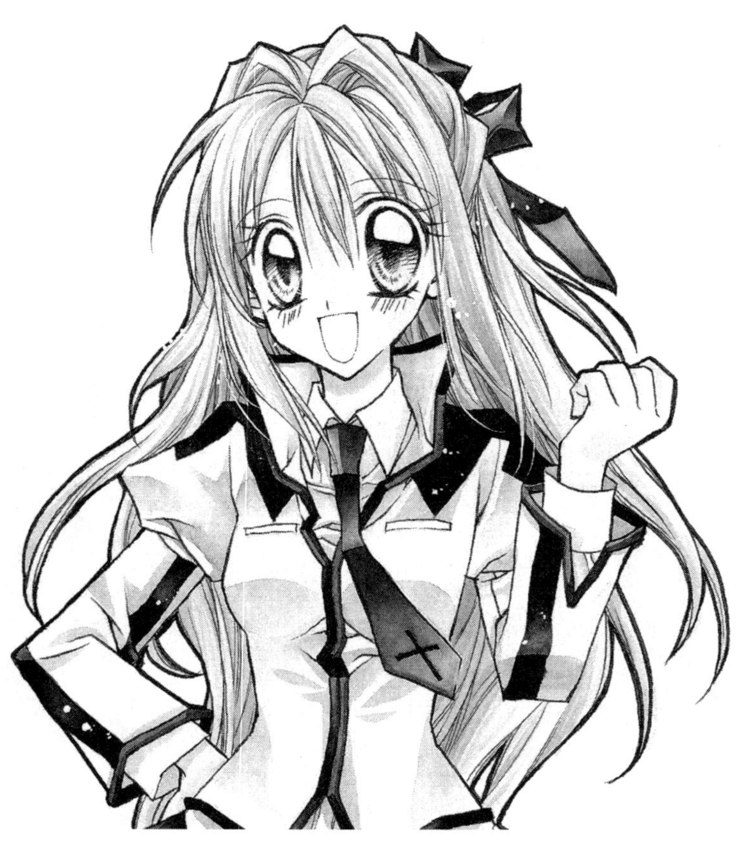

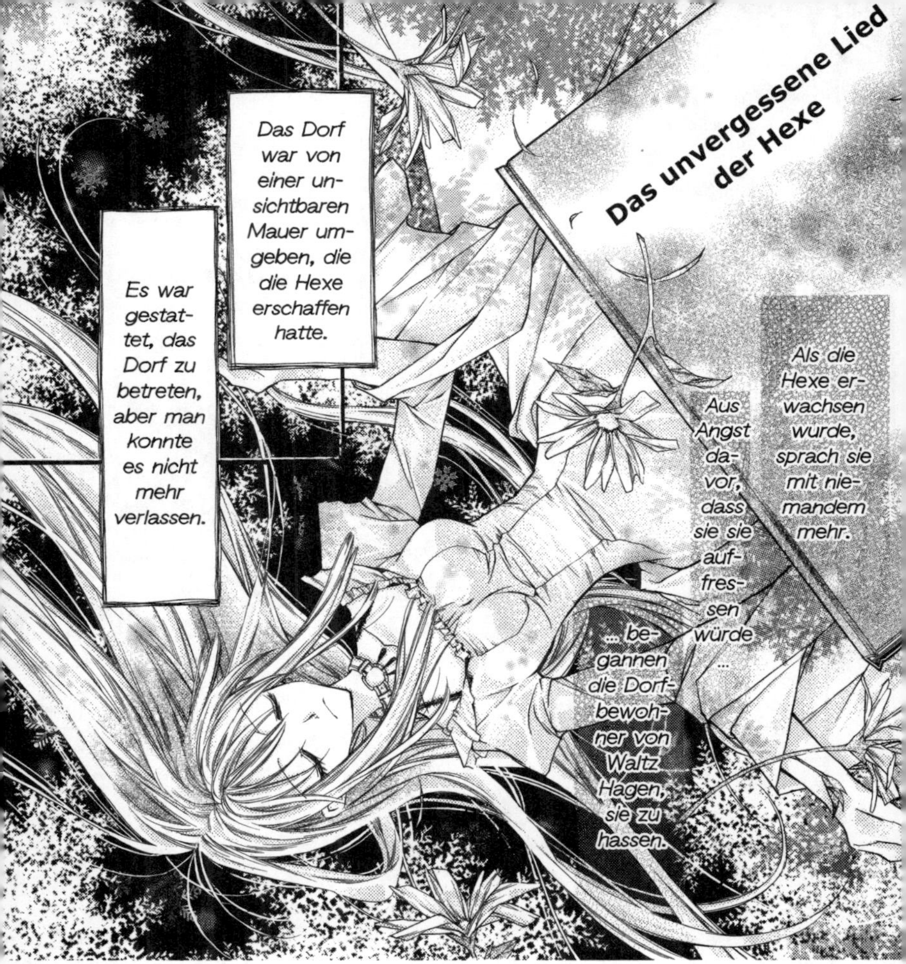

Das unvergessene Lied der Hexe

Als die Hexe erwachsen wurde, sprach sie mit niemandem mehr.

Aus Angst davor, dass sie sie auffressen würde ...

... begannen die Dorfbewohner von Waltz Hagen, sie zu hassen.

Das Dorf war von einer unsichtbaren Mauer umgeben, die die Hexe erschaffen hatte.

Es war gestattet, das Dorf zu betreten, aber man konnte es nicht mehr verlassen.

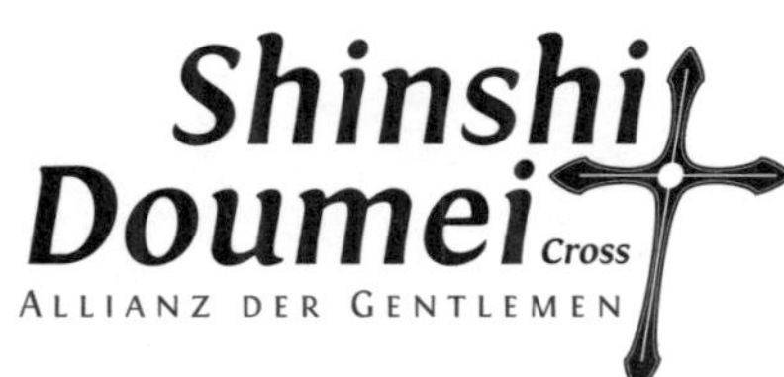

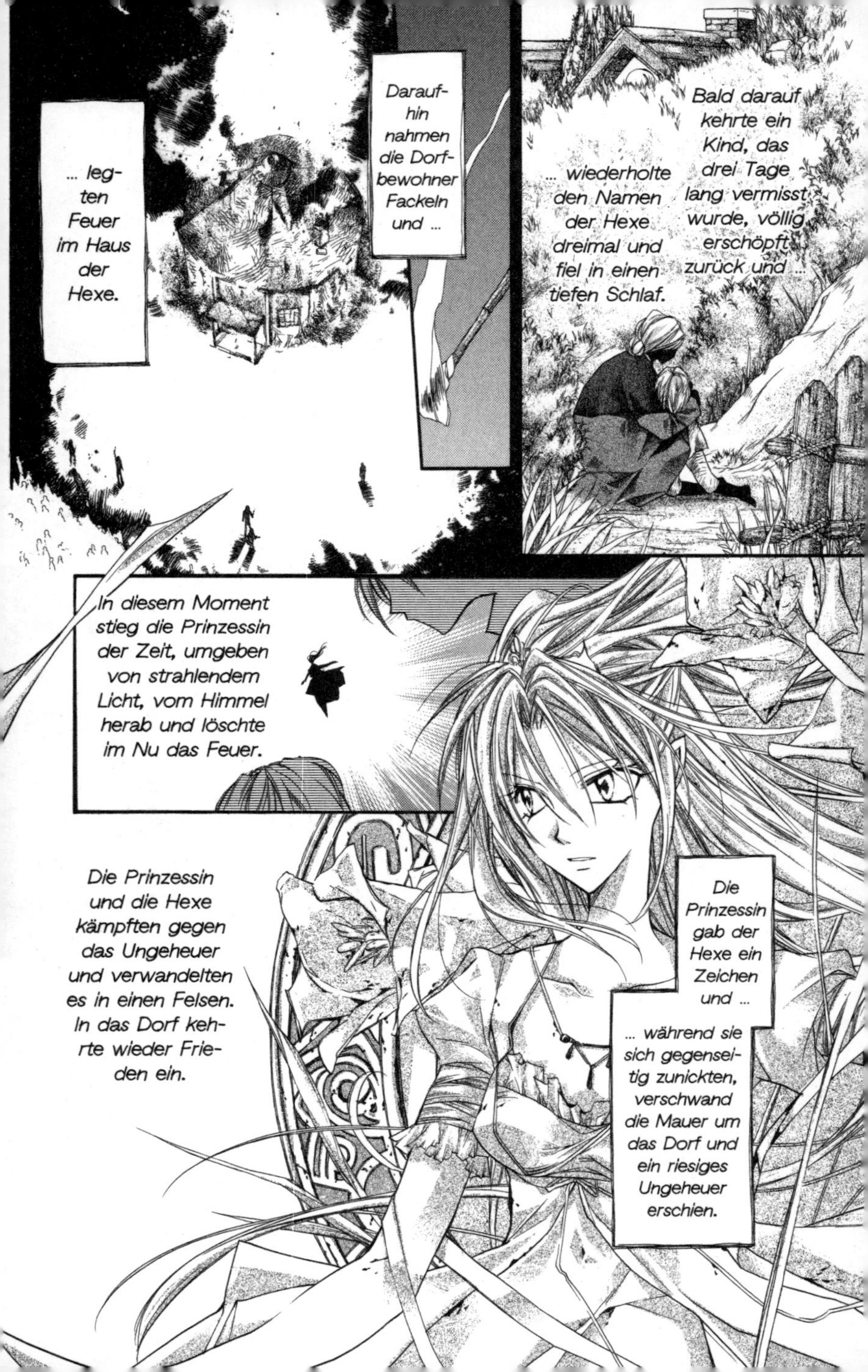
Bald darauf kehrte ein Kind, das drei Tage lang vermisst wurde, völlig erschöpft zurück und ...
... wiederholte den Namen der Hexe dreimal und fiel in einen tiefen Schlaf.
Daraufhin nahmen die Dorfbewohner Fackeln und ...
... legten Feuer im Haus der Hexe.
In diesem Moment stieg die Prinzessin der Zeit, umgeben von strahlendem Licht, vom Himmel herab und löschte im Nu das Feuer.
Die Prinzessin gab der Hexe ein Zeichen und ...
... während sie sich gegenseitig zunickten, verschwand die Mauer um das Dorf und ein riesiges Ungeheuer erschien.
Die Prinzessin und die Hexe kämpften gegen das Ungeheuer und verwandelten es in einen Felsen. In das Dorf kehrte wieder Frieden ein.

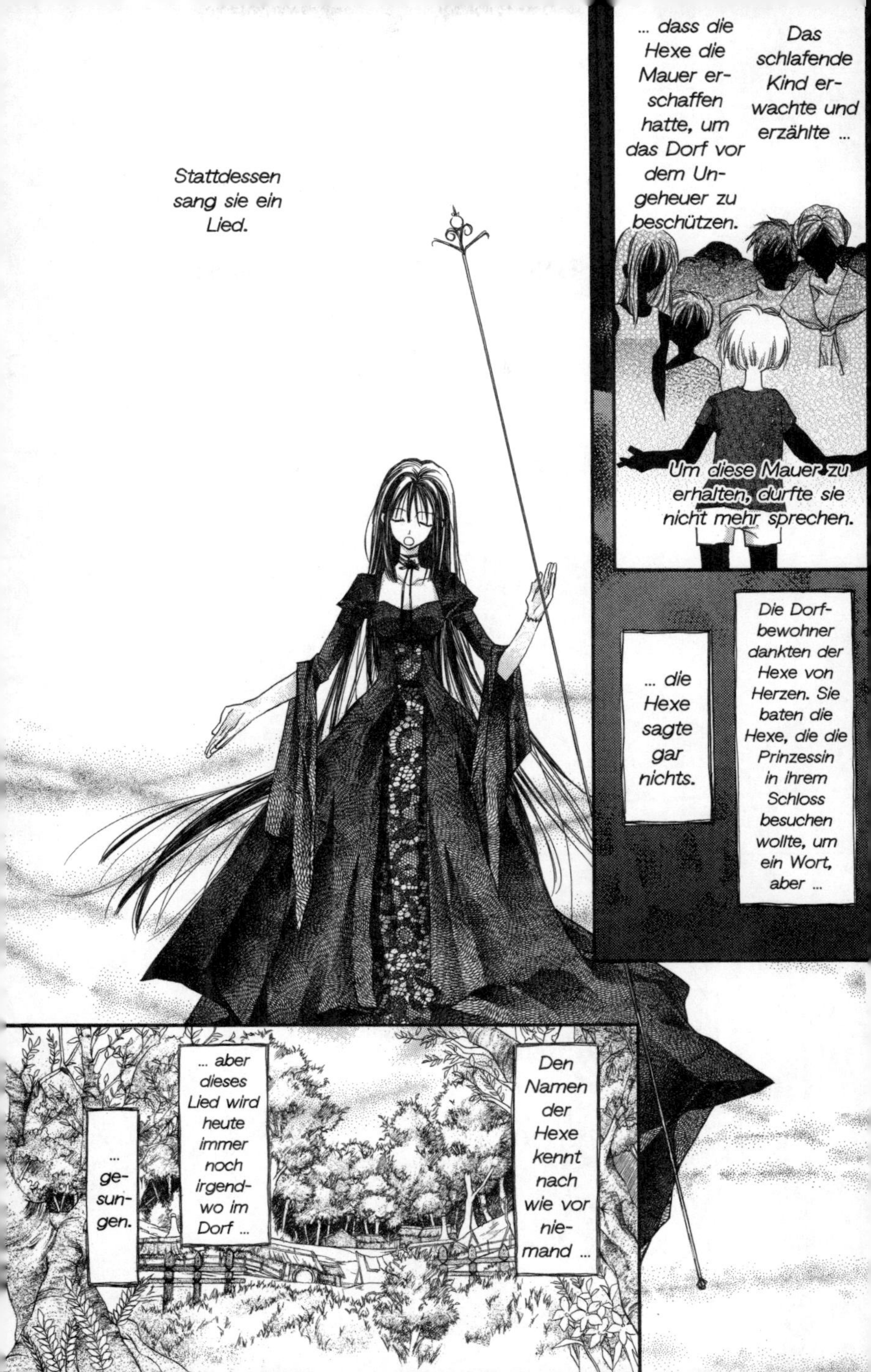

Das schlafende Kind erwachte und erzählte ...
... dass die Hexe die Mauer erschaffen hatte, um das Dorf vor dem Ungeheuer zu beschützen.
Um diese Mauer zu erhalten, durfte sie nicht mehr sprechen.
Die Dorfbewohner dankten der Hexe von Herzen. Sie baten die Hexe, die die Prinzessin in ihrem Schloss besuchen wollte, um ein Wort, aber ...
... die Hexe sagte gar nichts.
Stattdessen sang sie ein Lied.
Den Namen der Hexe kennt nach wie vor niemand ...
... aber dieses Lied wird heute immer noch irgendwo im Dorf ...
... gesungen.

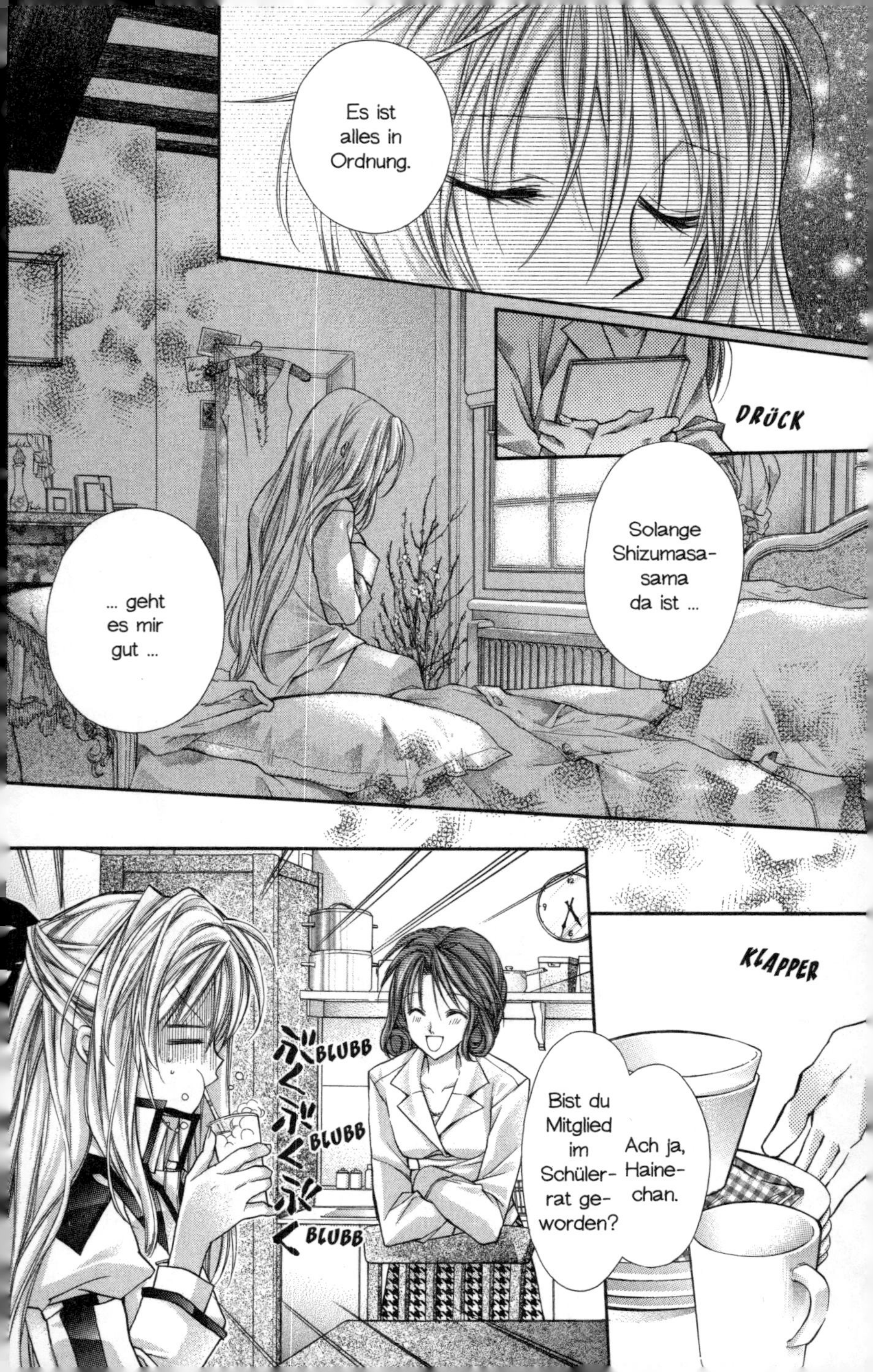

Es ist alles in Ordnung.
DRÜCK
Solange Shizumasa-sama da ist ...
... geht es mir gut ...
KLAPPER
Ach ja, Haine-chan.
Bist du Mitglied im Schüler-rat ge-worden?
ぶくぶくぶく
BLUBB
BLUBB
BLUBB

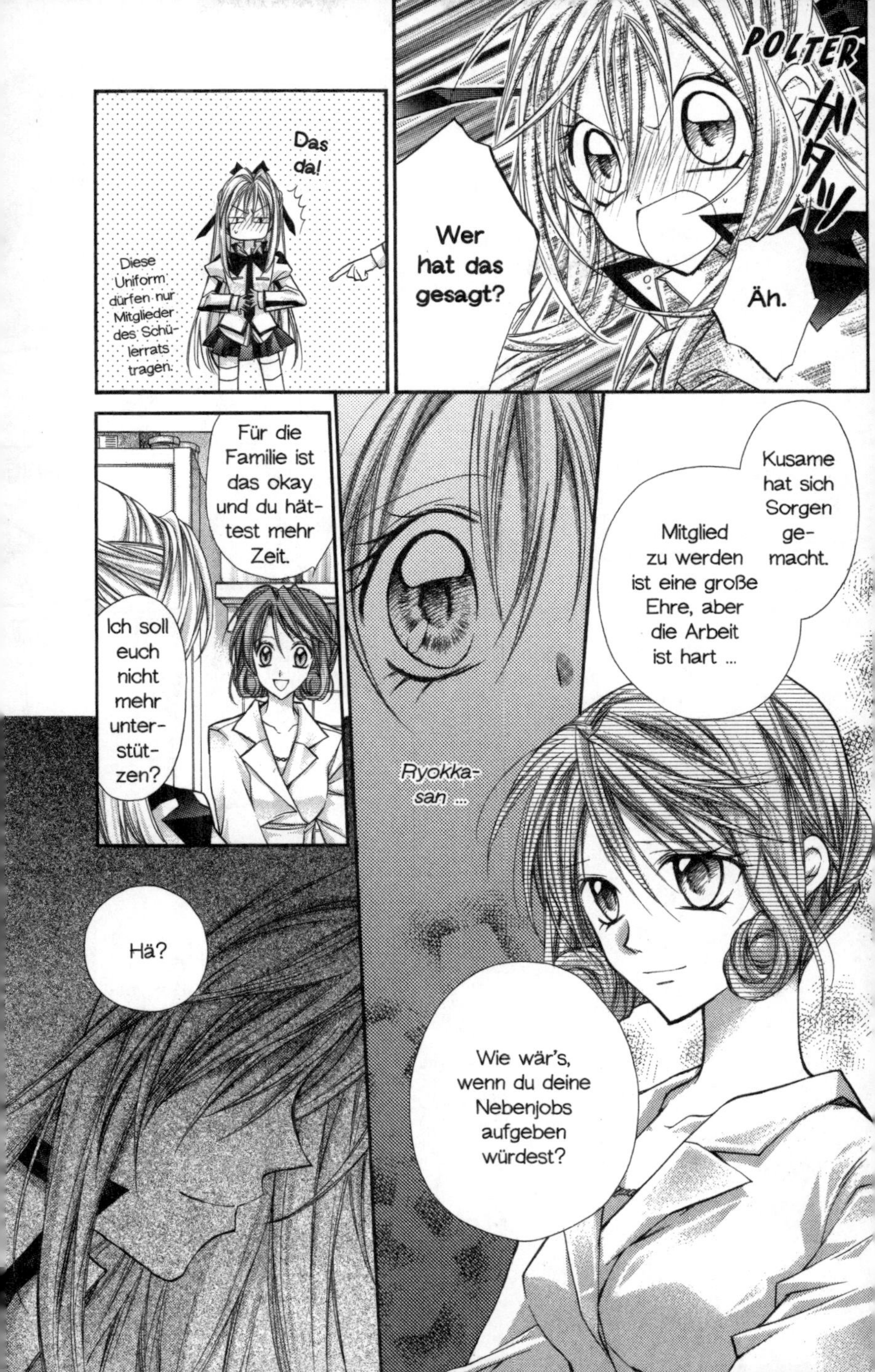

POLTER
ガタッ
Äh.
Wer hat das gesagt?
Das da!
Diese Uniform dürfen nur Mitglieder des Schülerrats tragen.
Kusame hat sich Sorgen gemacht.
Mitglied zu werden ist eine große Ehre, aber die Arbeit ist hart ...
Wie wär's, wenn du deine Nebenjobs aufgeben würdest?
Ryokka-san ...
Für die Familie ist das okay und du hättest mehr Zeit.
Ich soll euch nicht mehr unterstützen?
Hä?

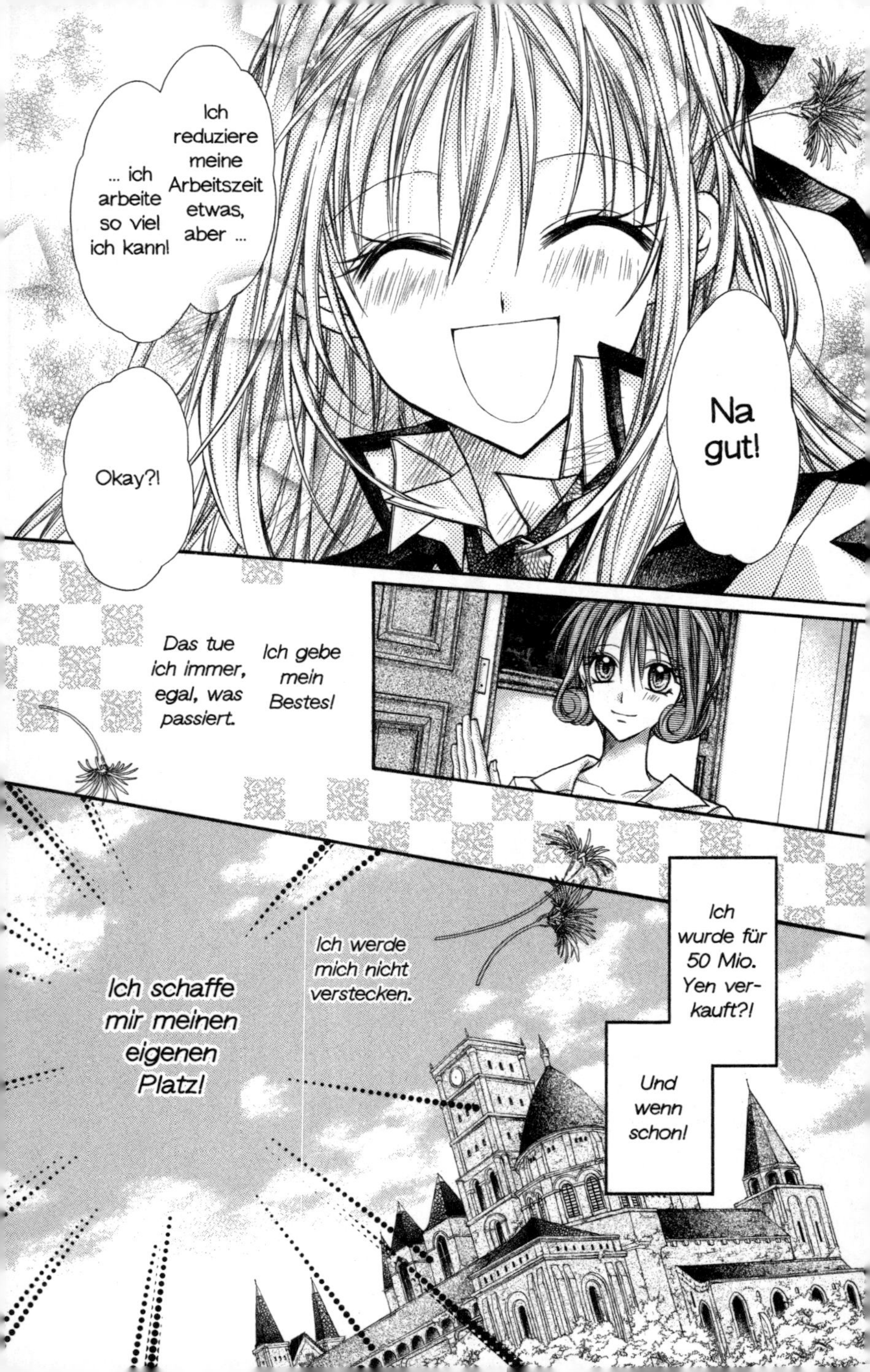
Na gut!
Ich reduziere meine Arbeitszeit etwas, aber ...
... ich arbeite so viel ich kann!
Okay?!
Ich gebe mein Bestes!
Das tue ich immer, egal, was passiert.
Ich wurde für 50 Mio. Yen verkauft?!
Und wenn schon!
Ich werde mich nicht verstecken.
Ich schaffe mir meinen eigenen Platz!

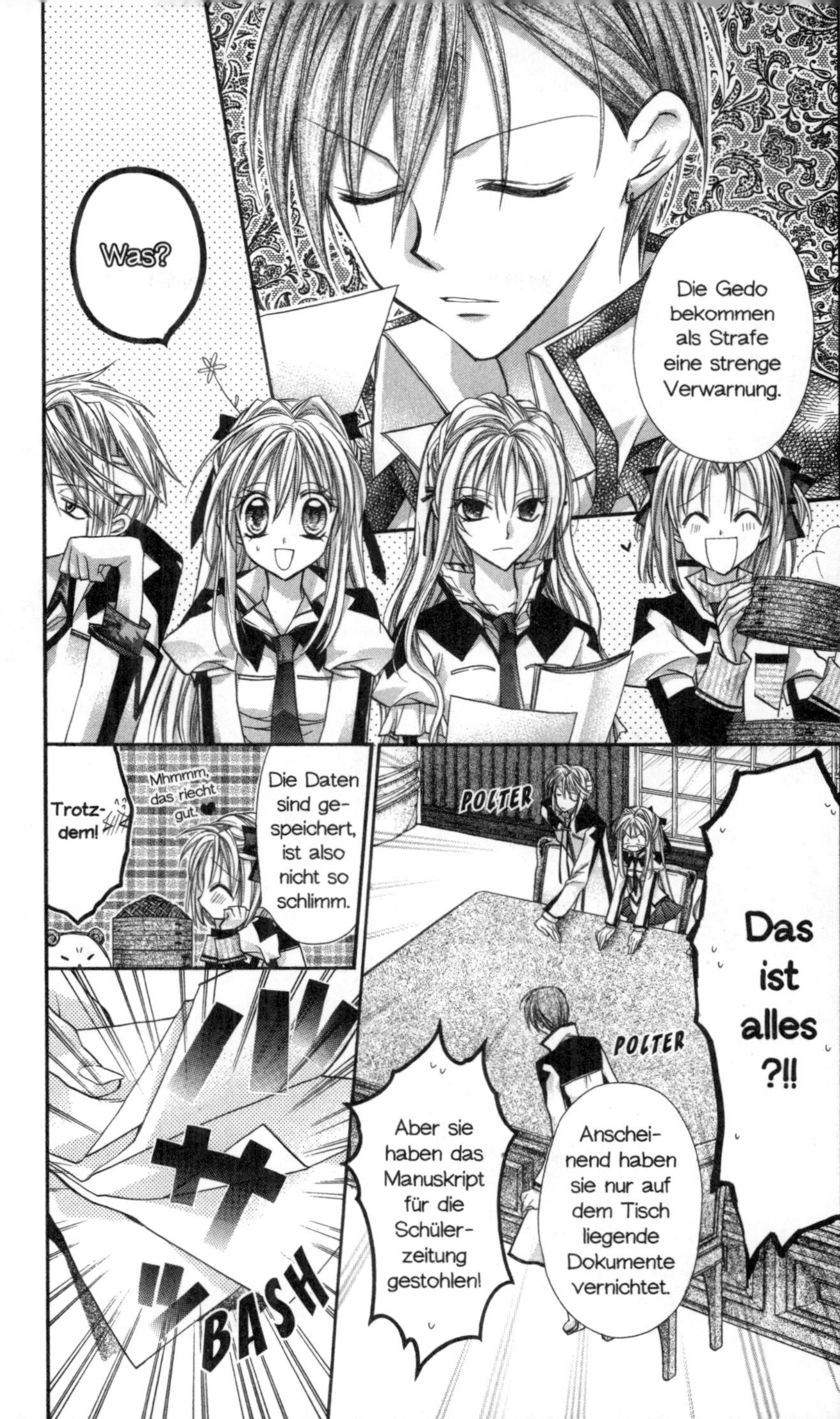

Die Gedo bekommen als Strafe eine strenge Verwarnung.
Was?
Das ist alles ?!!
POLTER
POLTER
Anschei-nend haben sie nur auf dem Tisch liegende Dokumente vernichtet.
Aber sie haben das Manuskript für die Schüler-zeitung gestohlen!
Die Daten sind ge-speichert, ist also nicht so schlimm.
Trotz-dem!
Mhmmm, das riecht gut.
BASH

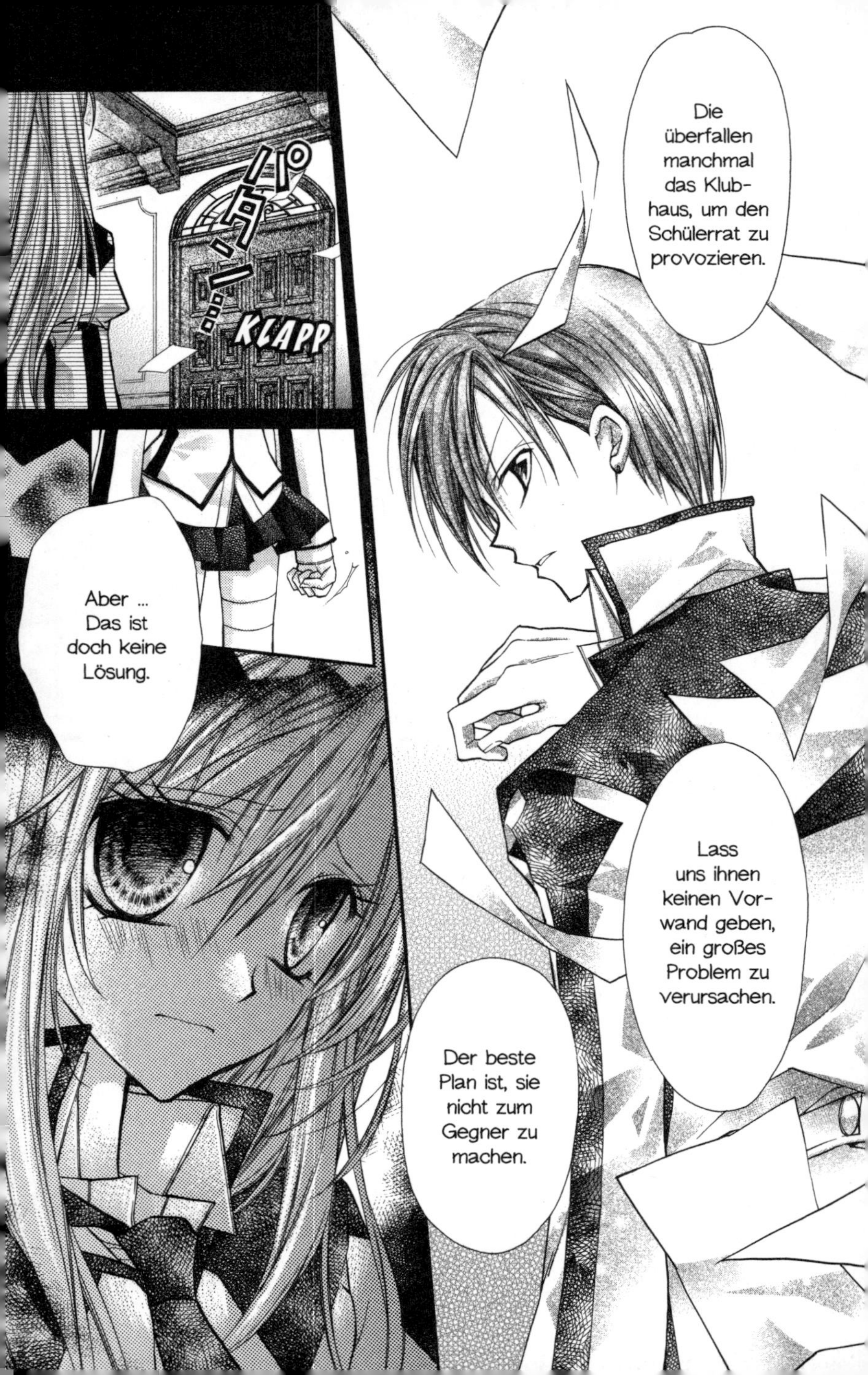
Die überfallen manchmal das Klubhaus, um den Schülerrat zu provozieren.
KLAPP
Aber ... Das ist doch keine Lösung.
Lass uns ihnen keinen Vorwand geben, ein großes Problem zu verursachen.
Der beste Plan ist, sie nicht zum Gegner zu machen.

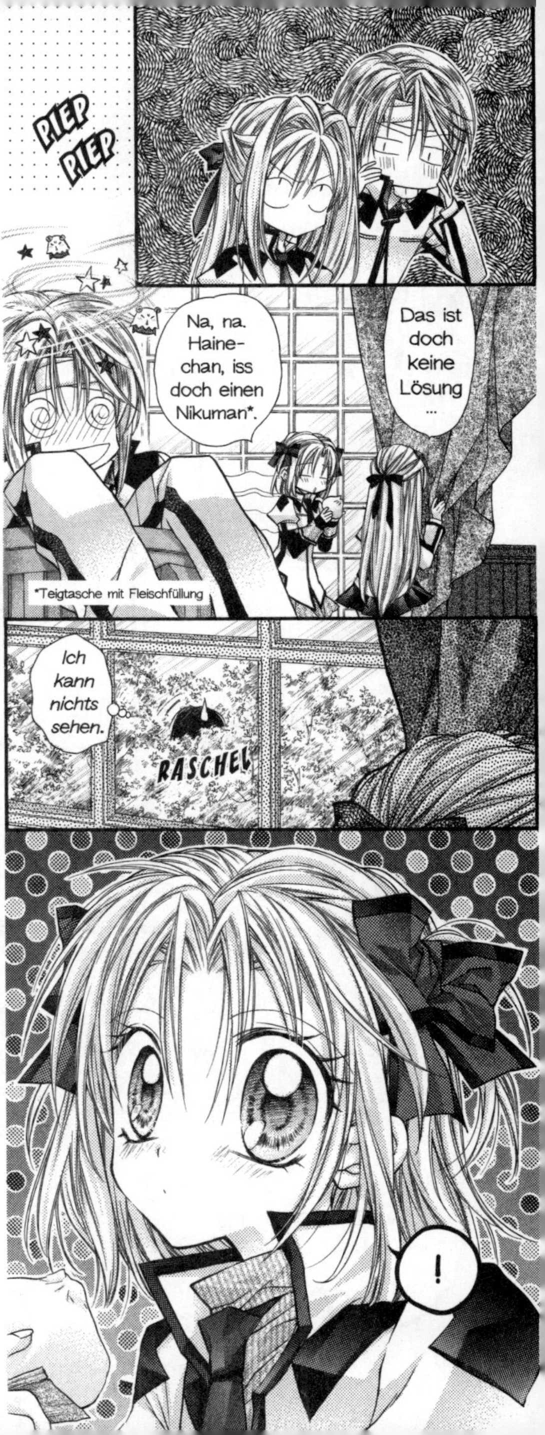

PIEP PIEP

Das ist doch keine Lösung ...

Na, na. Haine-chan, iss doch einen Nikuman*.

*Teigtasche mit Fleischfüllung

RASCHEL

Ich kann nichts sehen.

!

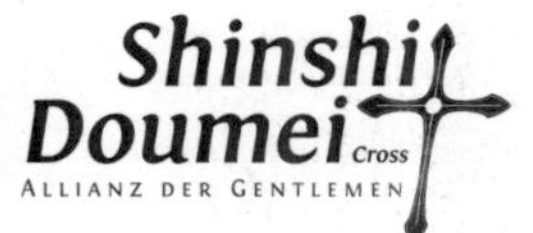

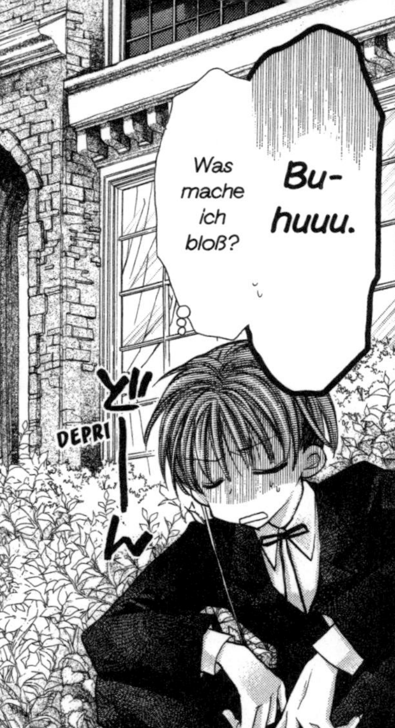

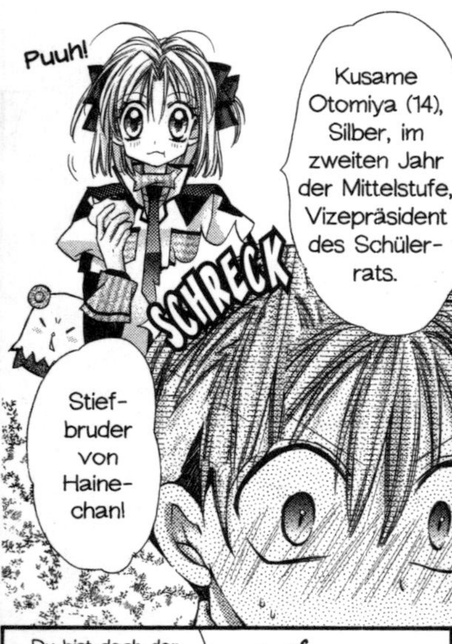

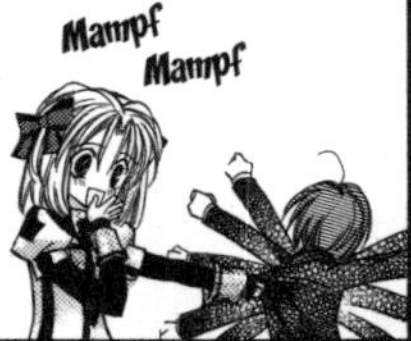

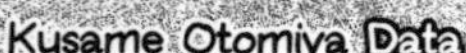

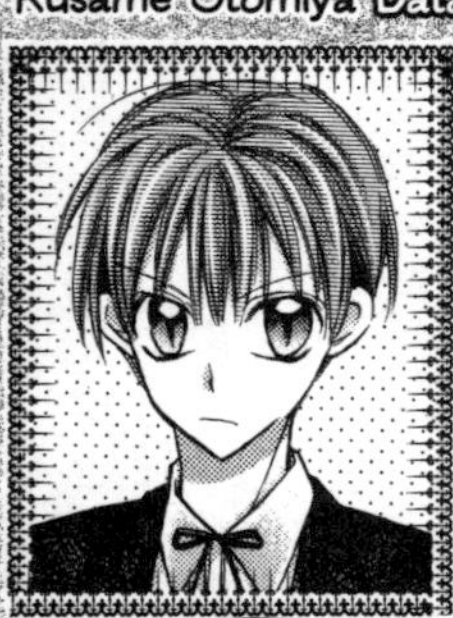

- 1. Platz des 3. Schuljahrs •1. Platz beim Leichtathletikfest: Bester Einzelkämpfer mit der höchsten Gesamtpunktzahl
- Gewinner des Violin-Wettbewerbs
- Umweltschutz-Poster: Preis des Provinzgouverneurs
- Landesweiter Malwettbewerb: Preis des Premierministers
- Erfindermesse: Preis für den besten Entwurf
- Nationaler Essay-Wettbewerb für Mittelschüler: Preis für den besten Aufsatz •Landesweiter Kalligrafie-Wettbewerb: Juniorpreis für die beste Kalligrafie in seiner Klasse
- Kreativer Koch-Wettbewerb: Juniorpreis in seiner Klasse
- Ökologie-Wettbewerb des Recycling-Verbandes: Super-Ökologie-Preis •Nationaler 100-Gedichte-Wettbewerb für Mittelschüler: 1. Platz in zwei aufeinander folgenden Jahren
- 1. Platz im Abakus-Rechnen •1. Platz in Schönschrift
- 1. Platz und Urkunde in Stundenplanerstellung
- 1. Platz und Urkunde in Word Processing
- Bester Schüler der Kaiserlichen Akademie •1. Preis bei der Beliebtheitsumfrage in der Mittelstufe

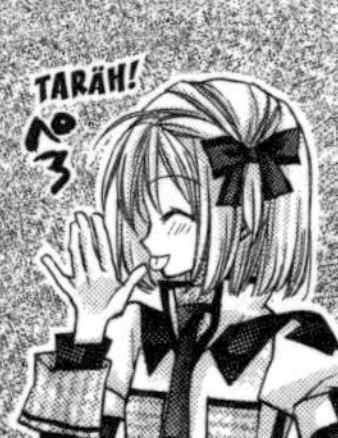

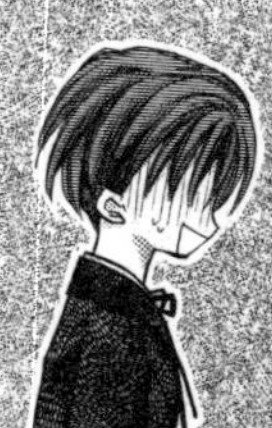

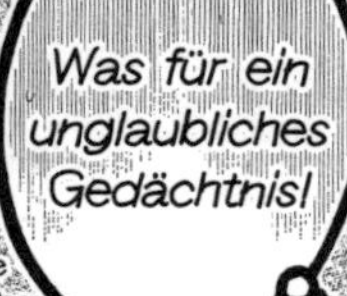

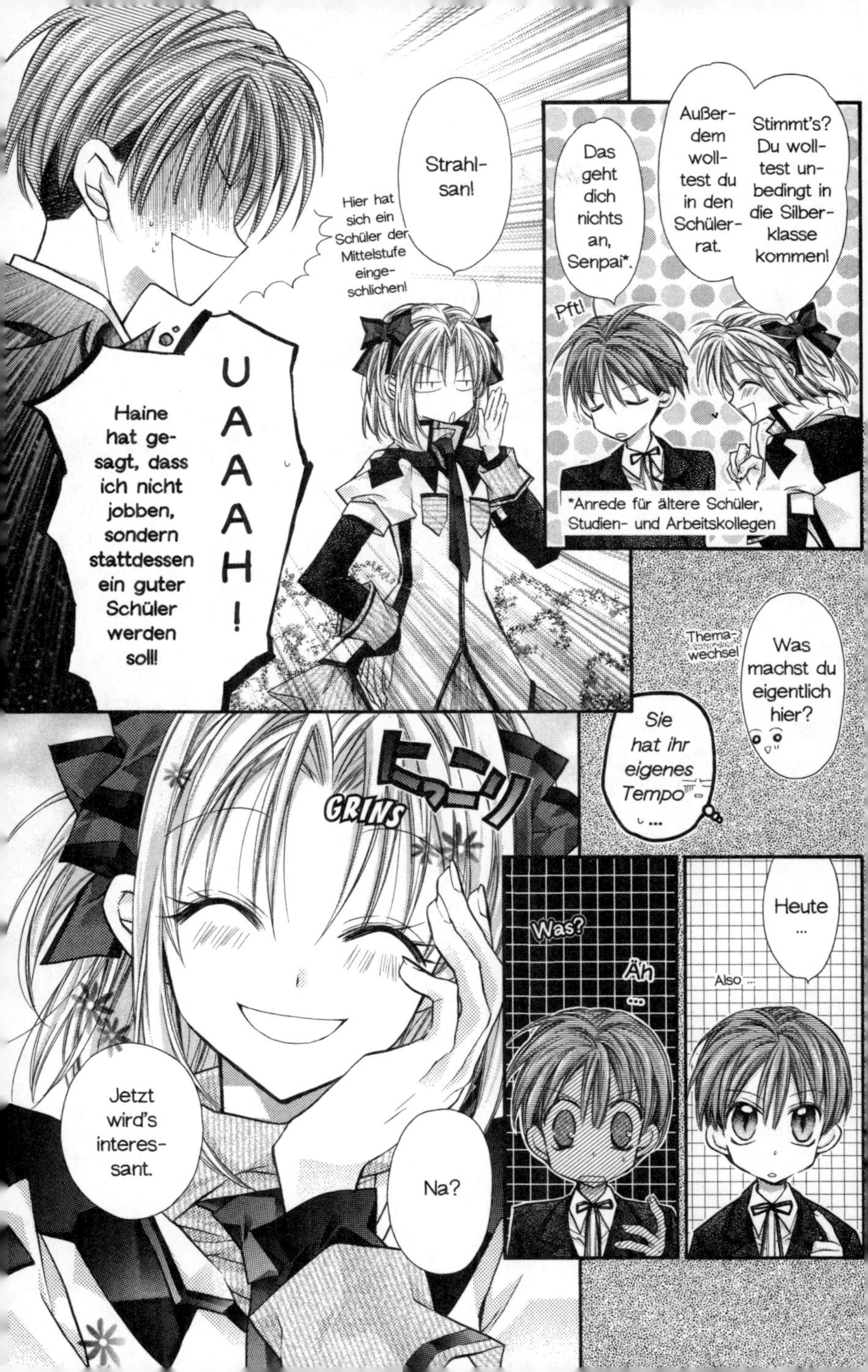
Stimmt's? Du wolltest unbedingt in die Silberklasse kommen!
Außerdem wolltest du in den Schülerrat.
Das geht dich nichts an, Senpai*.
Pft!
*Anrede für ältere Schüler, Studien- und Arbeitskollegen
Strahl-san!
Hier hat sich ein Schüler der Mittelstufe eingeschlichen!
UAAAAH!
Haine hat gesagt, dass ich nicht jobben, sondern stattdessen ein guter Schüler werden soll!
Was machst du eigentlich hier?
Themawechsel
Sie hat ihr eigenes Tempo ...
Heute ...
Also ...
Was?
Äh ...
GRINS
Na?
Jetzt wird's interessant.

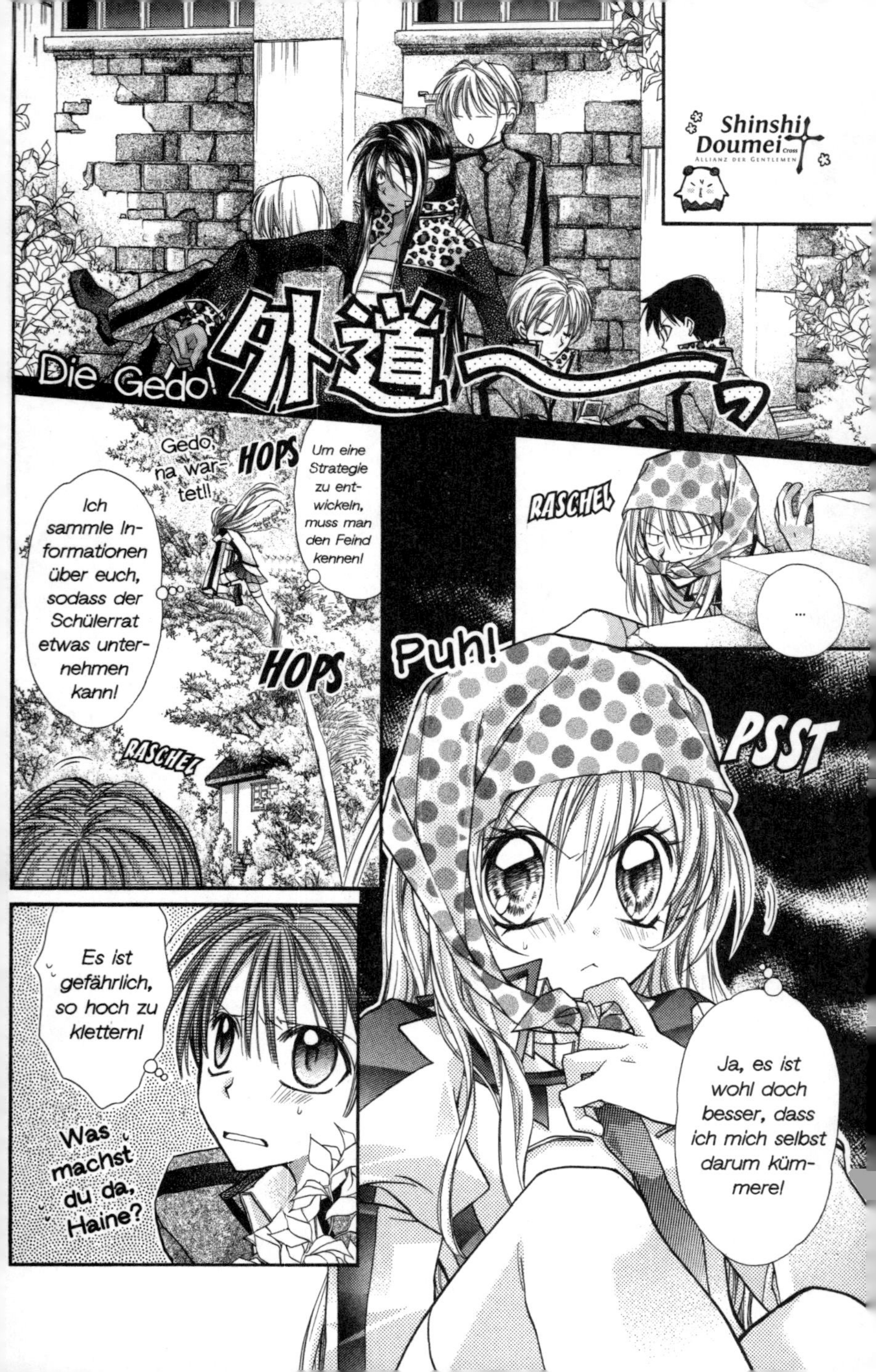
Shinshi Doumei Cross
Allianz der Gentlemen
Die Gedo!
外道――っ
Um eine Strategie zu entwickeln, muss man den Feind kennen!
HOPS
Gedo, na wartet!!
Ich sammle Informationen über euch, sodass der Schülerrat etwas unternehmen kann!
HOPS
RASCHEL
RASCHEL
...
Puh!
PSST
Es ist gefährlich, so hoch zu klettern!
Was machst du da, Haine?
Ja, es ist wohl doch besser, dass ich mich selbst darum kümmere!

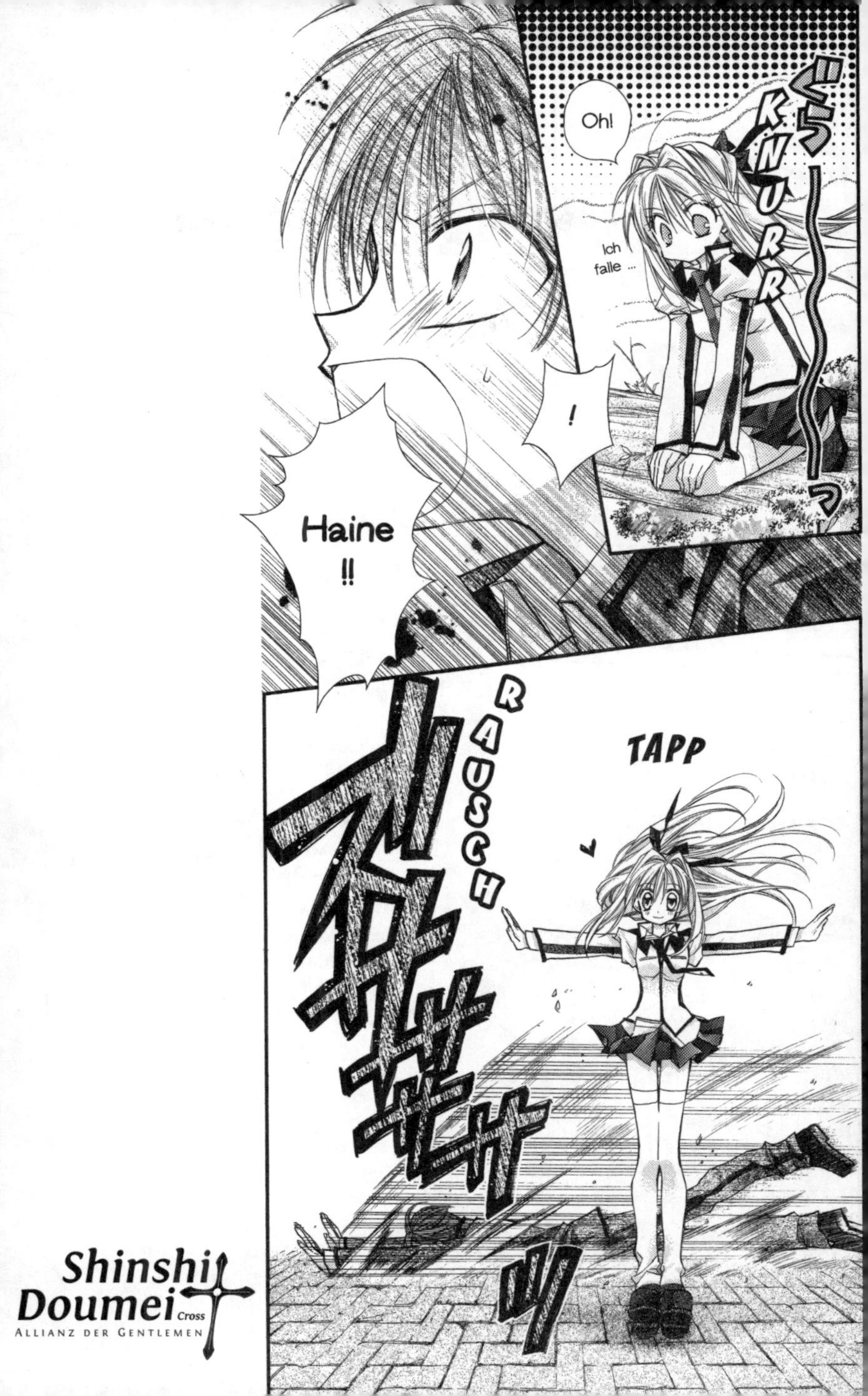

Shinshi Doumei Cross
ALLIANZ DER GENTLEMEN

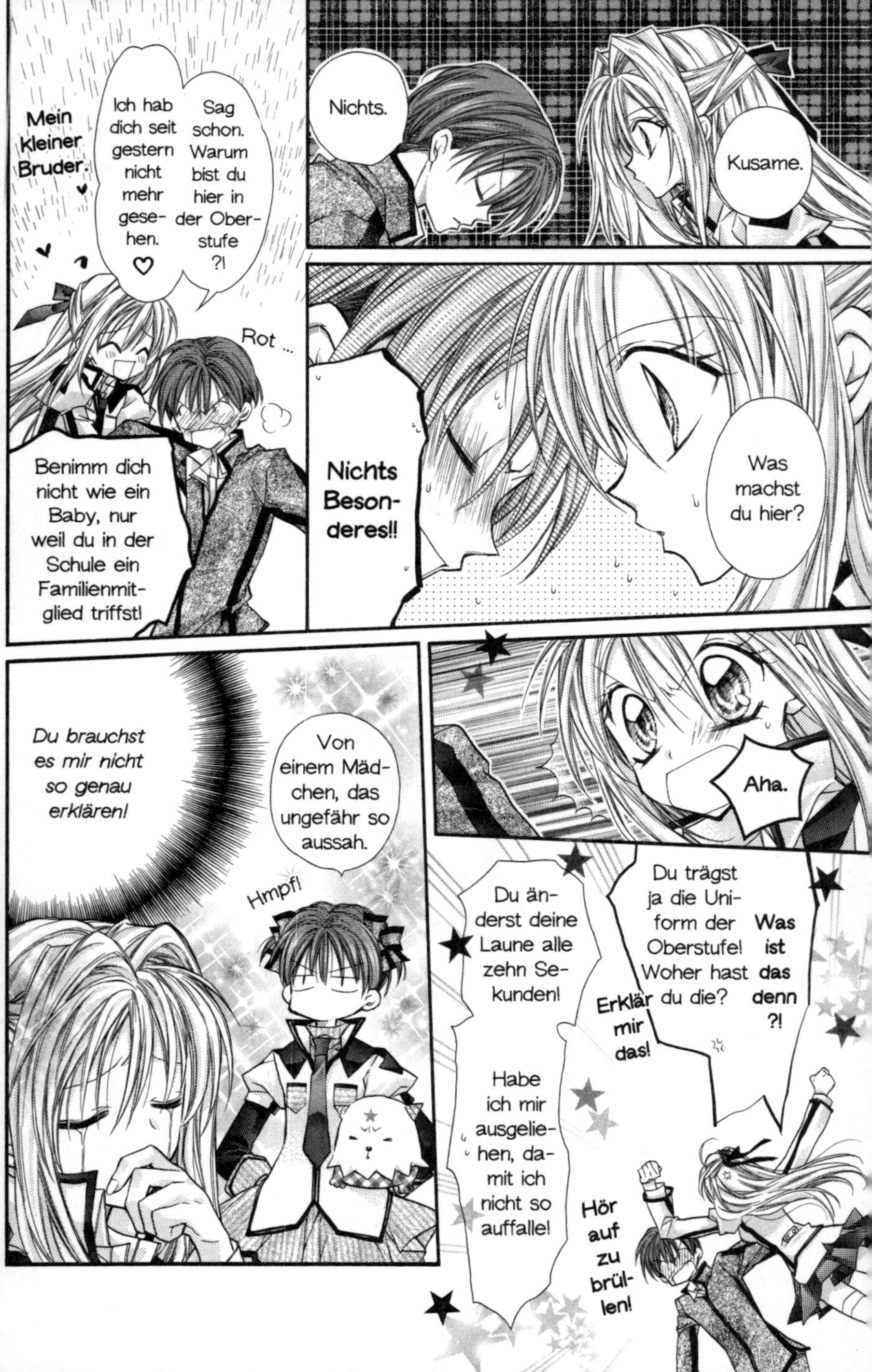
Kusame.
Nichts.
Was machst du hier?
Nichts Besonderes!!
Sag schon. Warum bist du hier in der Oberstufe ?!
Ich hab dich seit gestern nicht mehr gesehen. ♡
Mein kleiner Bruder.
Rot ...
Benimm dich nicht wie ein Baby, nur weil du in der Schule ein Familienmitglied triffst!
Aha.
Was ist das denn ?!
Du trägst ja die Uniform der Oberstufe! Woher hast du die?
Erklär mir das!
Du änderst deine Laune alle zehn Sekunden!
Habe ich mir ausgeliehen, damit ich nicht so auffalle!
Hör auf zu brüllen!
Von einem Mädchen, das ungefähr so aussah.
Hmpf!
Du brauchst es mir nicht so genau erklären!

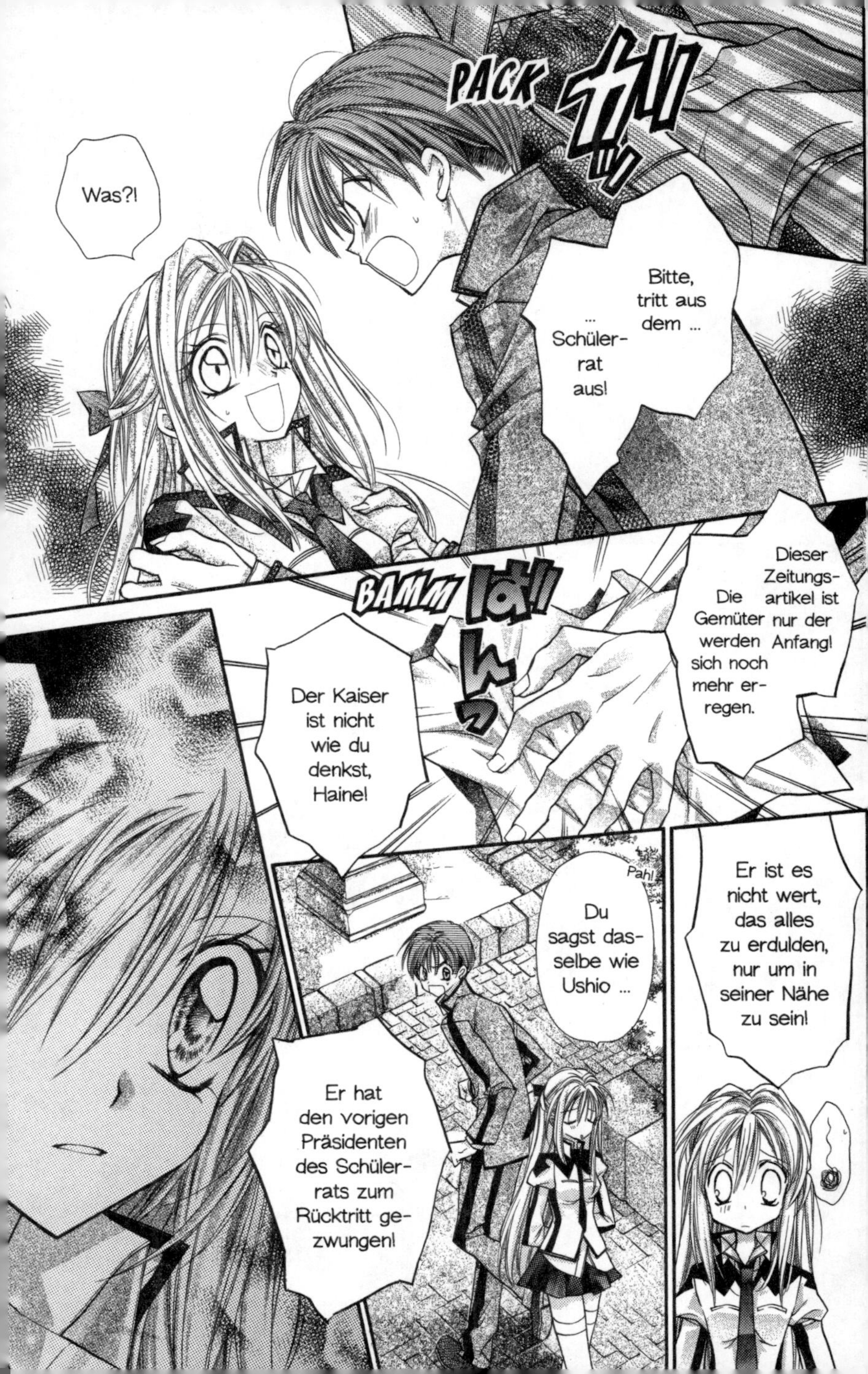
PACK
Bitte, tritt aus dem ... ... Schülerrat aus!
Was?!
BAMM
Dieser Zeitungsartikel ist nur der Anfang! Die Gemüter werden sich noch mehr erregen.
Der Kaiser ist nicht wie du denkst, Haine!
Er ist es nicht wert, das alles zu erdulden, nur um in seiner Nähe zu sein!
Pah!
Du sagst dasselbe wie Ushio ...
Er hat den vorigen Präsidenten des Schülerrats zum Rücktritt gezwungen!

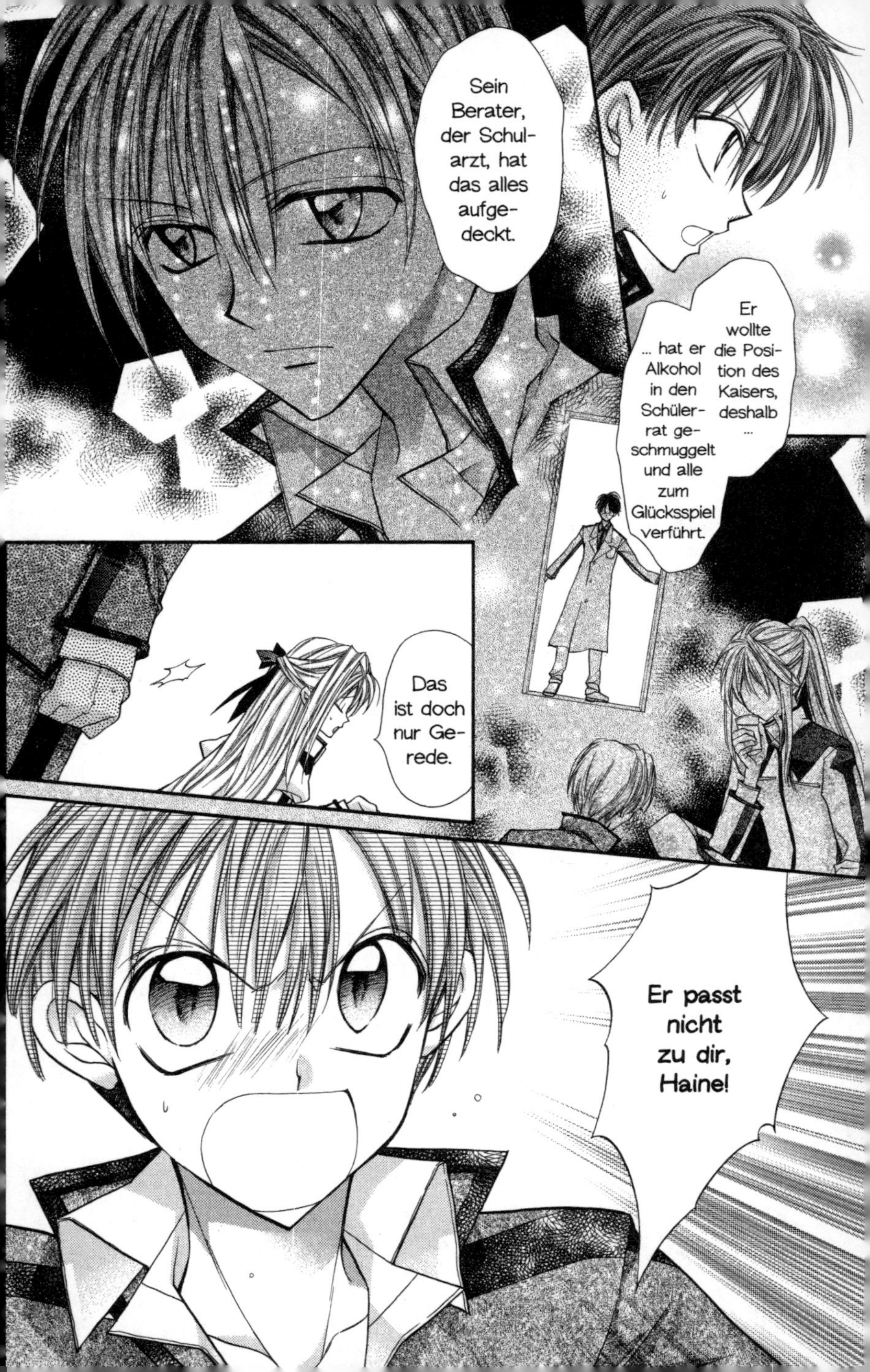
Sein Berater, der Schularzt, hat das alles aufgedeckt.
Er wollte die Position des Kaisers, deshalb ...
... hat er Alkohol in den Schülerrat geschmuggelt und alle zum Glücksspiel verführt.
Das ist doch nur Gerede.
Er passt nicht zu dir, Haine!

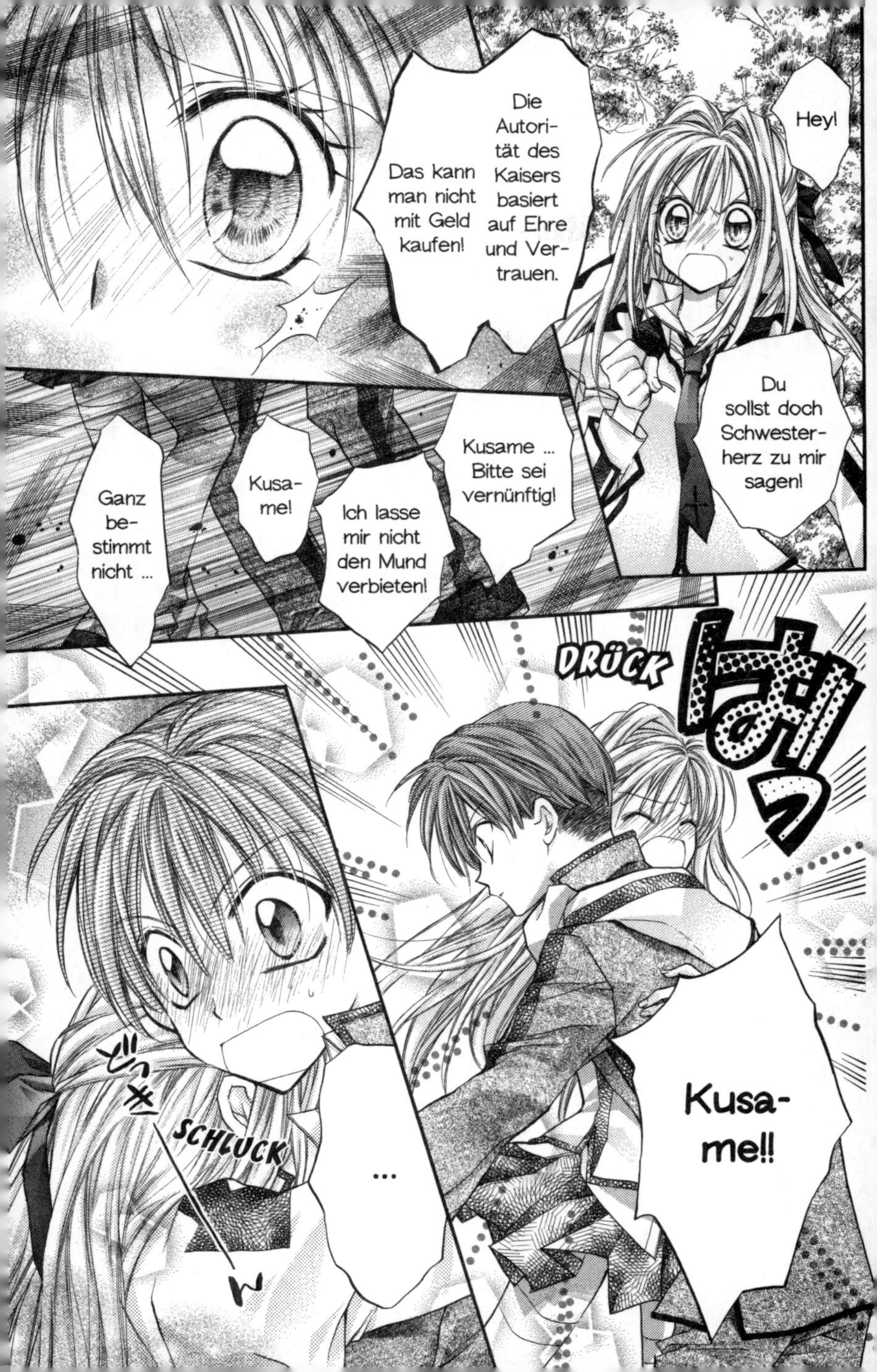

Hey!
Du sollst doch Schwesterherz zu mir sagen!
Die Autorität des Kaisers basiert auf Ehre und Vertrauen.
Das kann man nicht mit Geld kaufen!
Kusame ... Bitte sei vernünftig!
Ich lasse mir nicht den Mund verbieten!
Kusame!
Ganz bestimmt nicht ...
DRÜCK
Kusame!!
SCHLUCK
...

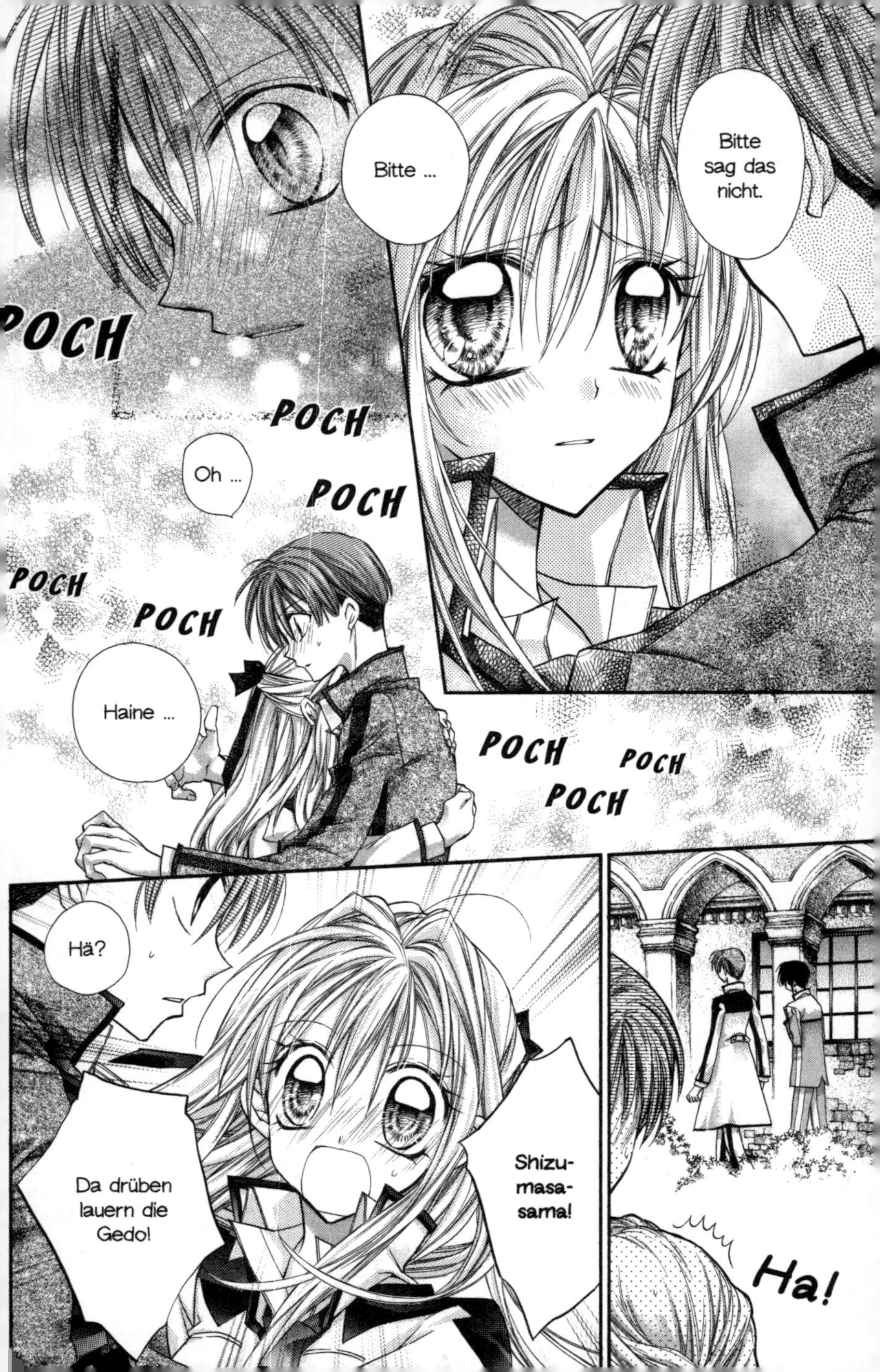

Bitte sag das nicht.
Bitte ...
POCH
POCH
Oh ...
POCH
POCH
POCH
Haine ...
POCH
POCH
POCH
Ha!
Shizu-masa-sama!
Da drüben lauern die Gedo!
Hä?

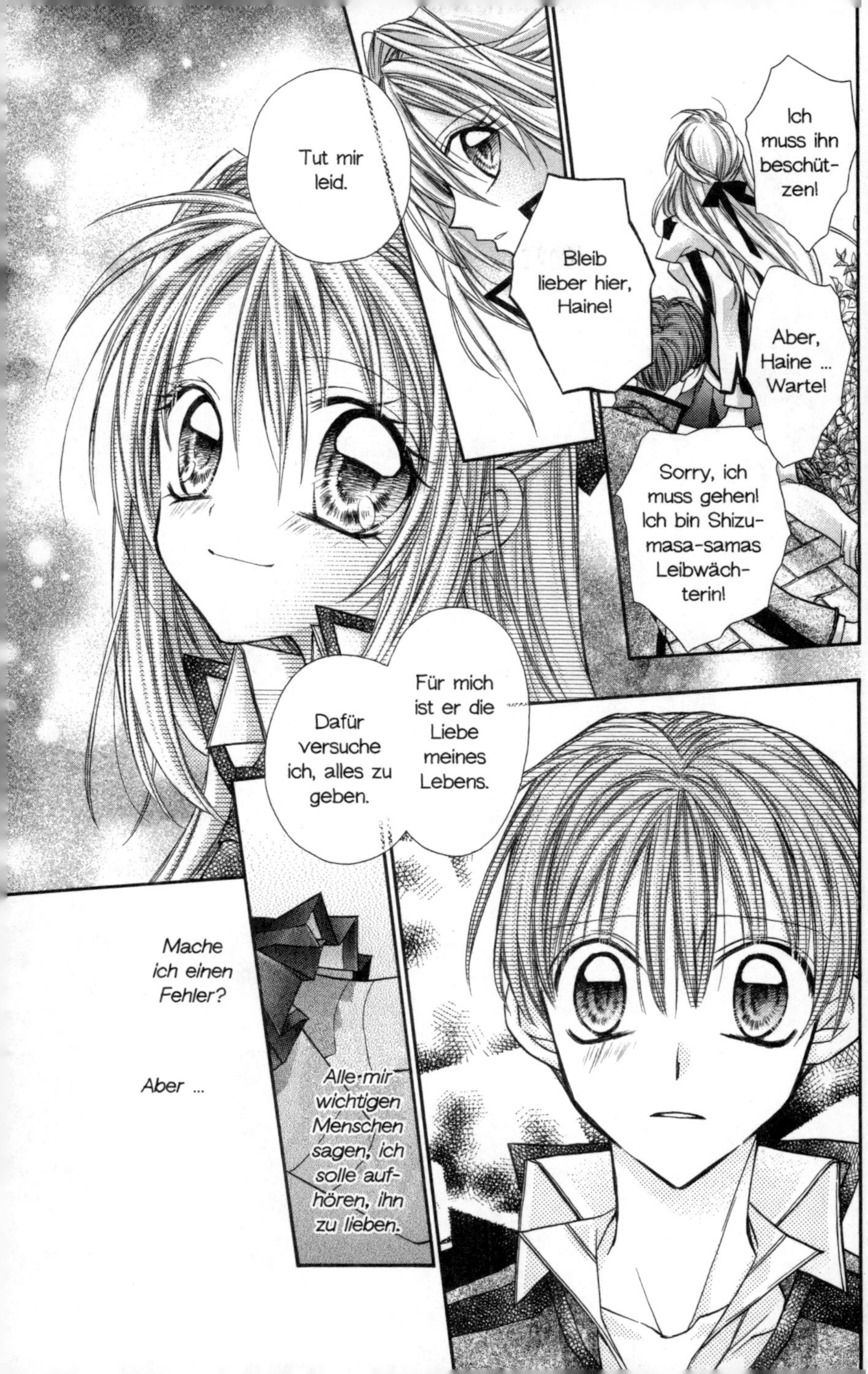
Ich muss ihn beschützen!
Aber, Haine ... Warte!
Bleib lieber hier, Haine!
Sorry, ich muss gehen! Ich bin Shizumasa-samas Leibwächterin!
Tut mir leid.
Für mich ist er die Liebe meines Lebens.
Dafür versuche ich, alles zu geben.
Alle mir wichtigen Menschen sagen, ich solle aufhören, ihn zu lieben.
Mache ich einen Fehler?
Aber ...

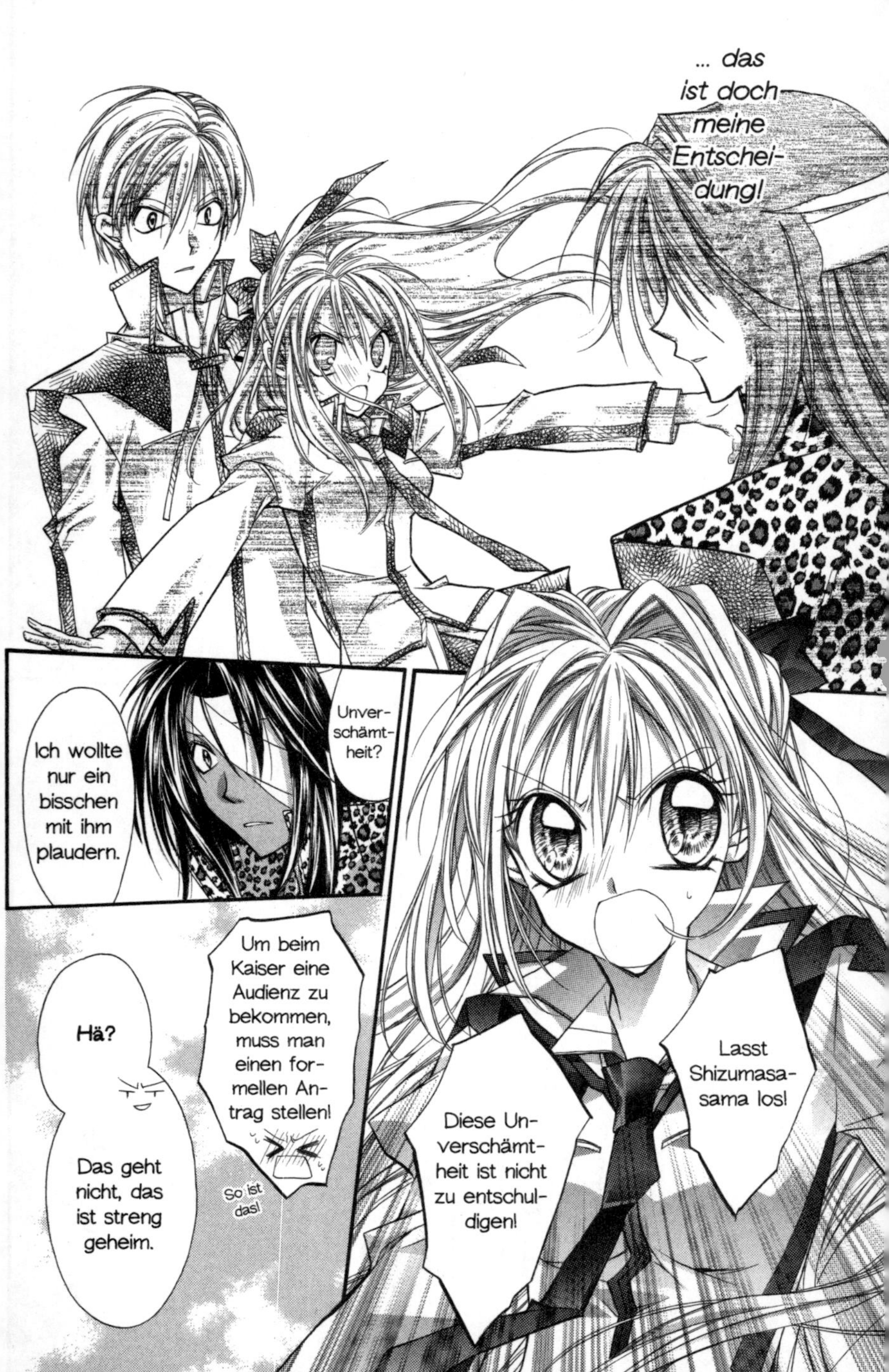
... das ist doch meine Entscheidung!
Lasst Shizumasa-sama los!
Diese Unverschämtheit ist nicht zu entschuldigen!
Unverschämtheit?
Ich wollte nur ein bisschen mit ihm plaudern.
Um beim Kaiser eine Audienz zu bekommen, muss man einen formellen Antrag stellen!
So ist das!
Hä?
Das geht nicht, das ist streng geheim.

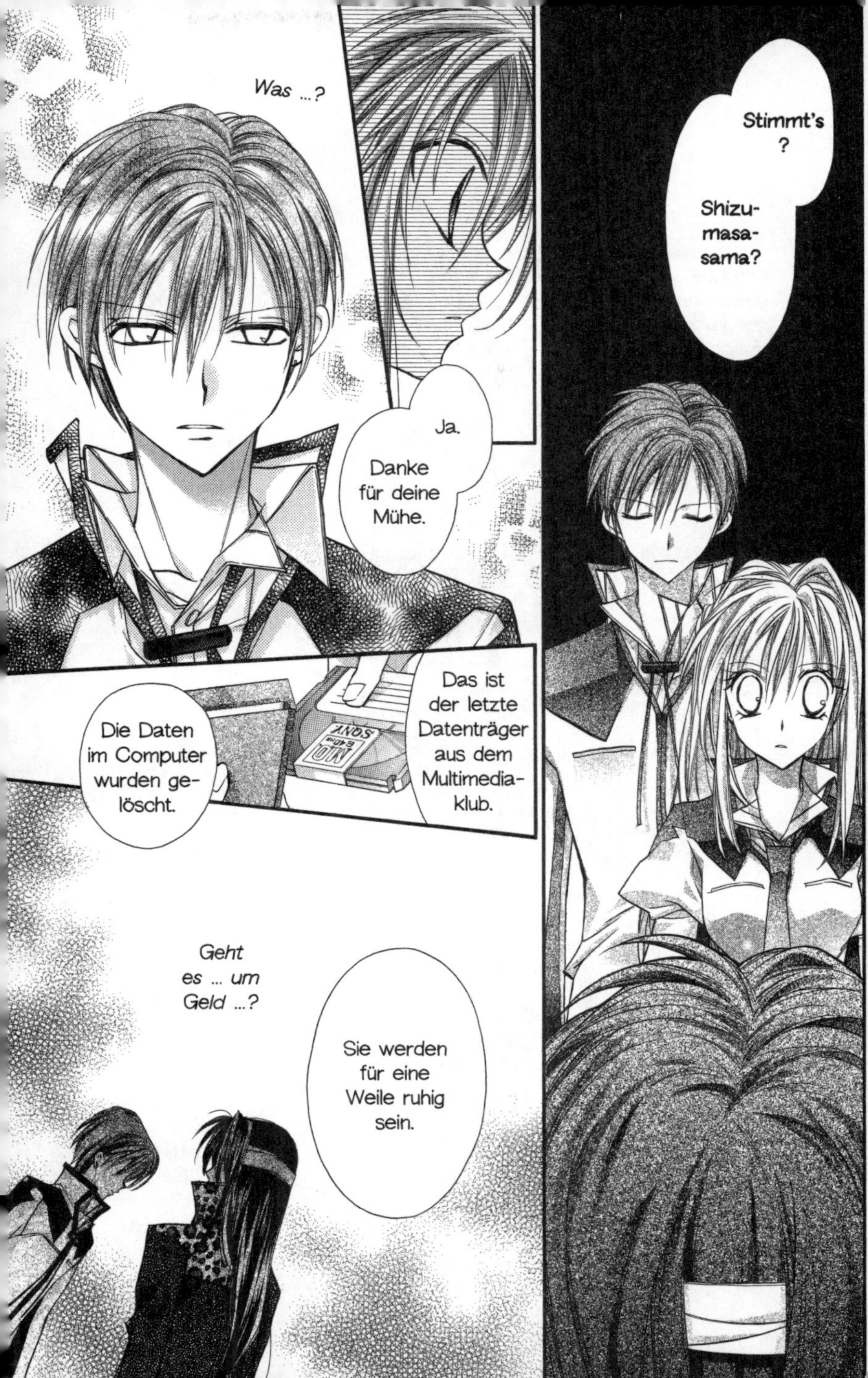
Stimmt's?
Shizumasa-sama?
Ja.
Danke für deine Mühe.
Was ...?
Das ist der letzte Datenträger aus dem Multimediaklub.
Die Daten im Computer wurden gelöscht.
Sie werden für eine Weile ruhig sein.
Geht es ... um Geld ...?

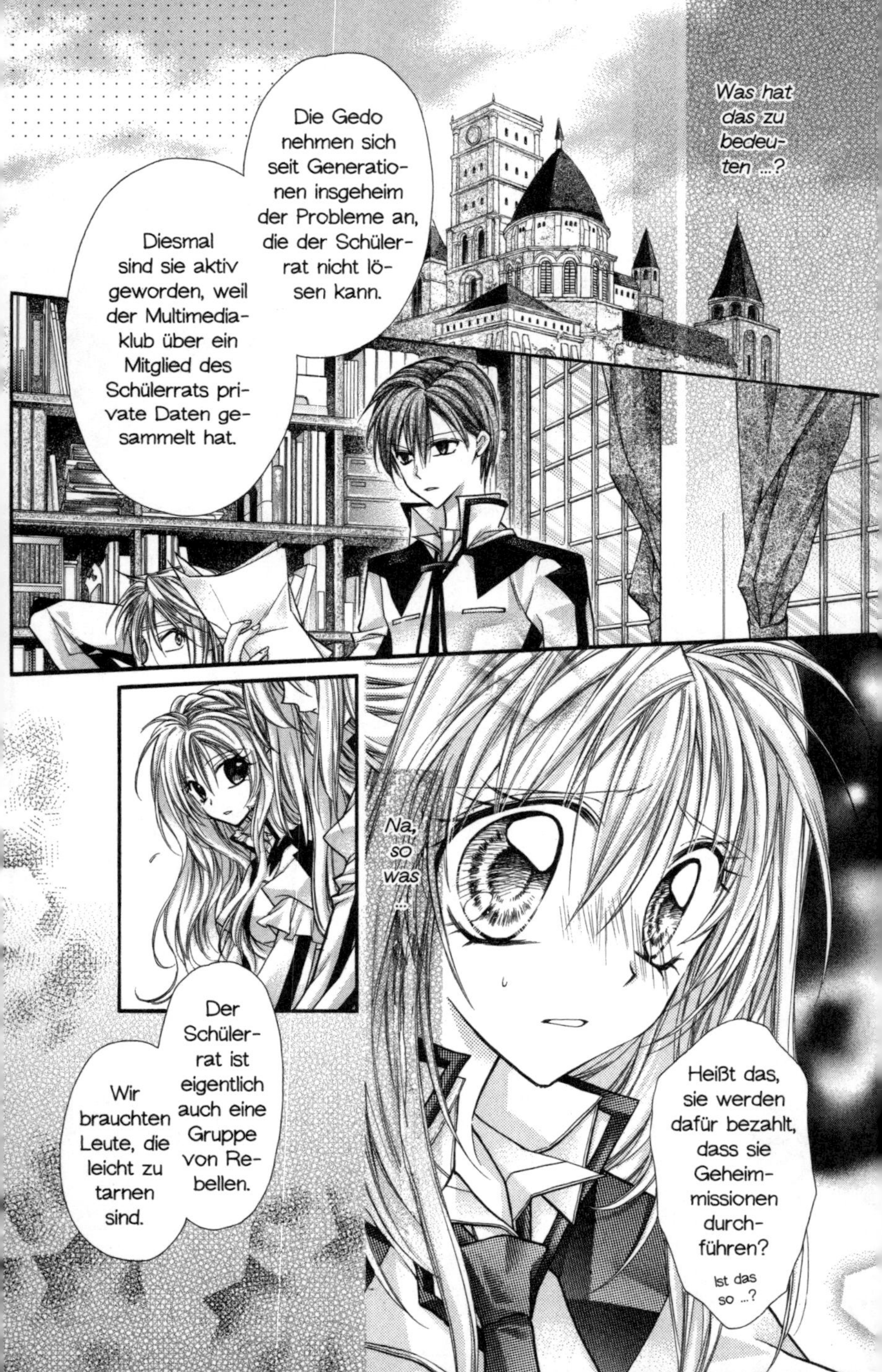
Was hat das zu bedeuten ...?
Die Gedo nehmen sich seit Generationen insgeheim der Probleme an, die der Schülerrat nicht lösen kann.
Diesmal sind sie aktiv geworden, weil der Multimediaklub über ein Mitglied des Schülerrats private Daten gesammelt hat.
Na, so was ...
Heißt das, sie werden dafür bezahlt, dass sie Geheimmissionen durchführen?
Ist das so ...?
Der Schülerrat ist eigentlich auch eine Gruppe von Rebellen.
Wir brauchten Leute, die leicht zu tarnen sind.

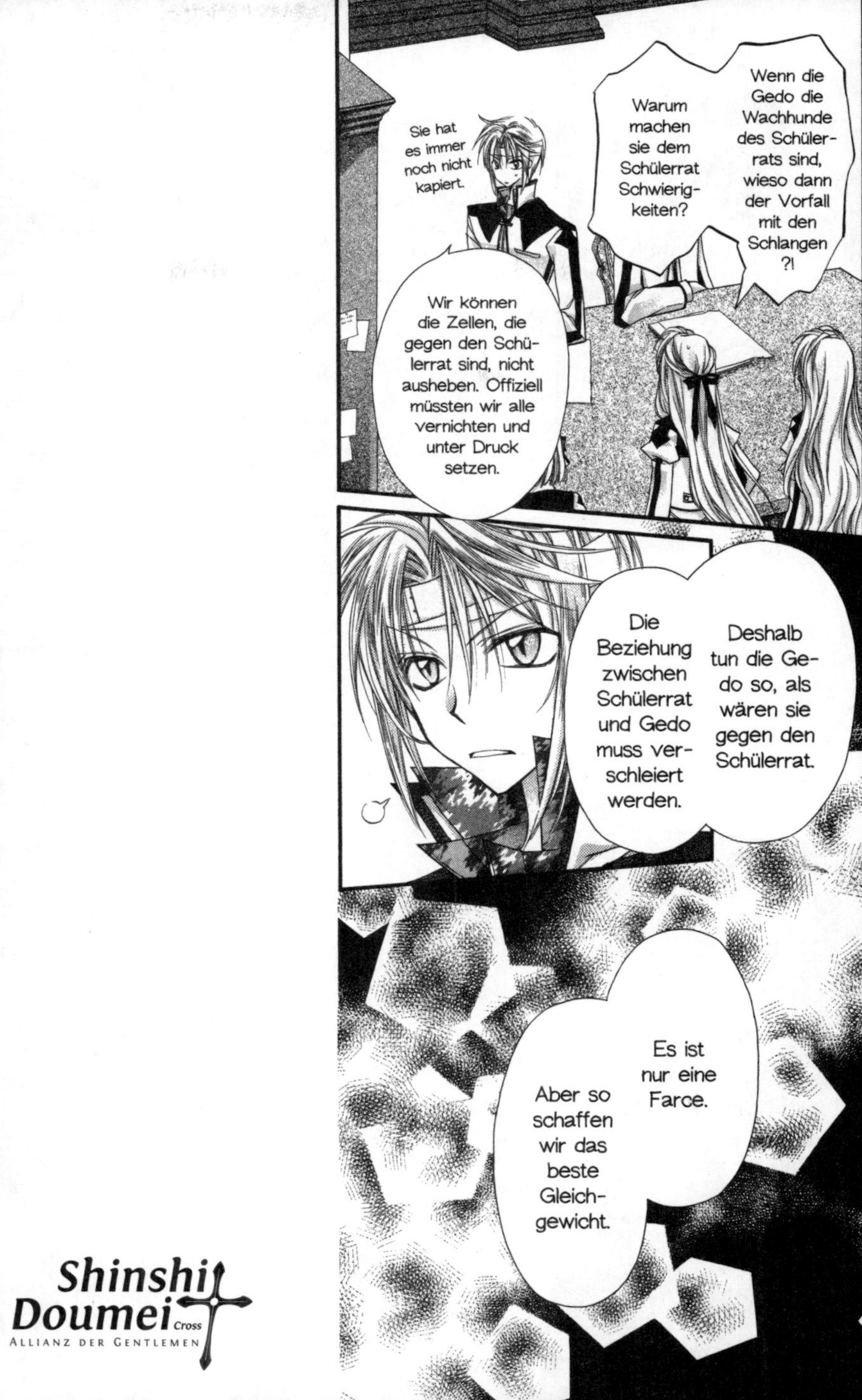

Shinshi Doumei Cross
ALLIANZ DER GENTLEMEN

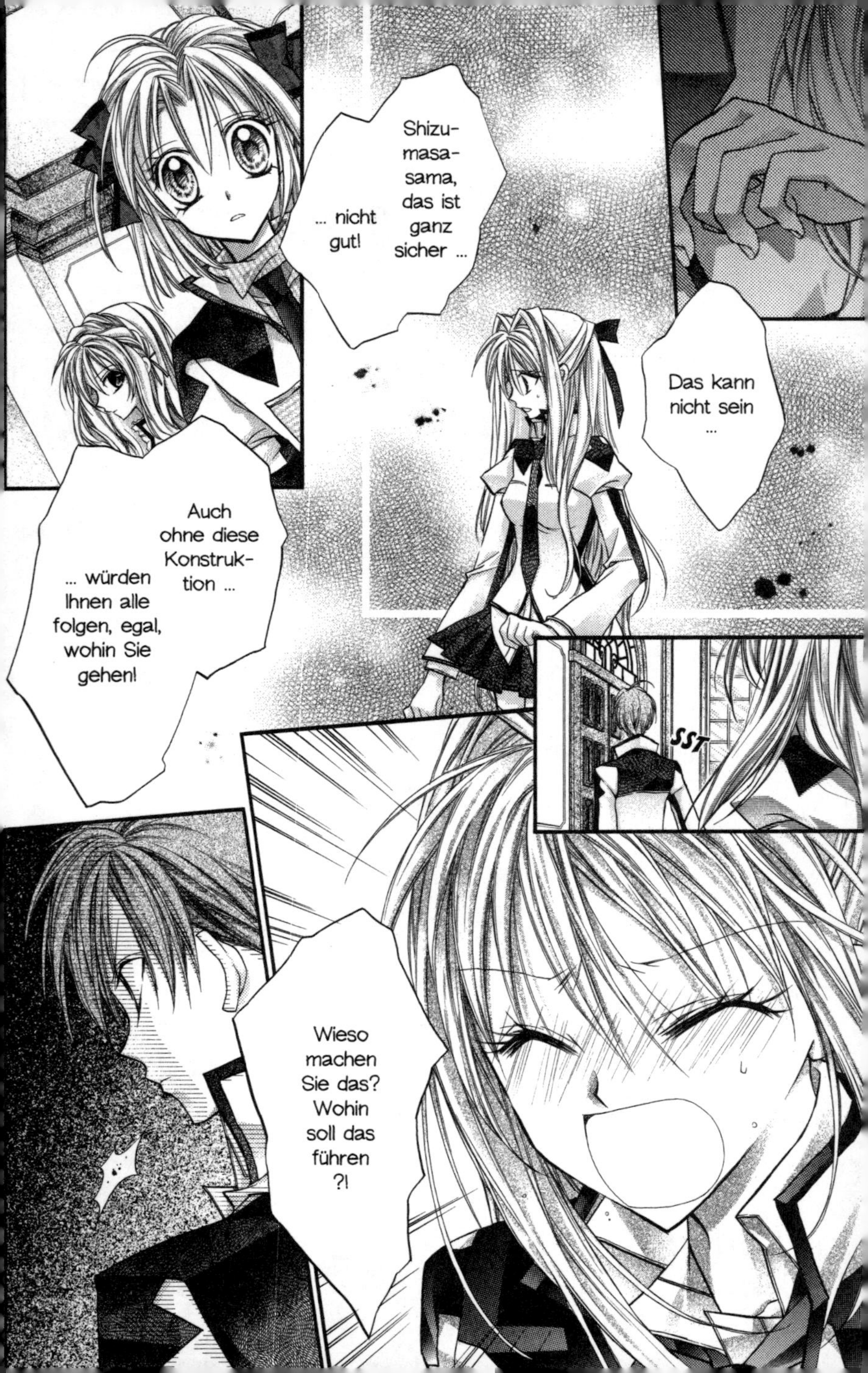
Shizu-masa-sama, das ist ganz sicher ...
... nicht gut!
Das kann nicht sein ...
Auch ohne diese Konstruktion ...
... würden Ihnen alle folgen, egal, wohin Sie gehen!
SST
Wieso machen Sie das? Wohin soll das führen ?!

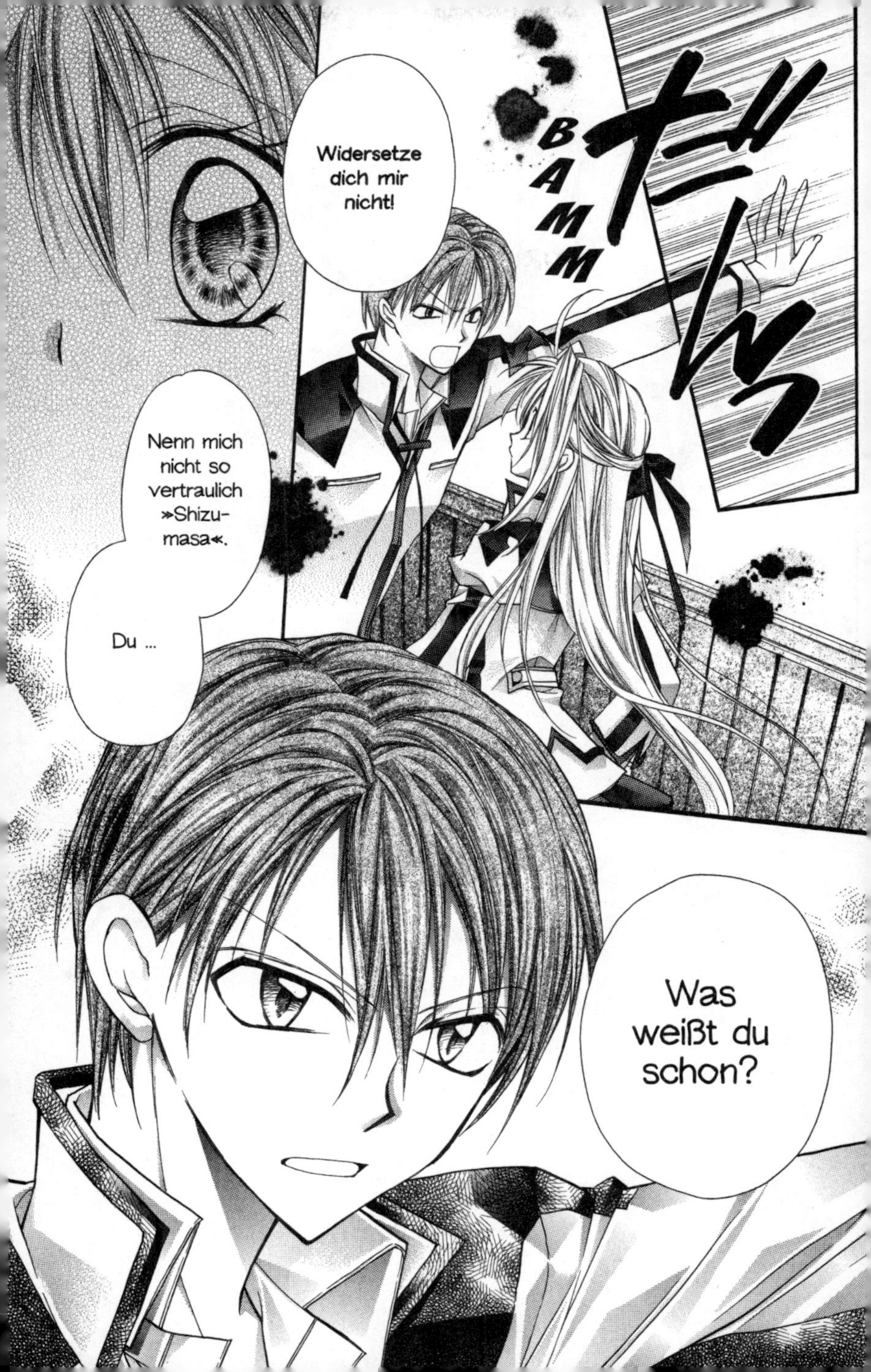
BAMM
Widersetze dich mir nicht!
Nenn mich nicht so vertraulich »Shizu-masa«.
Du ...
Was weißt du schon?

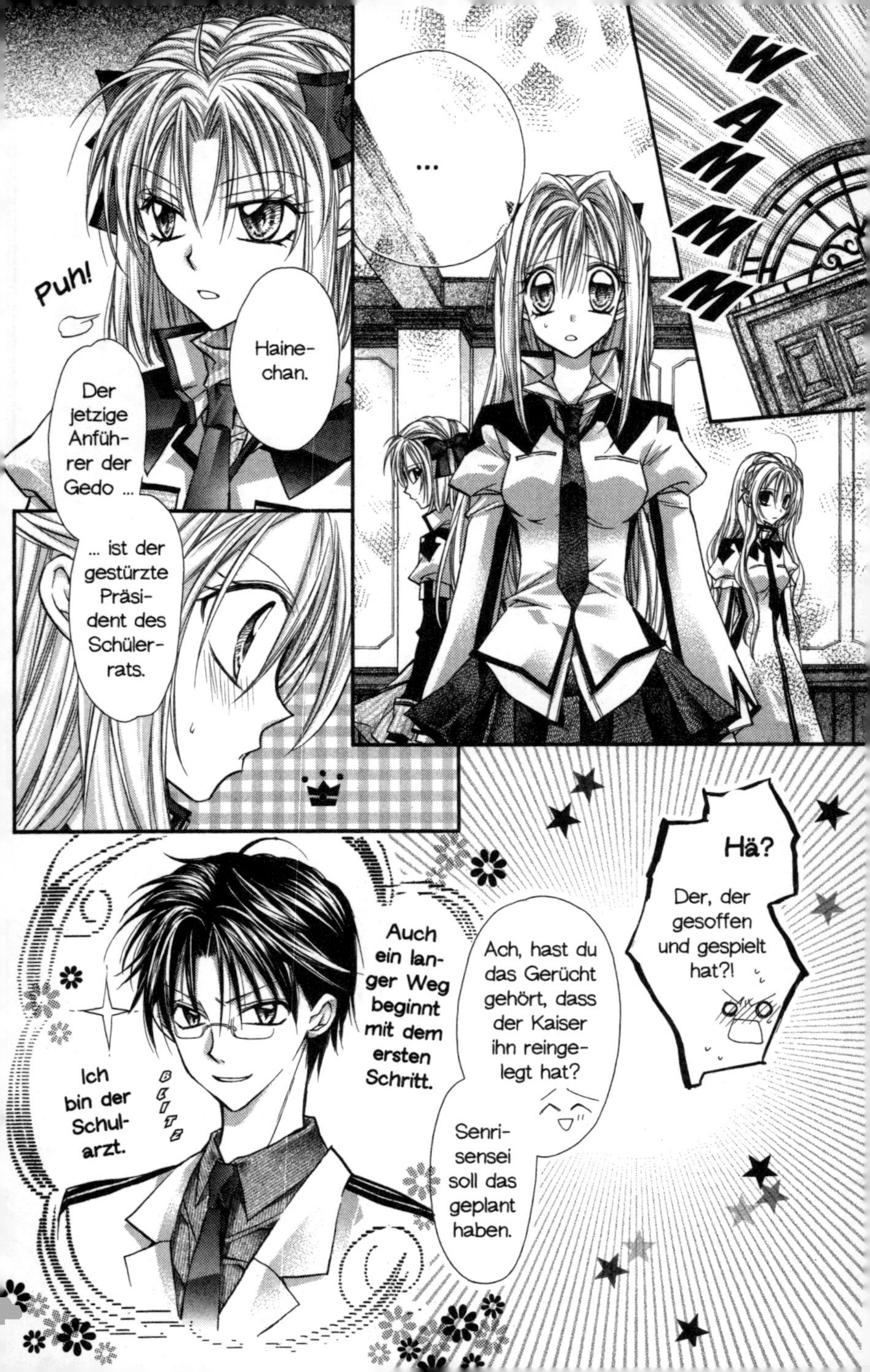
WAMMMM
...
Haine-chan.
Puh!
Der jetzige Anführer der Gedo ...
... ist der gestürzte Präsident des Schülerrats.
Hä?
Der, der gesoffen und gespielt hat?!
Ach, hast du das Gerücht gehört, dass der Kaiser ihn reingelegt hat?
Senri-sensei soll das geplant haben.
Auch ein langer Weg beginnt mit dem ersten Schritt.
Ich bin der Schularzt.
BLITZ

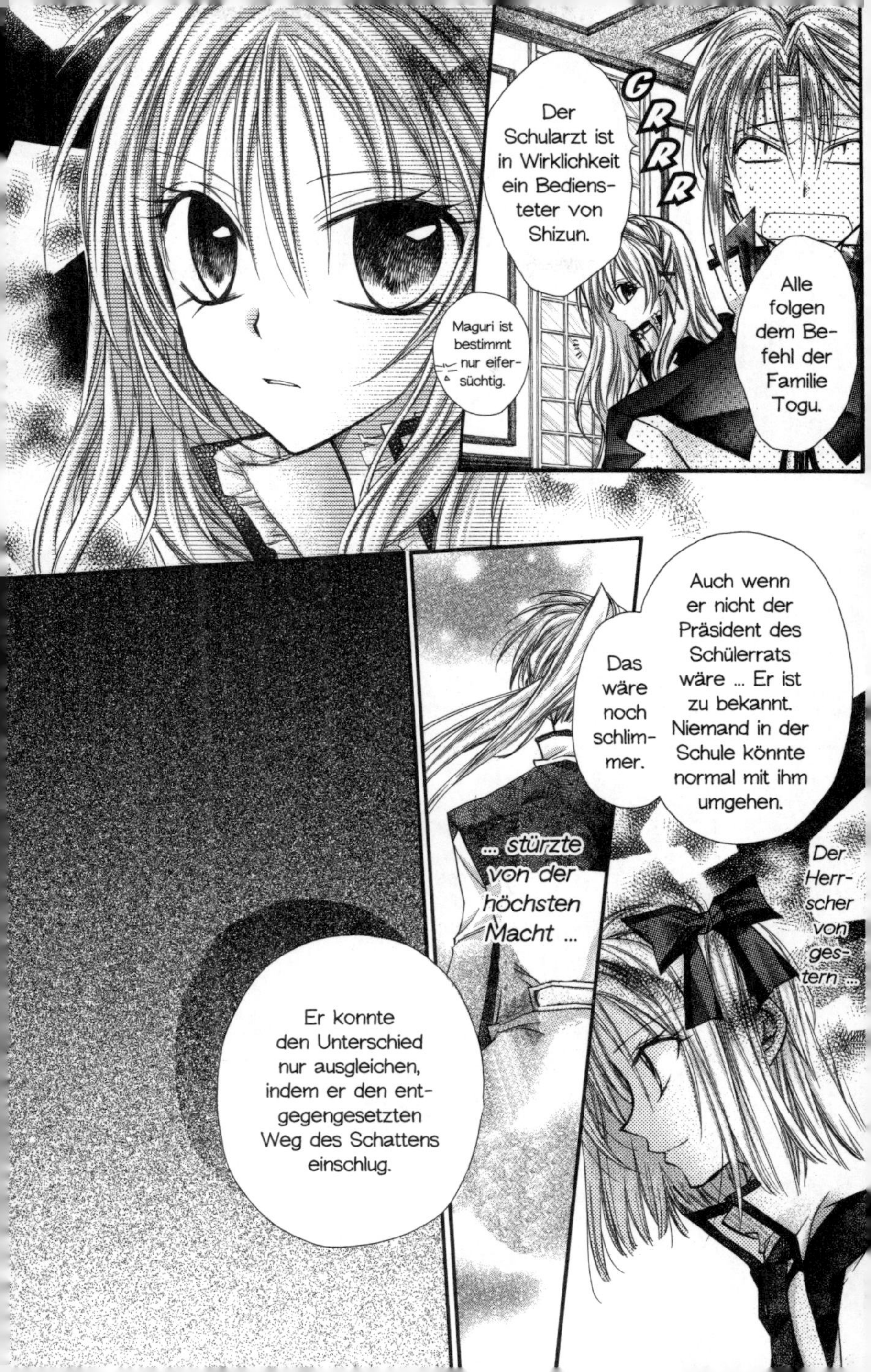
Der Schularzt ist in Wirklichkeit ein Bediensteter von Shizun.
GRRR
Alle folgen dem Befehl der Familie Togu.
Maguri ist bestimmt nur eifersüchtig.
Auch wenn er nicht der Präsident des Schülerrats wäre ... Er ist zu bekannt. Niemand in der Schule könnte normal mit ihm umgehen.
Das wäre noch schlimmer.
Der Herrscher von gestern ...
... stürzte von der höchsten Macht ...
Er konnte den Unterschied nur ausgleichen, indem er den entgegengesetzten Weg des Schattens einschlug.

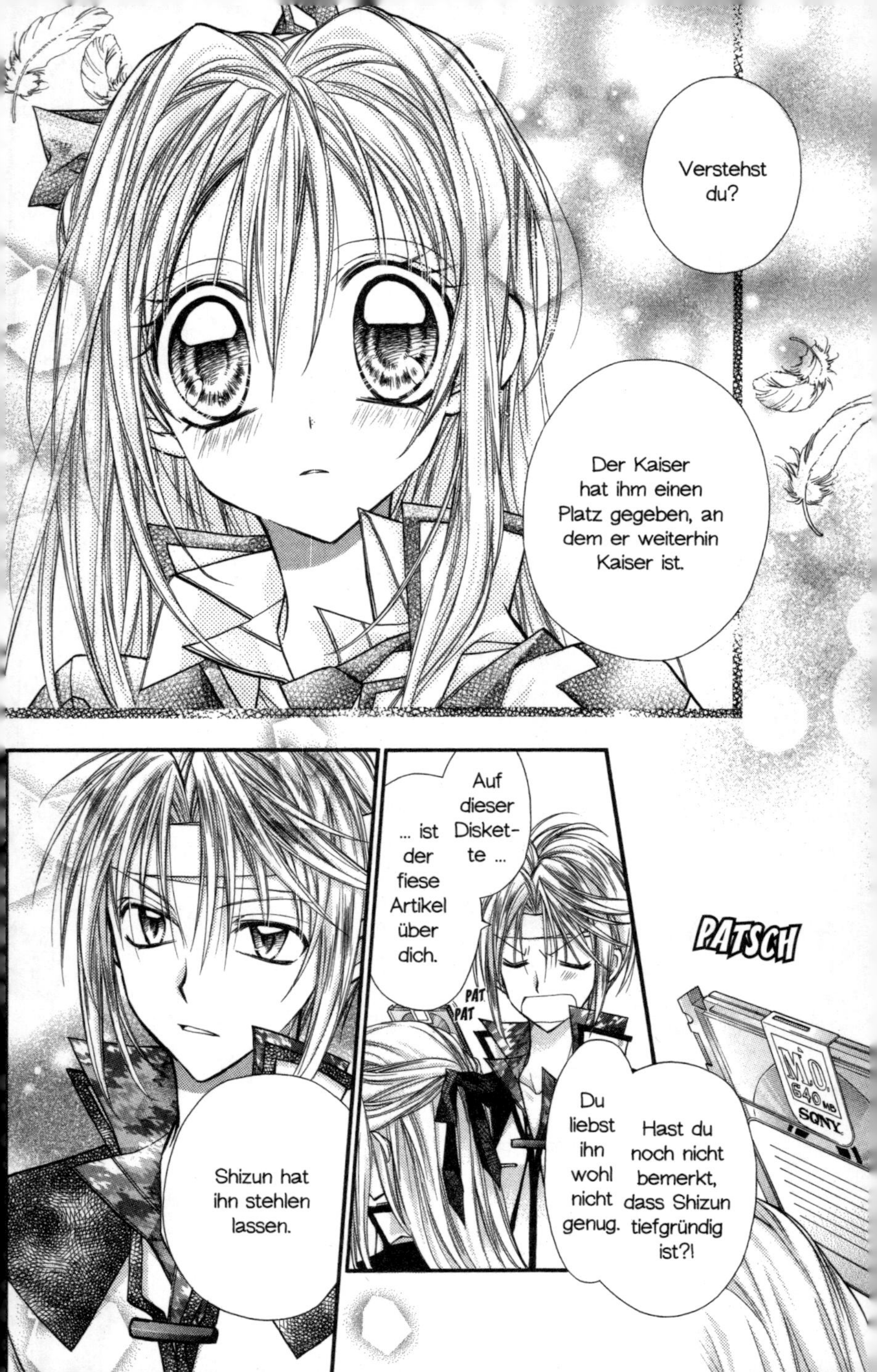

Verstehst du?
Der Kaiser hat ihm einen Platz gegeben, an dem er weiterhin Kaiser ist.
PATSCH
M.O. 640 MB SONY
Auf dieser Diskette ...
... ist der fiese Artikel über dich.
PAT PAT
Hast du noch nicht bemerkt, dass Shizun tiefgründig ist?!
Du liebst ihn wohl nicht genug.
Shizun hat ihn stehlen lassen.

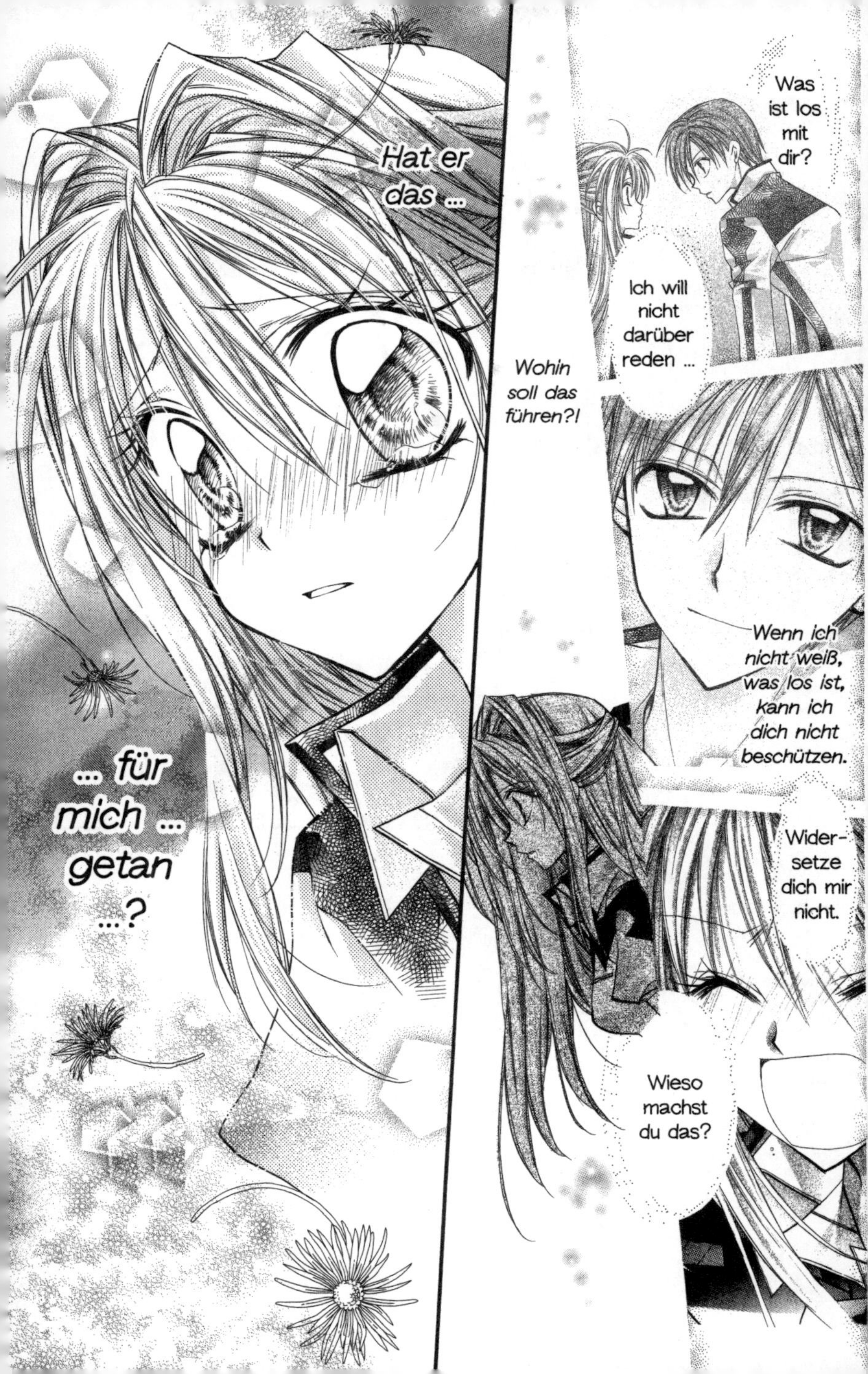
Was ist los mit dir?
Ich will nicht darüber reden ...
Wenn ich nicht weiß, was los ist, kann ich dich nicht beschützen.
Wider-setze dich mir nicht.
Wieso machst du das?
Wohin soll das führen?!
Hat er das ...
... für mich ... getan ...?

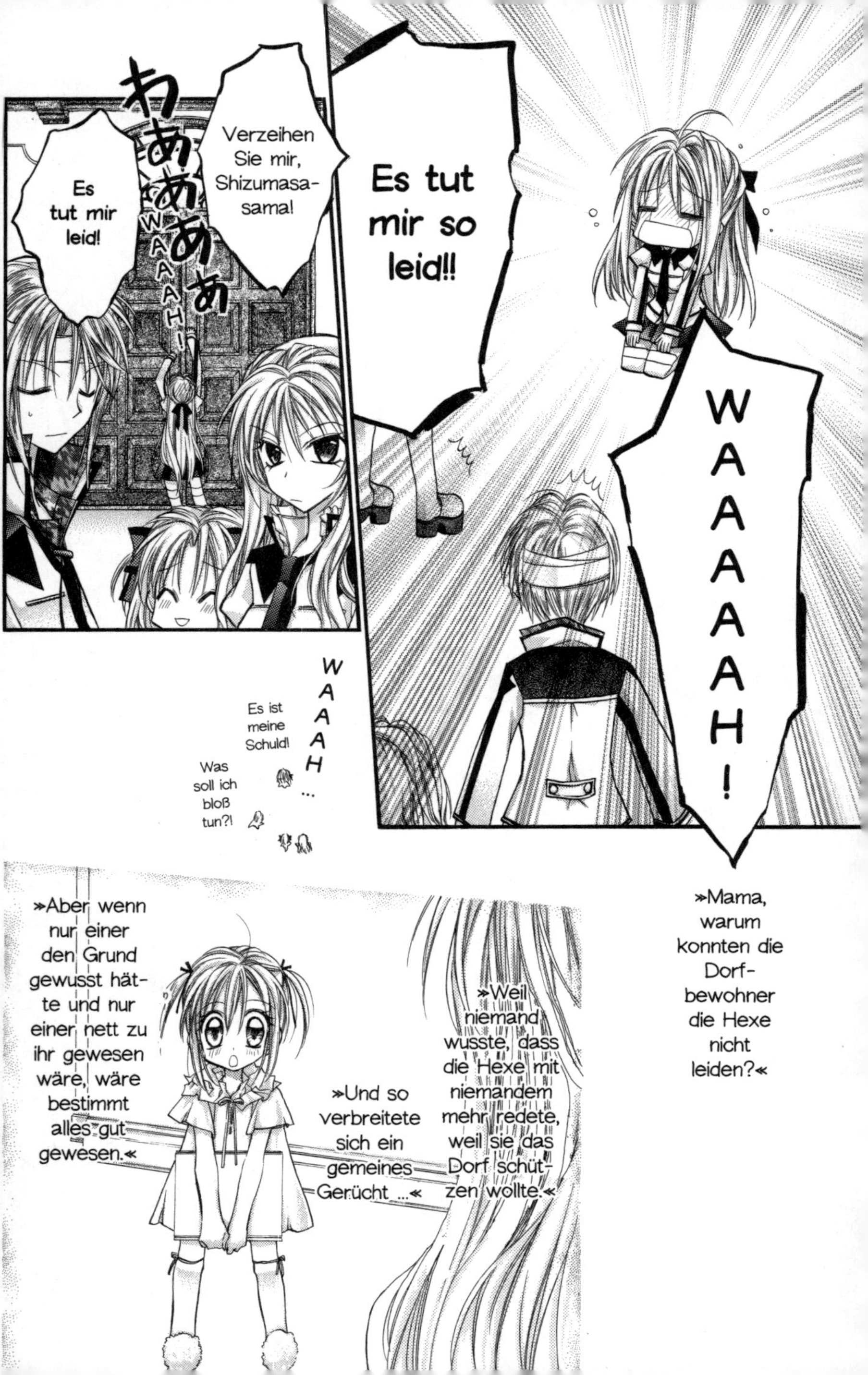

Es tut mir so leid!!

WAAAAAAH!

Verzeihen Sie mir, Shizumasa-sama!

Es tut mir leid!

わあああぁあ

WAAAAH!

WAAAAH ...

Es ist meine Schuld!

Was soll ich bloß tun?!

»Mama, warum konnten die Dorfbewohner die Hexe nicht leiden?«

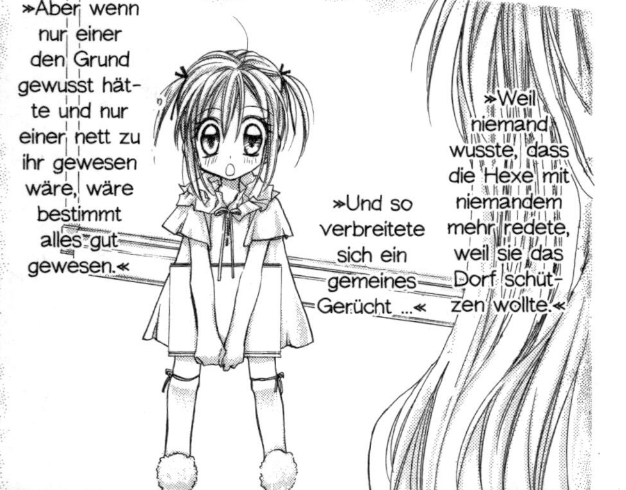

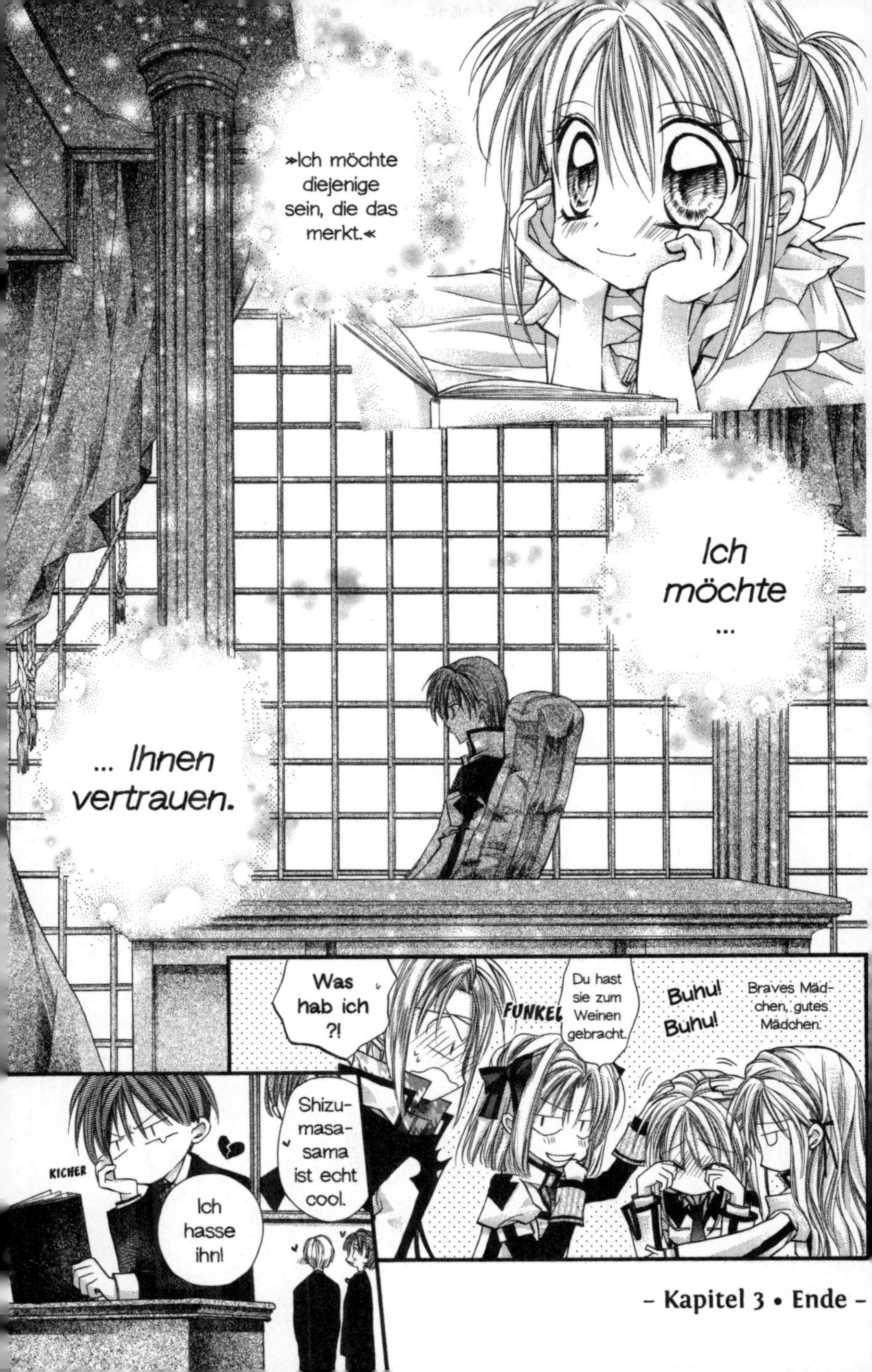

– Kapitel 3 • Ende –

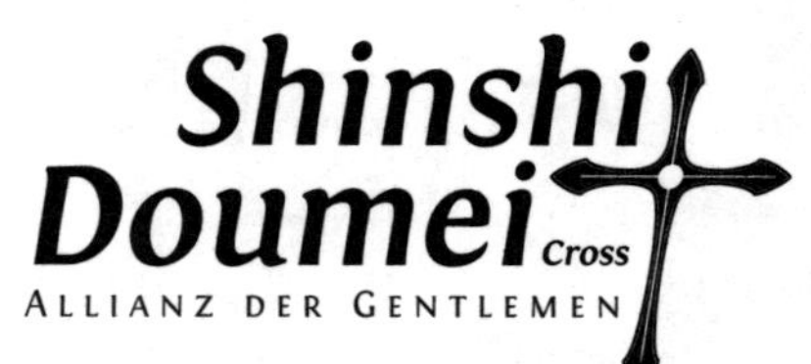
Shinshi
Doumei
Cross
ALLIANZ DER GENTLEMEN

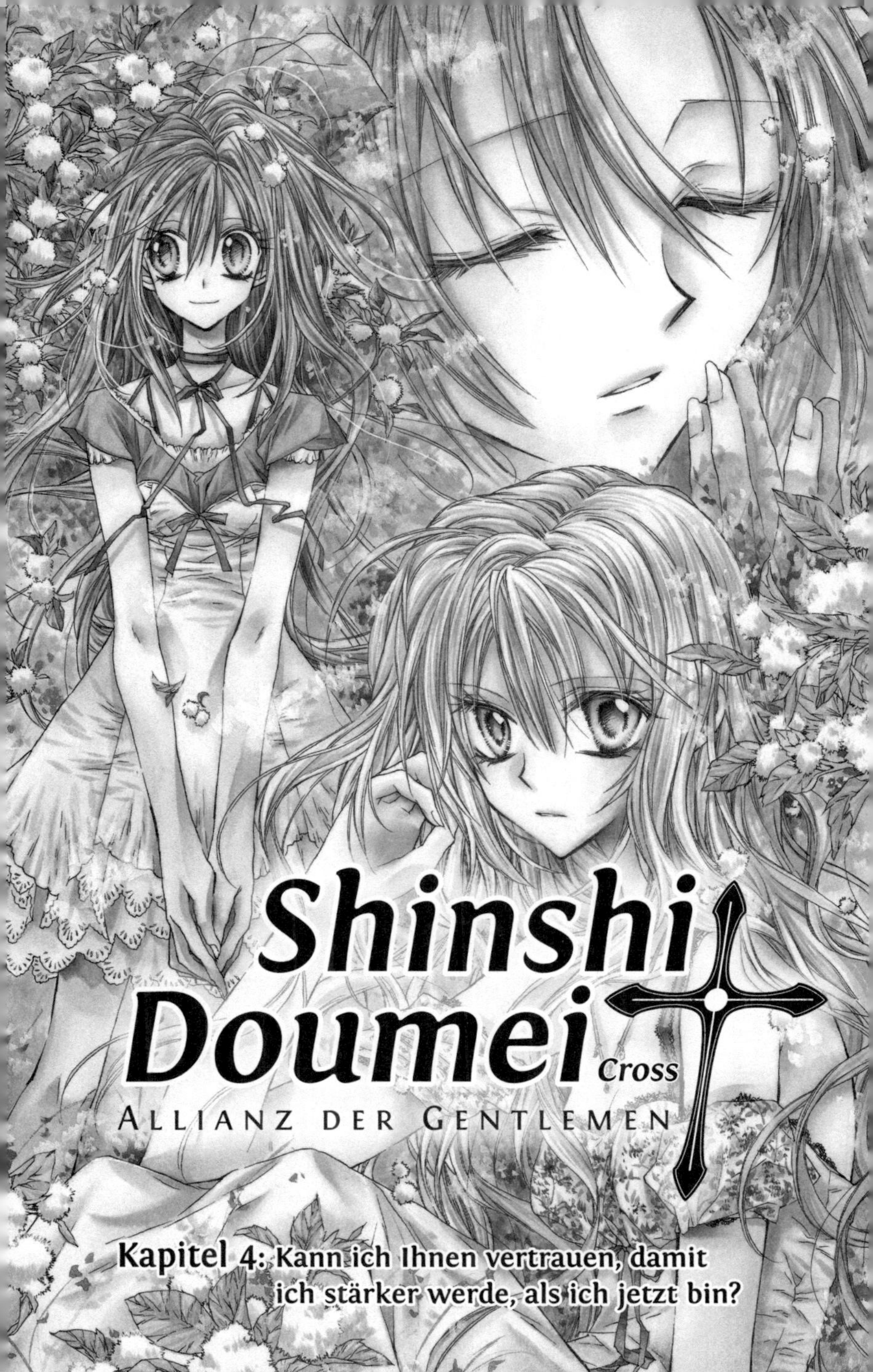
Shinshi Doumei Cross
Allianz der Gentlemen
Kapitel 4: Kann ich Ihnen vertrauen, damit
ich stärker werde, als ich jetzt bin?

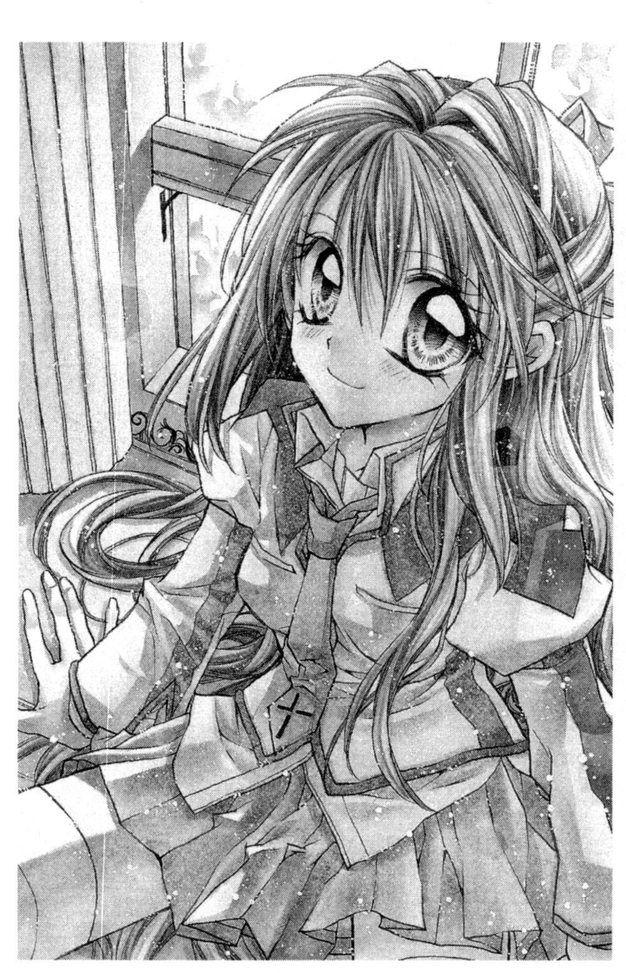

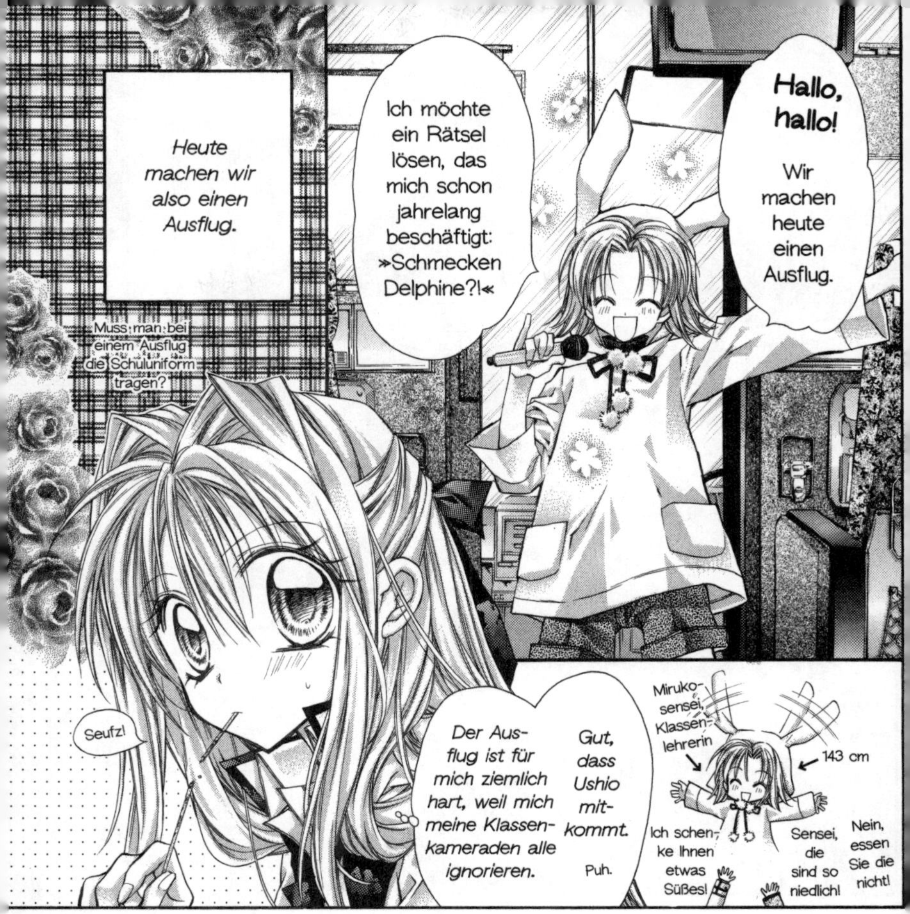

Hallo, hallo!
Wir machen heute einen Ausflug.
Ich möchte ein Rätsel lösen, das mich schon jahrelang beschäftigt: »Schmecken Delphine?!«
Heute machen wir also einen Ausflug.
Muss man bei einem Ausflug die Schuluniform tragen?
Nein, essen Sie die nicht!
Sensei, die sind so niedlich!
Ich schenke Ihnen etwas Süßes!
Mirukosensei, Klassenlehrerin
143 cm
Gut, dass Ushio mitkommt.
Puh.
Der Ausflug ist für mich ziemlich hart, weil mich meine Klassenkameraden alle ignorieren.
Seufz!

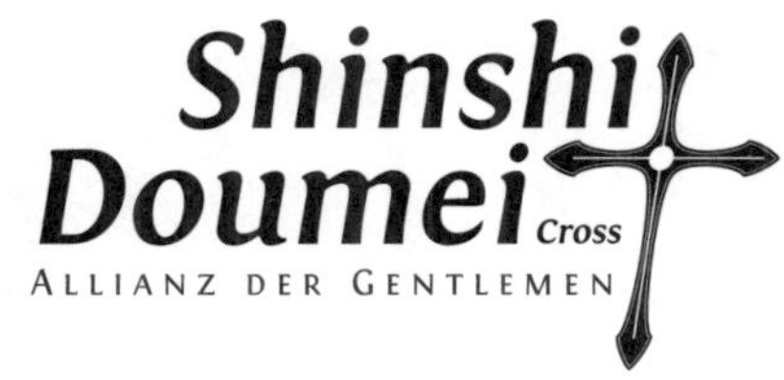

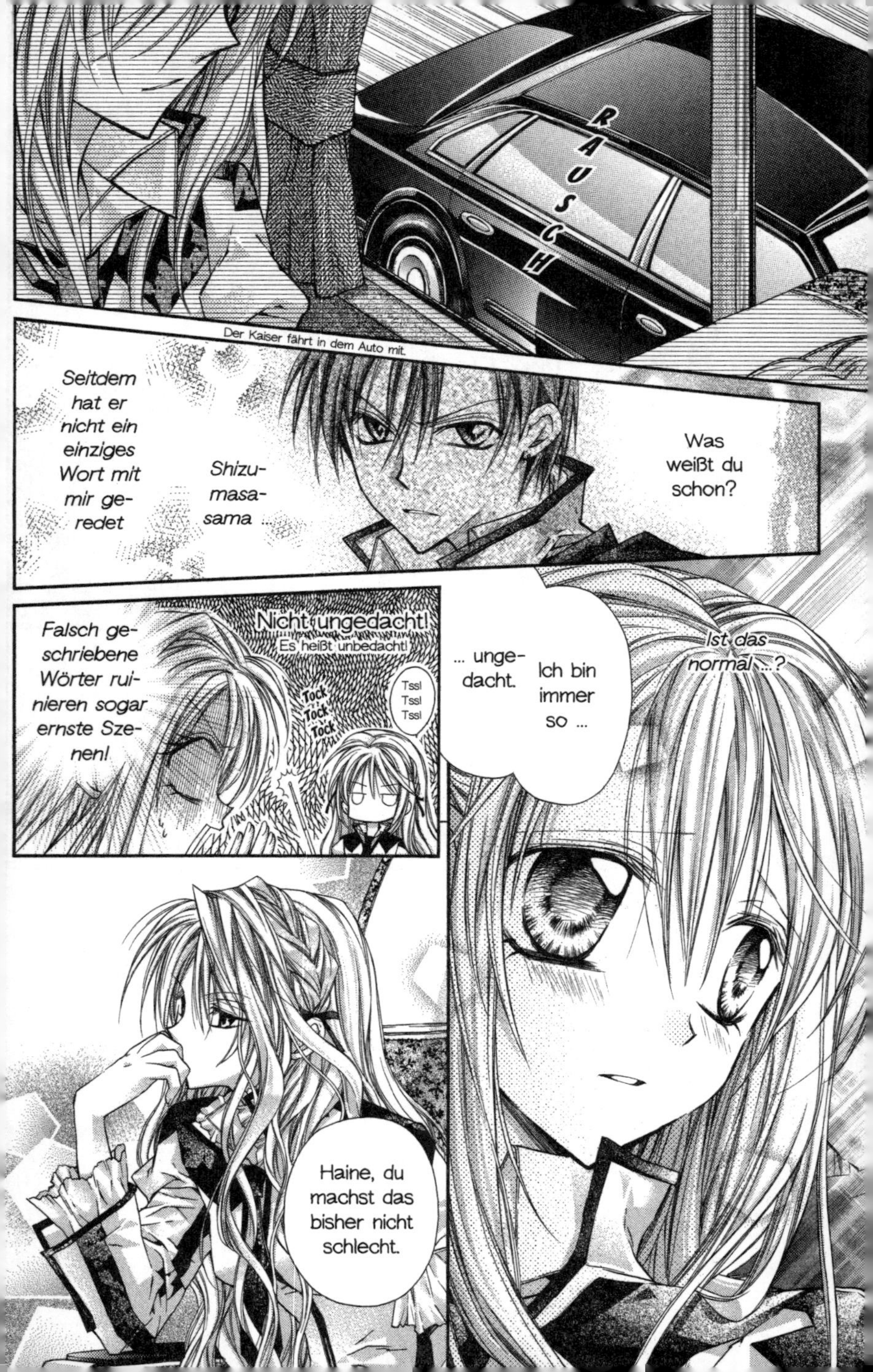
RAUSCH
Der Kaiser fährt in dem Auto mit.
Was weißt du schon?
Shizumasa-sama ...
Seitdem hat er nicht ein einziges Wort mit mir geredet
Ist das normal ...?
Ich bin immer so ...
... ungedacht.
Tss! Tss! Tss!
Tock Tock Tock
Nicht ungedacht!
Es heißt unbedacht!
Falsch geschriebene Wörter ruinieren sogar ernste Szenen!
Haine, du machst das bisher nicht schlecht.

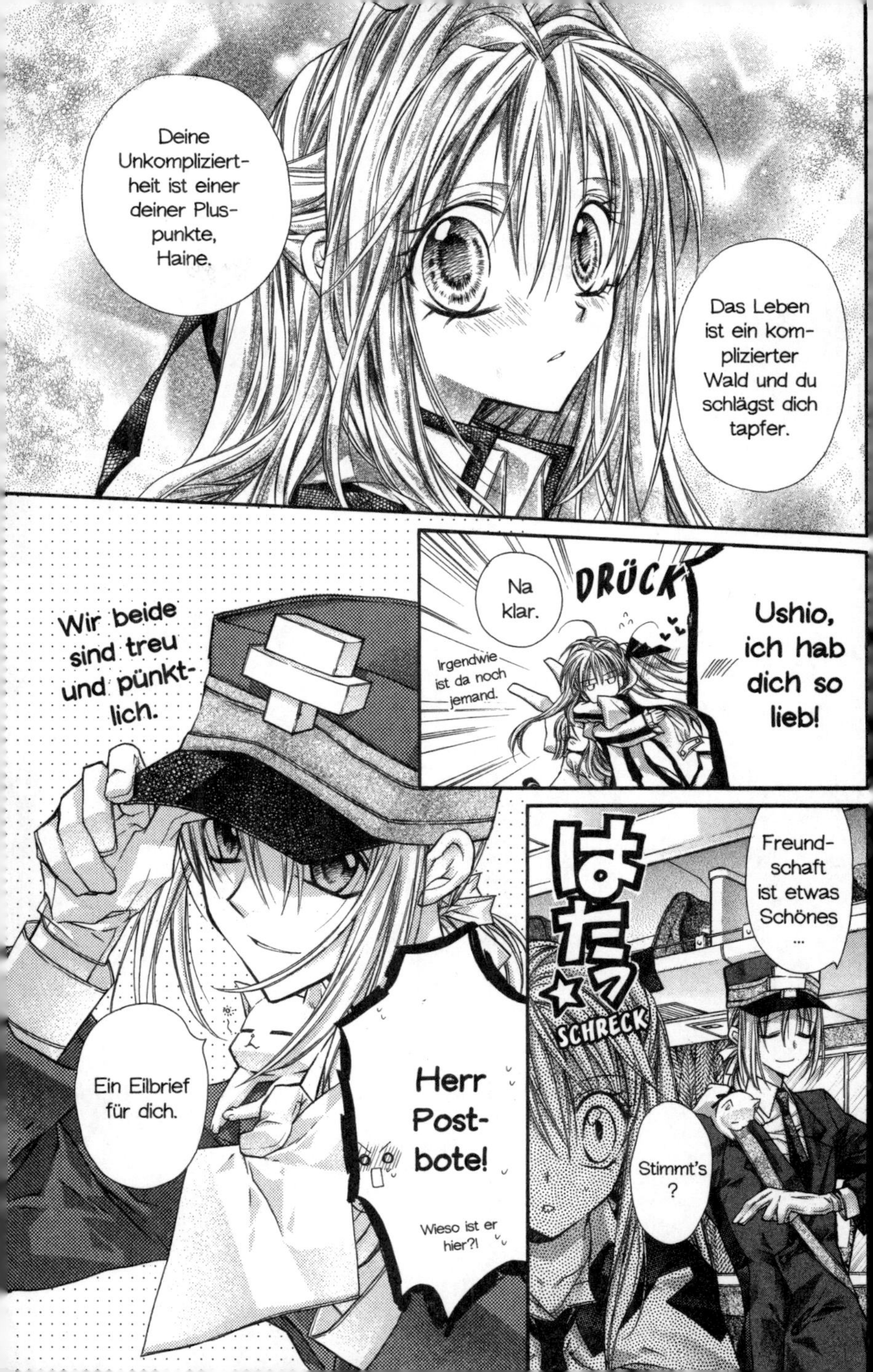
Das Leben ist ein komplizierter Wald und du schlägst dich tapfer.
Deine Unkompliziertheit ist einer deiner Pluspunkte, Haine.
Ushio, ich hab dich so lieb!
DRÜCK
Na klar.
Irgendwie ist da noch jemand.
Wir beide sind treu und pünktlich.
Freundschaft ist etwas Schönes ...
はたっ
SCHRECK
Stimmt's?
Herr Postbote!
Wieso ist er hier?!
Ein Eilbrief für dich.

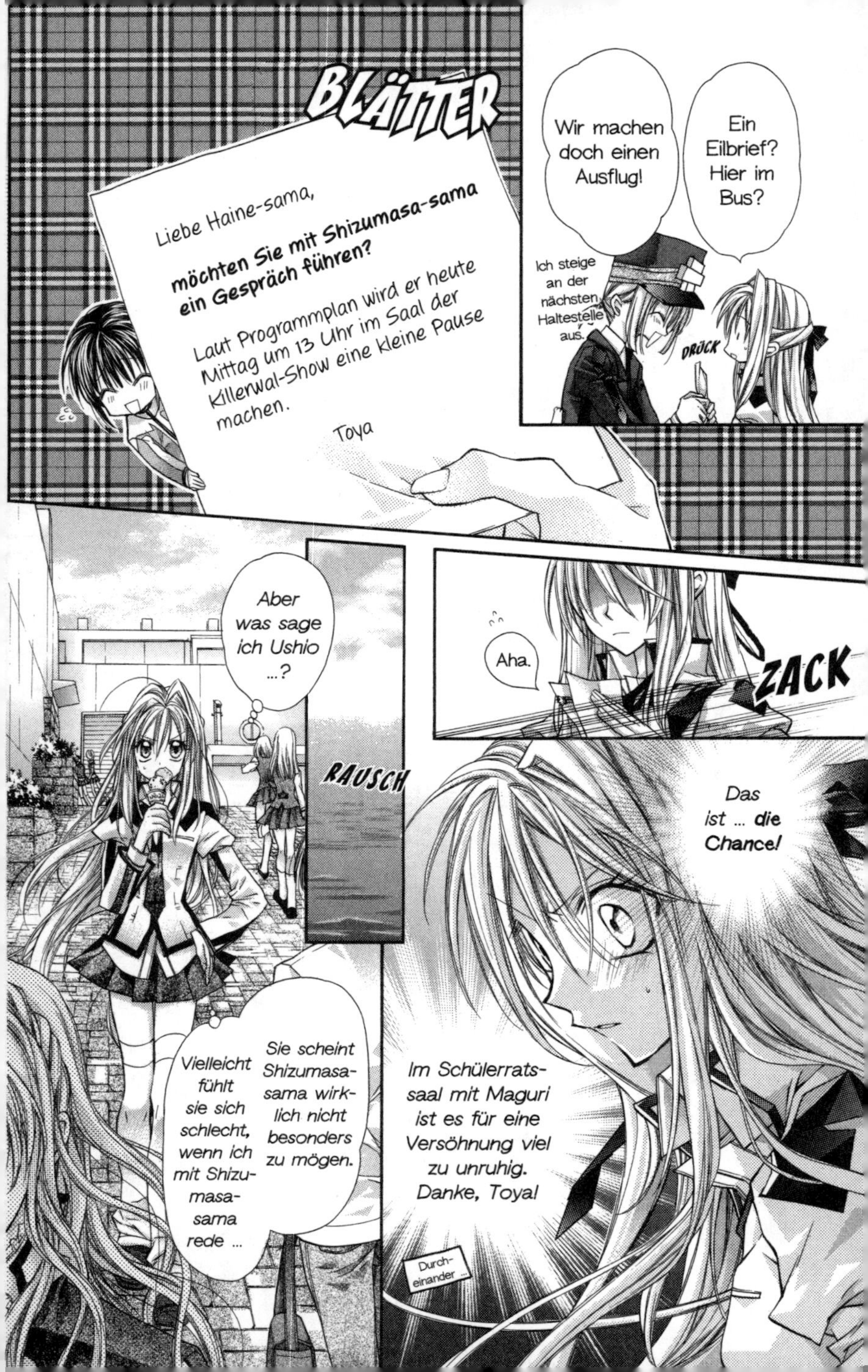
Ein Eilbrief? Hier im Bus?
Wir machen doch einen Ausflug!
Ich steige an der nächsten Haltestelle aus.
DRÜCK
BLÄTTER
Liebe Haine-sama,
möchten Sie mit Shizumasa-sama ein Gespräch führen?
Laut Programmplan wird er heute Mittag um 13 Uhr im Saal der Killerwal-Show eine kleine Pause machen.
Toya
Aha.
ZACK
Aber was sage ich Ushio ...?
RAUSCH
Das ist ... die Chance!
Im Schülerrats-saal mit Maguri ist es für eine Versöhnung viel zu unruhig. Danke, Toya!
Durch-einander ...
Sie scheint Shizumasa-sama wirk-lich nicht besonders zu mögen.
Vielleicht fühlt sie sich schlecht, wenn ich mit Shizu-masa-sama rede ...

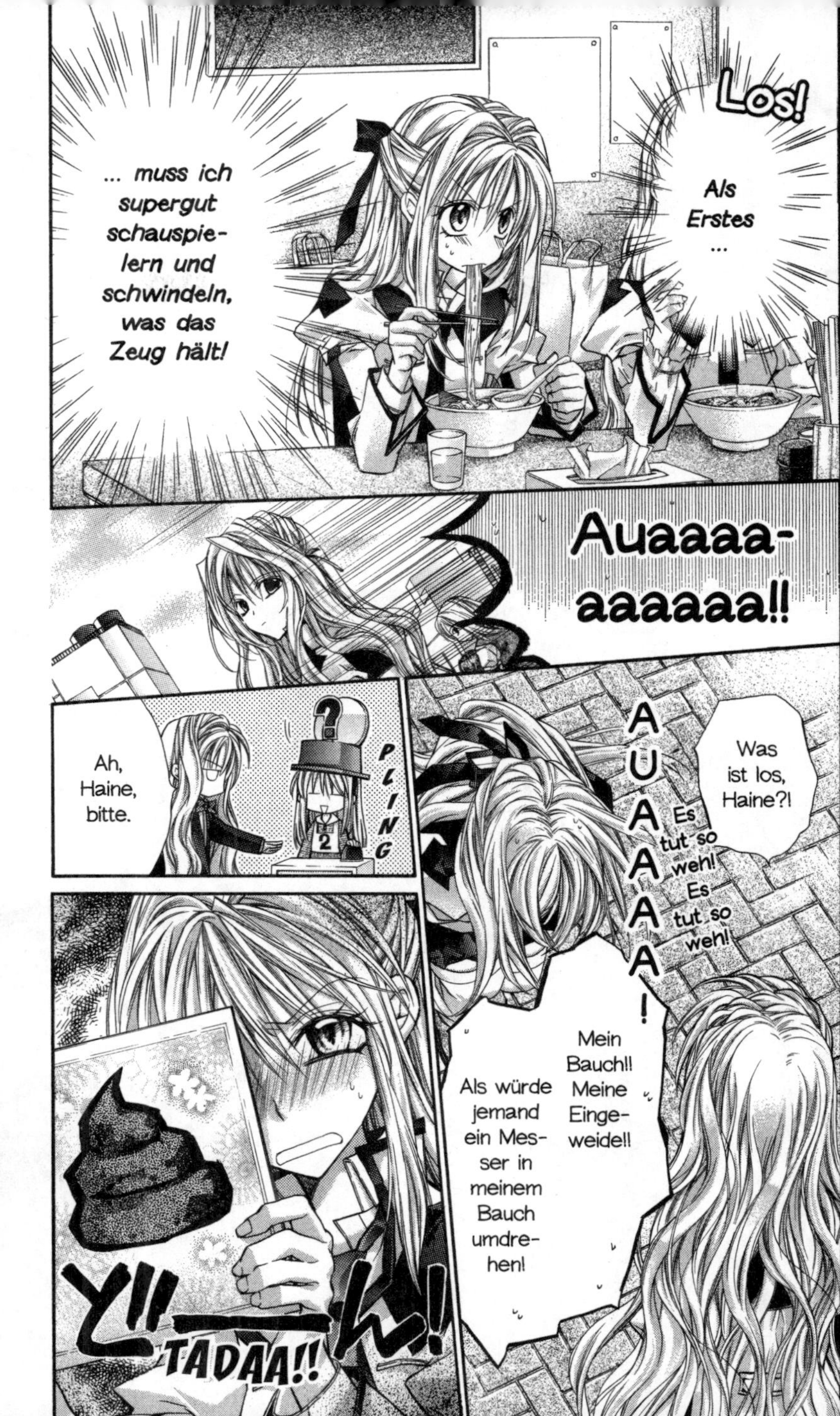

Los!
Als Erstes ...
... muss ich supergut schauspielern und schwindeln, was das Zeug hält!
Auaaaaa-aaaaaaa!!
Was ist los, Haine?!
AUAAAAA!
Es tut so weh! Es tut so weh!
Mein Bauch!! Meine Eingeweide!!
Als würde jemand ein Messer in meinem Bauch umdrehen!
Ah, Haine, bitte.
PLING
TADAA!!

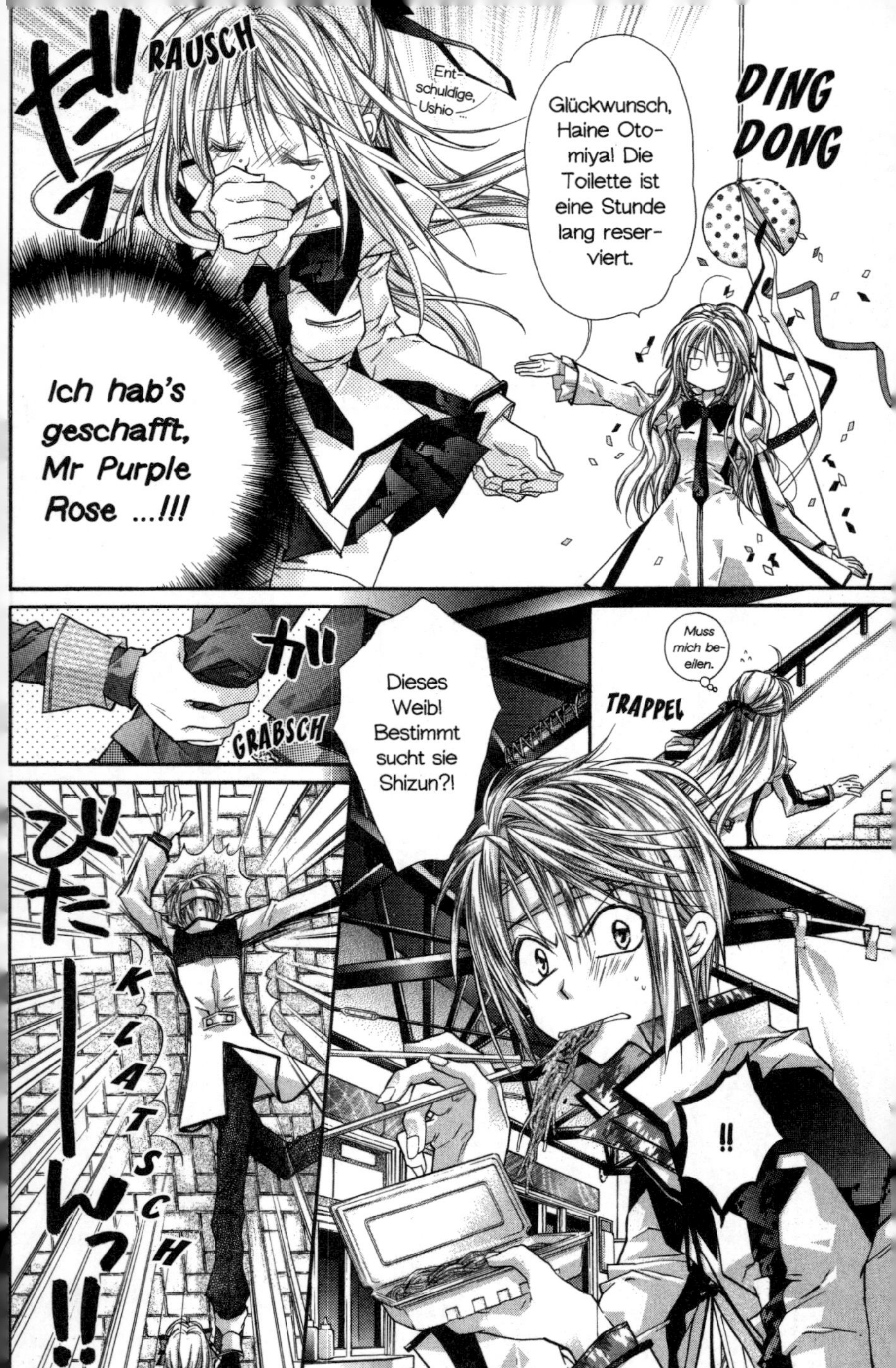
DING DONG
Glückwunsch, Haine Otomiya! Die Toilette ist eine Stunde lang reserviert.
Entschuldige, Ushio ...
RAUSCH
Ich hab's geschafft, Mr Purple Rose ...!!!
Muss mich beeilen.
TRAPPEL
Dieses Weib! Bestimmt sucht sie Shizun?!
GRABSCH
!!
KLATSCH

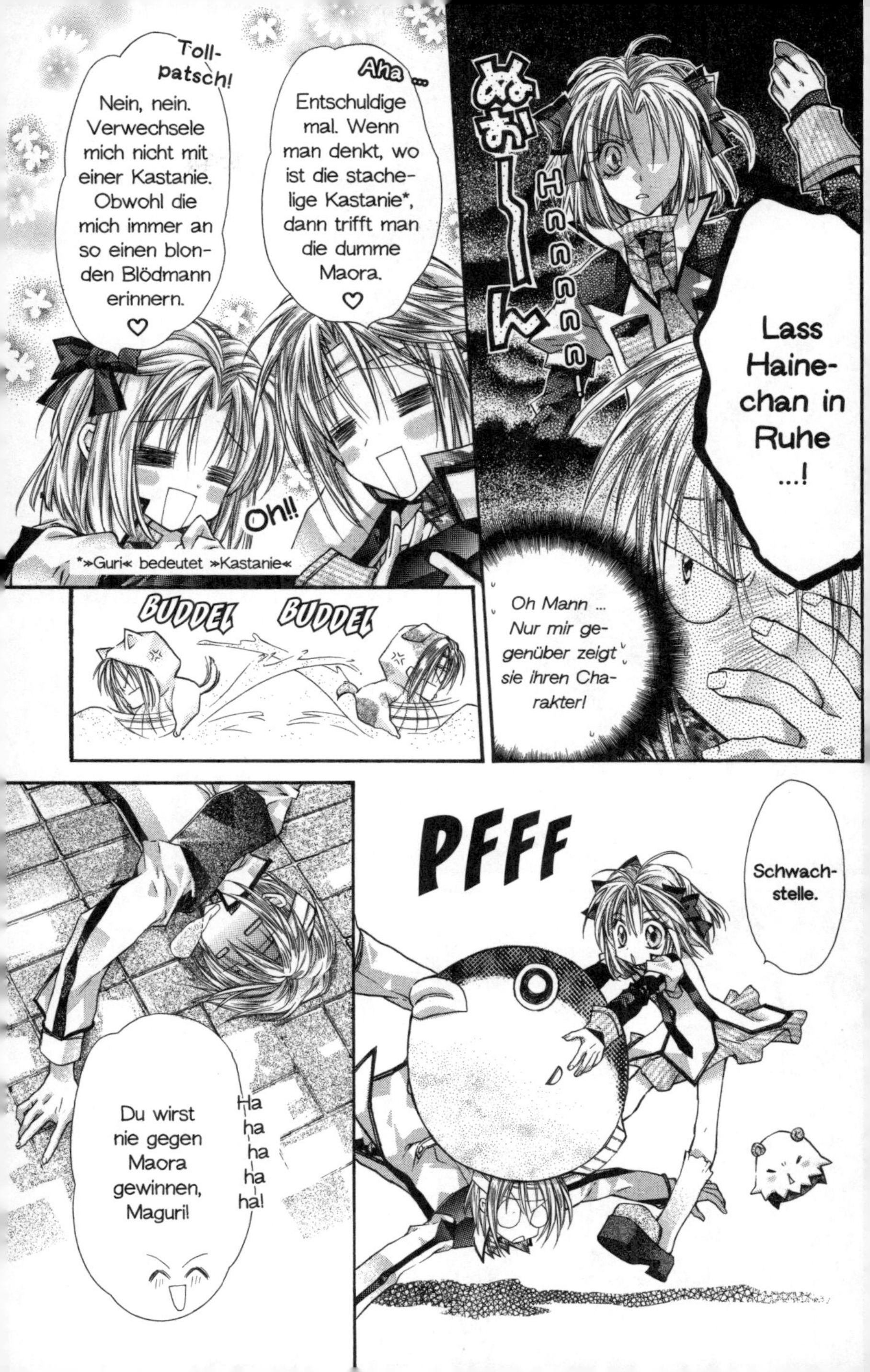

ぬおーーん
Hnnnnnn!

Lass Haine-chan in Ruhe ...!

Oh Mann ... Nur mir gegenüber zeigt sie ihren Charakter!

Aha ...

Entschuldige mal. Wenn man denkt, wo ist die stachelige Kastanie*, dann trifft man die dumme Maora. ♡

Toll-patsch!

Nein, nein. Verwechsele mich nicht mit einer Kastanie. Obwohl die mich immer an so einen blonden Blödmann erinnern. ♡

Oh!!

*»Guri« bedeutet »Kastanie«

BUDDEL BUDDEL

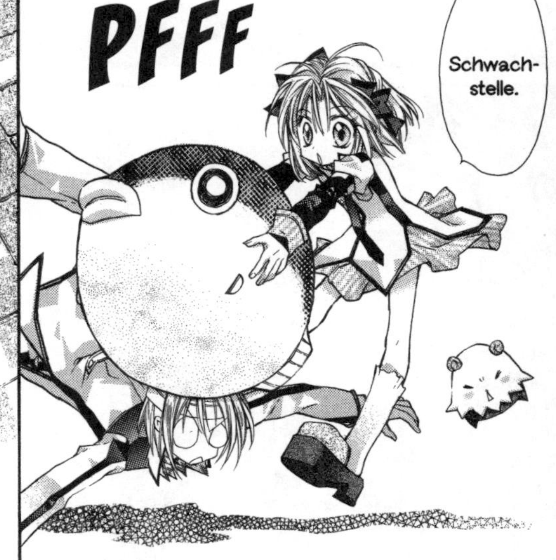

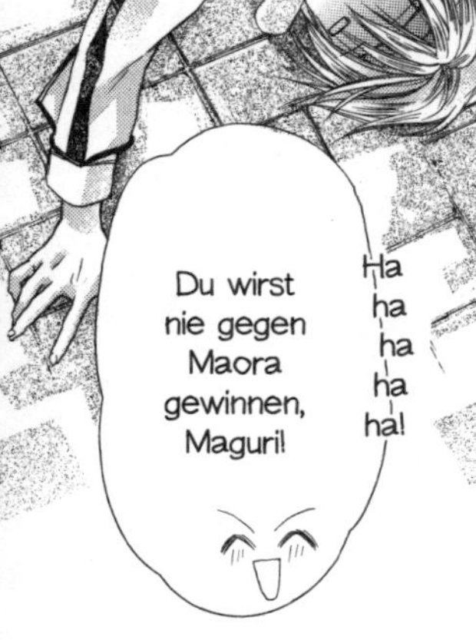

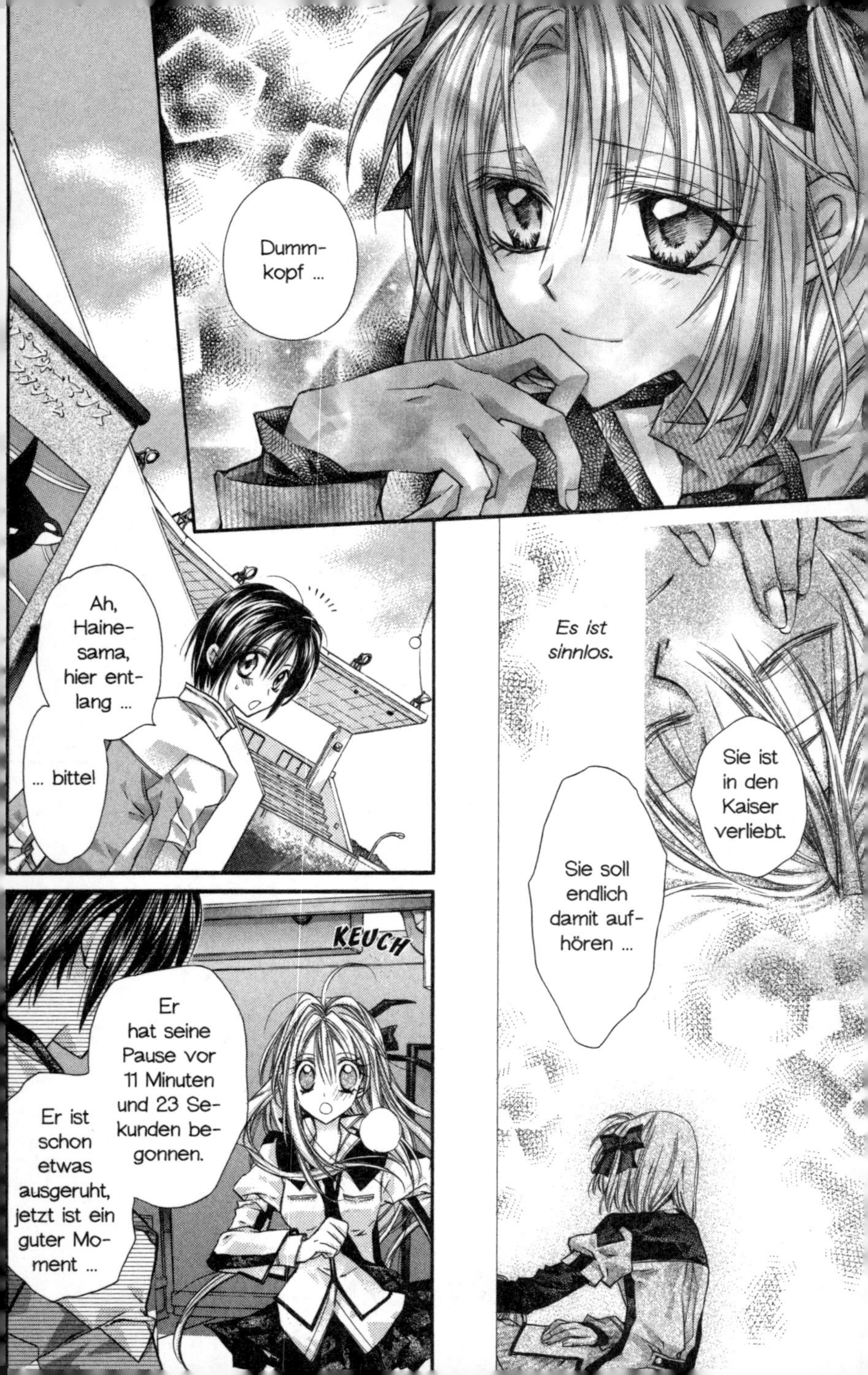
Dummkopf ...
Es ist sinnlos.
Sie ist in den Kaiser verliebt.
Sie soll endlich damit aufhören ...
Ah, Haine-sama, hier entlang ...
... bitte!
KEUCH
Er hat seine Pause vor 11 Minuten und 23 Sekunden begonnen.
Er ist schon etwas ausgeruht, jetzt ist ein guter Moment ...

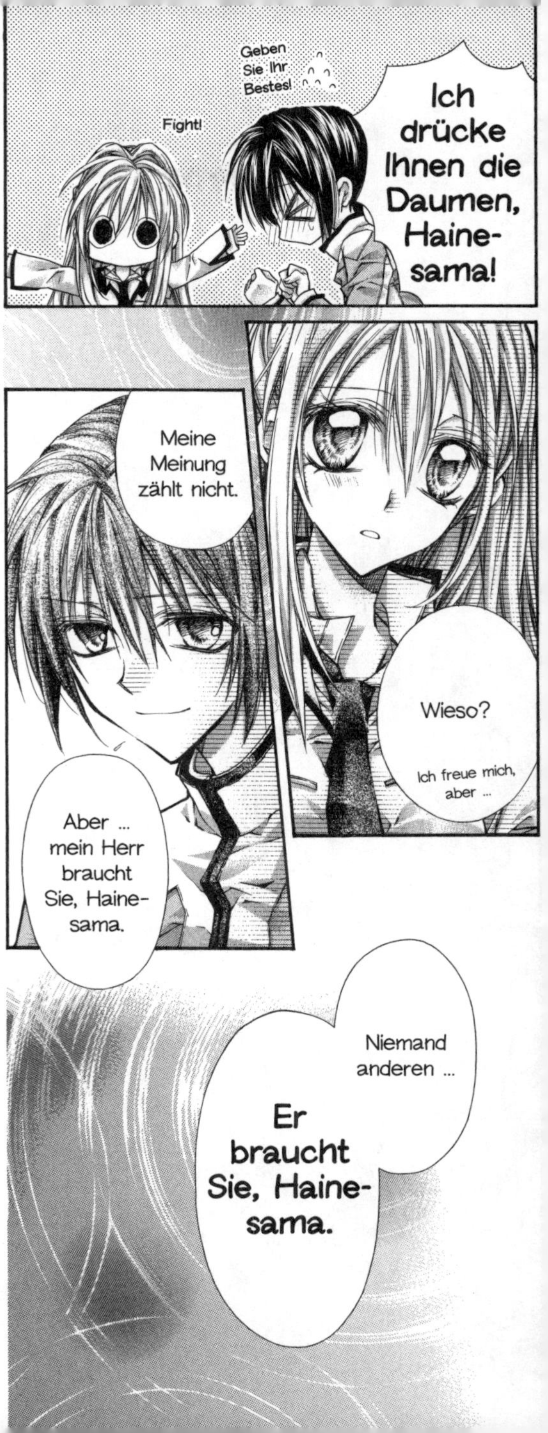

Ich drücke Ihnen die Daumen, Haine-sama!

Geben Sie Ihr Bestes!

Fight!

Wieso?

Ich freue mich, aber ...

Meine Meinung zählt nicht.

Aber ... mein Herr braucht Sie, Haine-sama.

Niemand anderen ...

Er braucht Sie, Haine-sama.

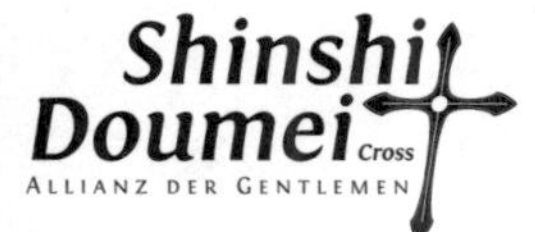

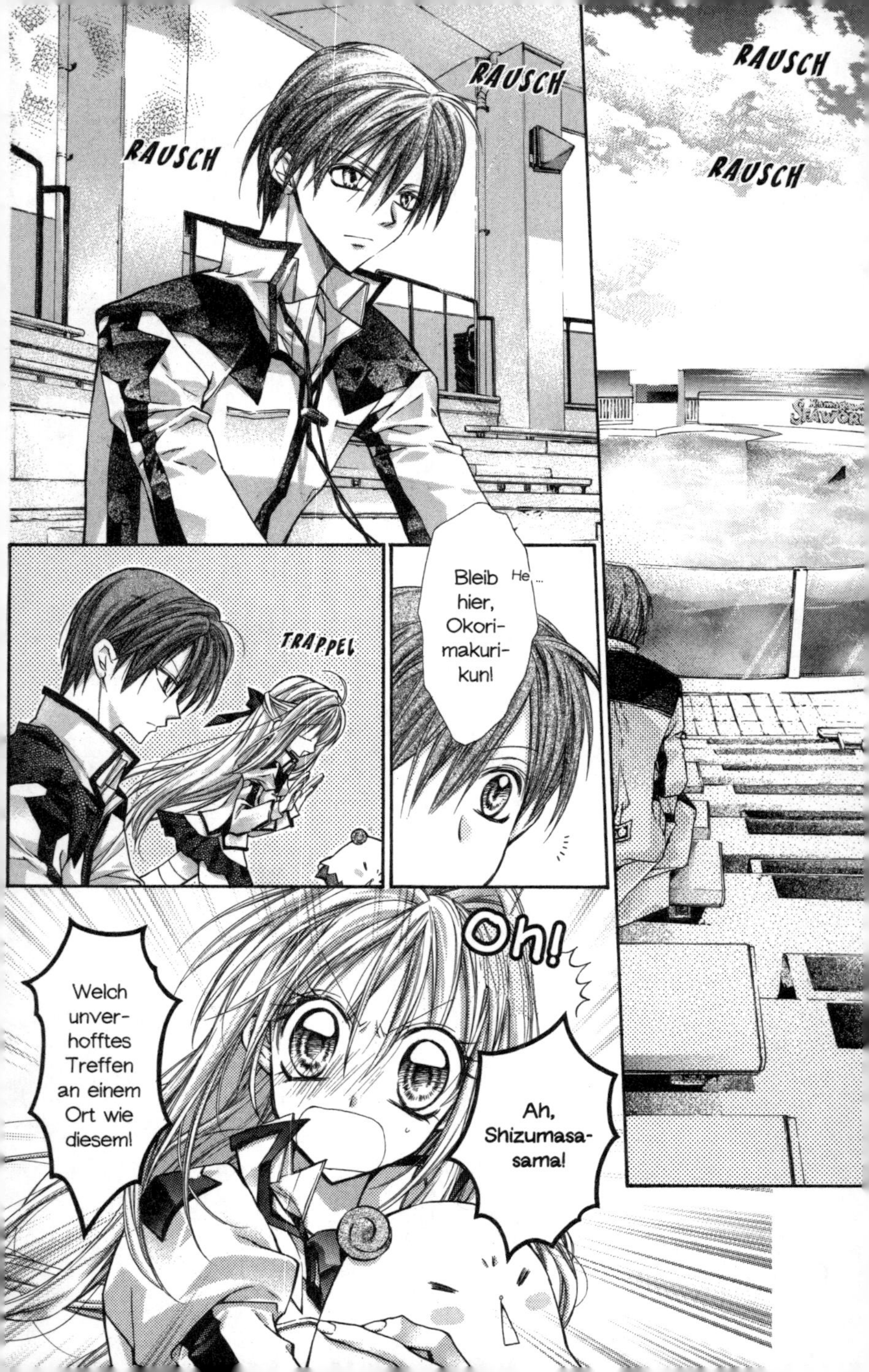
RAUSCH
RAUSCH
RAUSCH
RAUSCH
He ...
Bleib hier, Okori-makuri-kun!
TRAPPEL
Oh!
Ah, Shizumasa-sama!
Welch unverhofftes Treffen an einem Ort wie diesem!

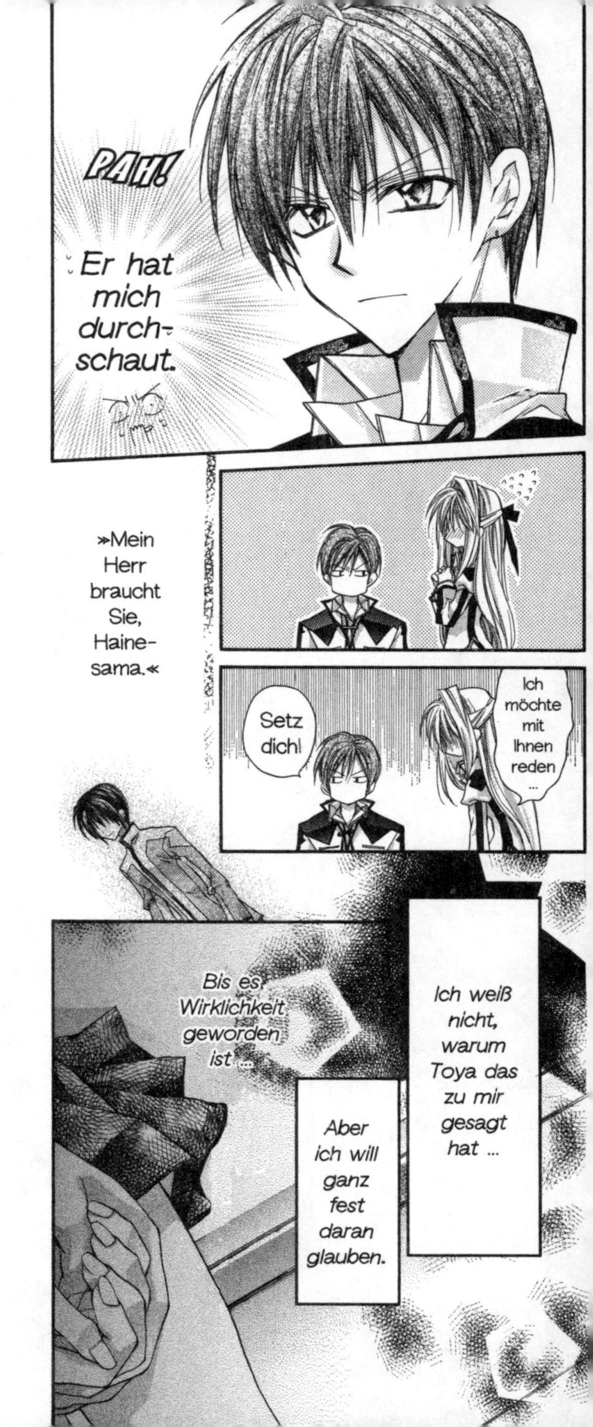
PAH!
Er hat mich durchschaut.
»Mein Herr braucht Sie, Haine-sama.«
Ich möchte mit Ihnen reden ...
Setz dich!
Ich weiß nicht, warum Toya das zu mir gesagt hat ...
Aber ich will ganz fest daran glauben.
Bis es Wirklichkeit geworden ist ...

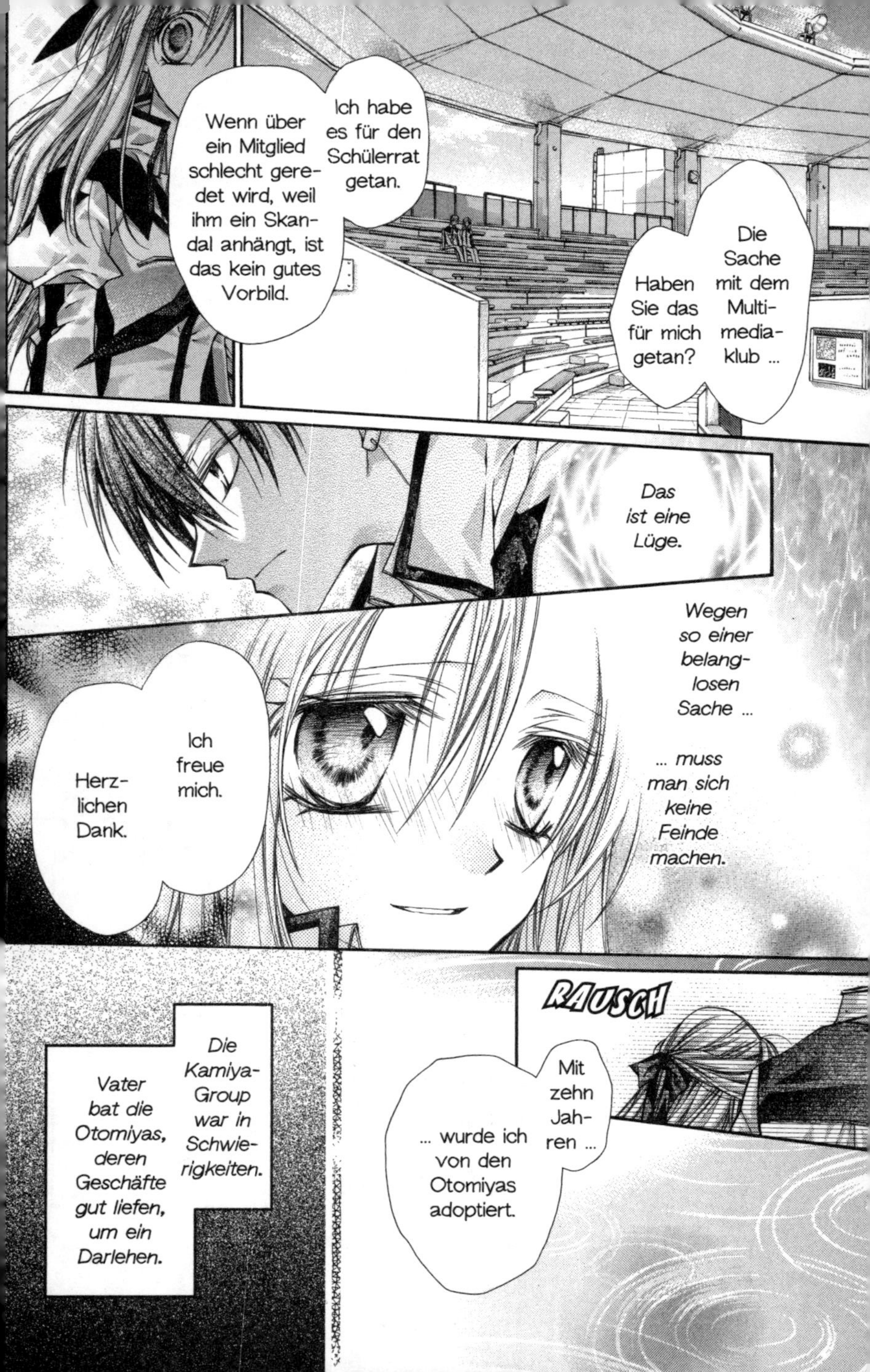
Die Sache mit dem Multimediaklub ...
Haben Sie das für mich getan?
Ich habe es für den Schülerrat getan.
Wenn über ein Mitglied schlecht geredet wird, weil ihm ein Skandal anhängt, ist das kein gutes Vorbild.
Das ist eine Lüge.
Wegen so einer belanglosen Sache ...
... muss man sich keine Feinde machen.
Ich freue mich.
Herzlichen Dank.
RAUSCH
Mit zehn Jahren ...
... wurde ich von den Otomiyas adoptiert.
Die Kamiya-Group war in Schwierigkeiten.
Vater bat die Otomiyas, deren Geschäfte gut liefen, um ein Darlehen.

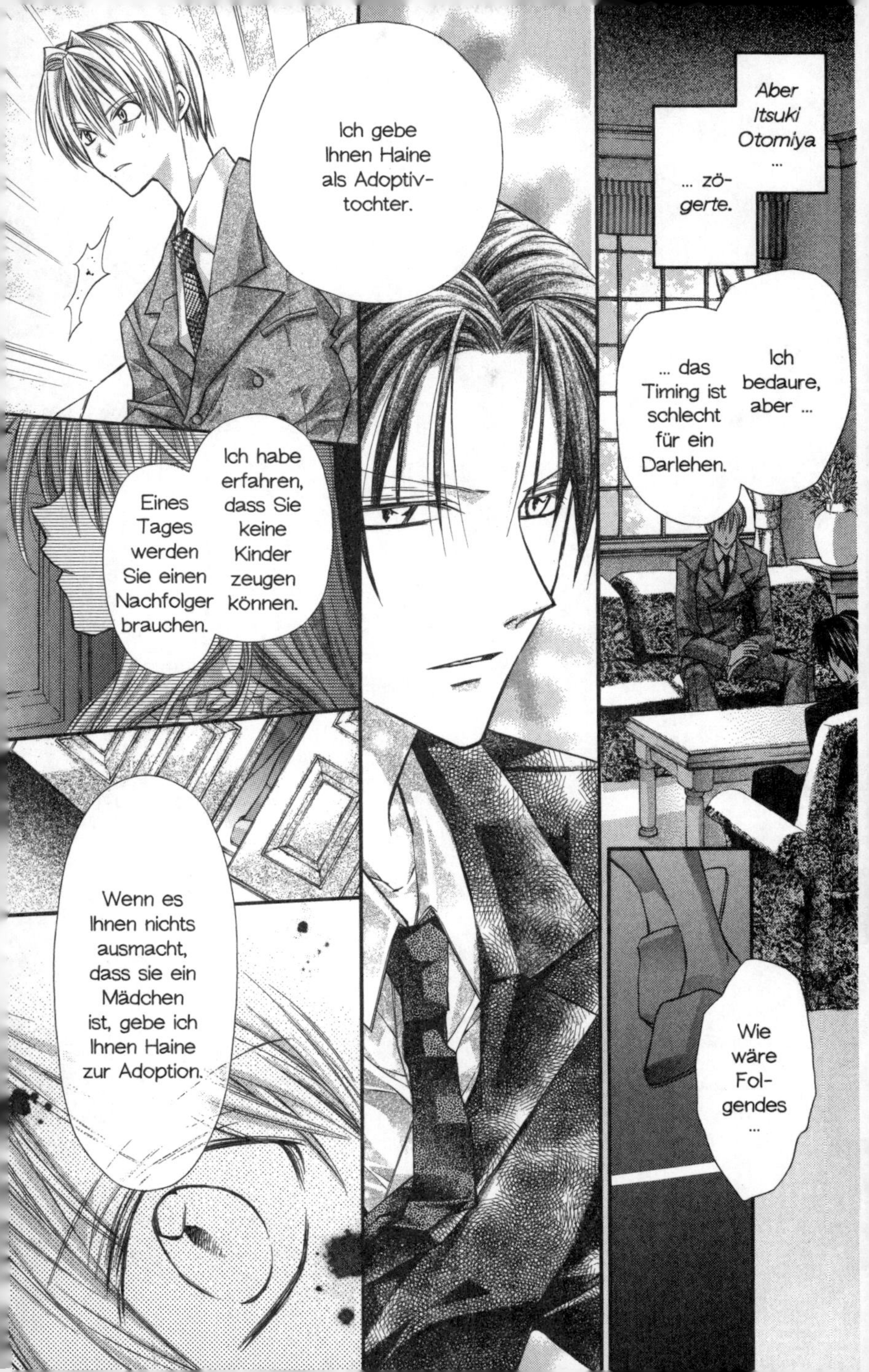

Aber Itsuki Otomiya ... ... zögerte.
Ich bedaure, aber ...
... das Timing ist schlecht für ein Darlehen.
Wie wäre Folgendes ...
Wenn es Ihnen nichts ausmacht, dass sie ein Mädchen ist, gebe ich Ihnen Haine zur Adoption.
Ich habe erfahren, dass Sie keine Kinder zeugen können.
Eines Tages werden Sie einen Nachfolger brauchen.
Ich gebe Ihnen Haine als Adoptivtochter.

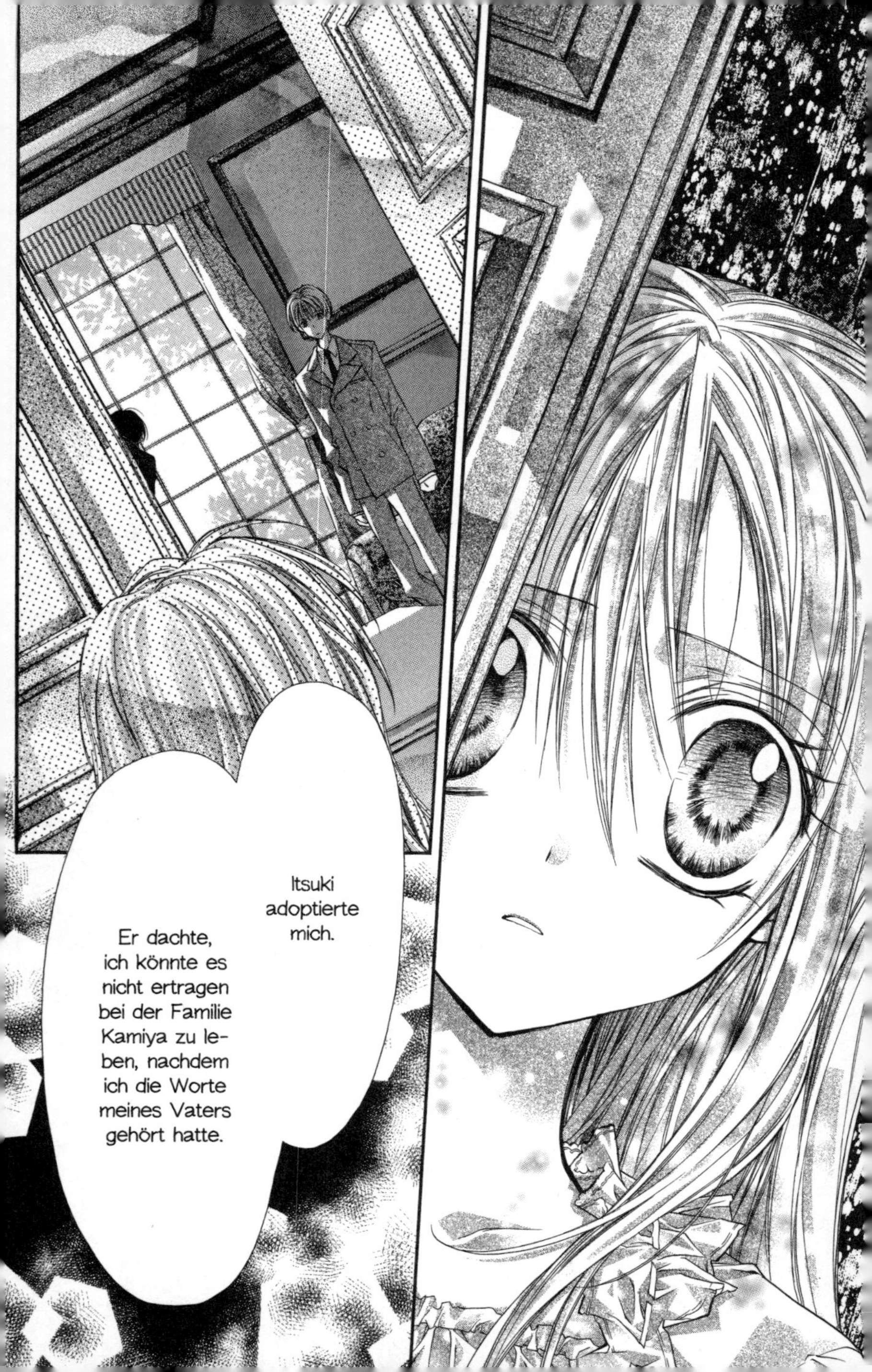
Itsuki adoptierte mich.
Er dachte, ich könnte es nicht ertragen bei der Familie Kamiya zu leben, nachdem ich die Worte meines Vaters gehört hatte.

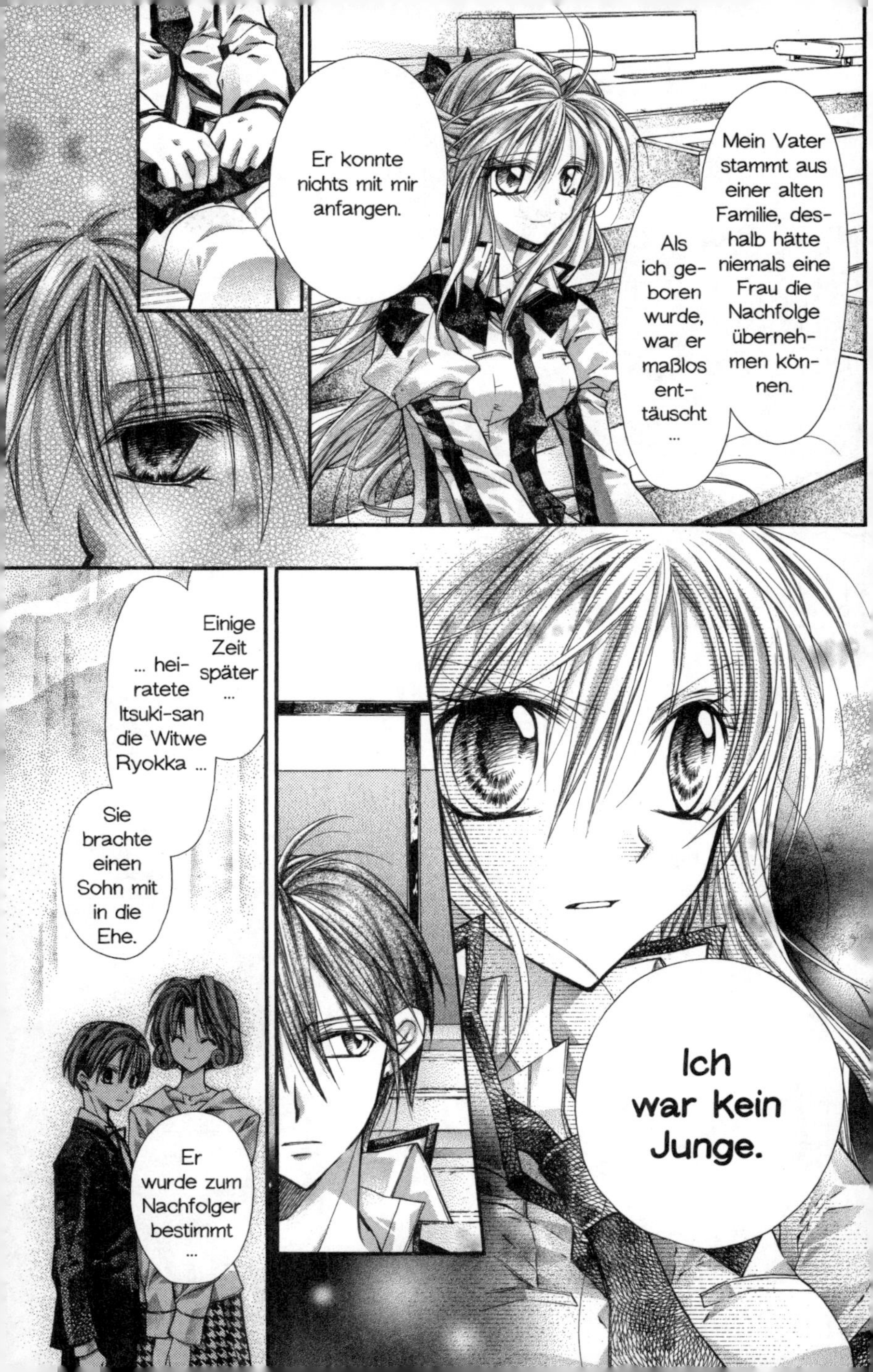
Mein Vater stammt aus einer alten Familie, deshalb hätte niemals eine Frau die Nachfolge übernehmen können.
Als ich geboren wurde, war er maßlos enttäuscht ...
Er konnte nichts mit mir anfangen.
Ich war kein Junge.
Einige Zeit später ...
... heiratete Itsuki-san die Witwe Ryokka ...
Sie brachte einen Sohn mit in die Ehe.
Er wurde zum Nachfolger bestimmt ...

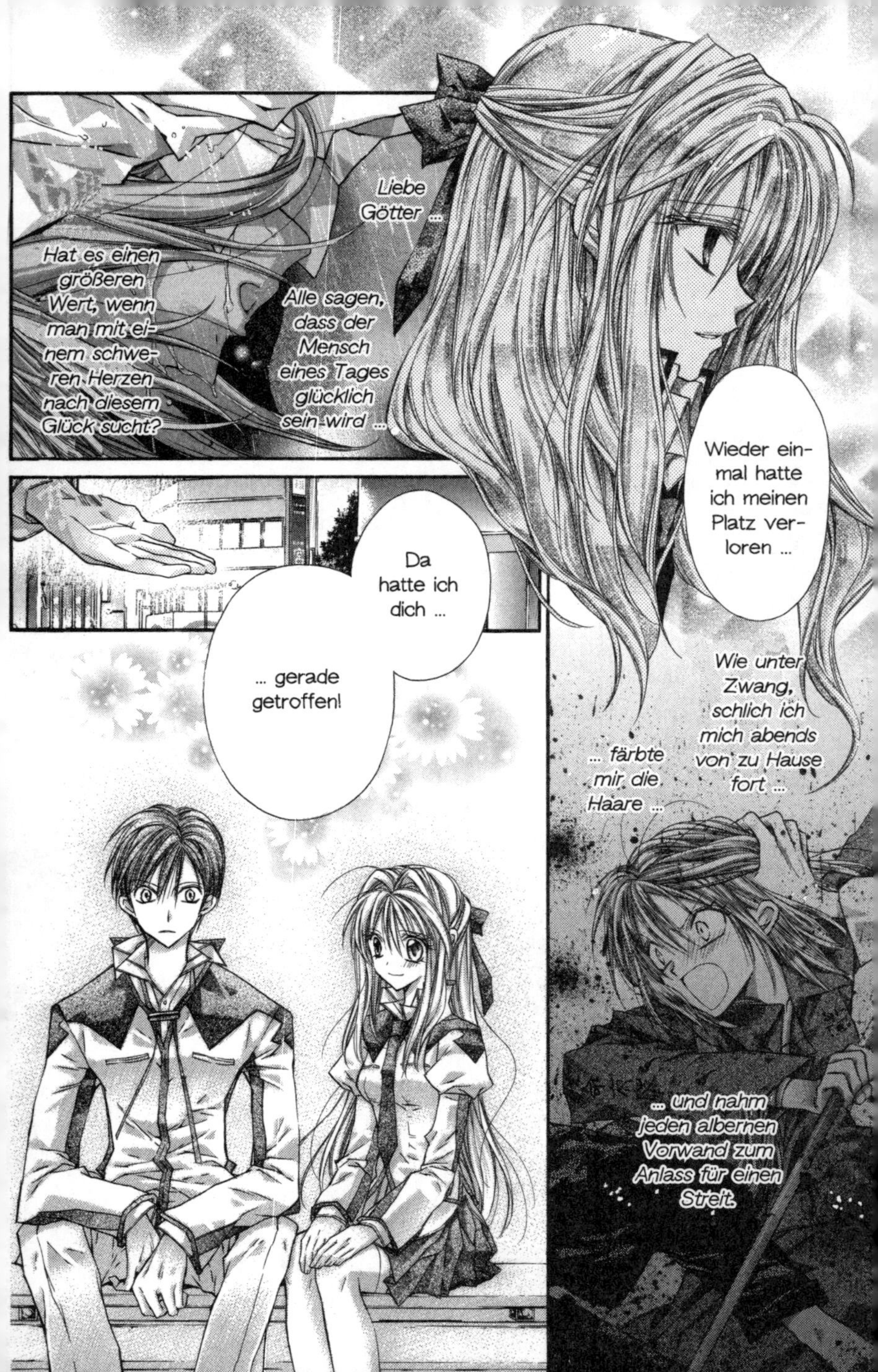
Liebe Götter ...
Alle sagen, dass der Mensch eines Tages glücklich sein wird ...
Hat es einen größeren Wert, wenn man mit einem schweren Herzen nach diesem Glück sucht?
Wieder einmal hatte ich meinen Platz verloren ...
Da hatte ich dich ...
... gerade getroffen!
Wie unter Zwang, schlich ich mich abends von zu Hause fort ...
... färbte mir die Haare ...
... und nahm jeden albernen Vorwand zum Anlass für einen Streit.

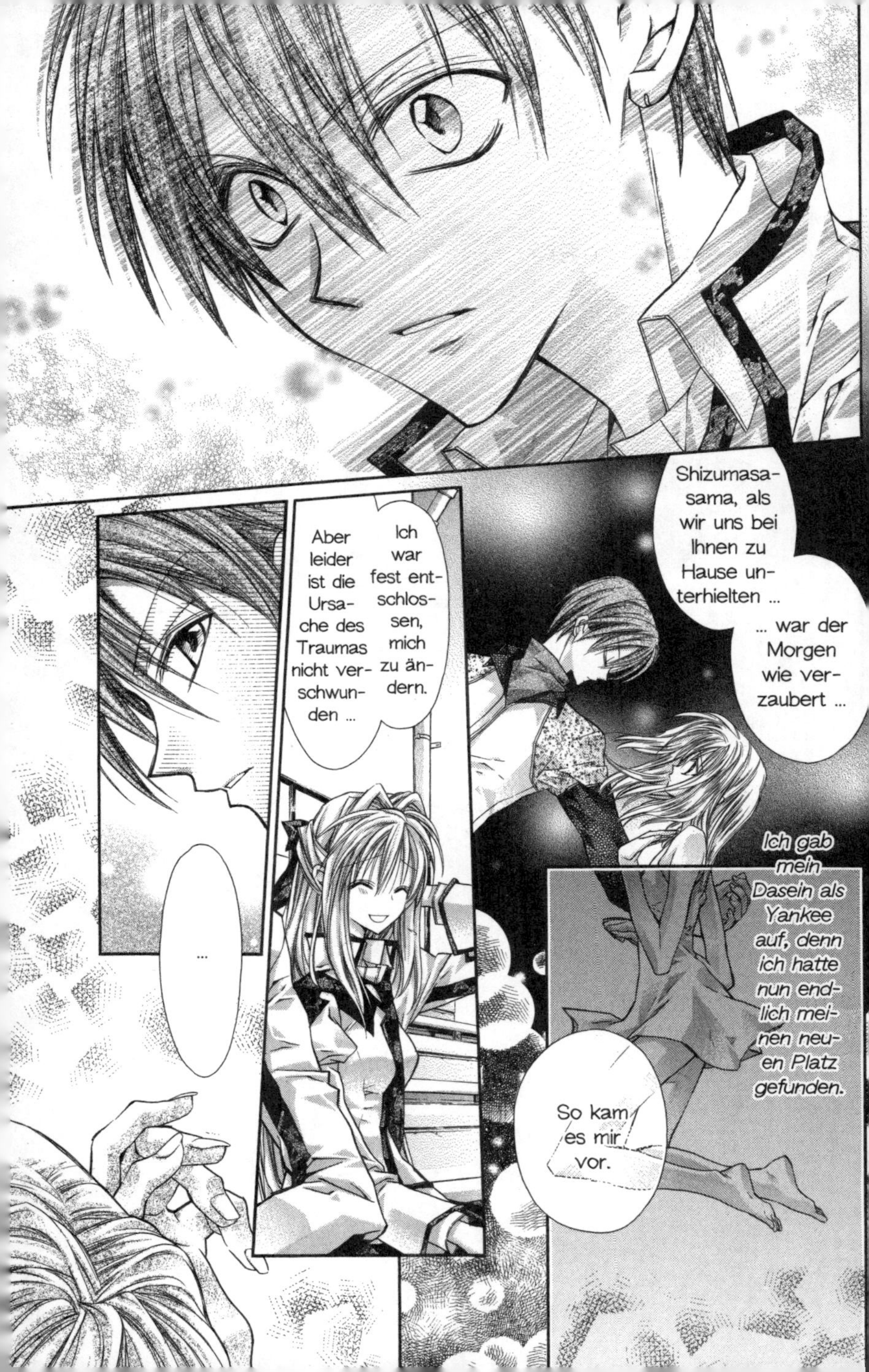
Shizumasa-sama, als wir uns bei Ihnen zu Hause unterhielten ...
... war der Morgen wie verzaubert ...
Ich gab mein Dasein als Yankee auf, denn ich hatte nun endlich meinen neuen Platz gefunden.
So kam es mir vor.
Ich war fest entschlossen, mich zu ändern.
Aber leider ist die Ursache des Traumas nicht verschwunden ...
...

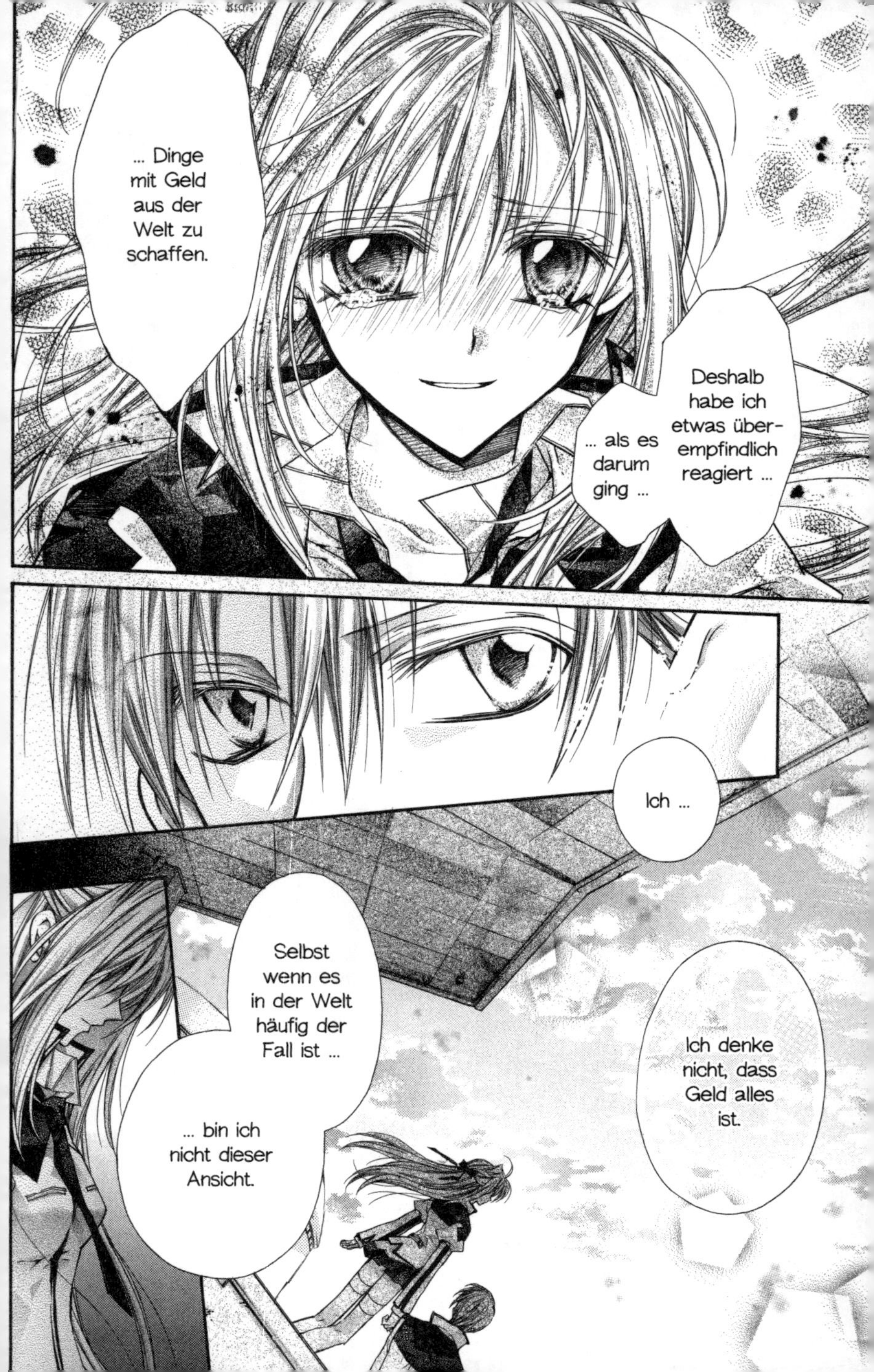
... Dinge mit Geld aus der Welt zu schaffen.
Deshalb habe ich etwas über-empfindlich reagiert ...
... als es darum ging ...
Ich ...
Ich denke nicht, dass Geld alles ist.
Selbst wenn es in der Welt häufig der Fall ist ...
... bin ich nicht dieser Ansicht.

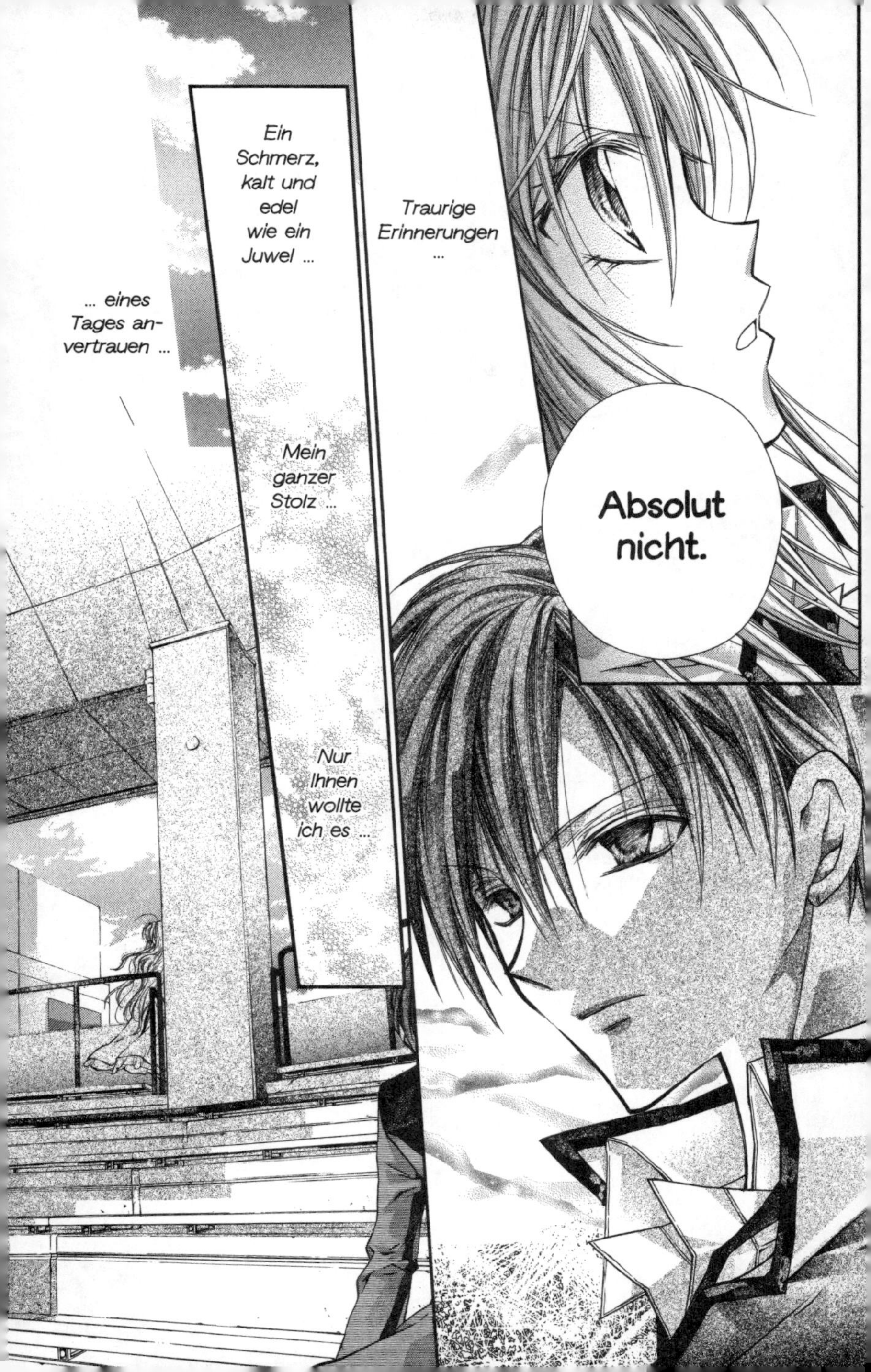
Absolut nicht.
Traurige Erinnerungen ...
Ein Schmerz, kalt und edel wie ein Juwel ...
Mein ganzer Stolz ...
Nur Ihnen wollte ich es ...
... eines Tages anvertrauen ...

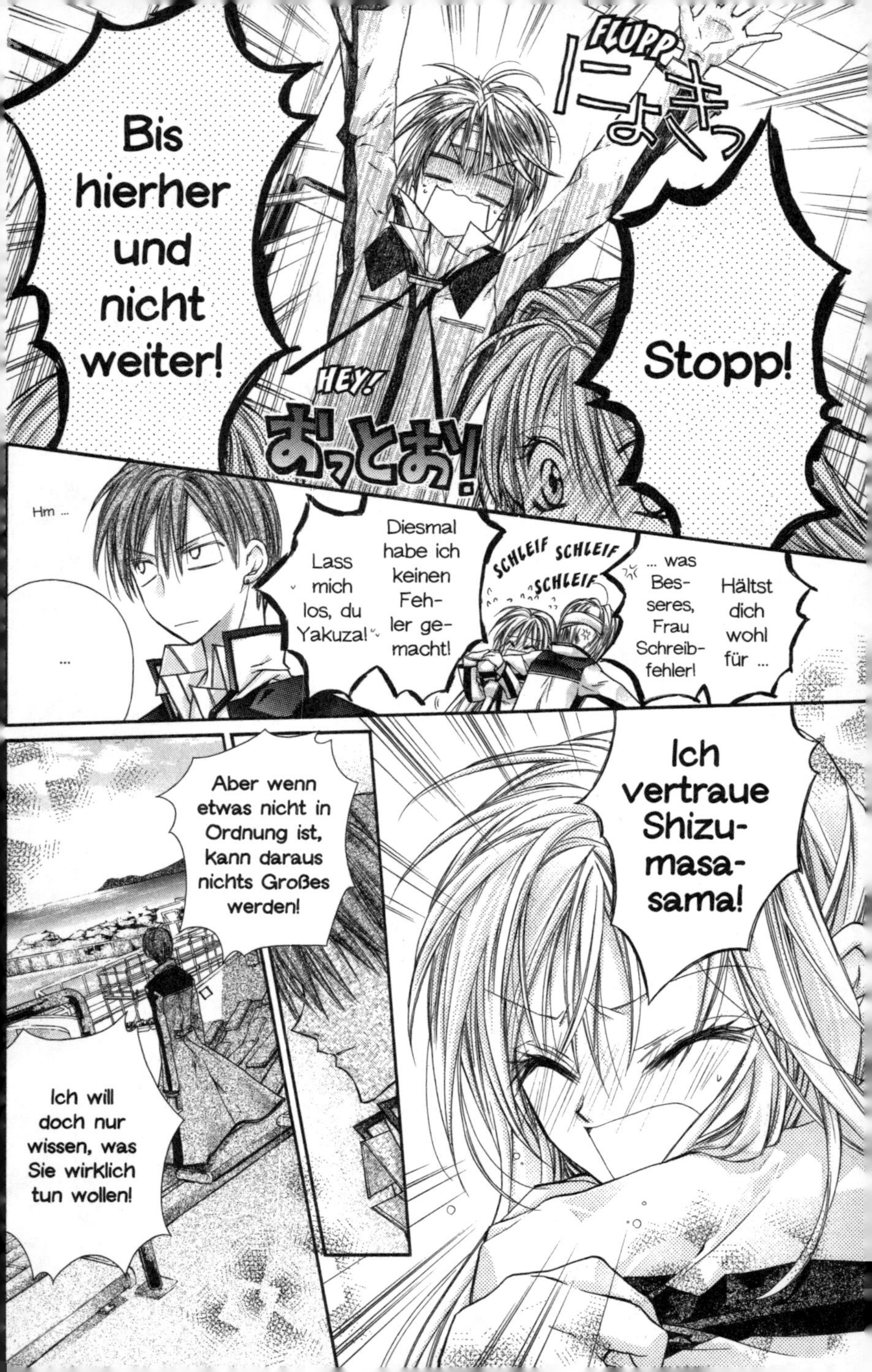
FLUPP
にょきっ
Stopp!
Bis hierher und nicht weiter!
HEY!
おっとぉ!
Hältst dich wohl für ...
... was Besseres, Frau Schreibfehler!
SCHLEIF SCHLEIF SCHLEIF
Diesmal habe ich keinen Fehler gemacht!
Lass mich los, du Yakuza!
Hm ...
...
Ich vertraue Shizumasa-sama!
Aber wenn etwas nicht in Ordnung ist, kann daraus nichts Großes werden!
Ich will doch nur wissen, was Sie wirklich tun wollen!

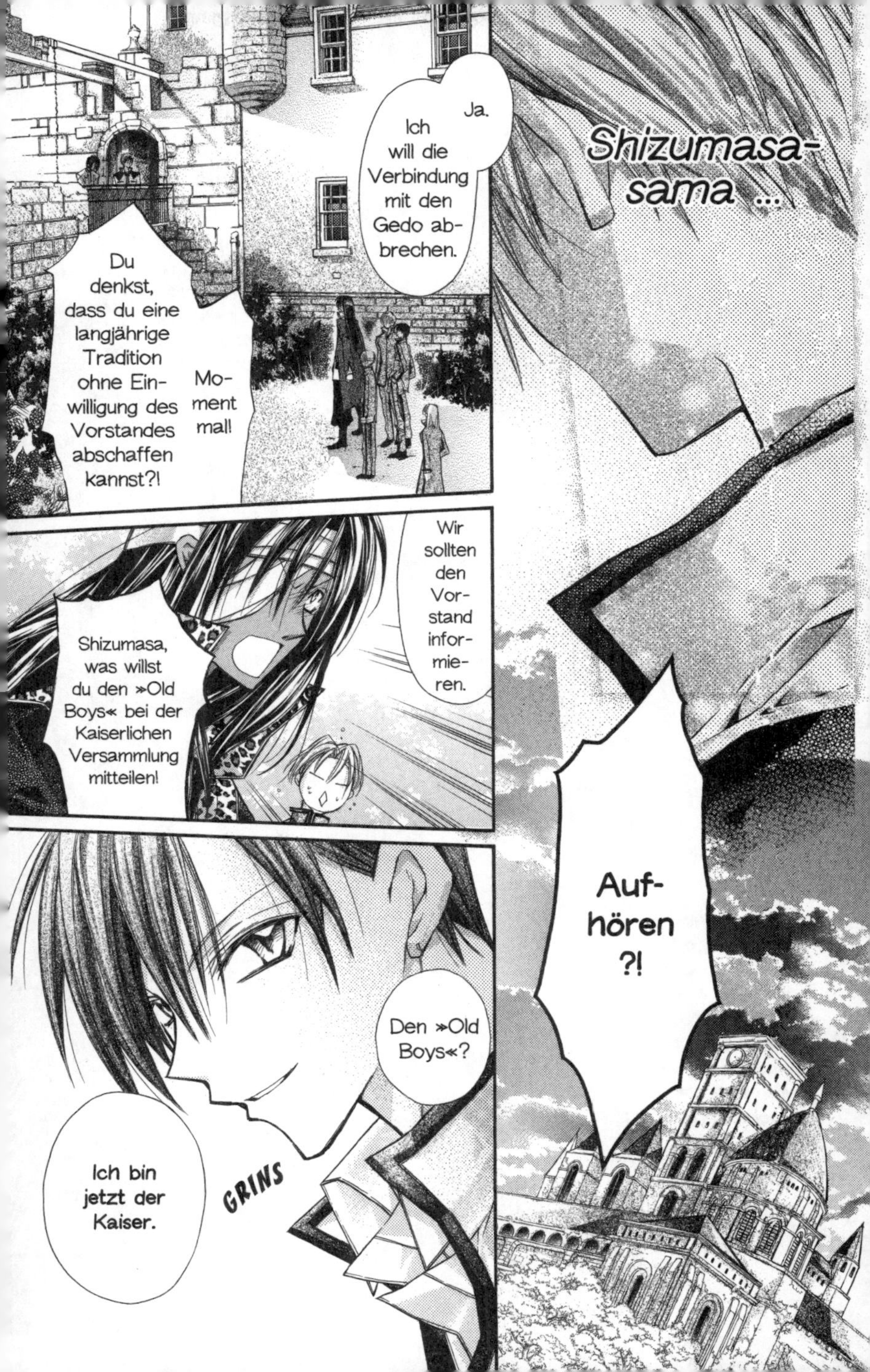

Shizumasa-sama ...
Ja. Ich will die Verbindung mit den Gedo abbrechen.
Aufhören?!
Moment mal!
Du denkst, dass du eine langjährige Tradition ohne Einwilligung des Vorstandes abschaffen kannst?!
Wir sollten den Vorstand informieren.
Shizumasa, was willst du den »Old Boys« bei der Kaiserlichen Versammlung mitteilen!
Den »Old Boys«?
GRINS
Ich bin jetzt der Kaiser.

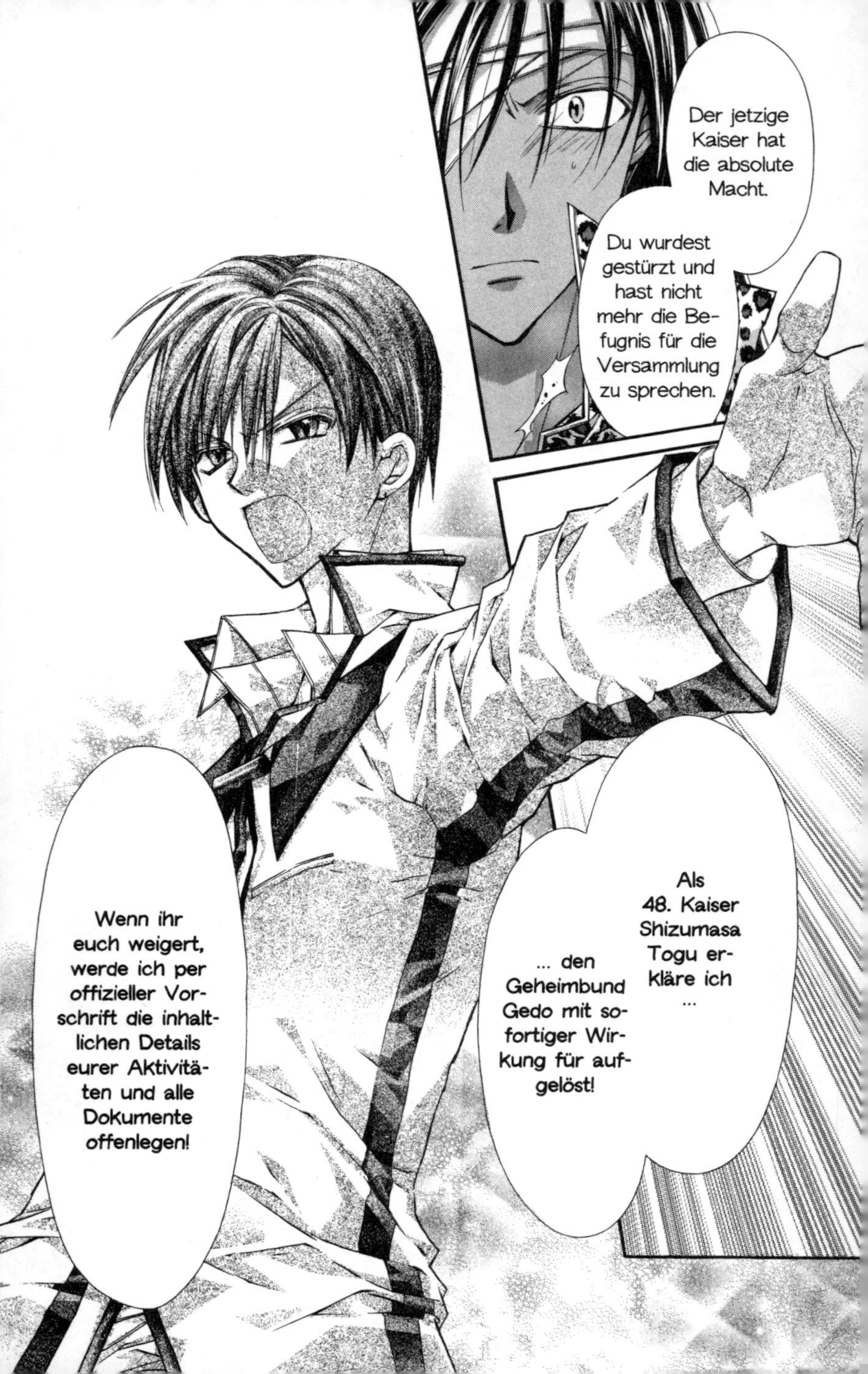
Der jetzige Kaiser hat die absolute Macht.
Du wurdest gestürzt und hast nicht mehr die Befugnis für die Versammlung zu sprechen.
Als 48. Kaiser Shizumasa Togu erkläre ich ...
... den Geheimbund Gedo mit sofortiger Wirkung für aufgelöst!
Wenn ihr euch weigert, werde ich per offizieller Vorschrift die inhaltlichen Details eurer Aktivitäten und alle Dokumente offenlegen!

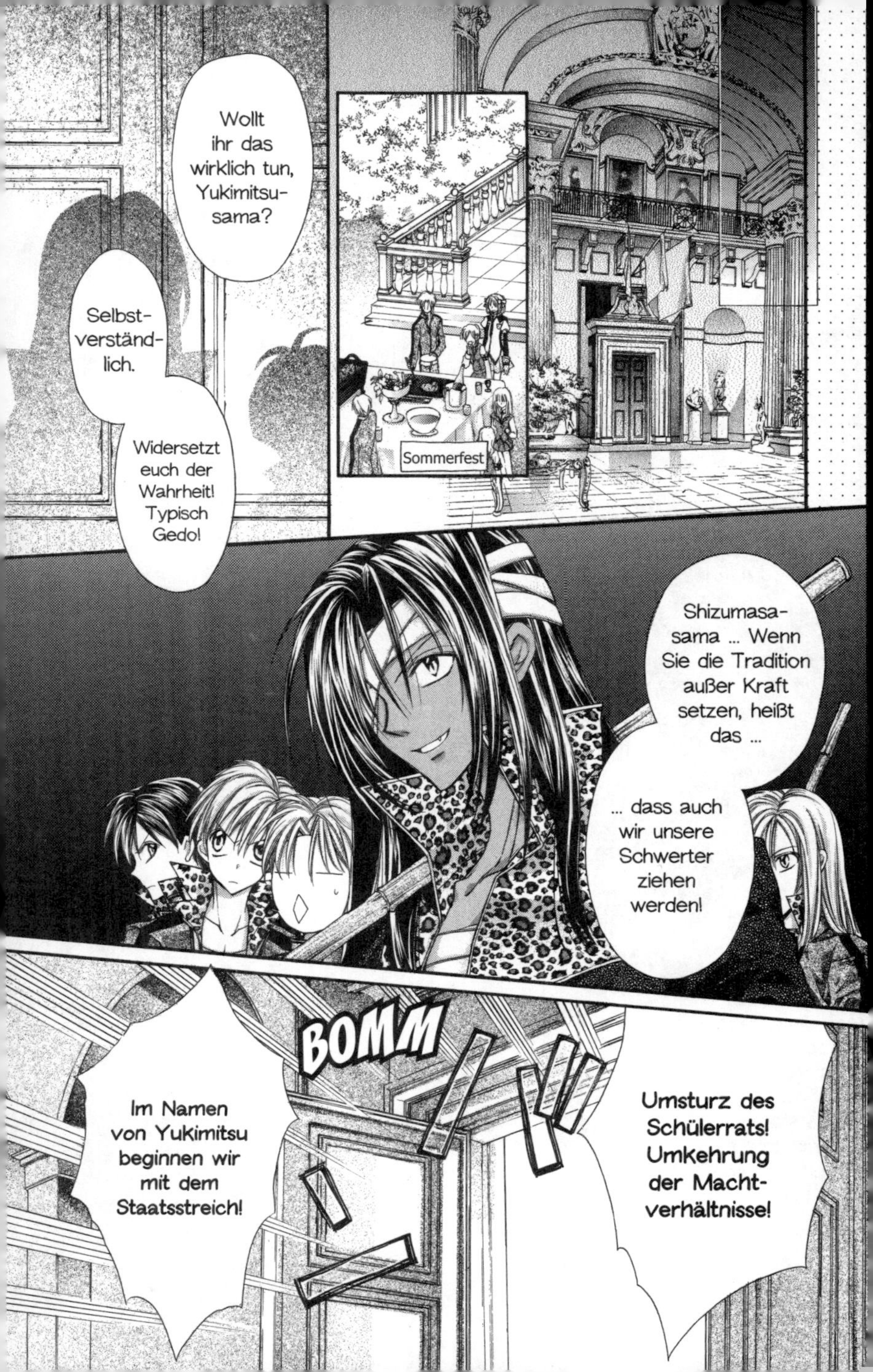

Sommerfest
Wollt ihr das wirklich tun, Yukimitsu-sama?
Selbstverständlich.
Widersetzt euch der Wahrheit! Typisch Gedo!
Shizumasa-sama ... Wenn Sie die Tradition außer Kraft setzen, heißt das ...
... dass auch wir unsere Schwerter ziehen werden!
BOMM
Umsturz des Schülerrats! Umkehrung der Machtverhältnisse!
Im Namen von Yukimitsu beginnen wir mit dem Staatsstreich!

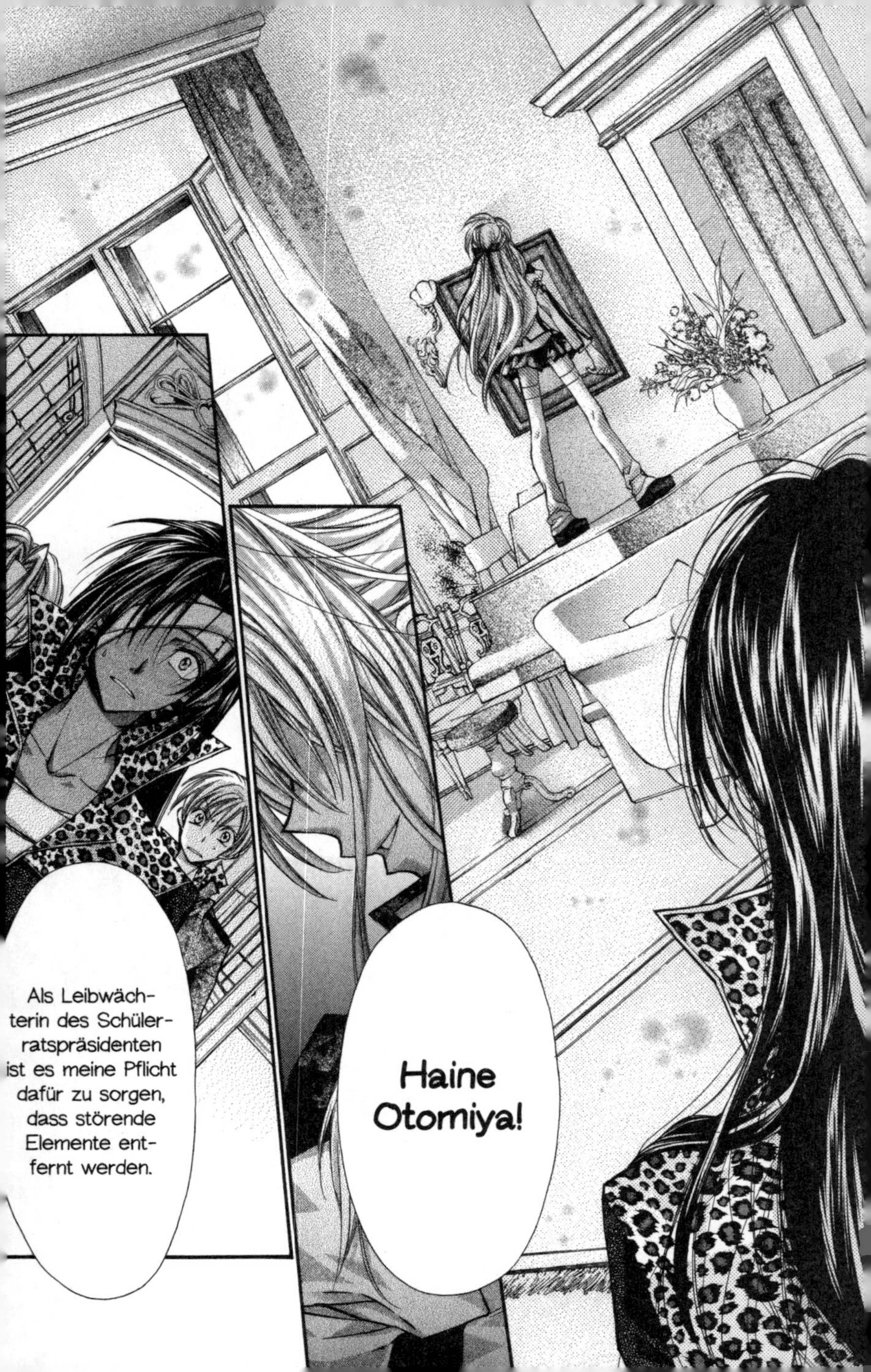
Haine Otomiya!
Als Leibwächterin des Schülerratspräsidenten ist es meine Pflicht dafür zu sorgen, dass störende Elemente entfernt werden.

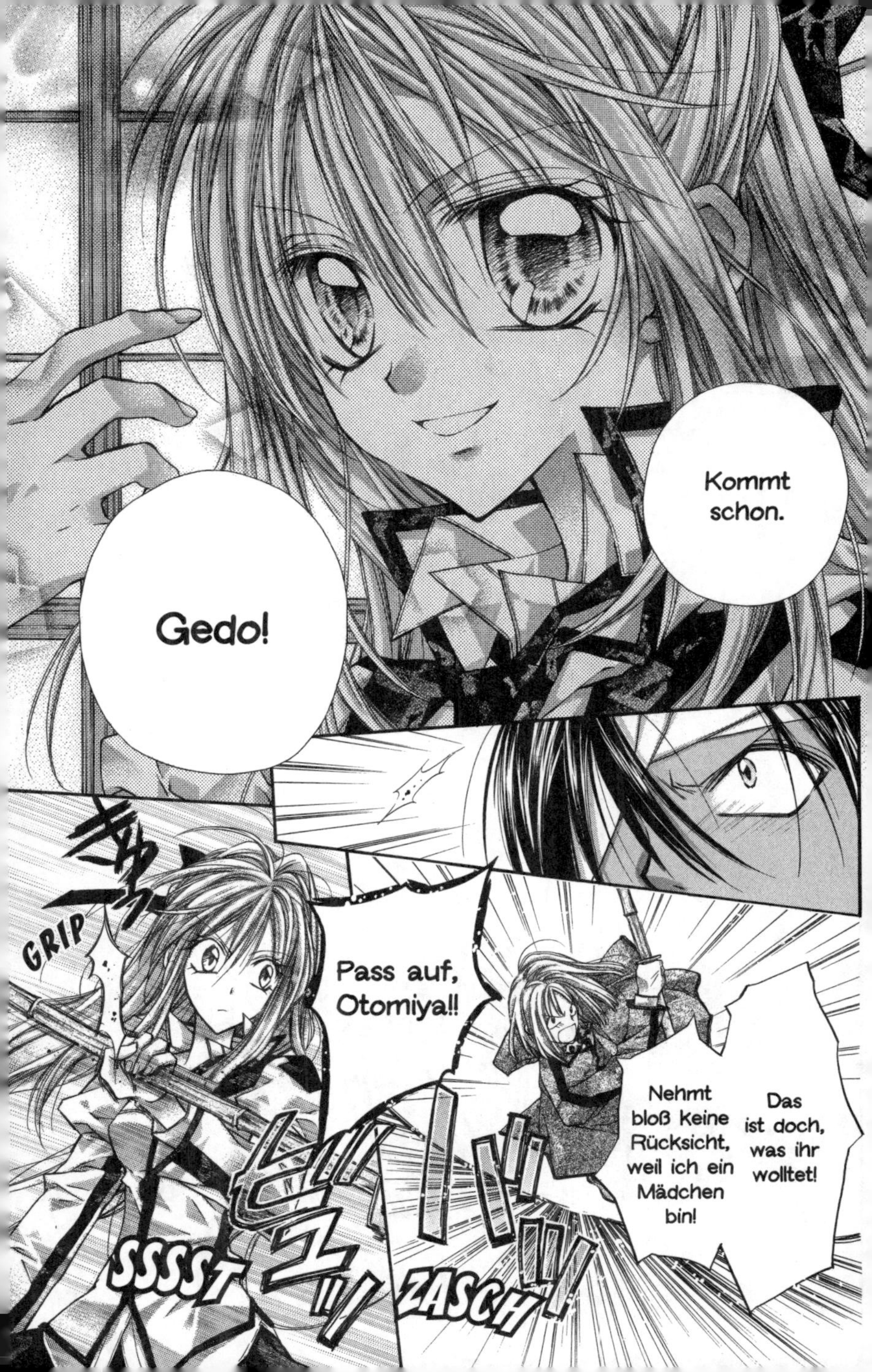
Kommt schon.
Gedo!
GRIP
Pass auf, Otomiya!!
Das ist doch, was ihr wolltet!
Nehmt bloß keine Rücksicht, weil ich ein Mädchen bin!
SSSST
ZASCH

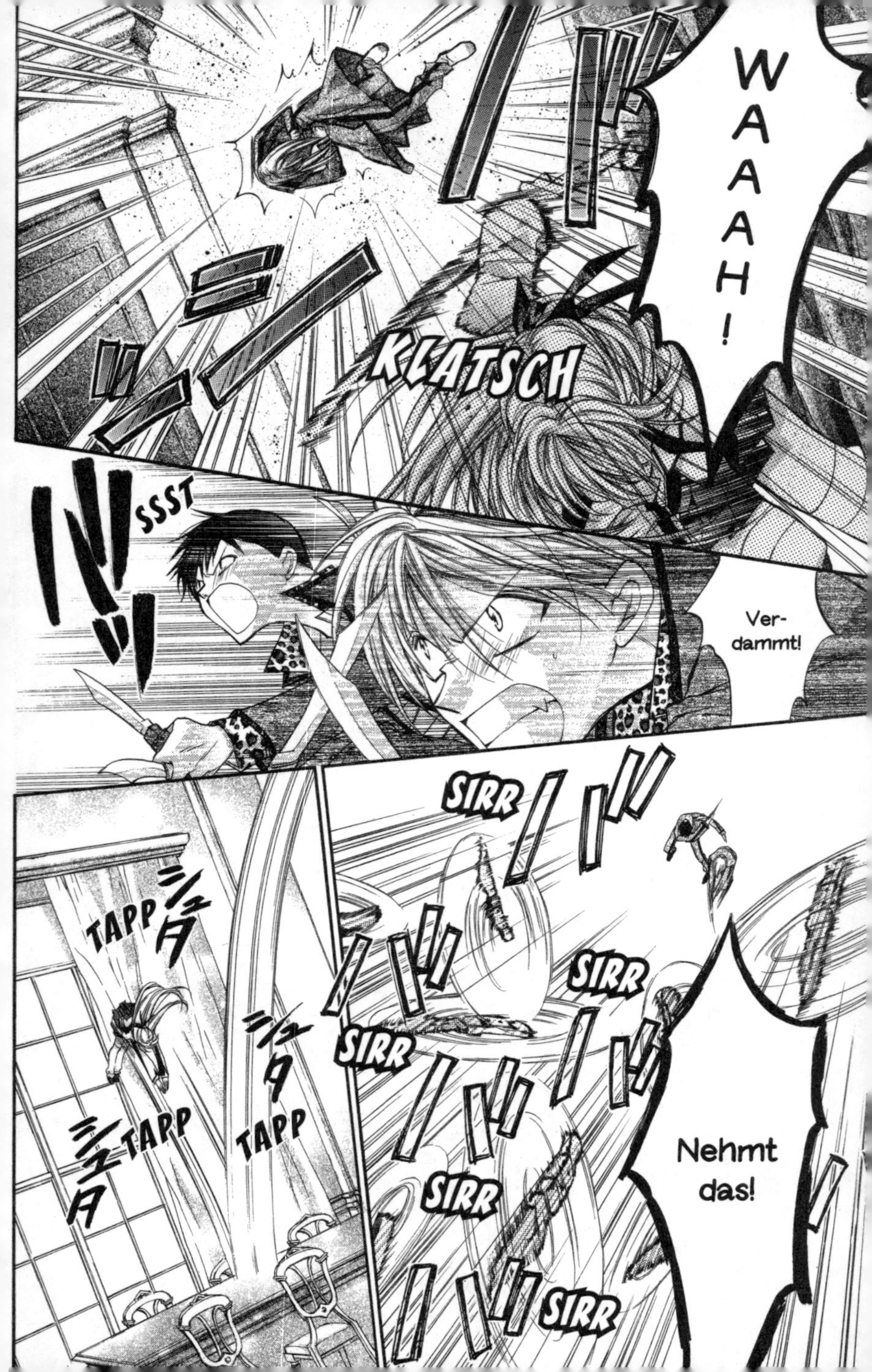
WAAAH!
KLATSCH
Verdammt!
SSST
Nehmt das!
SIRR
SIRR
SIRR
SIRR
SIRR
TAPP シュタ
TAPP シュタ
TAPP シュタ

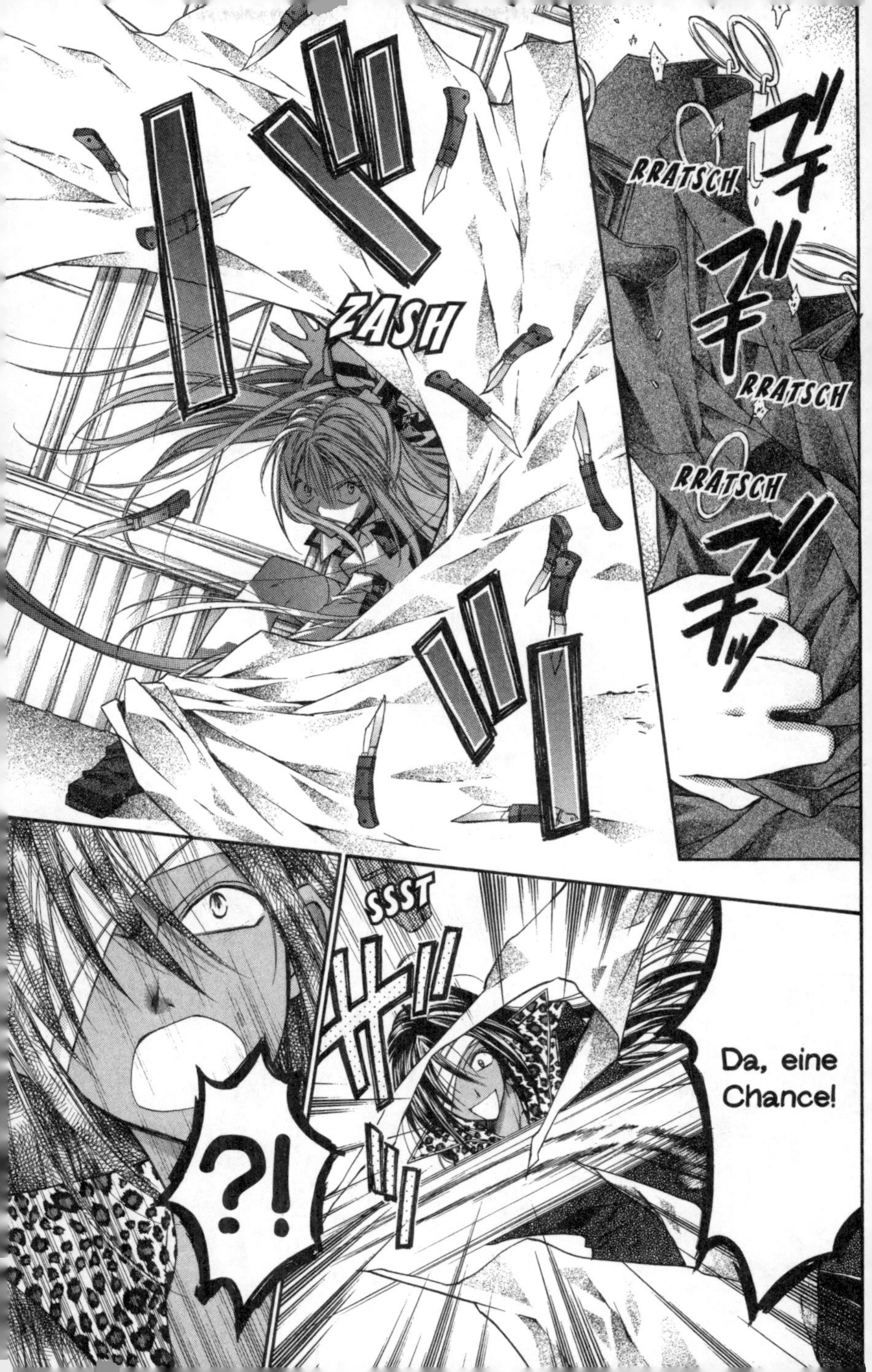
RRATSCH
RRATSCH
RRATSCH
ZASH
Da, eine Chance!
SSST
?!

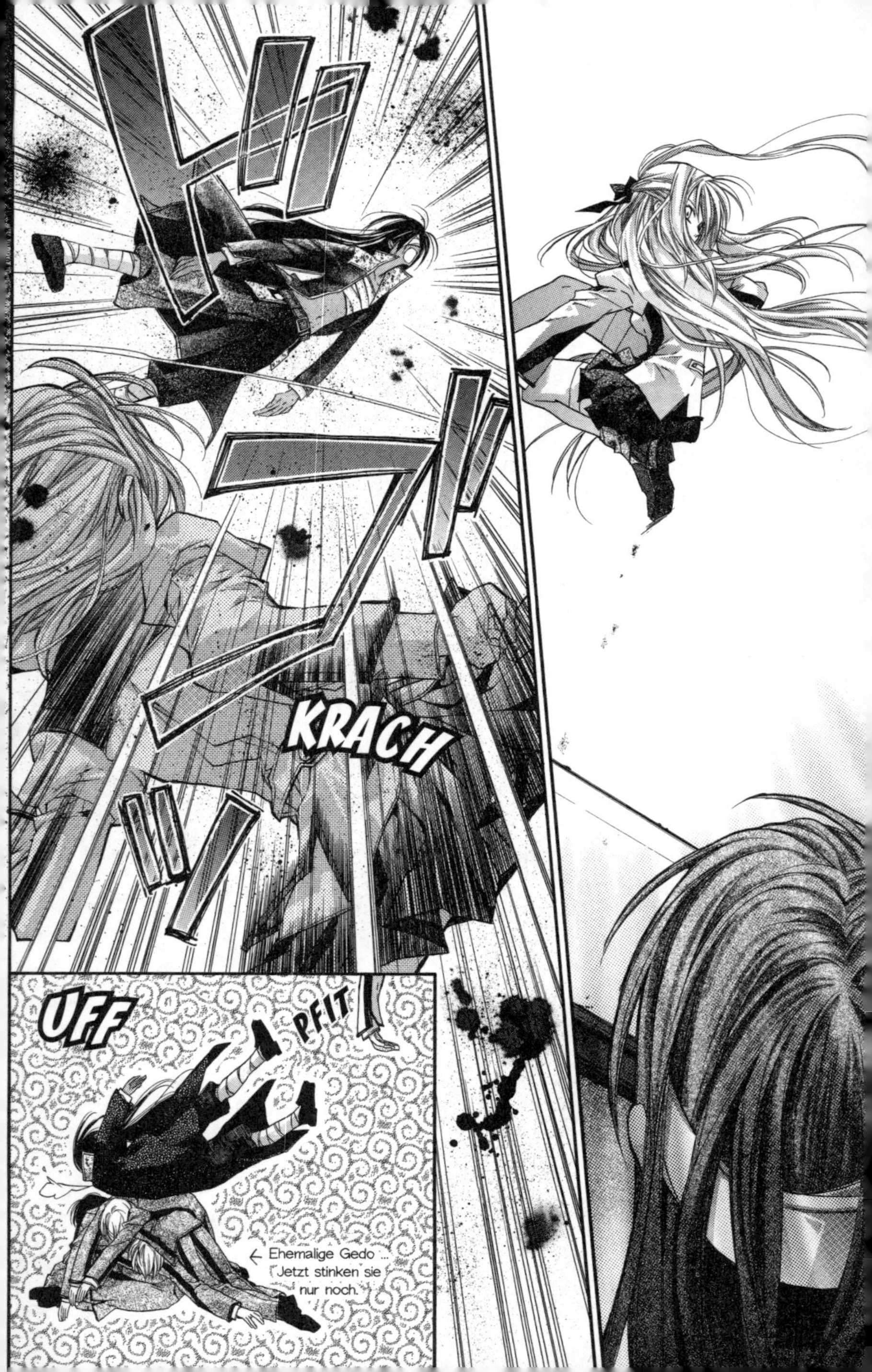
KRACH
UFF
PFIT
← Ehemalige Gedo ... Jetzt stinken sie nur noch.

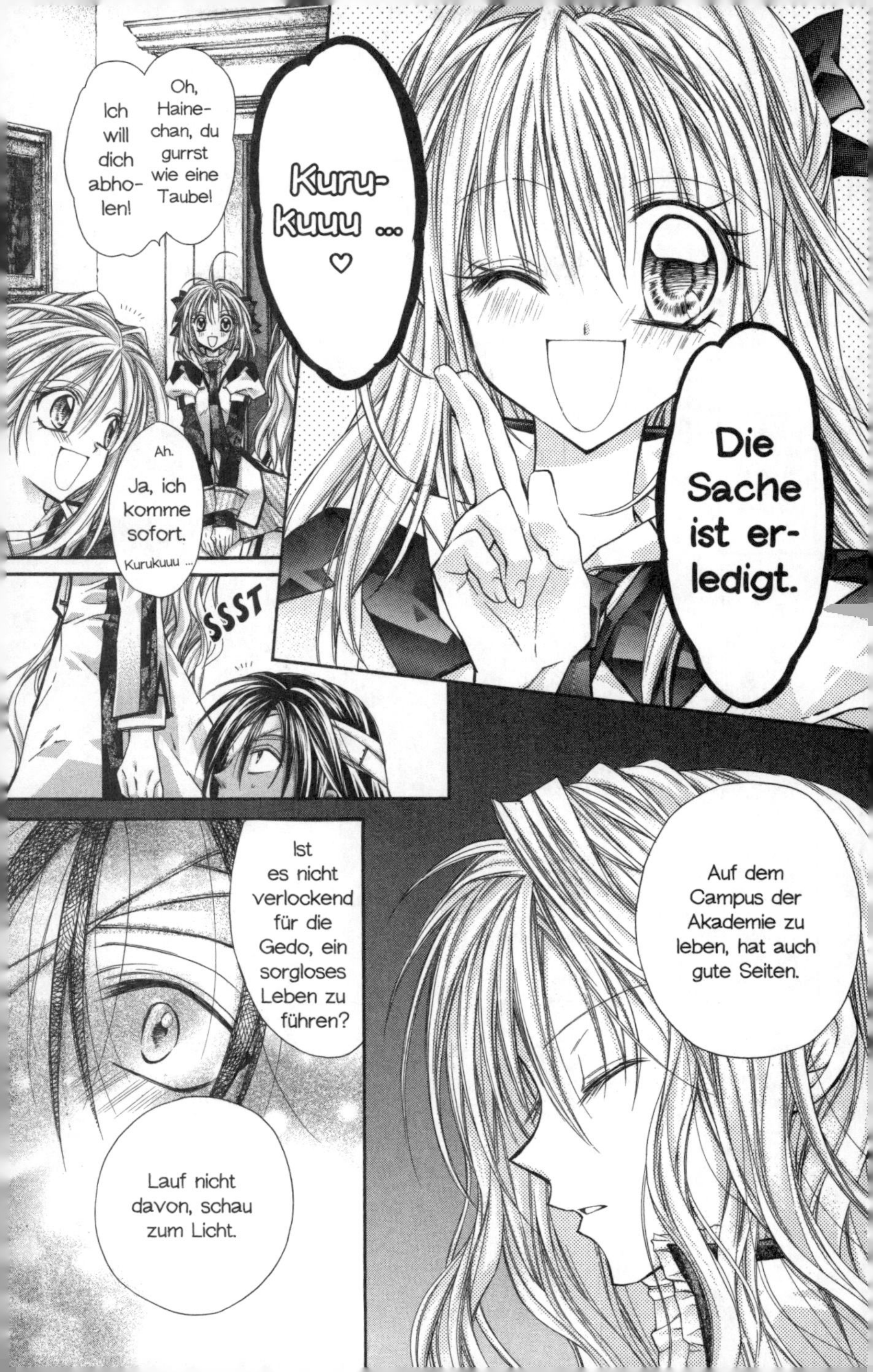
Die Sache ist erledigt.
Kuru-Kuuu ... ♡
Oh, Haine-chan, du gurrst wie eine Taube!
Ich will dich abholen!
Ah.
Ja, ich komme sofort.
Kurukuuu ...
SSST
Auf dem Campus der Akademie zu leben, hat auch gute Seiten.
Ist es nicht verlockend für die Gedo, ein sorgloses Leben zu führen?
Lauf nicht davon, schau zum Licht.

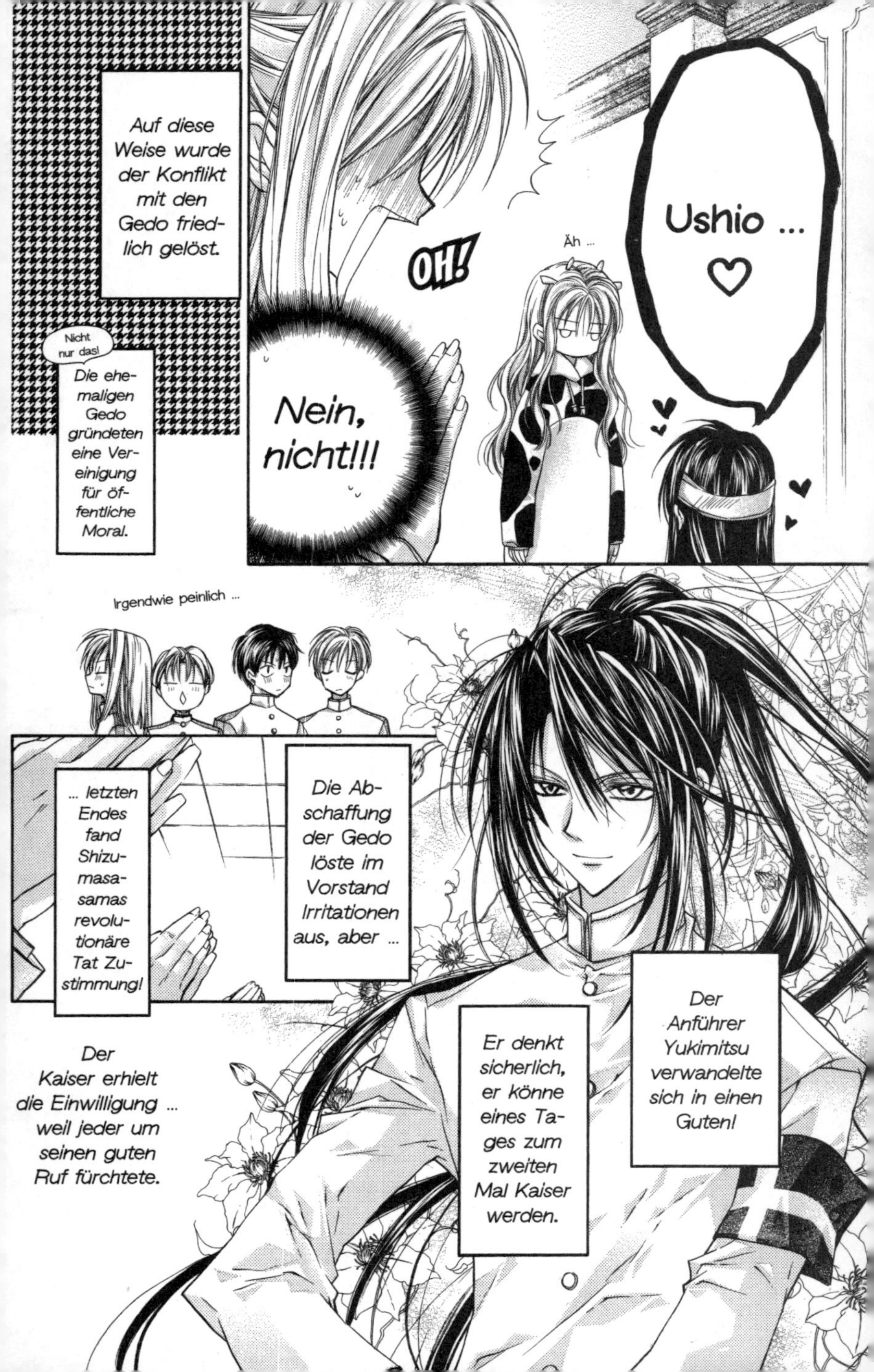
Ushio ... ♡
Äh ...
OH!
Nein, nicht!!!
Auf diese Weise wurde der Konflikt mit den Gedo friedlich gelöst.
Nicht nur das!
Die ehemaligen Gedo gründeten eine Vereinigung für öffentliche Moral.
Der Anführer Yukimitsu verwandelte sich in einen Guten!
Er denkt sicherlich, er könne eines Tages zum zweiten Mal Kaiser werden.
Irgendwie peinlich ...
Die Abschaffung der Gedo löste im Vorstand Irritationen aus, aber ...
... letzten Endes fand Shizumasa-samas revolutionäre Tat Zustimmung!
Der Kaiser erhielt die Einwilligung ... weil jeder um seinen guten Ruf fürchtete.

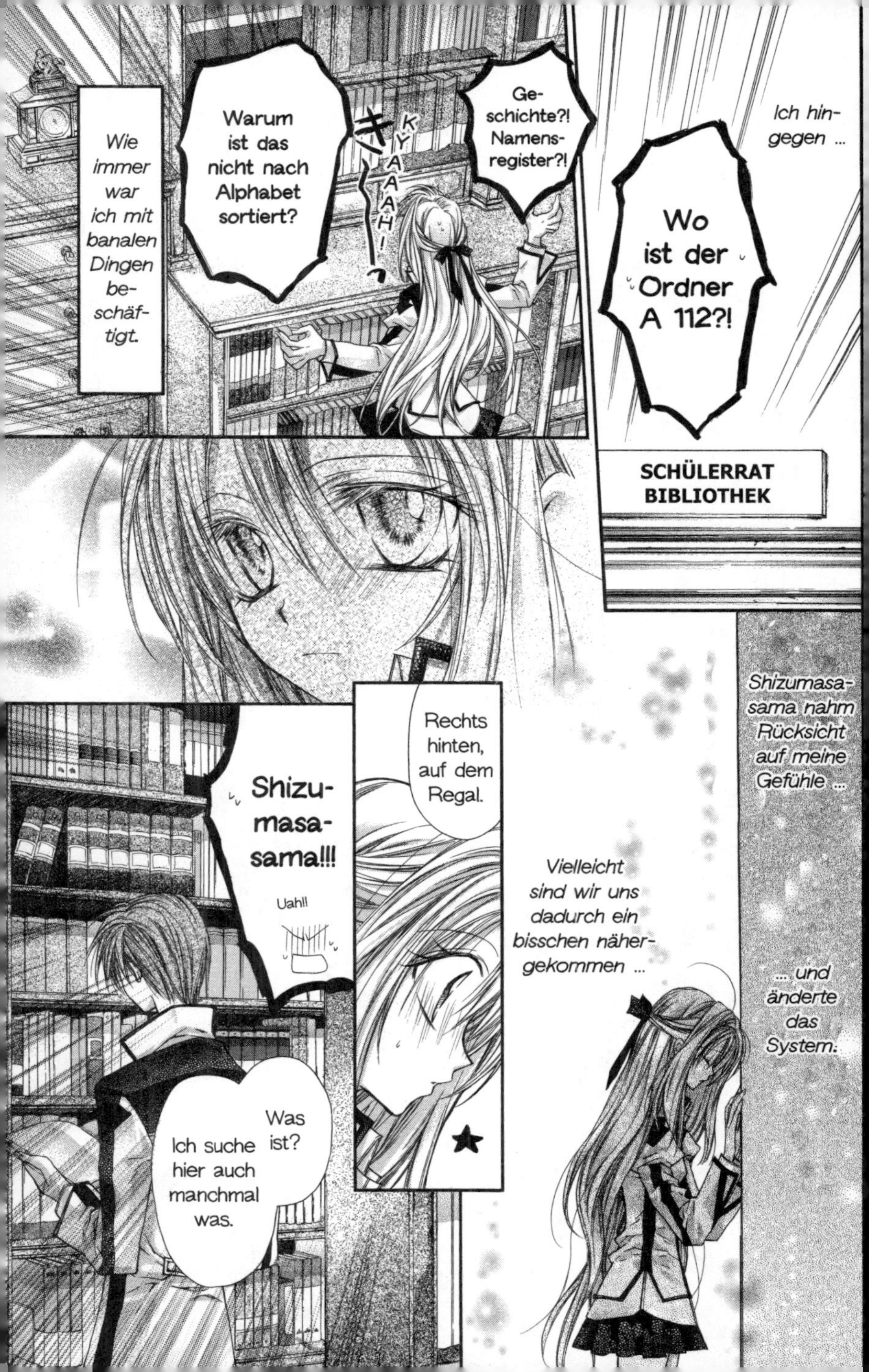
Ich hingegen ...
Wo ist der Ordner A 112?!
Ge-schichte?! Namens-register?!
Warum ist das nicht nach Alphabet sortiert?
KYAAAH!
Wie immer war ich mit banalen Dingen beschäftigt.
SCHÜLERRAT BIBLIOTHEK
Shizumasa-sama nahm Rücksicht auf meine Gefühle ...
... und änderte das System.
Vielleicht sind wir uns dadurch ein bisschen nähergekommen ...
Rechts hinten, auf dem Regal.
Shizu-masa-sama!!!
Uah!!
Was ist?
Ich suche hier auch manchmal was.

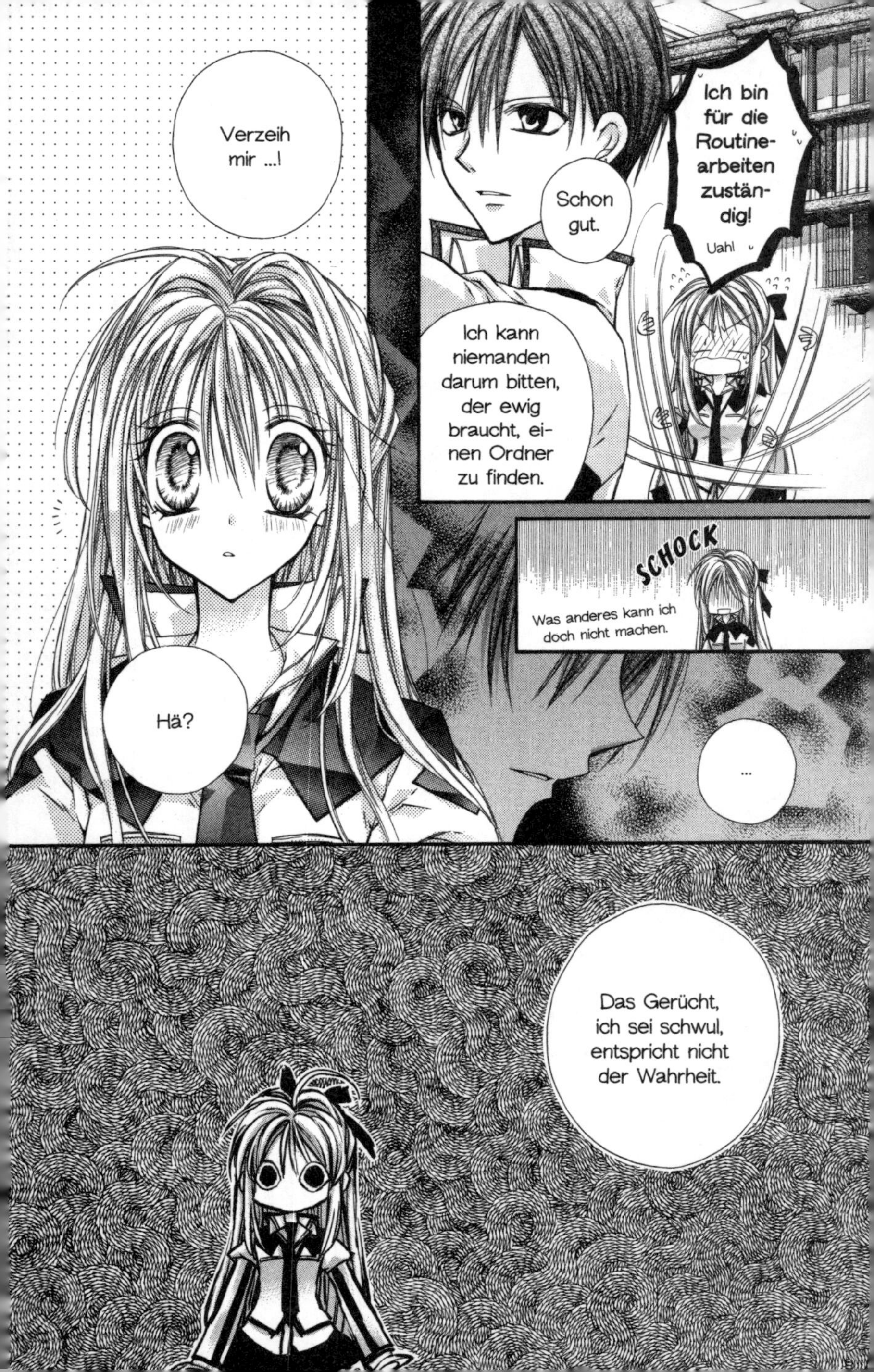

Ich bin für die Routinearbeiten zuständig!
Uahl
Schon gut.
Ich kann niemanden darum bitten, der ewig braucht, einen Ordner zu finden.
Verzeih mir ...!
SCHOCK
Was anderes kann ich doch nicht machen.
...
Hä?
Das Gerücht, ich sei schwul, entspricht nicht der Wahrheit.

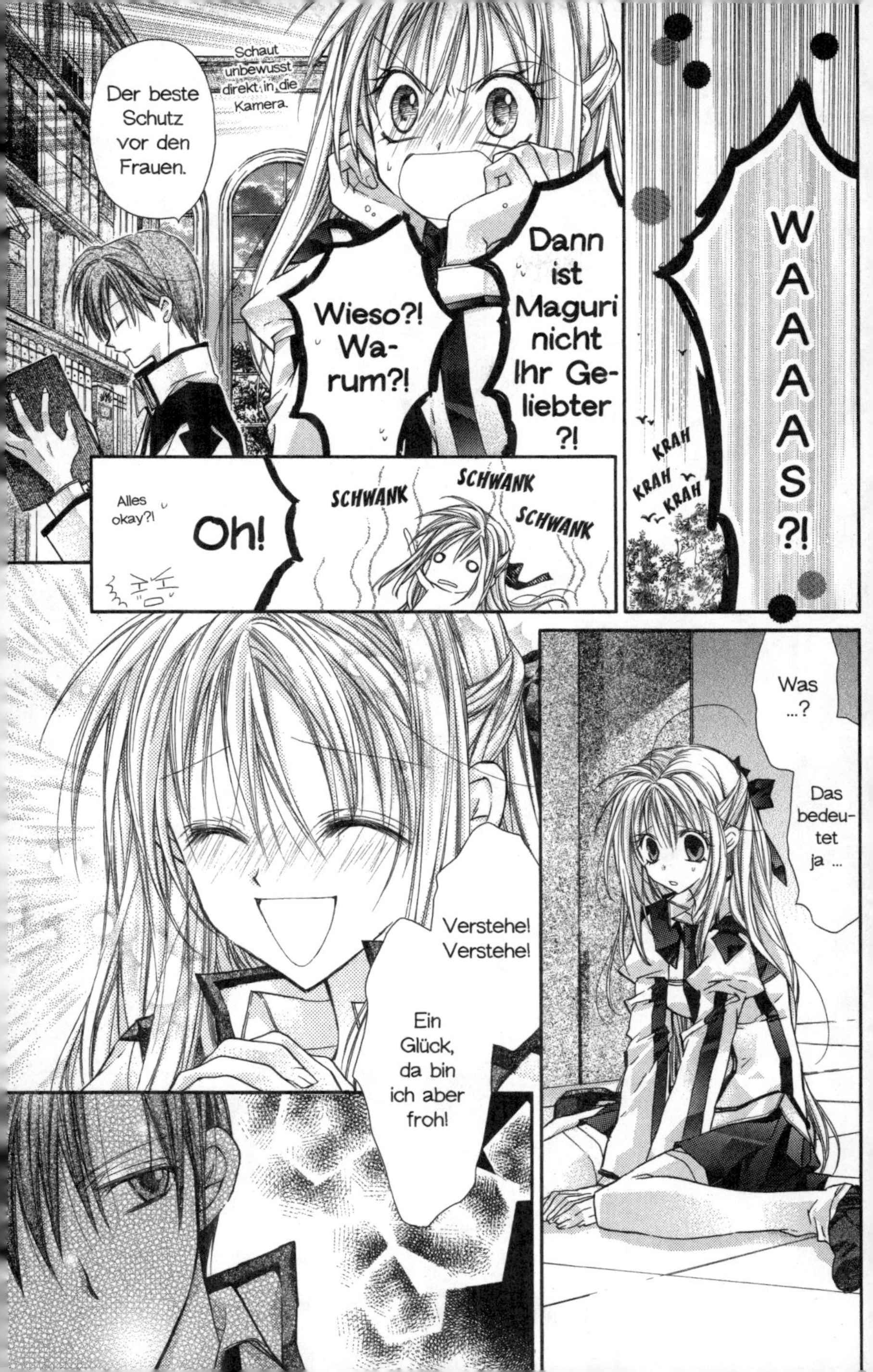
KRAH
KRAH
KRAH
WAAAAS?!
Dann ist Maguri nicht Ihr Geliebter?!
Wieso?! Warum?!
Schaut unbewusst direkt in die Kamera.
Der beste Schutz vor den Frauen.
SCHWANK
SCHWANK
SCHWANK
Oh!
Alles okay?!
Was ...?
Das bedeutet ja ...
Verstehe! Verstehe!
Ein Glück, da bin ich aber froh!

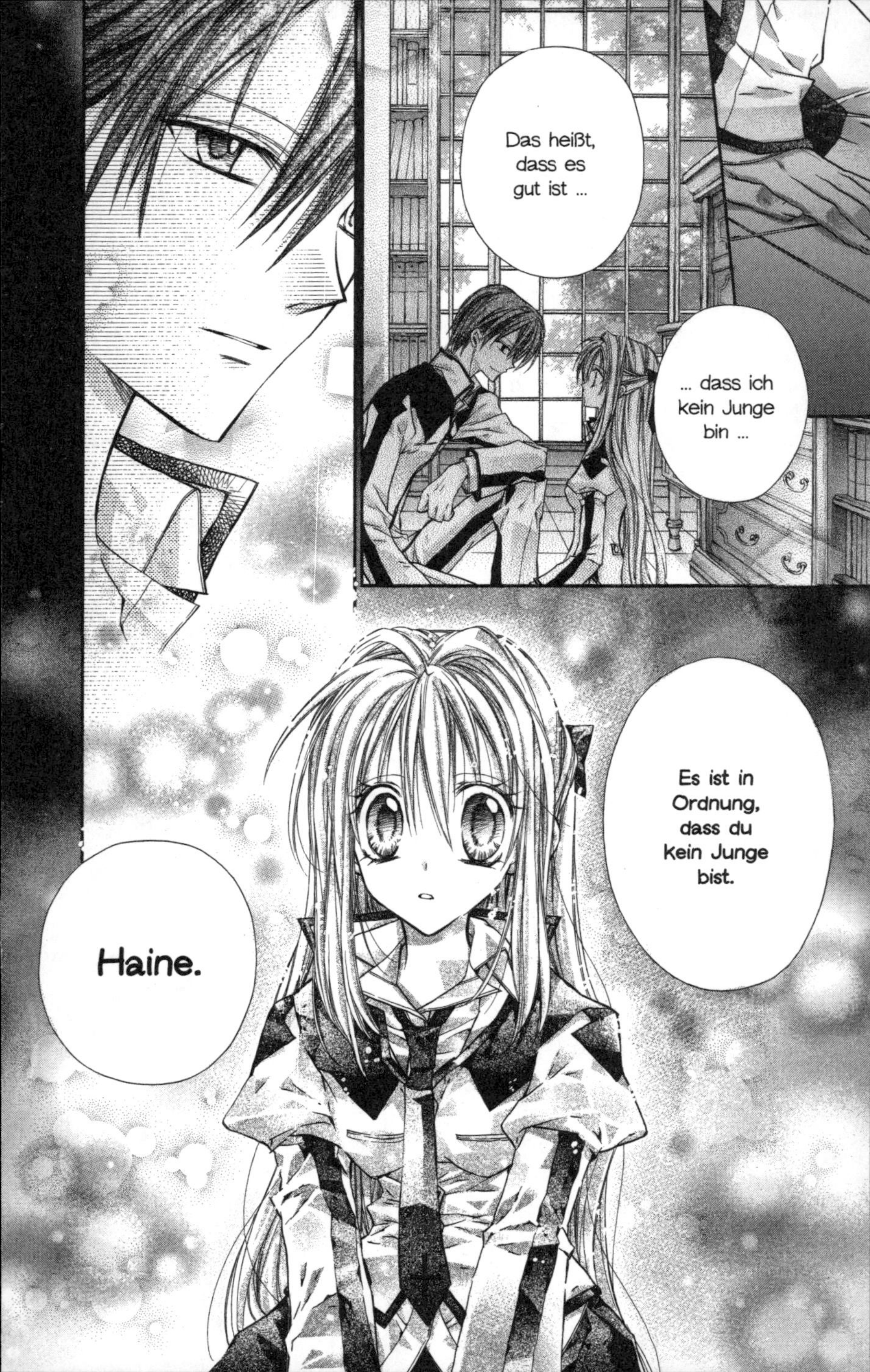
Das heißt, dass es gut ist ...
... dass ich kein Junge bin ...
Es ist in Ordnung, dass du kein Junge bist.
Haine.

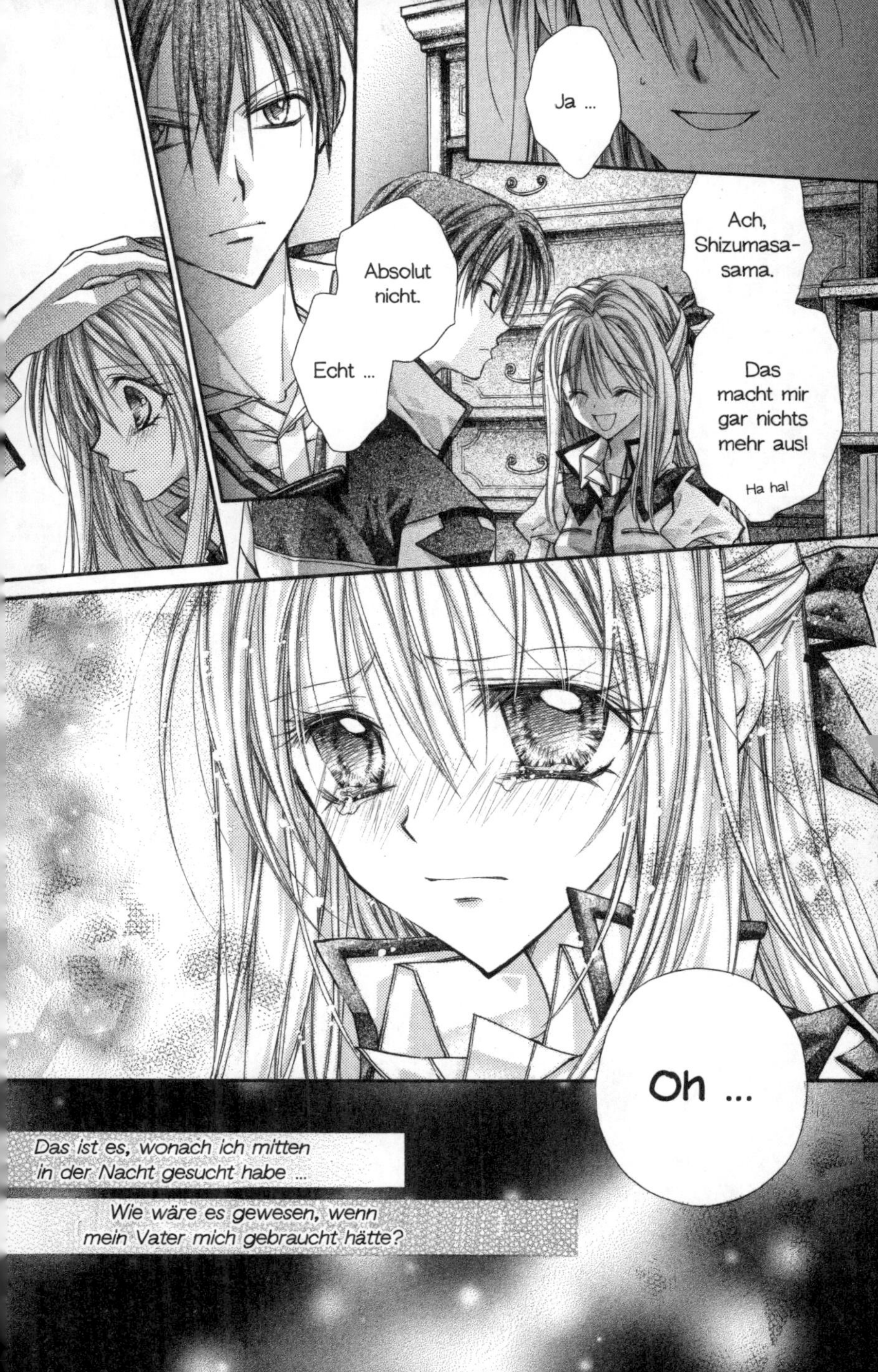
Ja ...
Ach, Shizumasa-sama.
Das macht mir gar nichts mehr aus!
Ha ha!
Absolut nicht.
Echt ...
Oh ...
Das ist es, wonach ich mitten in der Nacht gesucht habe ...
Wie wäre es gewesen, wenn mein Vater mich gebraucht hätte?

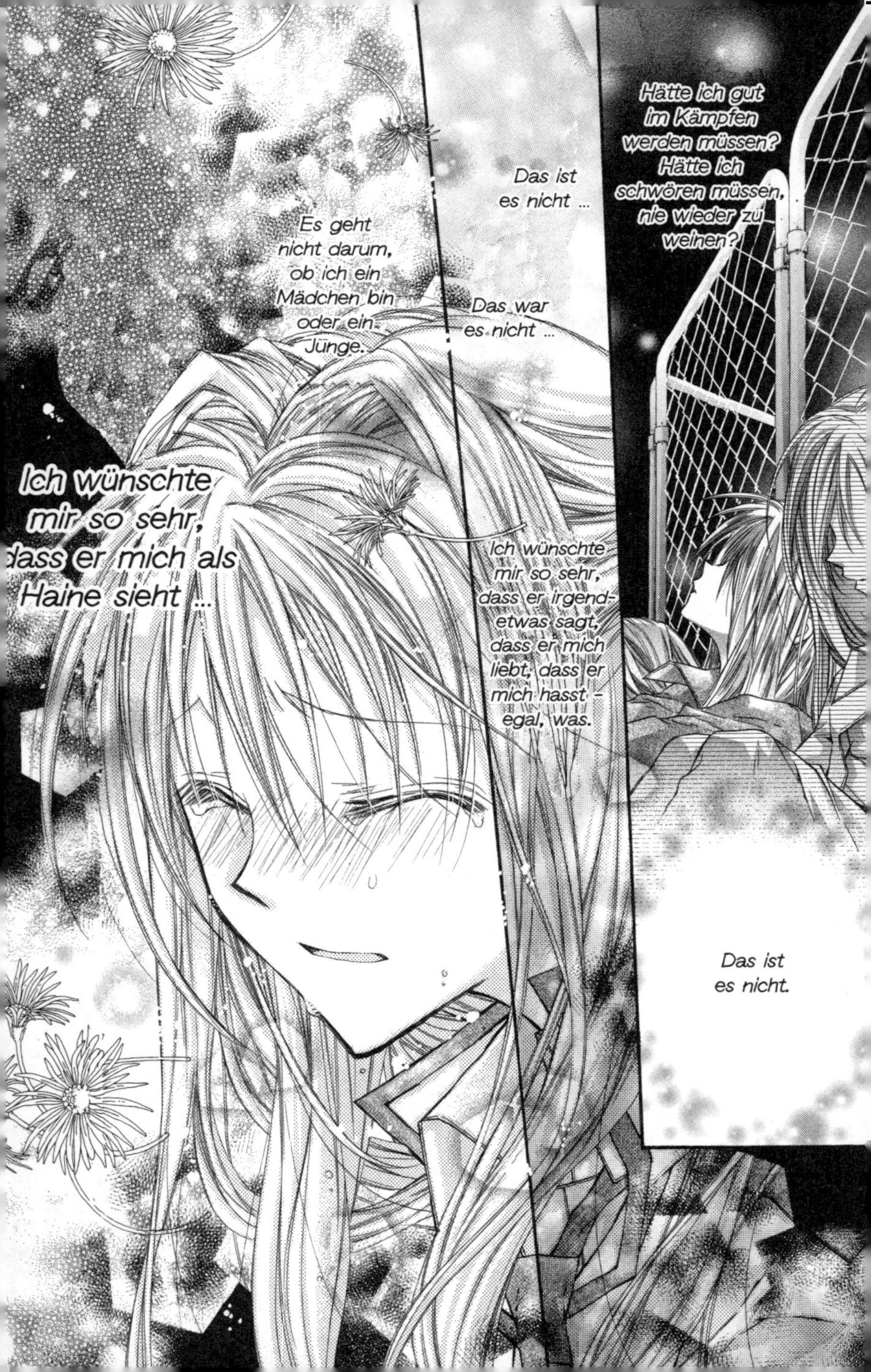
Hätte ich gut im Kämpfen werden müssen? Hätte ich schwören müssen, nie wieder zu weinen?
Das ist es nicht.
Das ist es nicht ...
Das war es nicht ...
Ich wünschte mir so sehr, dass er irgendetwas sagt, dass er mich liebt, dass er mich hasst – egal, was.
Es geht nicht darum, ob ich ein Mädchen bin oder ein Junge.
Ich wünschte mir so sehr, dass er mich als Haine sieht ...

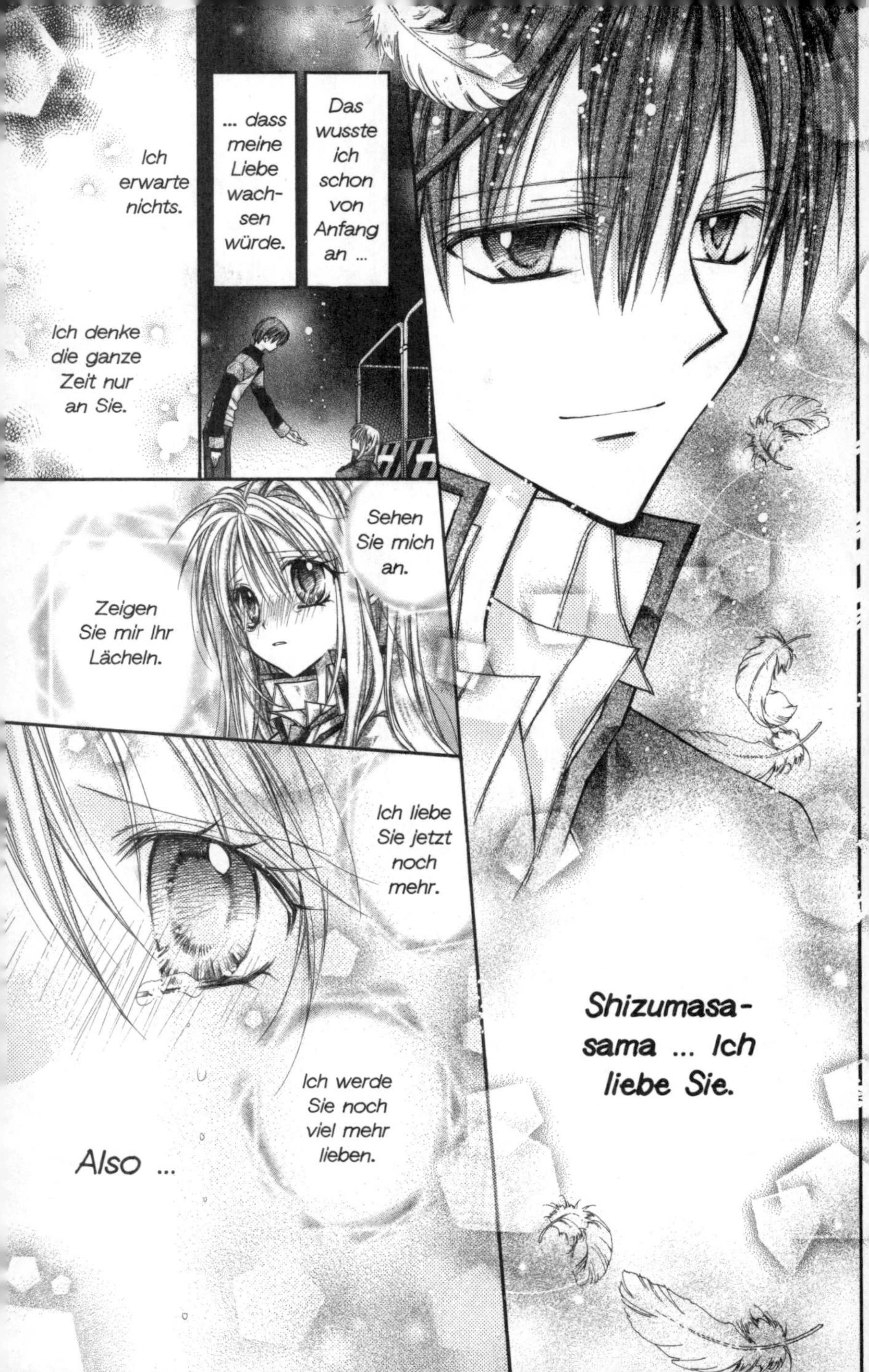
Das wusste ich schon von Anfang an ...
... dass meine Liebe wachsen würde.
Ich erwarte nichts.
Ich denke die ganze Zeit nur an Sie.
Sehen Sie mich an.
Zeigen Sie mir Ihr Lächeln.
Ich liebe Sie jetzt noch mehr.
Ich werde Sie noch viel mehr lieben.
Also ...
Shizumasa-sama ... Ich liebe Sie.

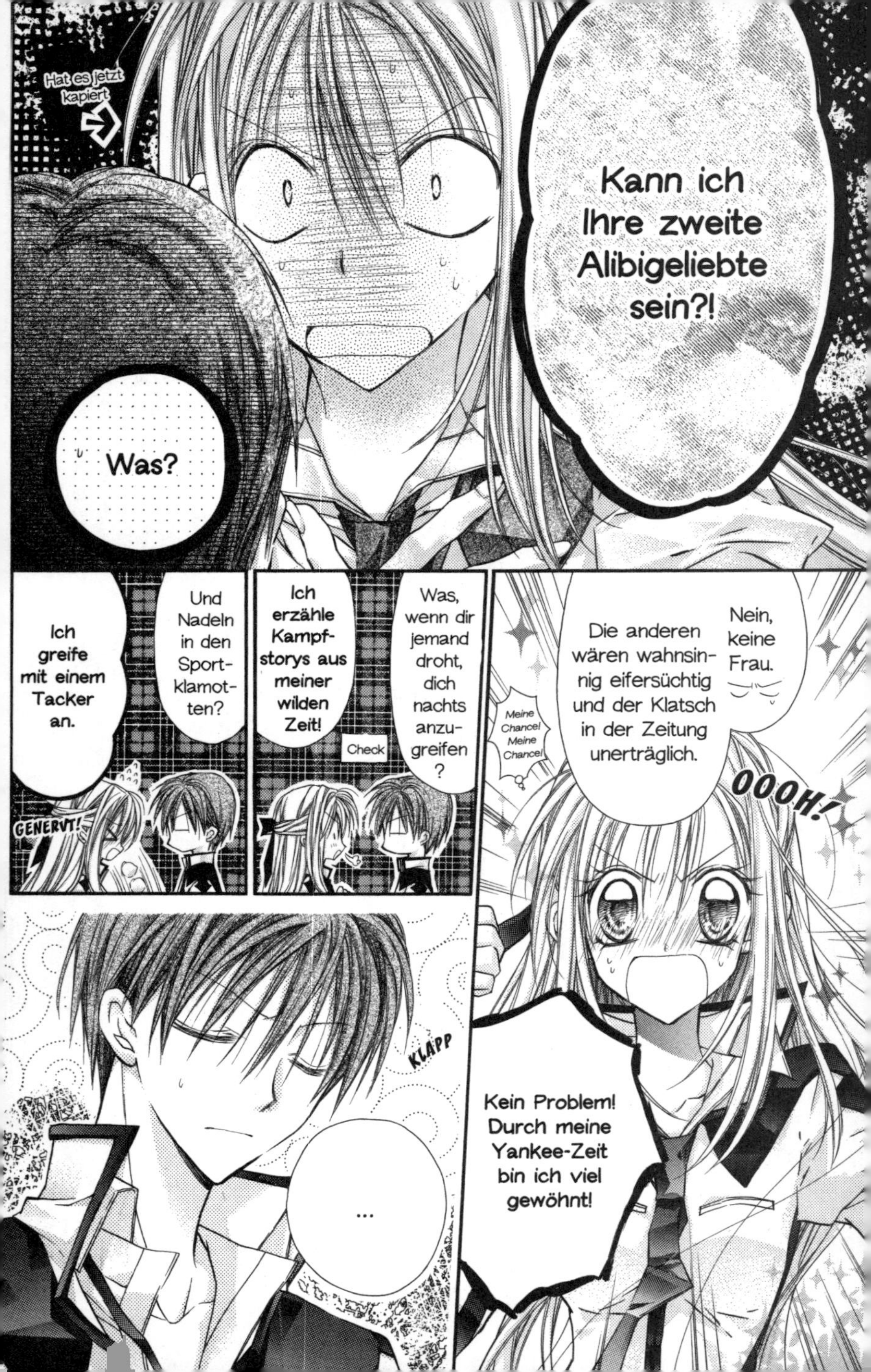
Hat es jetzt kapiert
Kann ich Ihre zweite Alibigeliebte sein?!
Was?
Nein, keine Frau.
Die anderen wären wahnsinnig eifersüchtig und der Klatsch in der Zeitung unerträglich.
Meine Chance! Meine Chance!
OOOH!
Was, wenn dir jemand droht, dich nachts anzugreifen?
Check
Ich erzähle Kampfstorys aus meiner wilden Zeit!
Und Nadeln in den Sportklamotten?
Ich greife mit einem Tacker an.
GENERVT!
Kein Problem! Durch meine Yankee-Zeit bin ich viel gewöhnt!
KLAPP
...

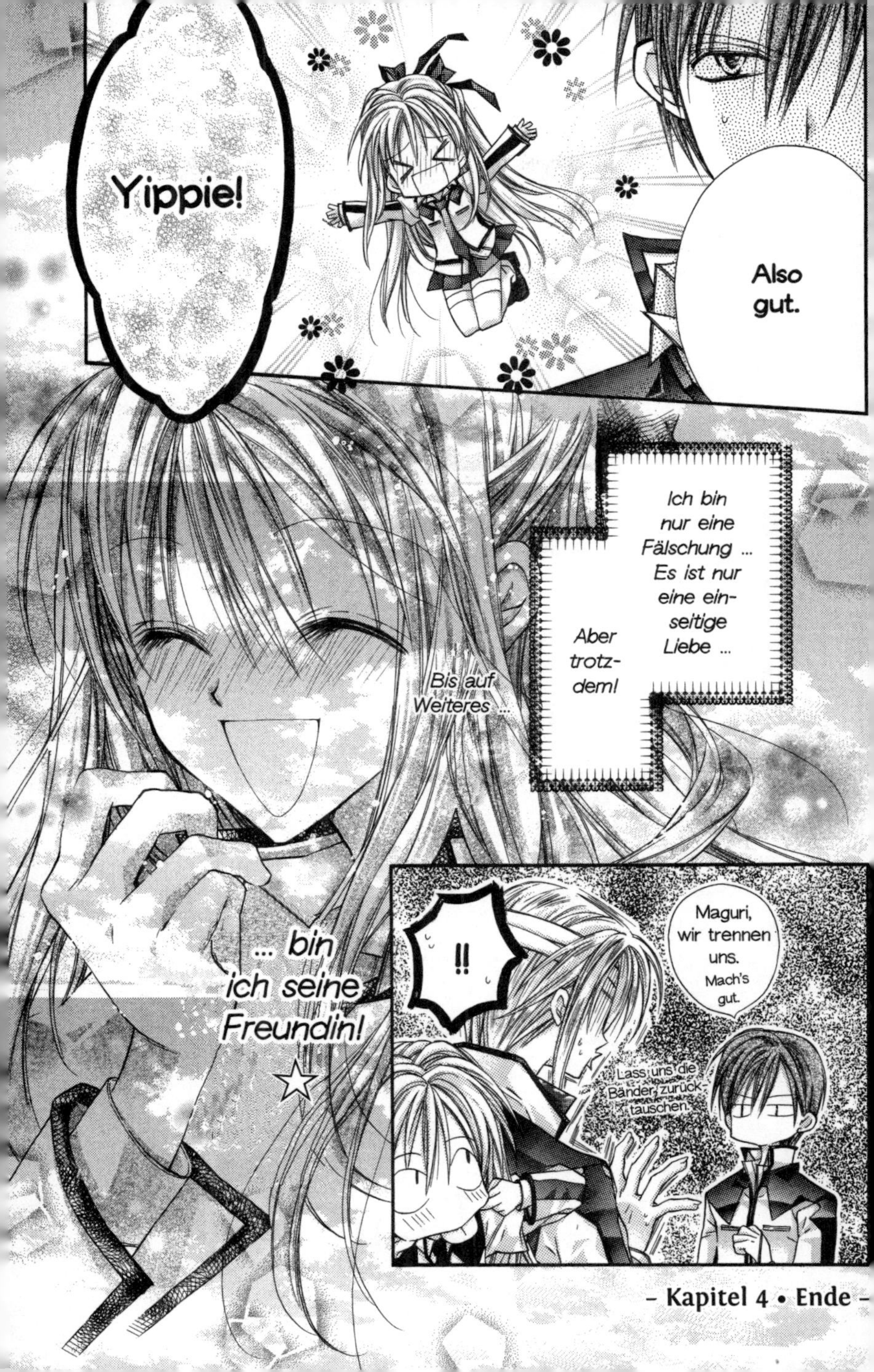

– Kapitel 4 • Ende –

Shinshi Doumei Cross
ALLIANZ DER GENTLEMEN

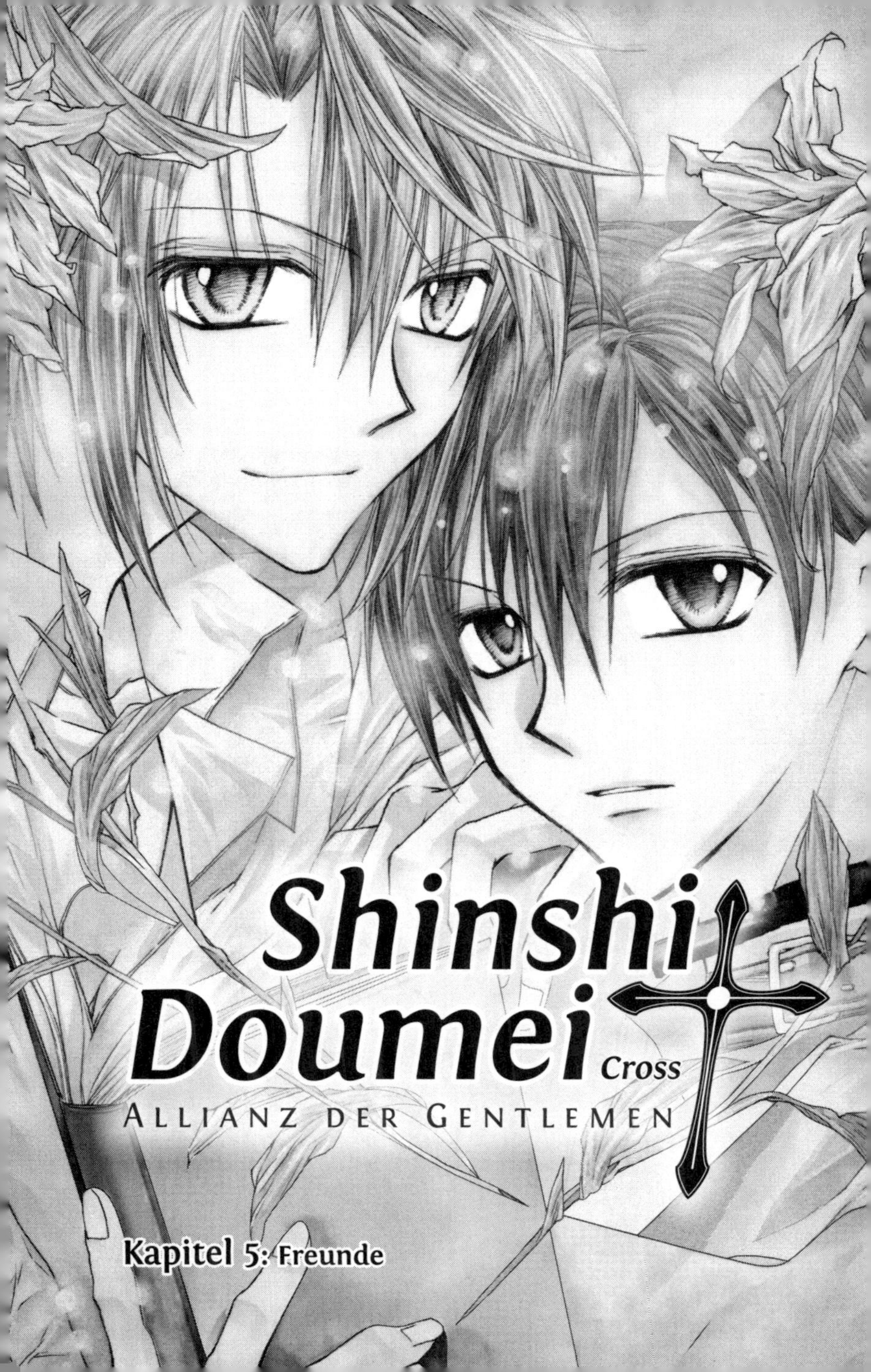
Shinshi Doumei Cross
Allianz der Gentlemen
Kapitel 5: Freunde

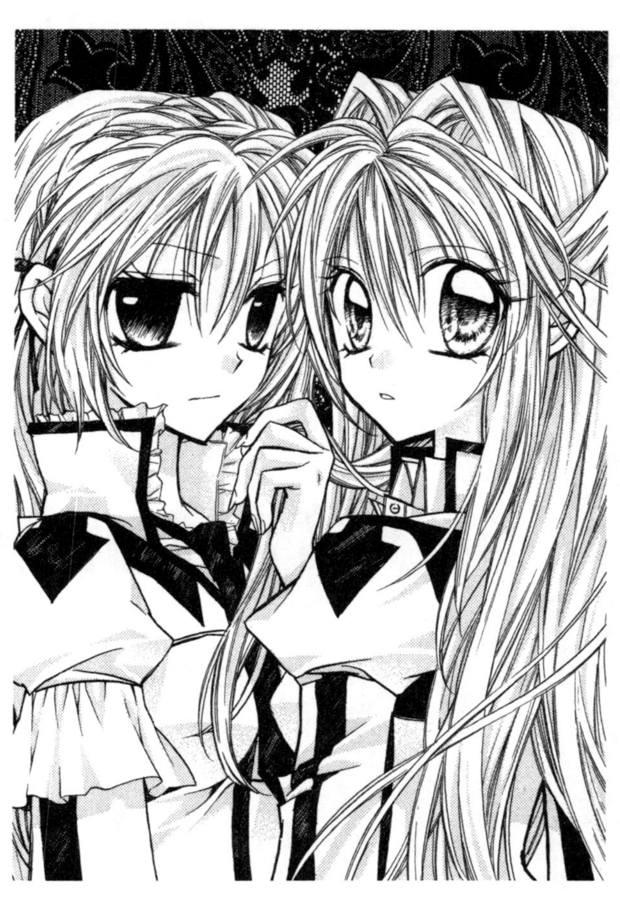

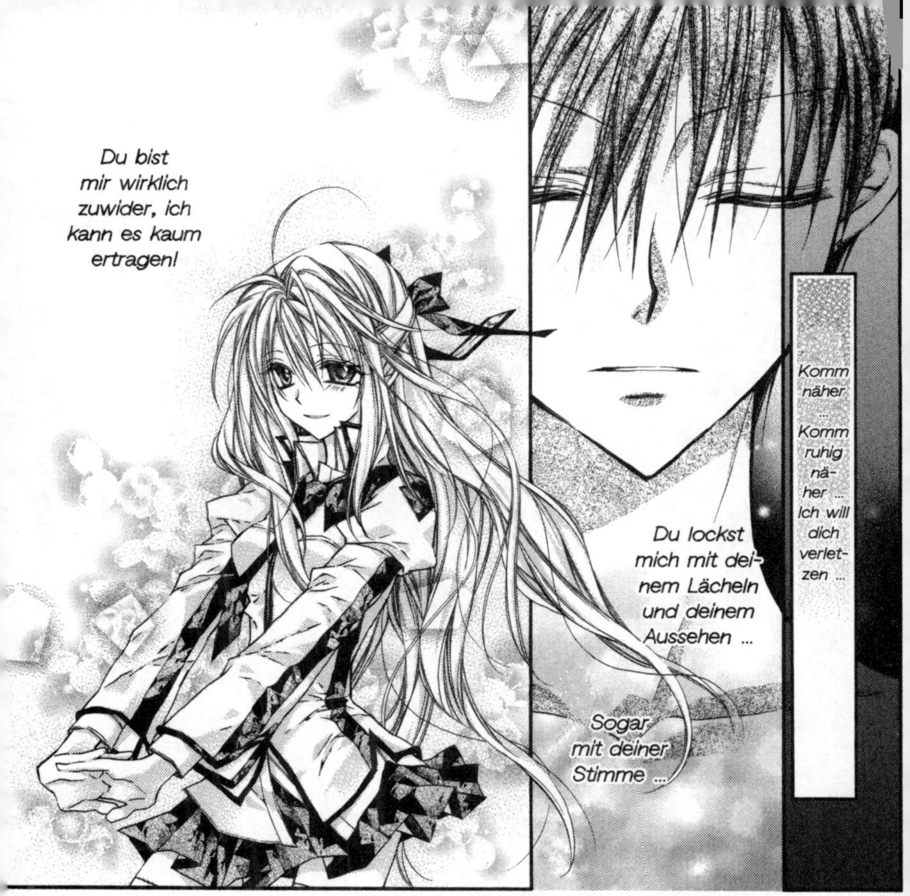

Komm näher ... Komm ruhig näher ... Ich will dich verletzen ...

Du lockst mich mit deinem Lächeln und deinem Aussehen ...

Sogar mit deiner Stimme ...

Du bist mir wirklich zuwider, ich kann es kaum ertragen!

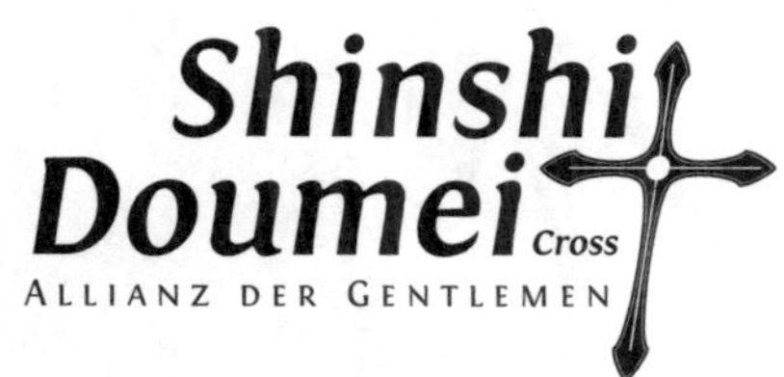

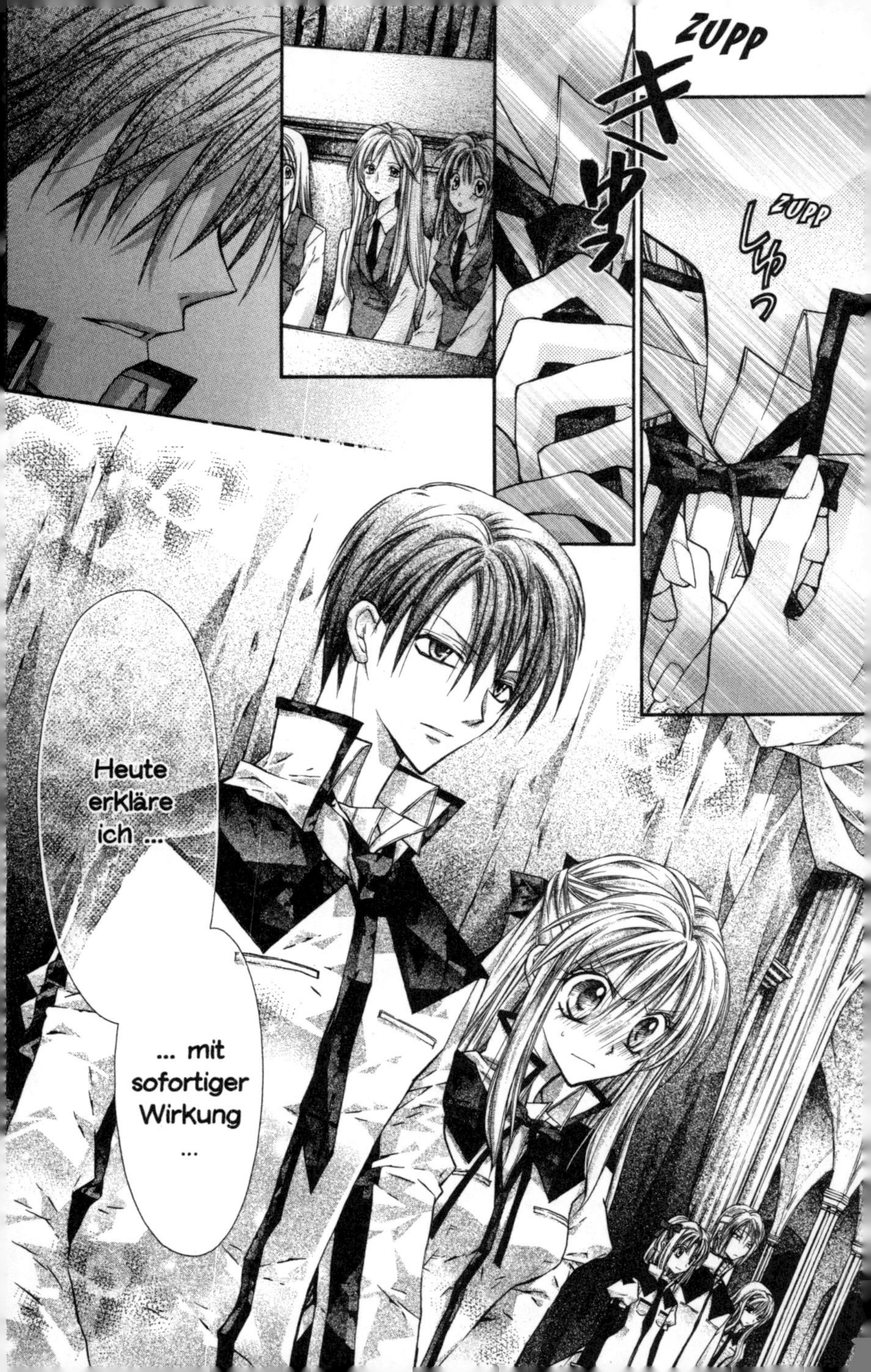
ZUPP
ZUPP
Heute erkläre ich ...
... mit sofortiger Wirkung ...

... Haine Otomiya zur »Platina« des 48. Kaisers Shizumasa Togu.

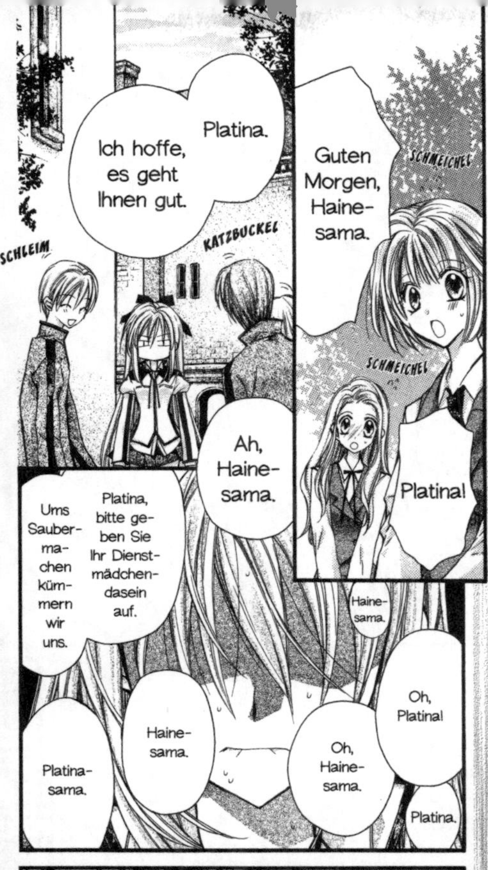

Vielleicht habe ich einen großen Fehler gemacht ...

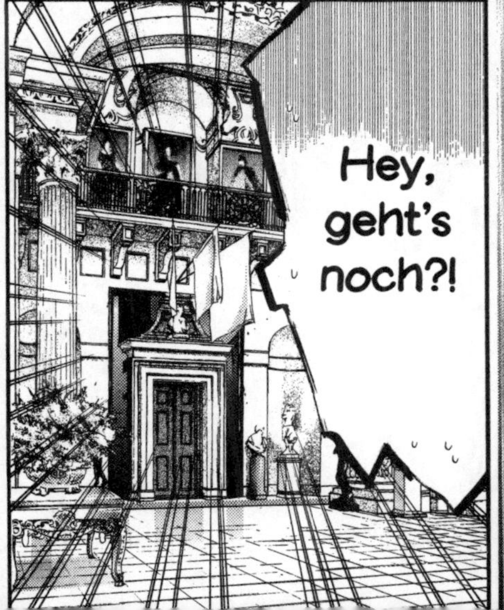

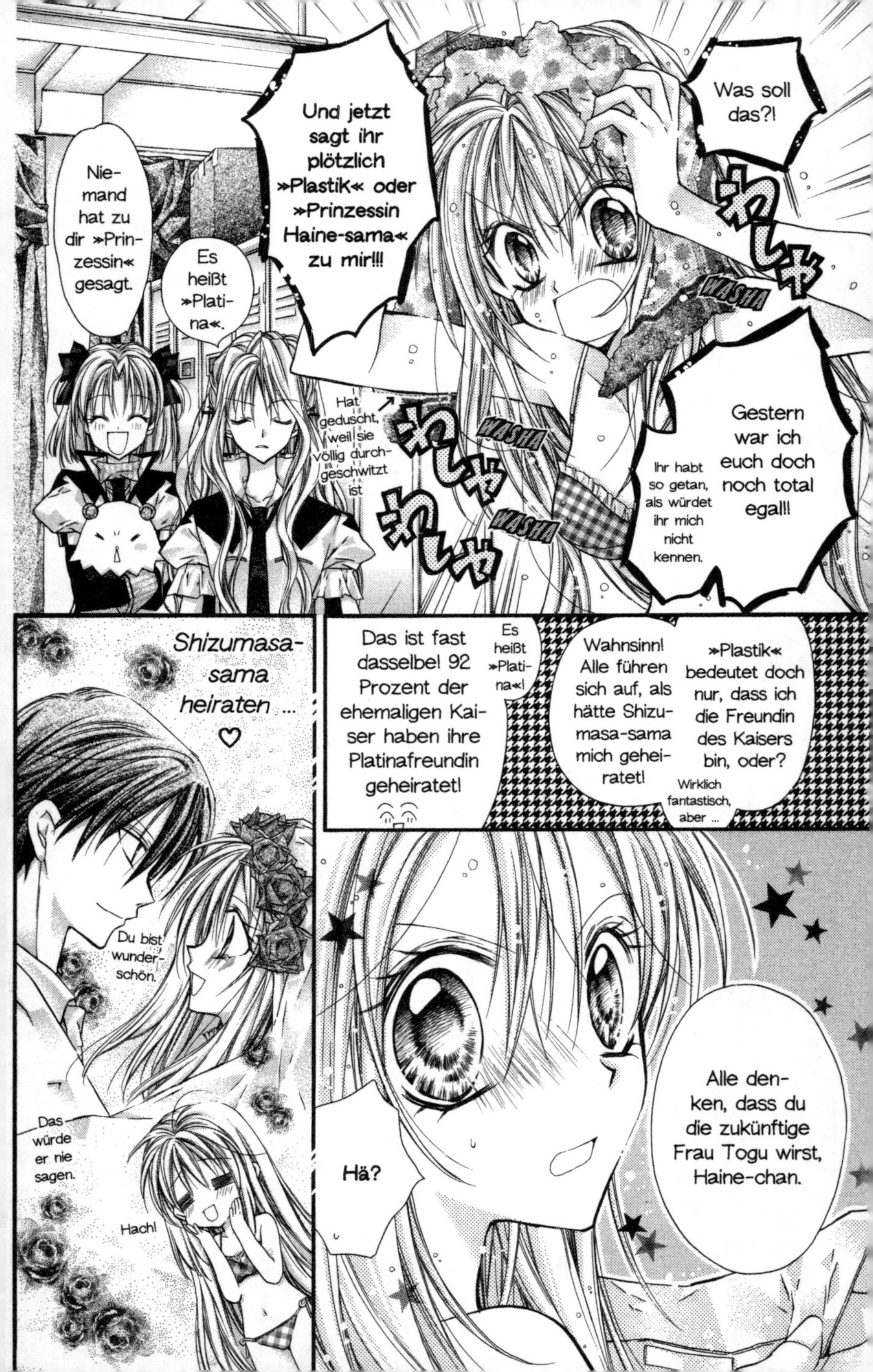
Was soll das?!
Und jetzt sagt ihr plötzlich »Plastik« oder »Prinzessin Haine-sama« zu mir!!!
Es heißt »Platina«.
Niemand hat zu dir »Prinzessin« gesagt.
WASHA
Hat geduscht, weil sie völlig durchgeschwitzt ist
WASHA
WASHA
Gestern war ich euch doch noch total egal!!
Ihr habt so getan, als würdet ihr mich nicht kennen.
»Plastik« bedeutet doch nur, dass ich die Freundin des Kaisers bin, oder?
Wahnsinn! Alle führen sich auf, als hätte Shizumasa-sama mich geheiratet!
Wirklich fantastisch, aber ...
Es heißt »Platina«!
Das ist fast dasselbe! 92 Prozent der ehemaligen Kaiser haben ihre Platinafreundin geheiratet!
Shizumasa-sama heiraten ... ♡
Du bist wunderschön.
Das würde er nie sagen.
Hach!
Alle denken, dass du die zukünftige Frau Togu wirst, Haine-chan.
Hä?

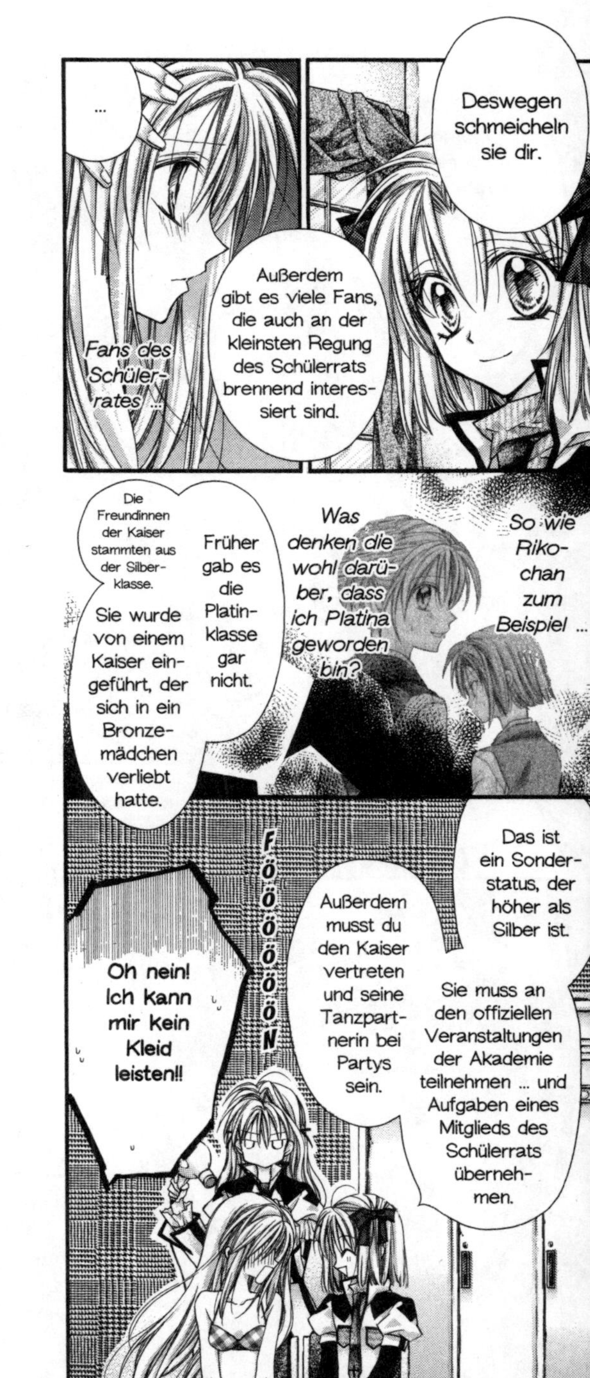
Deswegen schmeicheln sie dir.
...
Außerdem gibt es viele Fans, die auch an der kleinsten Regung des Schülerrats brennend interessiert sind.
Fans des Schülerrates ...
So wie Riko-chan zum Beispiel ...
Was denken die wohl darüber, dass ich Platina geworden bin?
Früher gab es die Platinklasse gar nicht.
Die Freundinnen der Kaiser stammten aus der Silberklasse.
Sie wurde von einem Kaiser eingeführt, der sich in ein Bronzemädchen verliebt hatte.
Das ist ein Sonderstatus, der höher als Silber ist.
Sie muss an den offiziellen Veranstaltungen der Akademie teilnehmen ... und Aufgaben eines Mitglieds des Schülerrats übernehmen.
Außerdem musst du den Kaiser vertreten und seine Tanzpartnerin bei Partys sein.
FÖÖÖÖÖÖÖN
Oh nein! Ich kann mir kein Kleid leisten!!

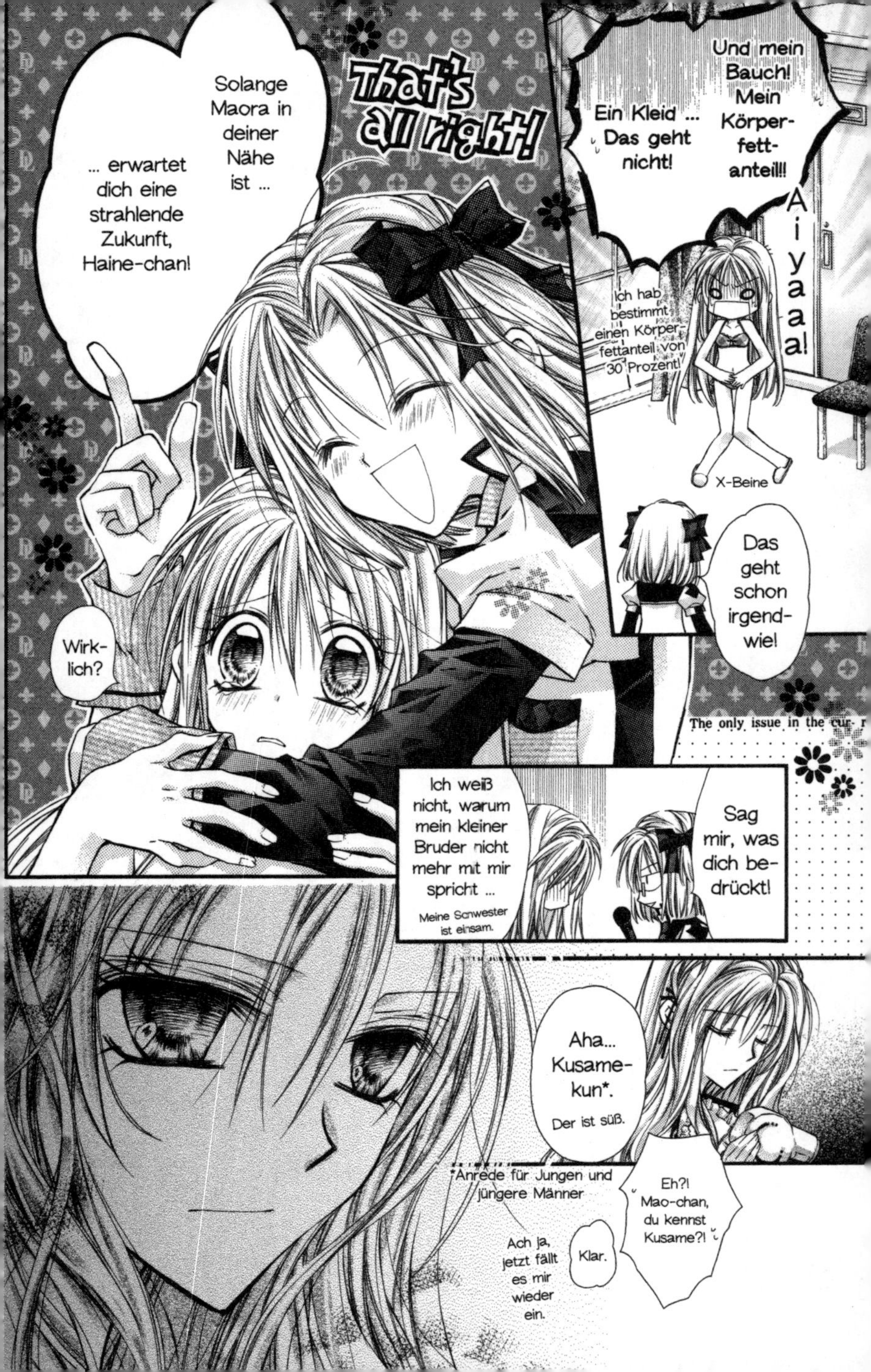
Und mein Bauch! Mein Körper-fett-anteil!!
Ein Kleid ... Das geht nicht!
Aiyaaa!
Ich hab bestimmt einen Körper-fettanteil von 30 Prozent!
X-Beine
Das geht schon irgend-wie!
That's all right!
Solange Maora in deiner Nähe ist ...
... erwartet dich eine strahlende Zukunft, Haine-chan!
Wirk-lich?
The only issue in the cur-
Sag mir, was dich be-drückt!
Ich weiß nicht, warum mein kleiner Bruder nicht mehr mit mir spricht ...
Meine Schwester ist einsam.
Aha... Kusame-kun*.
Der ist süß.
Eh?! Mao-chan, du kennst Kusame?!
Klar.
Ach ja, jetzt fällt es mir wieder ein.
*Anrede für Jungen und jüngere Männer

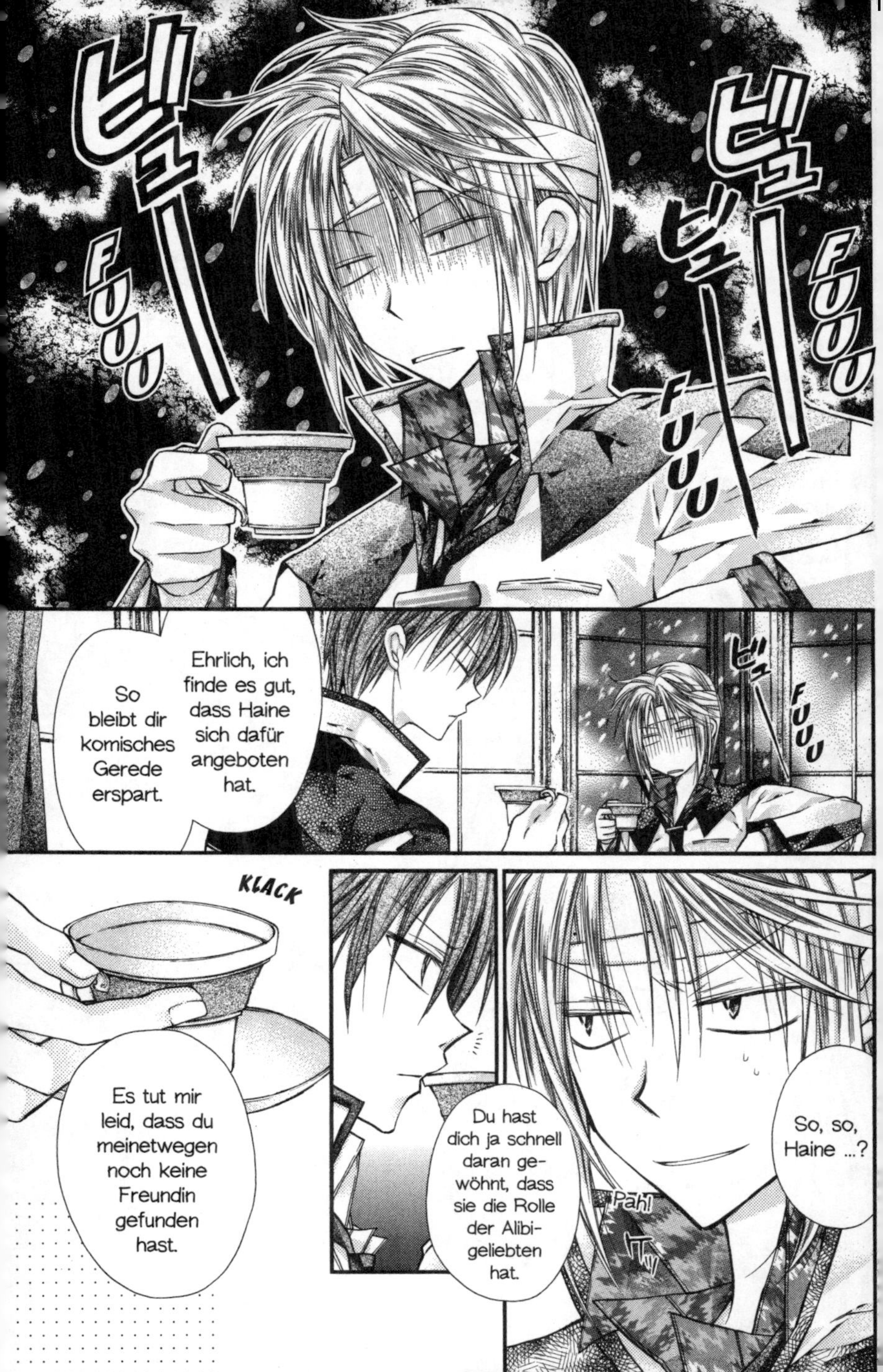

ビュー
FUUUU
ビュビュー
FUUUU
ビュー
FUUUU
ビュ
FUUUU
Ehrlich, ich finde es gut, dass Haine sich dafür angeboten hat.
So bleibt dir komisches Gerede erspart.
So, so, Haine ...?
Pah!
Du hast dich ja schnell daran gewöhnt, dass sie die Rolle der Alibigeliebten hat.
KLACK
Es tut mir leid, dass du meinetwegen noch keine Freundin gefunden hast.

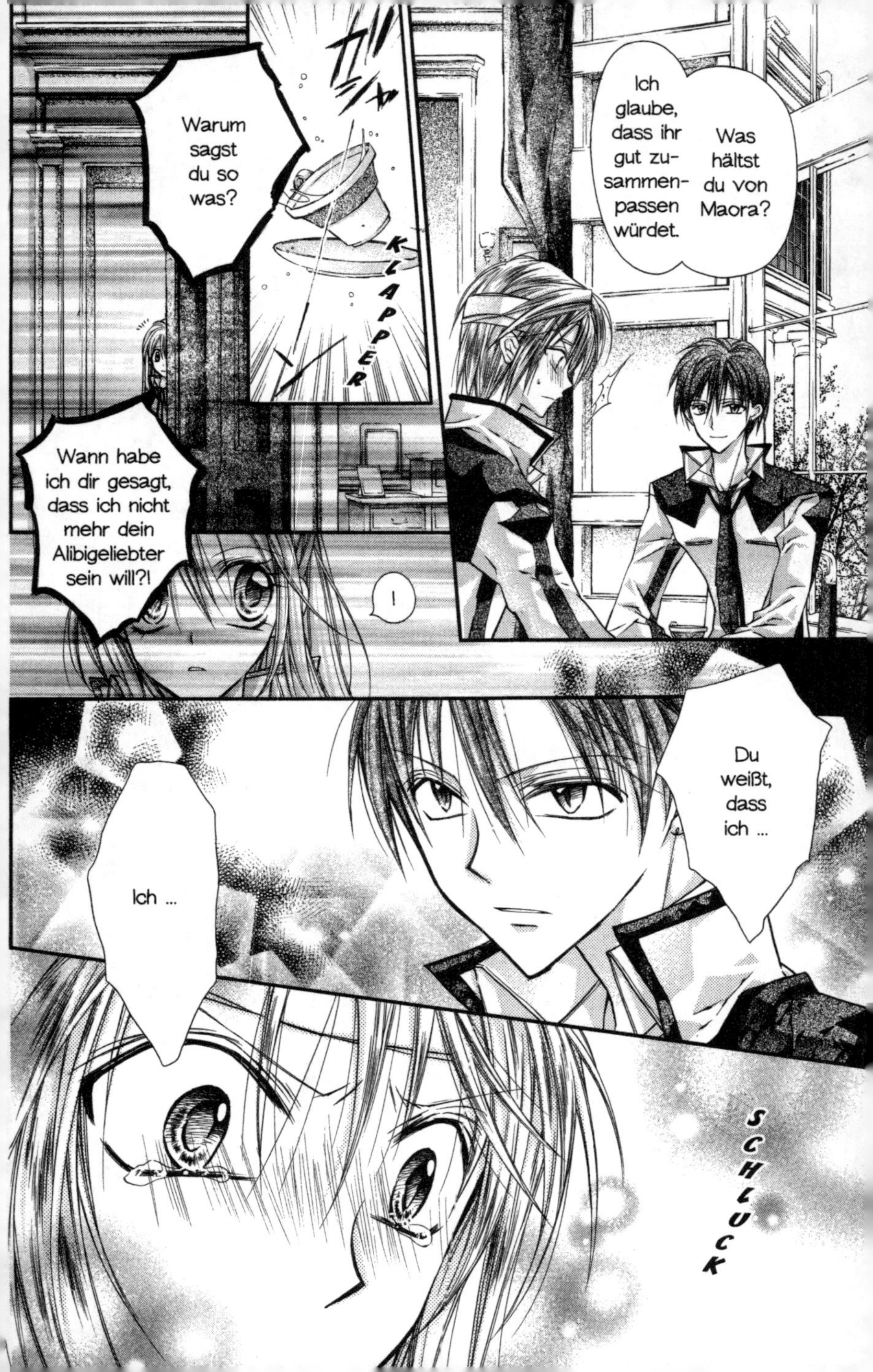
Was hältst du von Maora?
Ich glaube, dass ihr gut zusammenpassen würdet.
KLAPPER
Warum sagst du so was?
Wann habe ich dir gesagt, dass ich nicht mehr dein Alibigeliebter sein will?!
!
Du weißt, dass ich ...
Ich ...
SCHLUCK

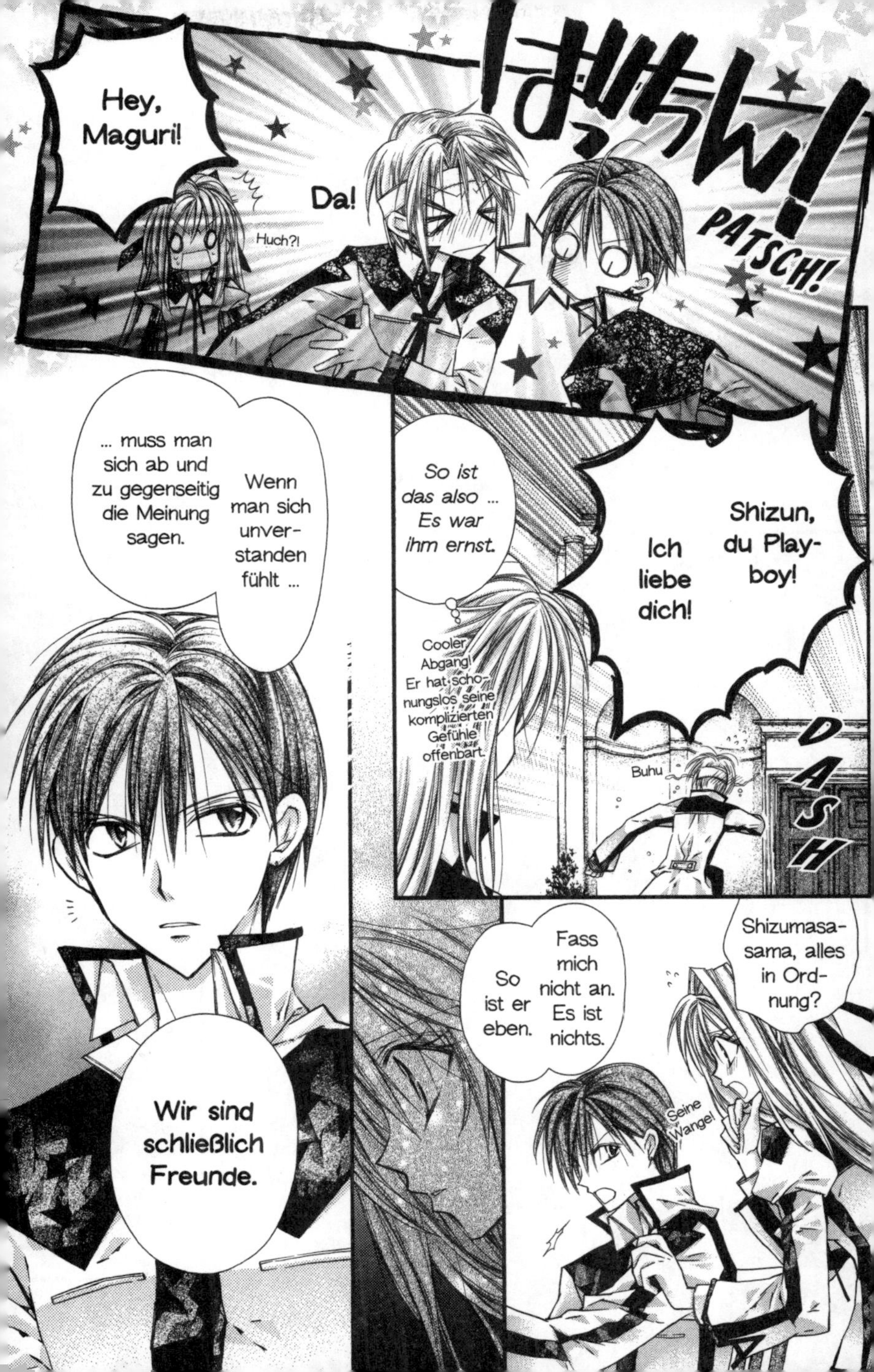
PATSCH!
Da!
Huch?!
Hey, Maguri!
Shizun, du Playboy!
Ich liebe dich!
DASH
Buhu
So ist das also ... Es war ihm ernst.
Cooler Abgang! Er hat schonungslos seine komplizierten Gefühle offenbart.
Wenn man sich unverstanden fühlt ...
... muss man sich ab und zu gegenseitig die Meinung sagen.
Shizumasa-sama, alles in Ordnung?
Seine Wange!
Fass mich nicht an. Es ist nichts.
So ist er eben.
Wir sind schließlich Freunde.

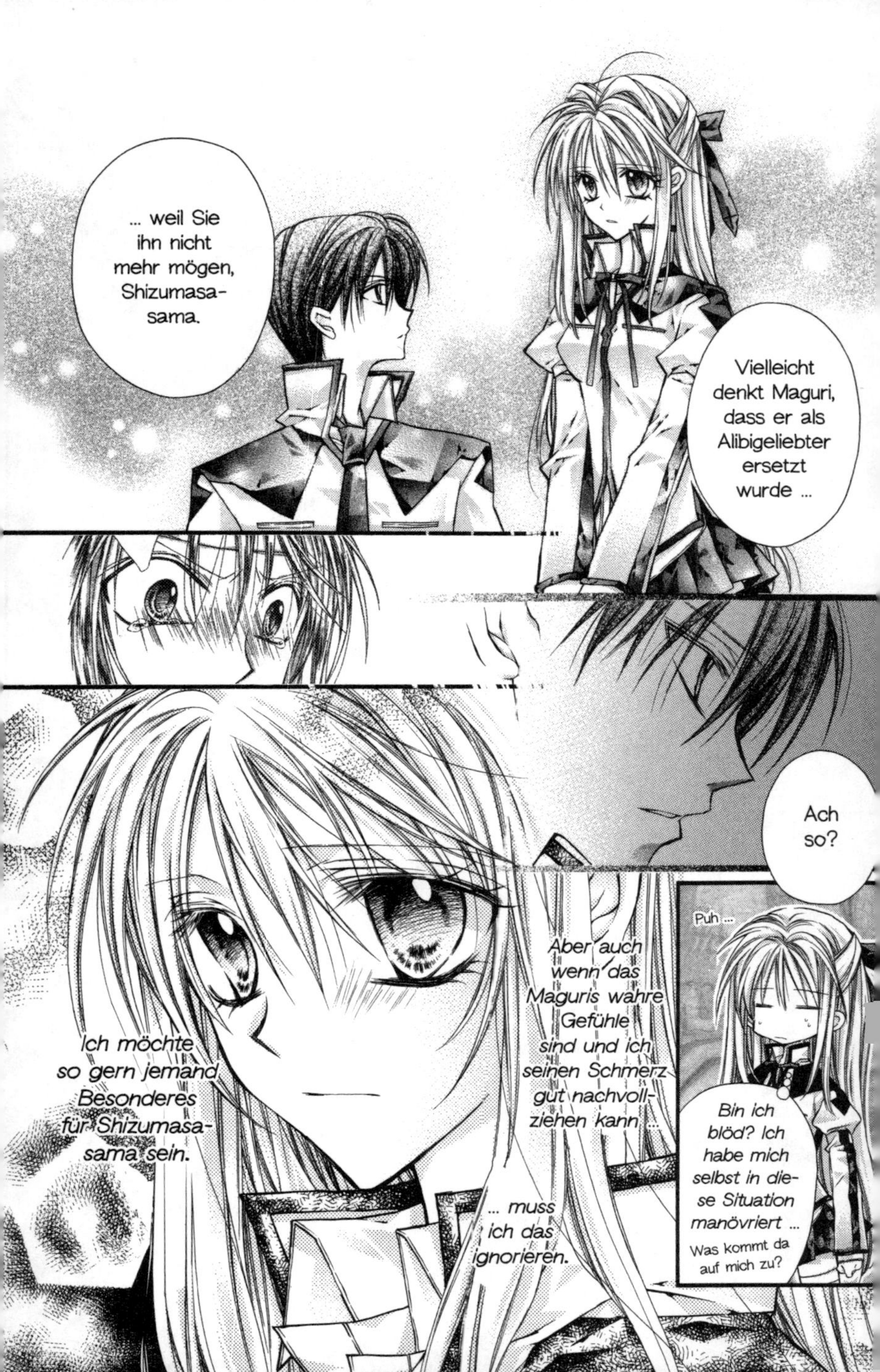
Vielleicht denkt Maguri, dass er als Alibigeliebter ersetzt wurde ...
... weil Sie ihn nicht mehr mögen, Shizumasa-sama.
Ach so?
Aber auch wenn das Maguris wahre Gefühle sind und ich seinen Schmerz gut nachvollziehen kann ...
Ich möchte so gern jemand Besonderes für Shizumasa-sama sein.
... muss ich das ignorieren.
Puh ...
Bin ich blöd? Ich habe mich selbst in diese Situation manövriert ...
Was kommt da auf mich zu?

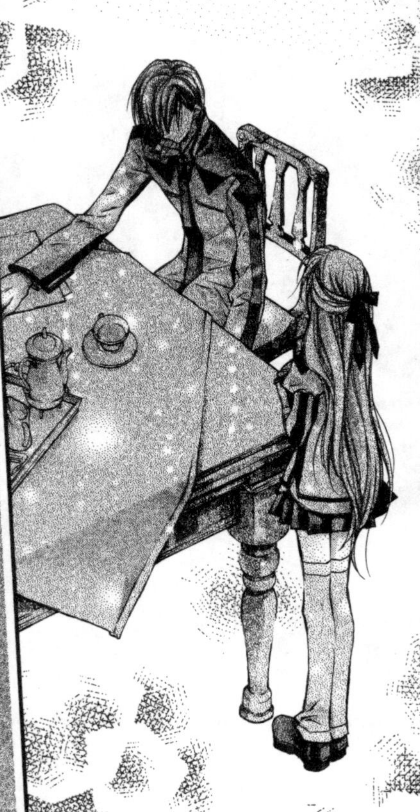

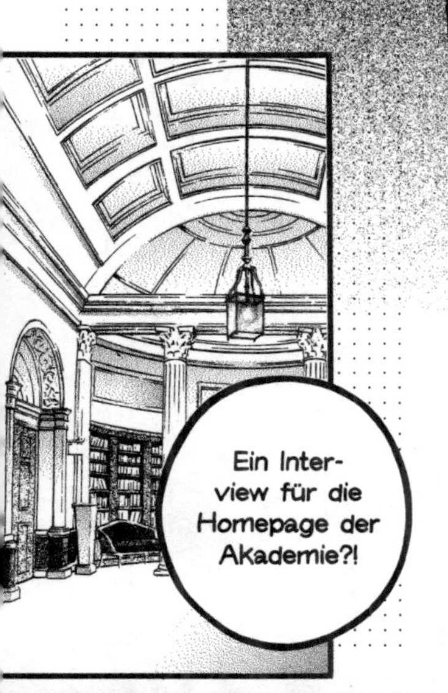

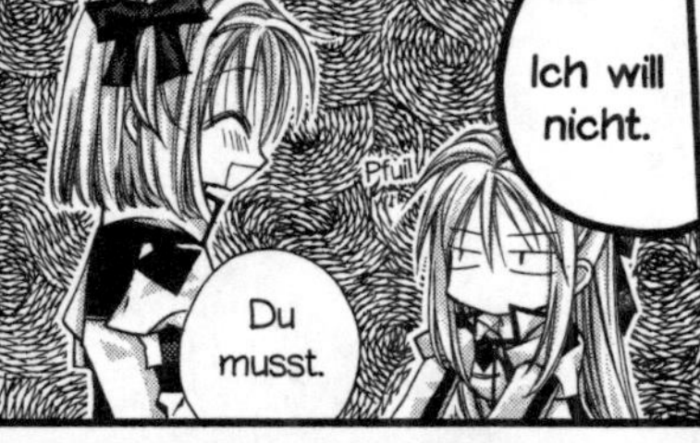

Aber der Marume interviewt mich, oder?

Ich fühle mich jetzt schon ange-spannt.

Sag doch so was nicht!

Das gehört zu den Aufgaben einer Platina!

Na los, gib dir Mühe!

Haines Wörterbuch

[Marume]

1. Abkürzung für »Multimedia-klub«
2. Leute, die ohne Erlaubnis ihre Vergangenheit enthüllen
3. Leute, die einen PC benutzen, der MO oder so heißt (widerwärtig)

Ein MO ist kein PC.

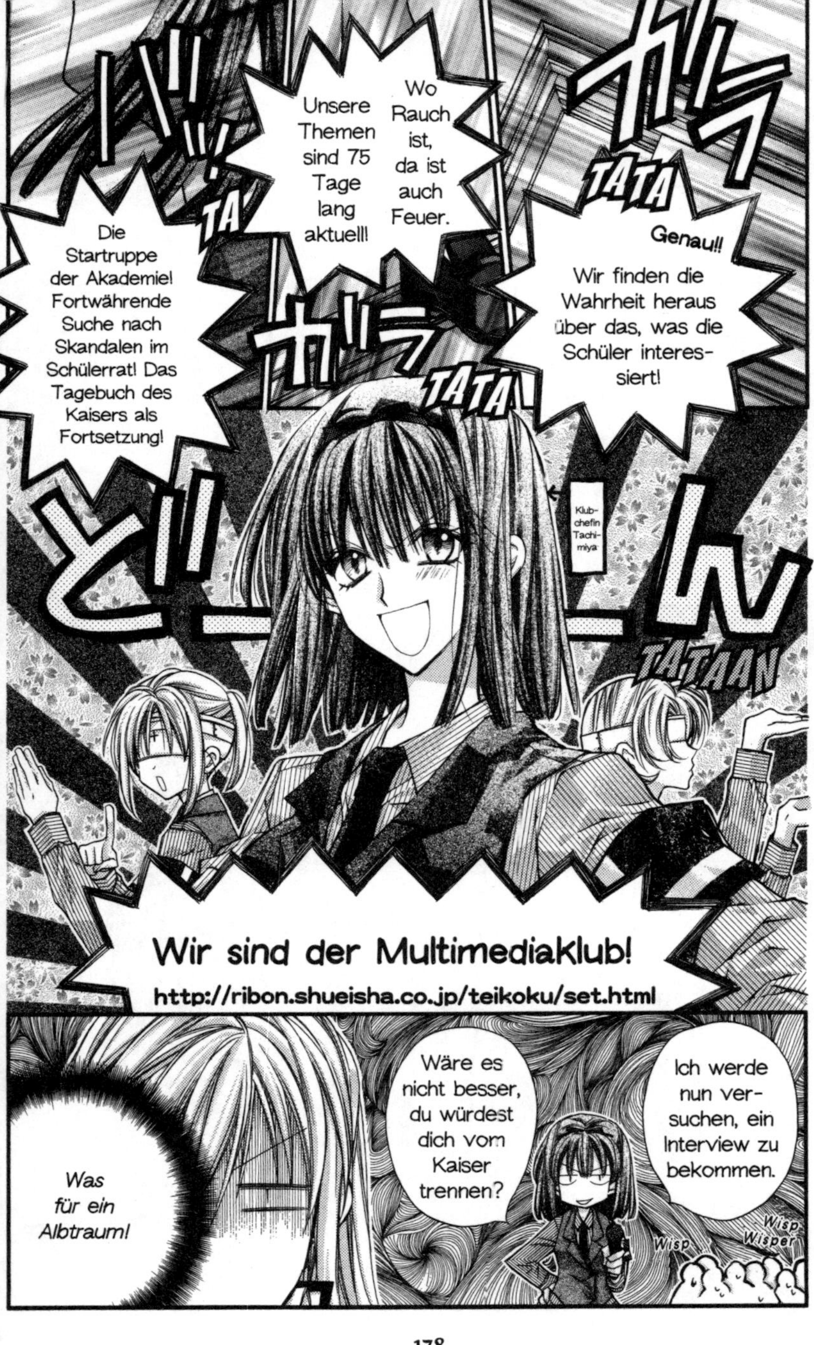
Wo Rauch ist, da ist auch Feuer.
Unsere Themen sind 75 Tage lang aktuell!
TA
TATA
Genau!! Wir finden die Wahrheit heraus über das, was die Schüler interessiert!
Die Startruppe der Akademie! Fortwährende Suche nach Skandalen im Schülerrat! Das Tagebuch des Kaisers als Fortsetzung!
TATA
Klubchefin Tachimiya
TATAAN
Wir sind der Multimediaklub!
http://ribon.shueisha.co.jp/teikoku/set.html
Ich werde nun versuchen, ein Interview zu bekommen.
Wäre es nicht besser, du würdest dich vom Kaiser trennen?
Was für ein Albtraum!
Wisp Wisper
Wisp

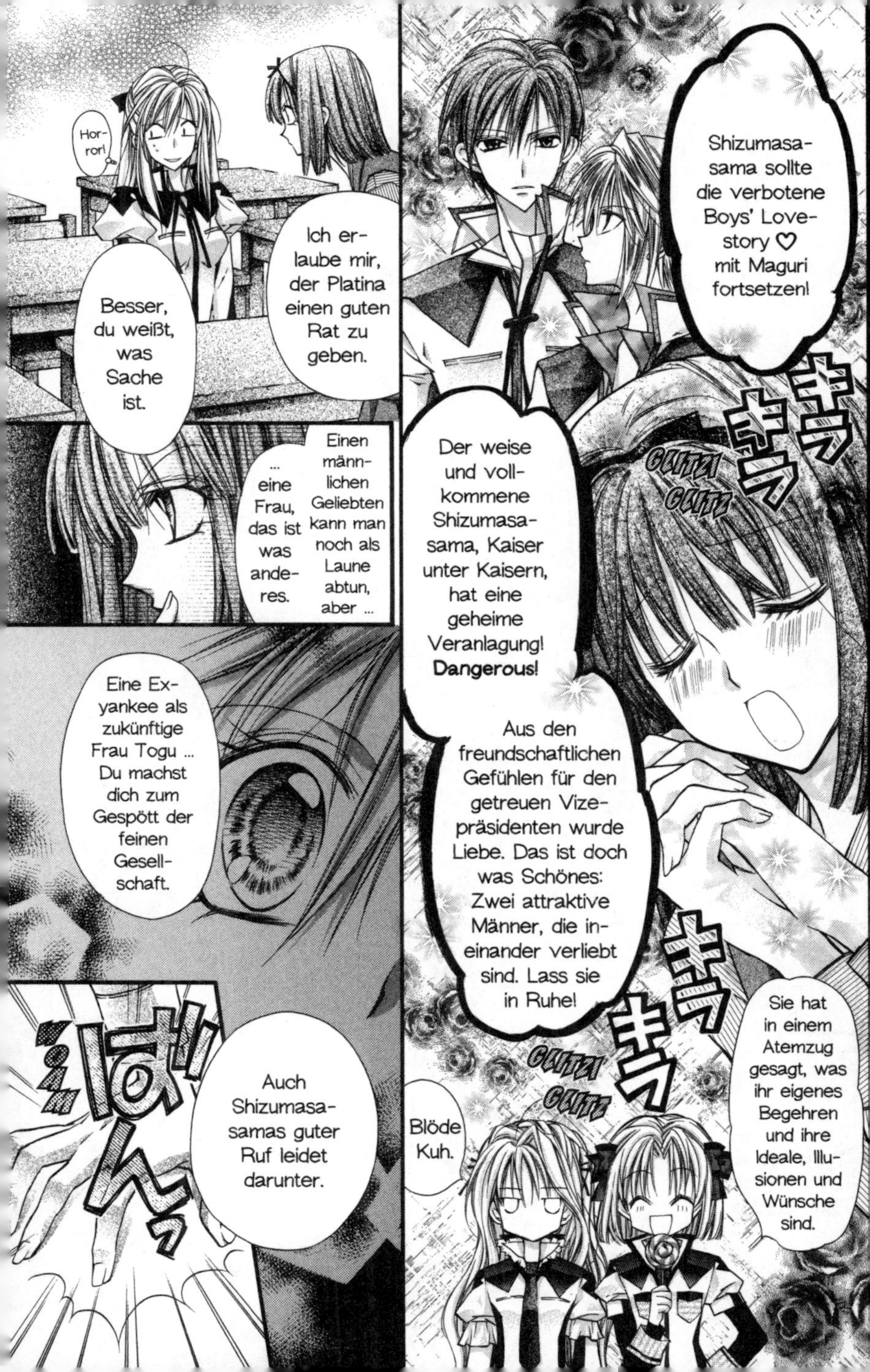
Hor-ror!
Ich er-laube mir, der Platina einen guten Rat zu geben.
Besser, du weißt, was Sache ist.
Einen männ-lichen Geliebten kann man noch als Laune abtun, aber ...
... eine Frau, das ist was ande-res.
Eine Ex-yankee als zukünftige Frau Togu ... Du machst dich zum Gespött der feinen Gesell-schaft.
Auch Shizumasa-samas guter Ruf leidet darunter.
Shizumasa-sama sollte die verbotene Boys' Love-story ♡ mit Maguri fortsetzen!
GLITZ GLITZ
Der weise und voll-kommene Shizumasa-sama, Kaiser unter Kaisern, hat eine geheime Veranlagung! **Dangerous!**
Aus den freundschaftlichen Gefühlen für den getreuen Vize-präsidenten wurde Liebe. Das ist doch was Schönes: Zwei attraktive Männer, die in-einander verliebt sind. Lass sie in Ruhe!
GLITZ GLITZ
Sie hat in einem Atemzug gesagt, was ihr eigenes Begehren und ihre Ideale, Illu-sionen und Wünsche sind.
Blöde Kuh.

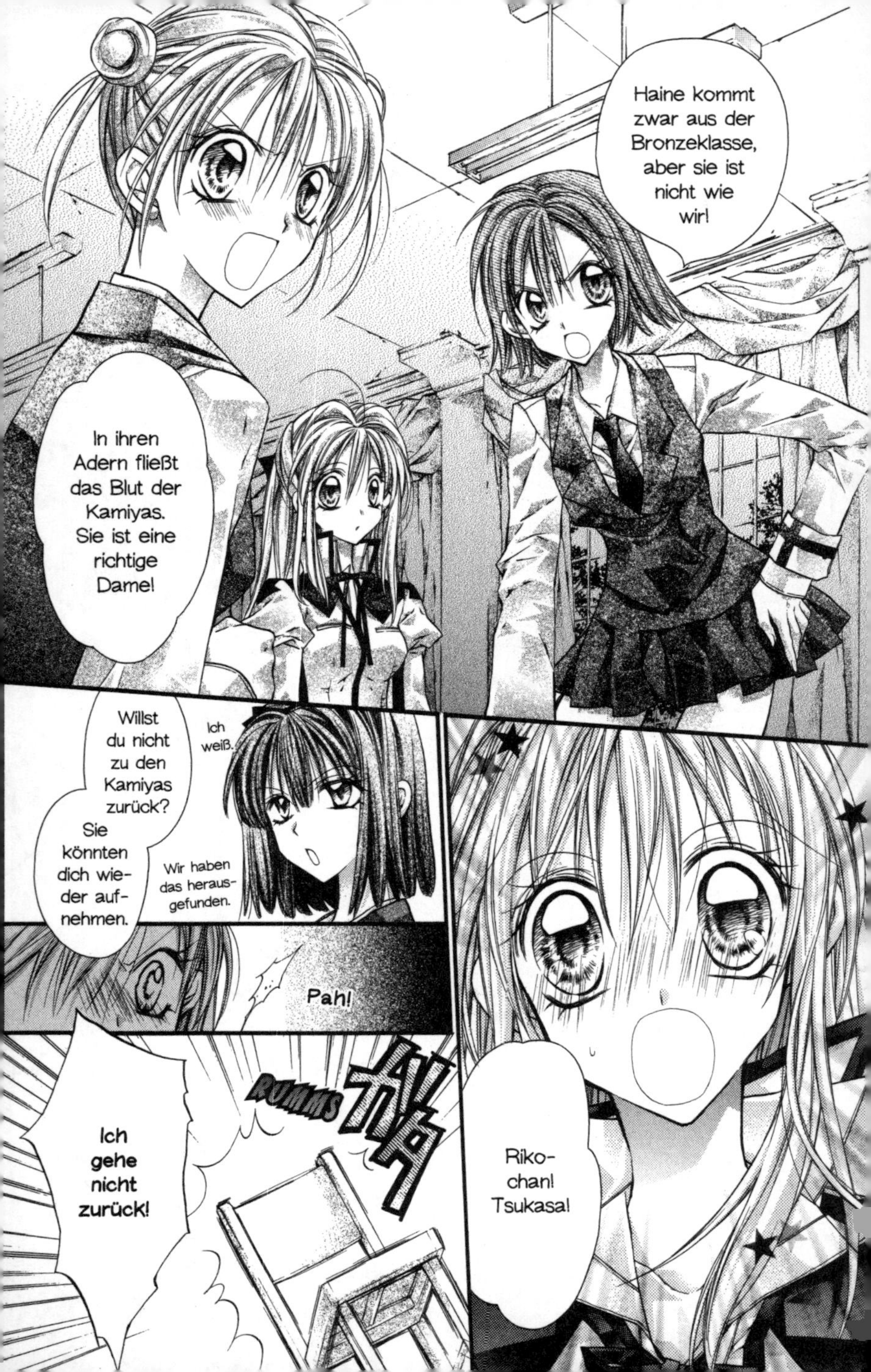

Haine kommt zwar aus der Bronzeklasse, aber sie ist nicht wie wir!
In ihren Adern fließt das Blut der Kamiyas. Sie ist eine richtige Dame!
Ich weiß.
Willst du nicht zu den Kamiyas zurück?
Sie könnten dich wieder aufnehmen.
Wir haben das herausgefunden.
Pah!
Riko-chan! Tsukasa!
RUMMS
Ich gehe nicht zurück!

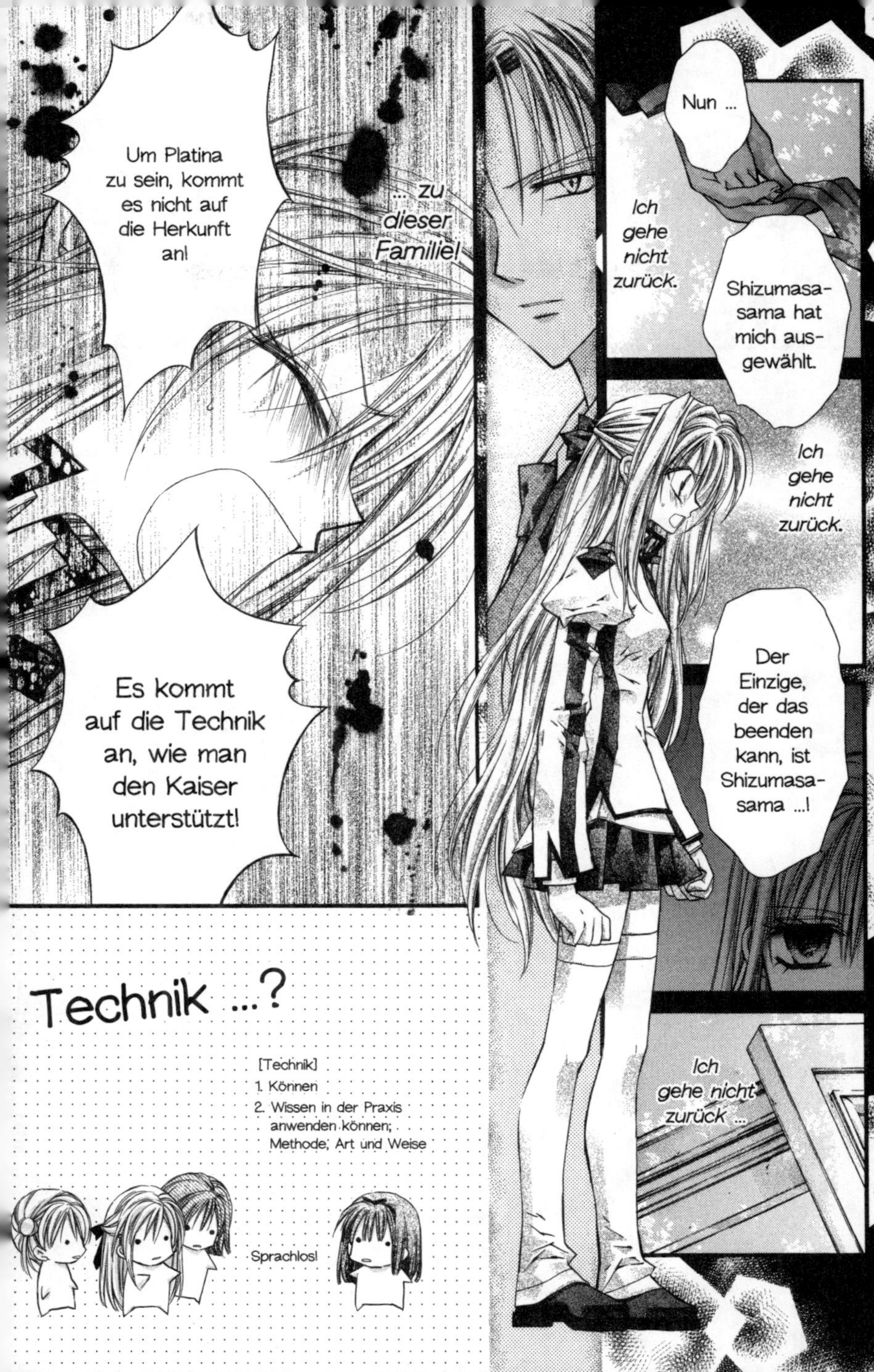
Nun ...
Ich gehe nicht zurück.
Shizumasa-sama hat mich ausgewählt.
Ich gehe nicht zurück.
Der Einzige, der das beenden kann, ist Shizumasa-sama ...!
Ich gehe nicht zurück ...
... zu dieser Familie!
Um Platina zu sein, kommt es nicht auf die Herkunft an!
Es kommt auf die Technik an, wie man den Kaiser unterstützt!
Technik ...?
[Technik]
1. Können
2. Wissen in der Praxis anwenden können; Methode; Art und Weise
Sprachlos!

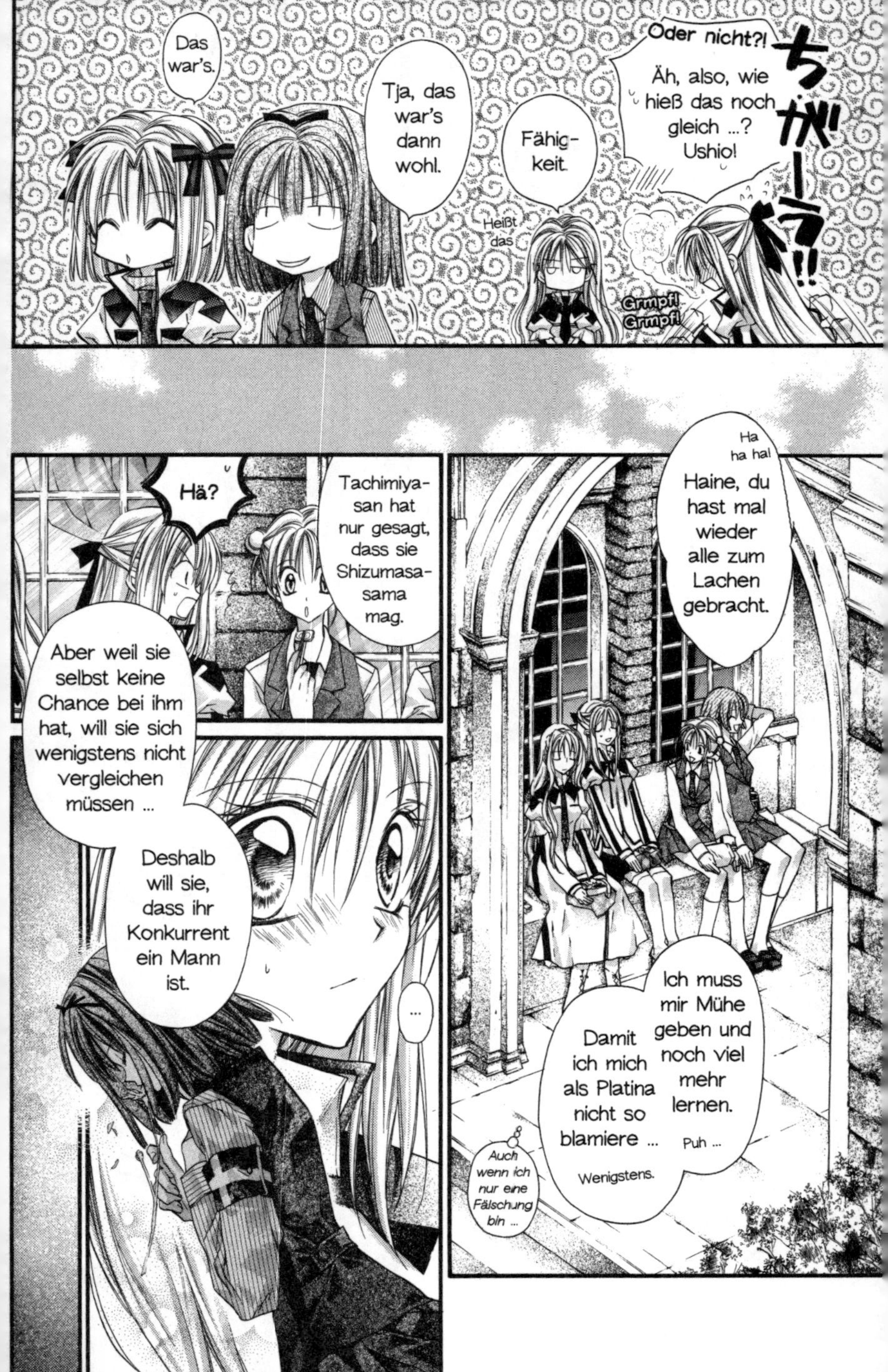
Oder nicht?!
Äh, also, wie hieß das noch gleich ...? Ushio!
ちがーう!!
Grmpf! Grmpf!
Heißt das
Fähig-keit.
Tja, das war's dann wohl.
Das war's.
Ha ha ha!
Haine, du hast mal wieder alle zum Lachen gebracht.
Ich muss mir Mühe geben und noch viel mehr lernen.
Puh ...
Damit ich mich als Platina nicht so blamiere ...
Wenigstens.
Auch wenn ich nur eine Fälschung bin ...
Tachimiya-san hat nur gesagt, dass sie Shizumasa-sama mag.
Hä?
Aber weil sie selbst keine Chance bei ihm hat, will sie sich wenigstens nicht vergleichen müssen ...
Deshalb will sie, dass ihr Konkurrent ein Mann ist.
...

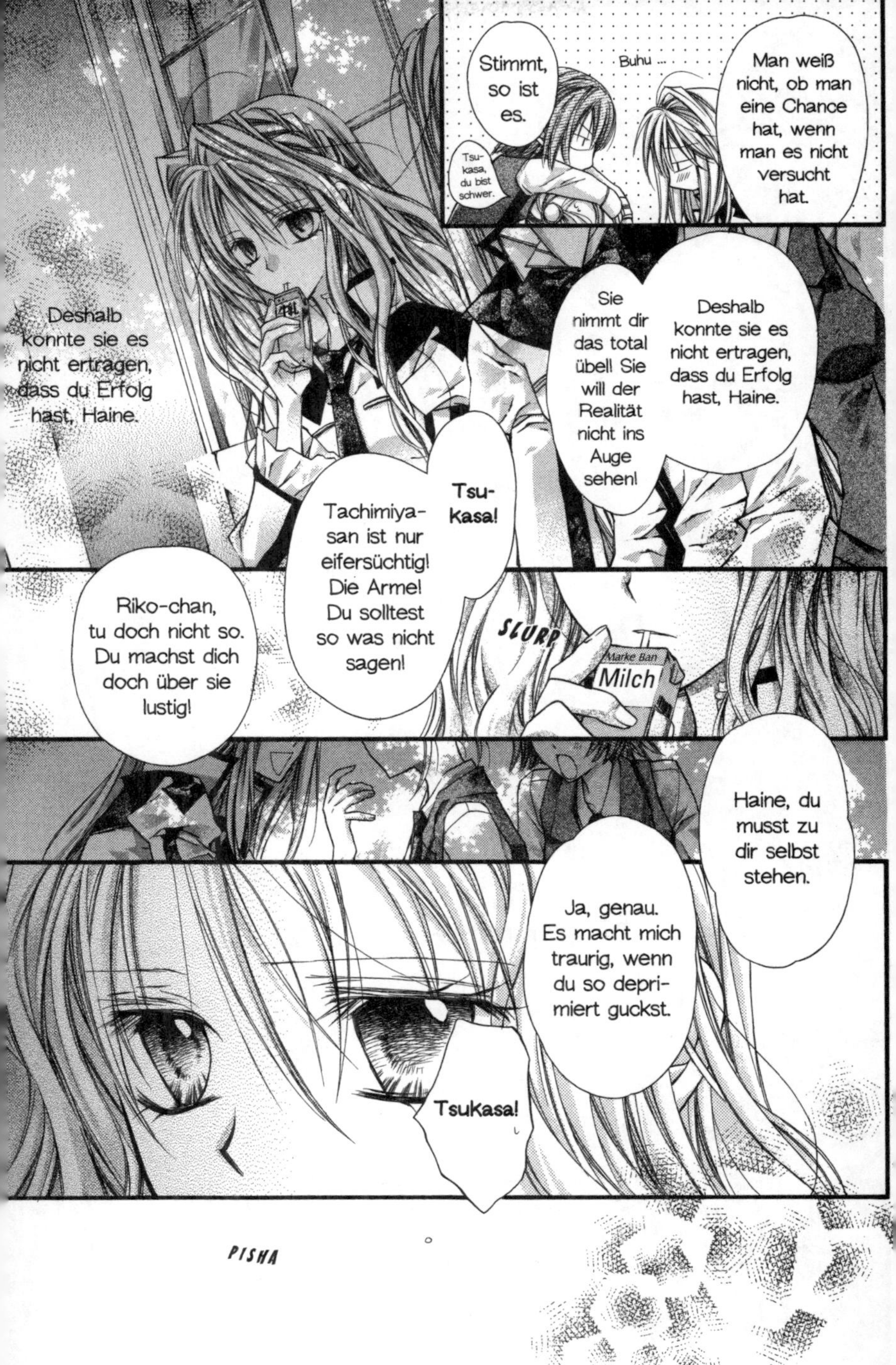
Man weiß nicht, ob man eine Chance hat, wenn man es nicht versucht hat.
Buhu ...
Stimmt, so ist es.
Tsukasa, du bist schwer.
Deshalb konnte sie es nicht ertragen, dass du Erfolg hast, Haine.
Sie nimmt dir das total übel! Sie will der Realität nicht ins Auge sehen!
Tsu-Kasa!
Tachimiya-san ist nur eifersüchtig! Die Arme! Du solltest so was nicht sagen!
Deshalb konnte sie es nicht ertragen, dass du Erfolg hast, Haine.
SLURP
Marke Ban
Milch
Riko-chan, tu doch nicht so. Du machst dich doch über sie lustig!
Haine, du musst zu dir selbst stehen.
Ja, genau. Es macht mich traurig, wenn du so depri-miert guckst.
TsuKasa!
PISHA

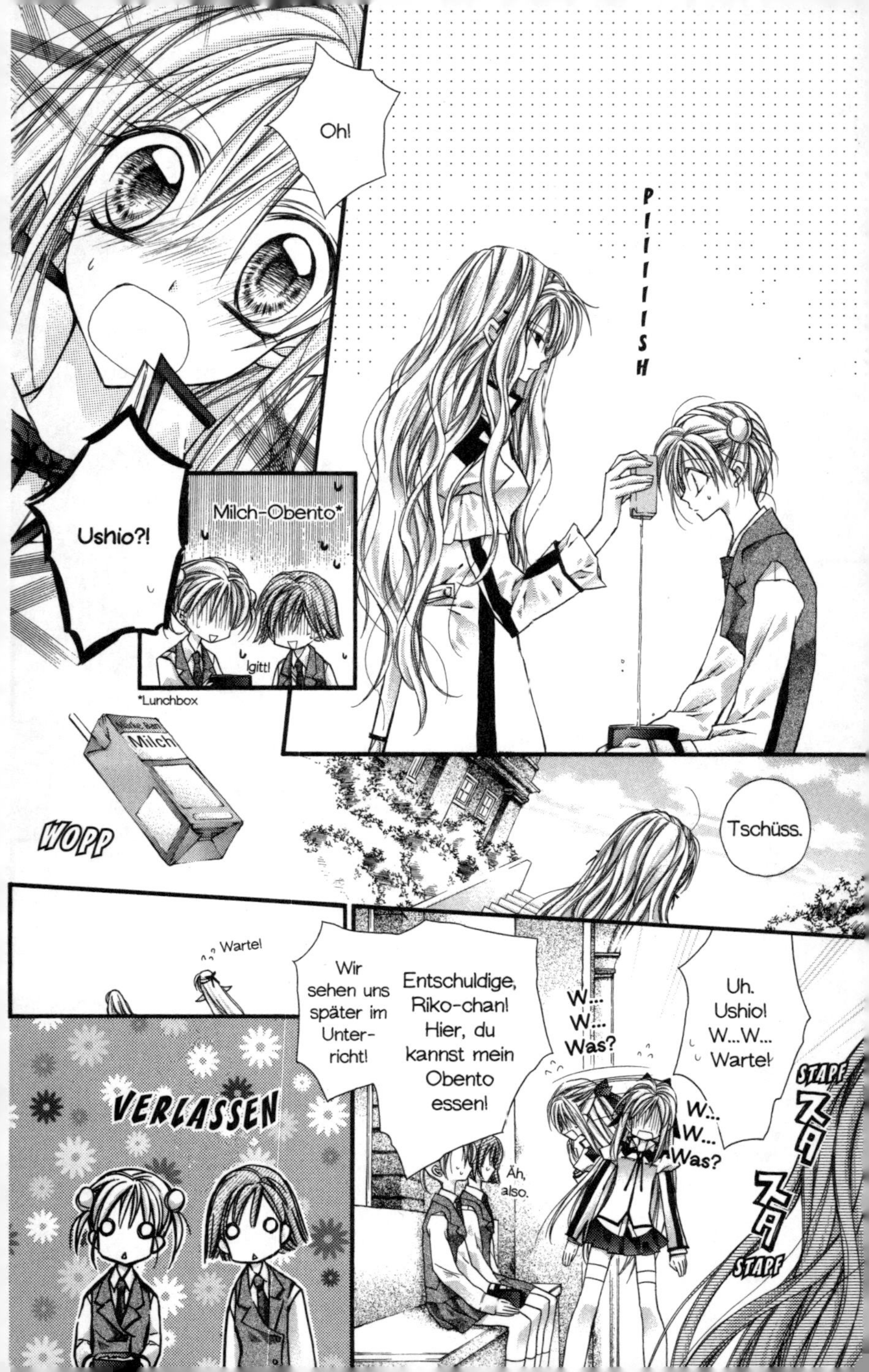
PIIIIISH
Oh!
Ushio?!
Milch-Obento*
Igitt!
*Lunchbox
Milch
WOPP
Tschüss.
Uh. Ushio! W...W... Warte!
STAPF
STAPF
W... W... Was?
W... W... Was?
Entschuldige, Riko-chan! Hier, du kannst mein Obento essen!
Wir sehen uns später im Unter-richt!
Äh, also.
Warte!
VERLASSEN

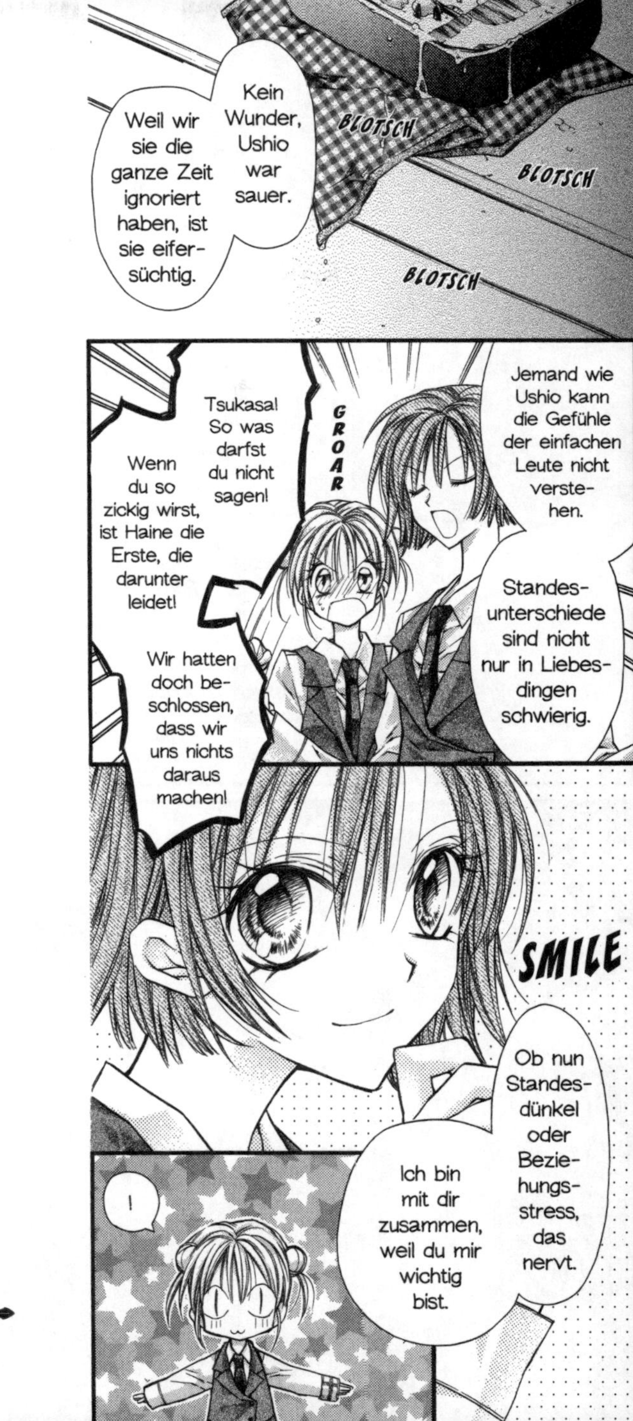

Shinshi Doumei Cross
ALLIANZ DER GENTLEMEN

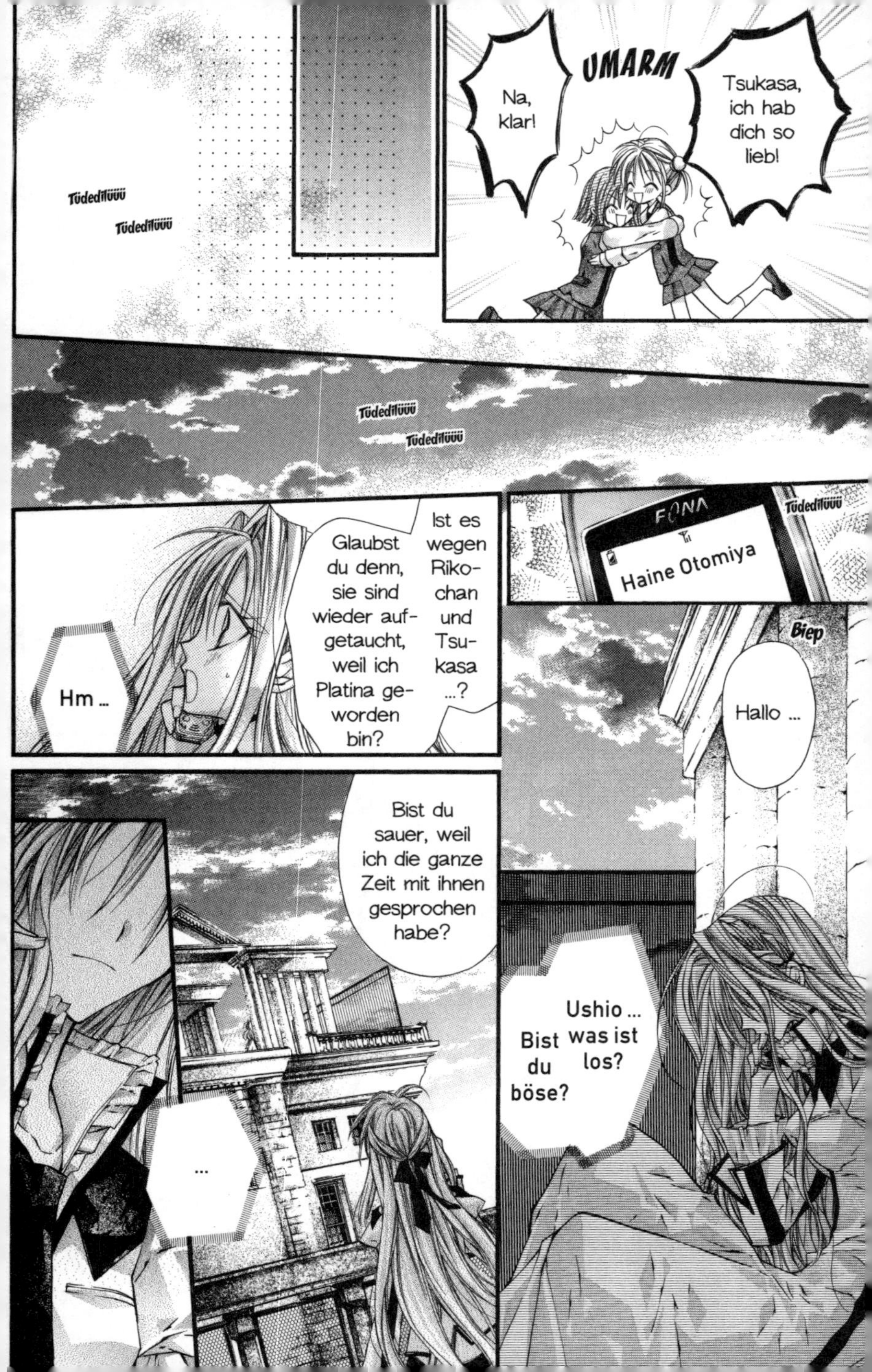
Tsukasa, ich hab dich so lieb!
UMARM
Na, klar!
Tüdedilüüü
Tüdedilüüü
Tüdedilüüü
Tüdedilüüü
Tüdedilüüü
FONA
Haine Otomiya
Biep
Hallo ...
Ist es wegen Riko-chan und Tsukasa ...?
Glaubst du denn, sie sind wieder auf-getaucht, weil ich Platina ge-worden bin?
Hm ...
Ushio ... was ist los?
Bist du böse?
Bist du sauer, weil ich die ganze Zeit mit ihnen gesprochen habe?
...

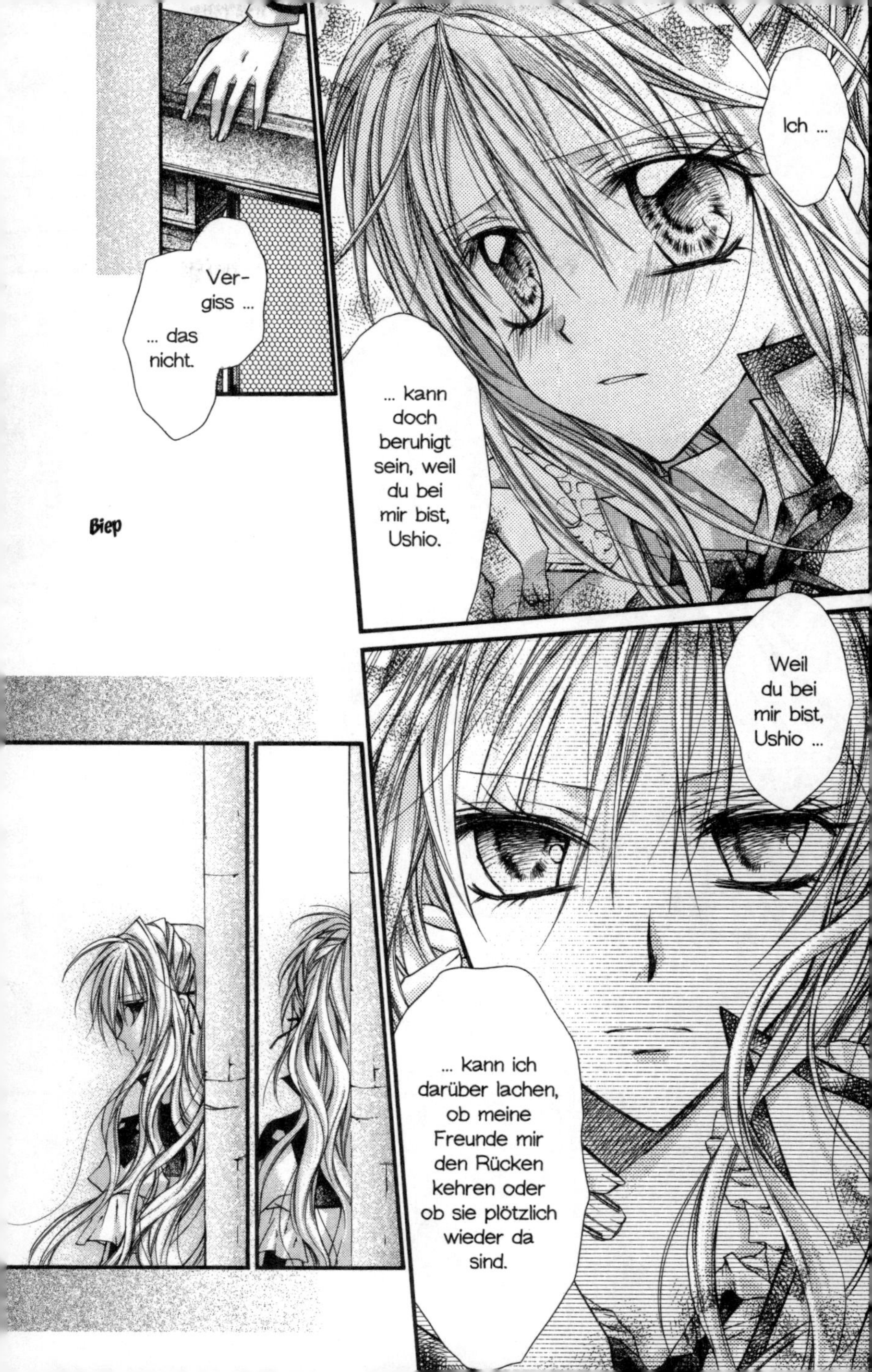
Ich ...
... kann doch beruhigt sein, weil du bei mir bist, Ushio.
Ver-giss ...
... das nicht.
Biep
Weil du bei mir bist, Ushio ...
... kann ich darüber lachen, ob meine Freunde mir den Rücken kehren oder ob sie plötzlich wieder da sind.

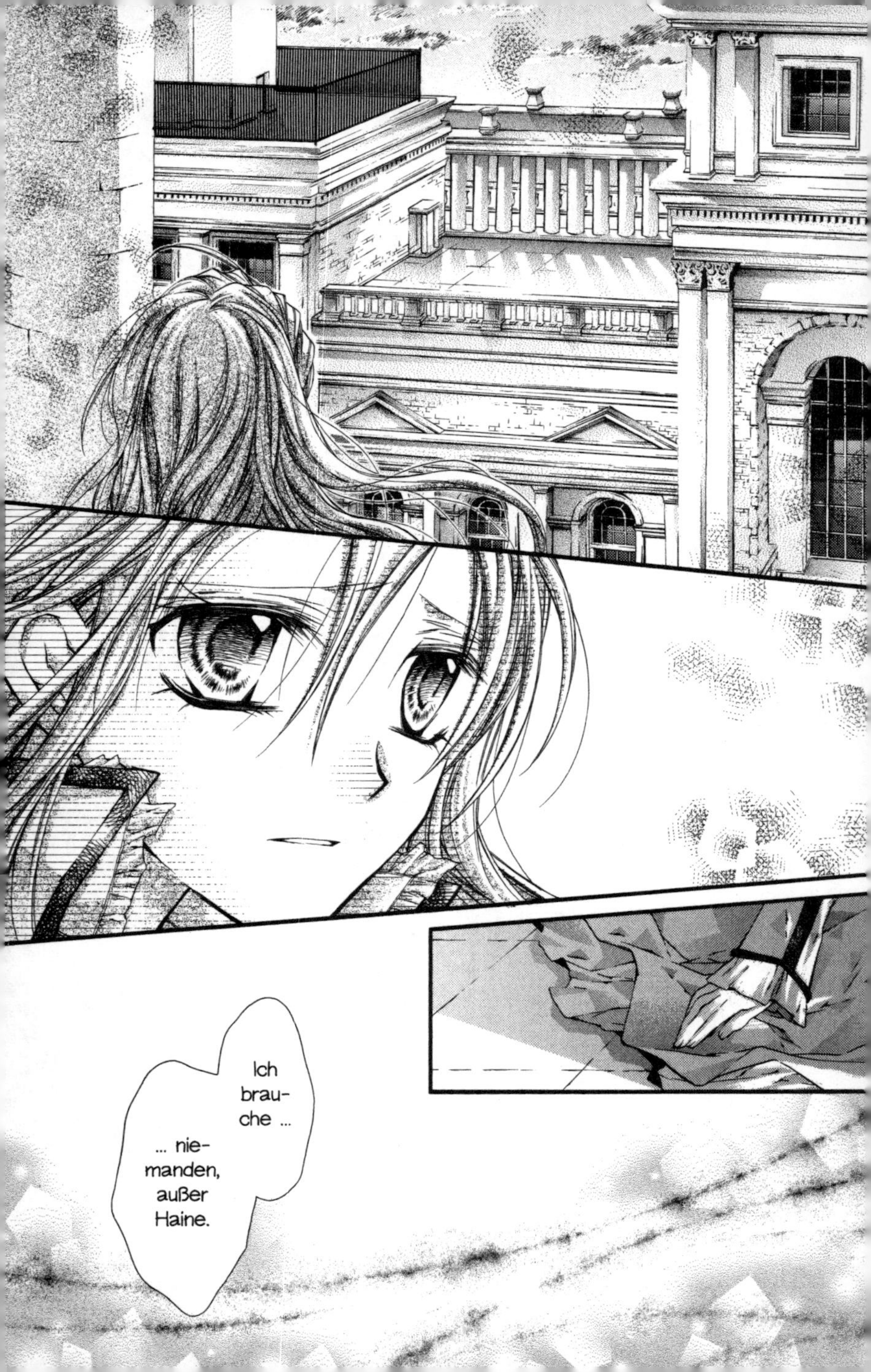
Ich brau-che ...
... nie-manden, außer Haine.

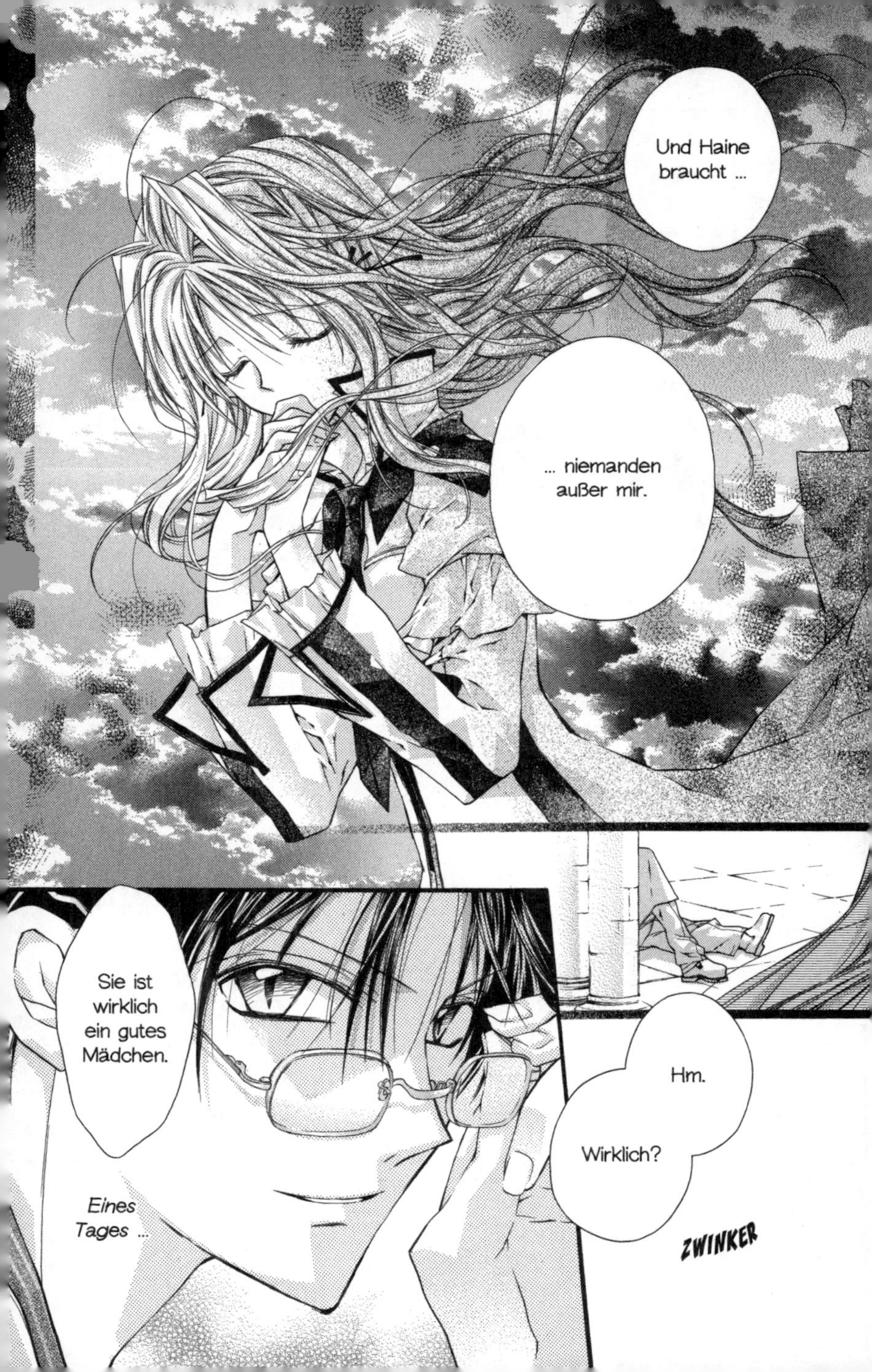
Und Haine braucht ...
... niemanden außer mir.
Hm.
Wirklich?
Sie ist wirklich ein gutes Mädchen.
Eines Tages ...
ZWINKER

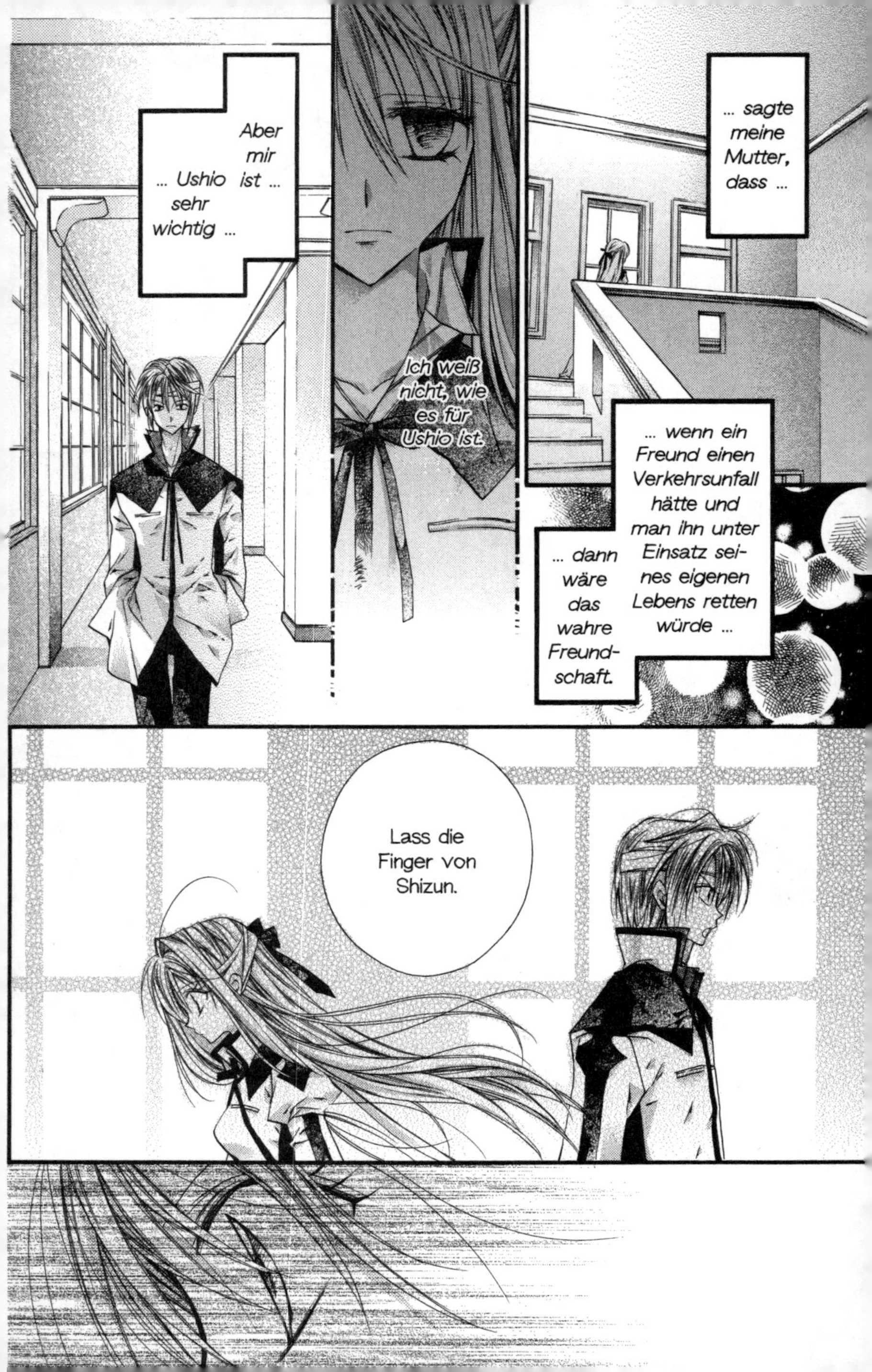
... sagte meine Mutter, dass ...
... wenn ein Freund einen Verkehrsunfall hätte und man ihn unter Einsatz seines eigenen Lebens retten würde ...
... dann wäre das wahre Freundschaft.
Ich weiß nicht, wie es für Ushio ist.
Aber mir ist ... Ushio sehr wichtig ...
Lass die Finger von Shizun.

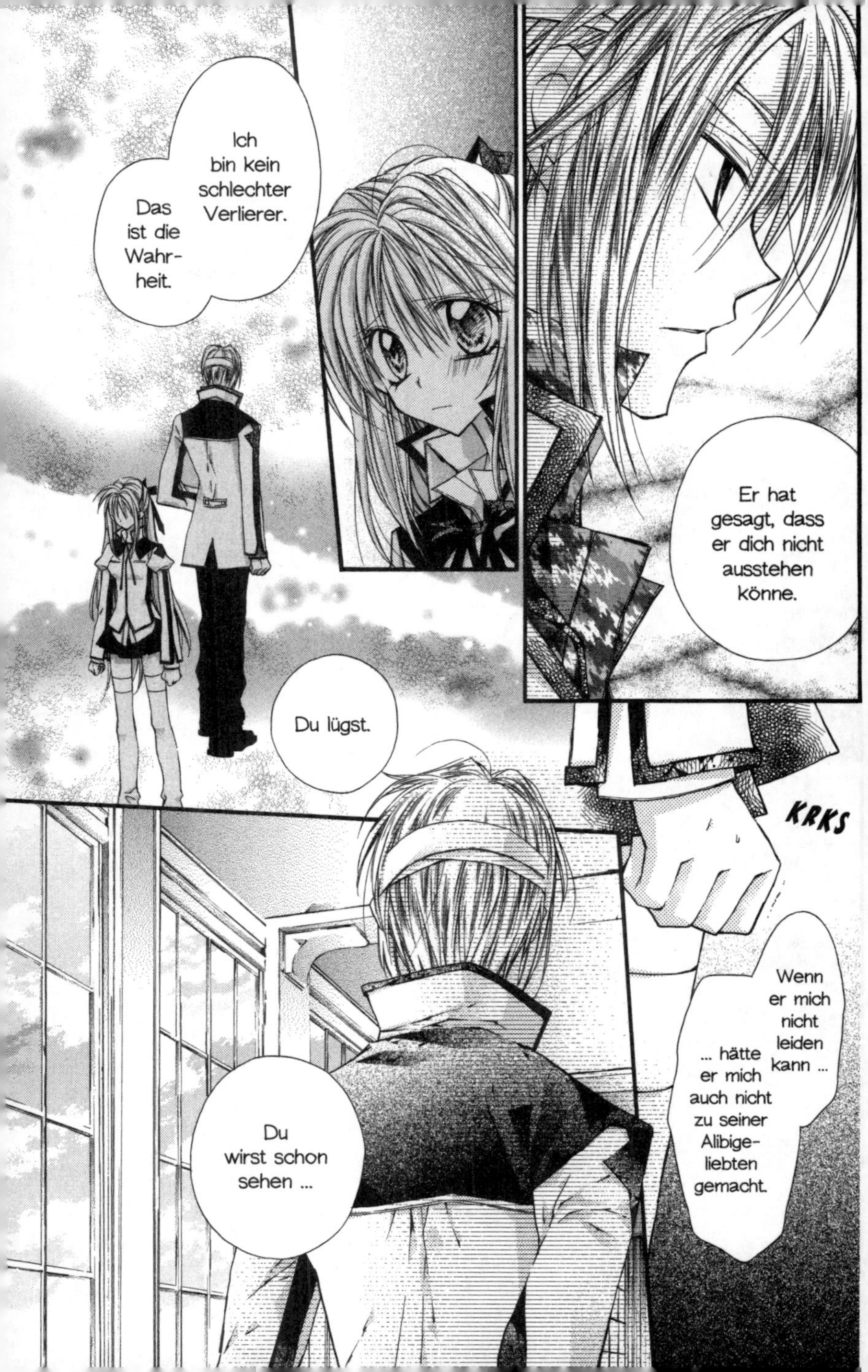

Ich bin kein schlechter Verlierer.
Das ist die Wahrheit.
Er hat gesagt, dass er dich nicht ausstehen könne.
Du lügst.
KRKS
Wenn er mich nicht leiden kann ...
... hätte er mich auch nicht zu seiner Alibigeliebten gemacht.
Du wirst schon sehen ...

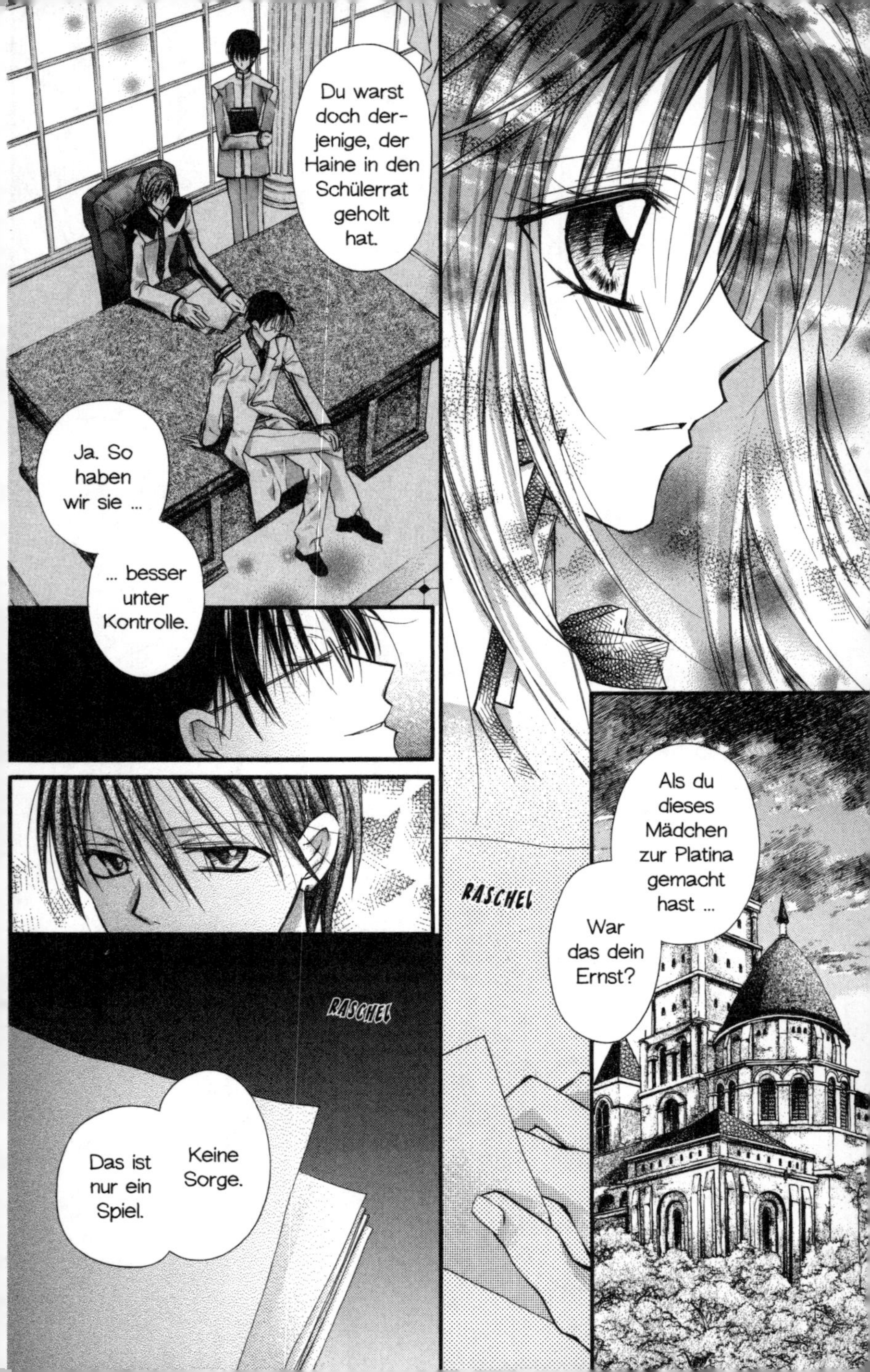
Als du dieses Mädchen zur Platina gemacht hast ...
War das dein Ernst?
RASCHEL
Du warst doch derjenige, der Haine in den Schülerrat geholt hat.
Ja. So haben wir sie ...
... besser unter Kontrolle.
RASCHEL
Keine Sorge.
Das ist nur ein Spiel.

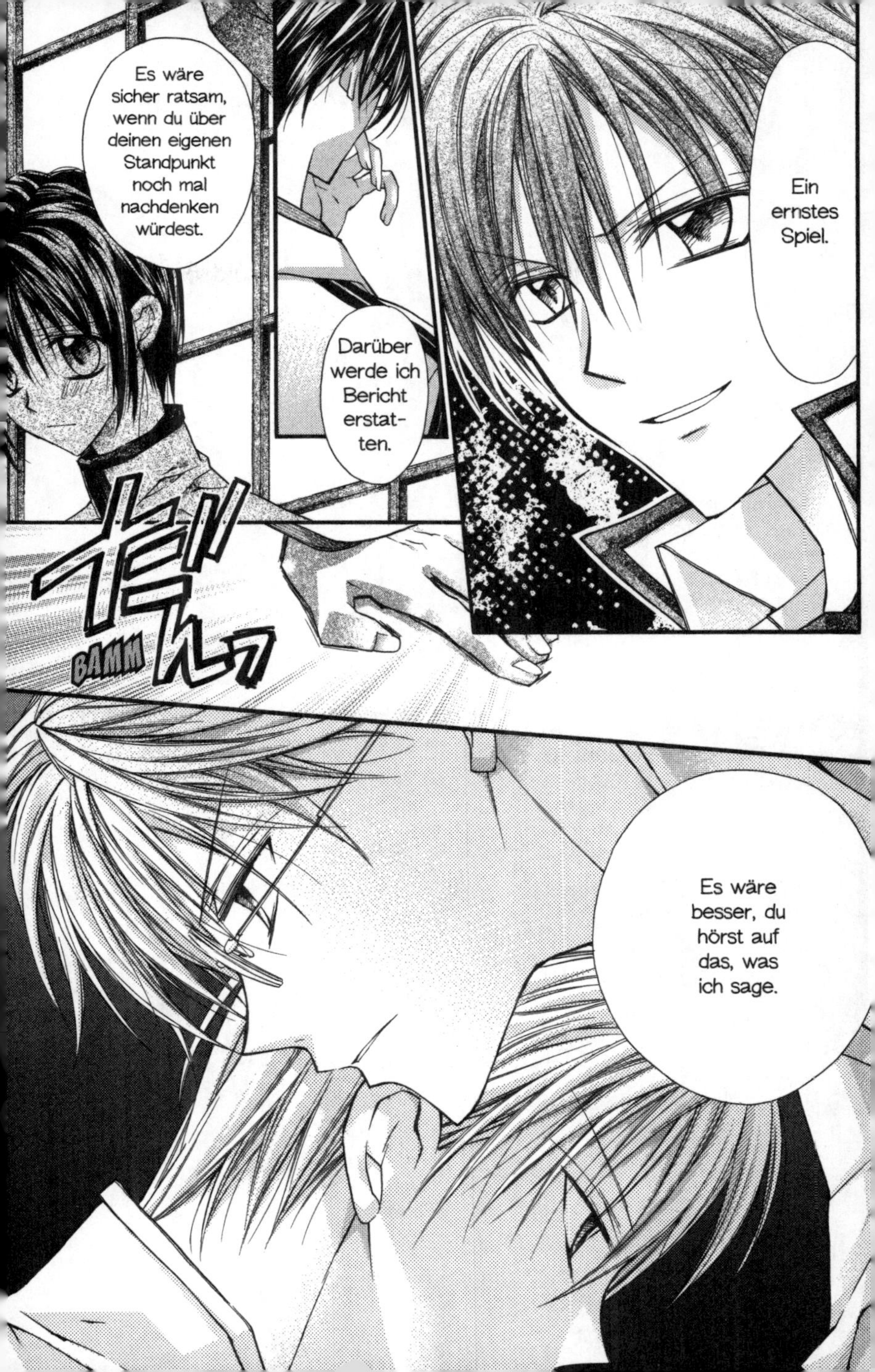
Ein ernstes Spiel.
Darüber werde ich Bericht erstat-ten.
Es wäre sicher ratsam, wenn du über deinen eigenen Standpunkt noch mal nachdenken würdest.
BAMM
Es wäre besser, du hörst auf das, was ich sage.

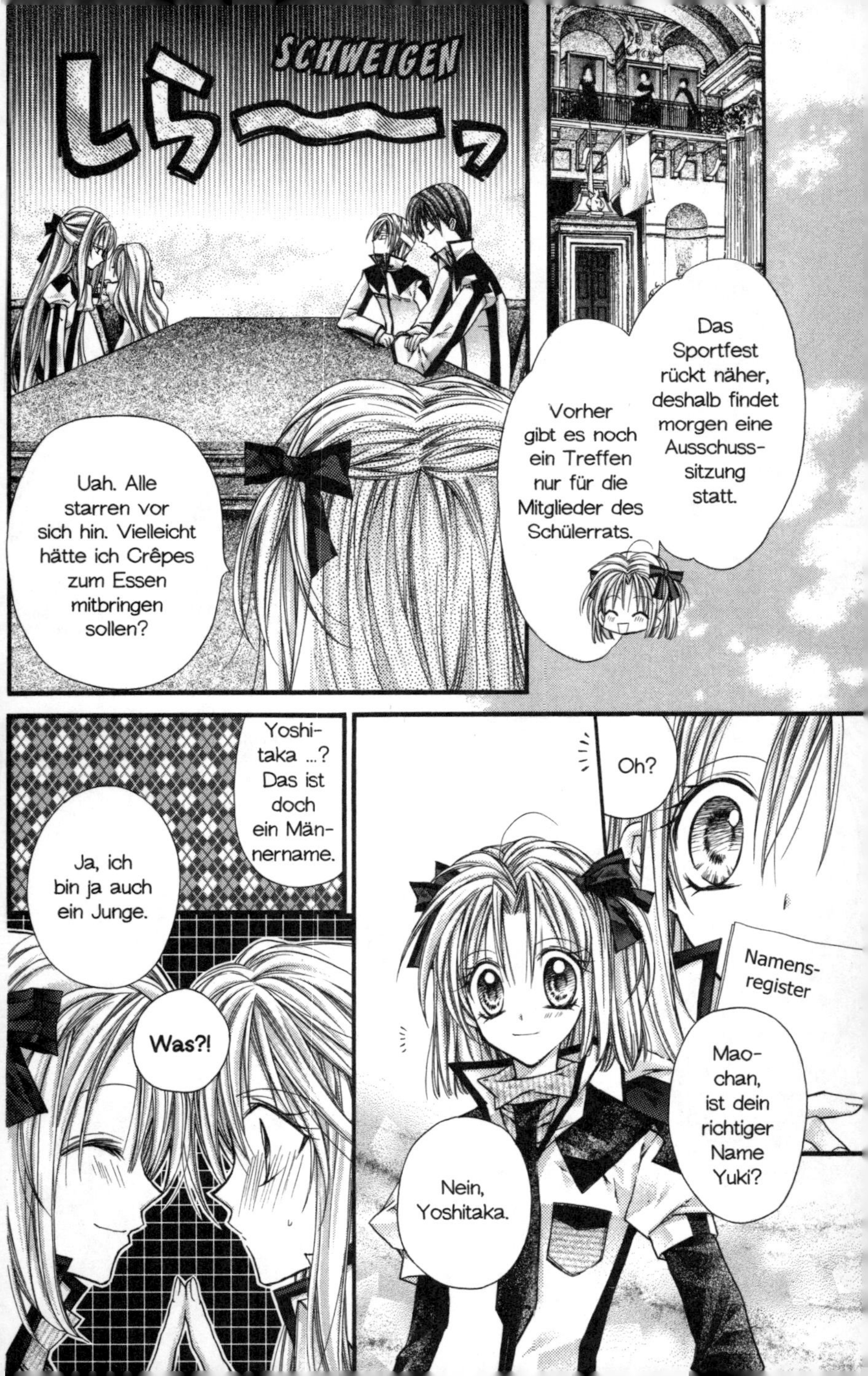

Das Sportfest rückt näher, deshalb findet morgen eine Ausschusssitzung statt.

Vorher gibt es noch ein Treffen nur für die Mitglieder des Schülerrats.

SCHWEIGEN

Uah. Alle starren vor sich hin. Vielleicht hätte ich Crêpes zum Essen mitbringen sollen?

Oh?

Namensregister

Mao-chan, ist dein richtiger Name Yuki?

Nein, Yoshitaka.

Yoshitaka ...? Das ist doch ein Männername.

Ja, ich bin ja auch ein Junge.

Was?!

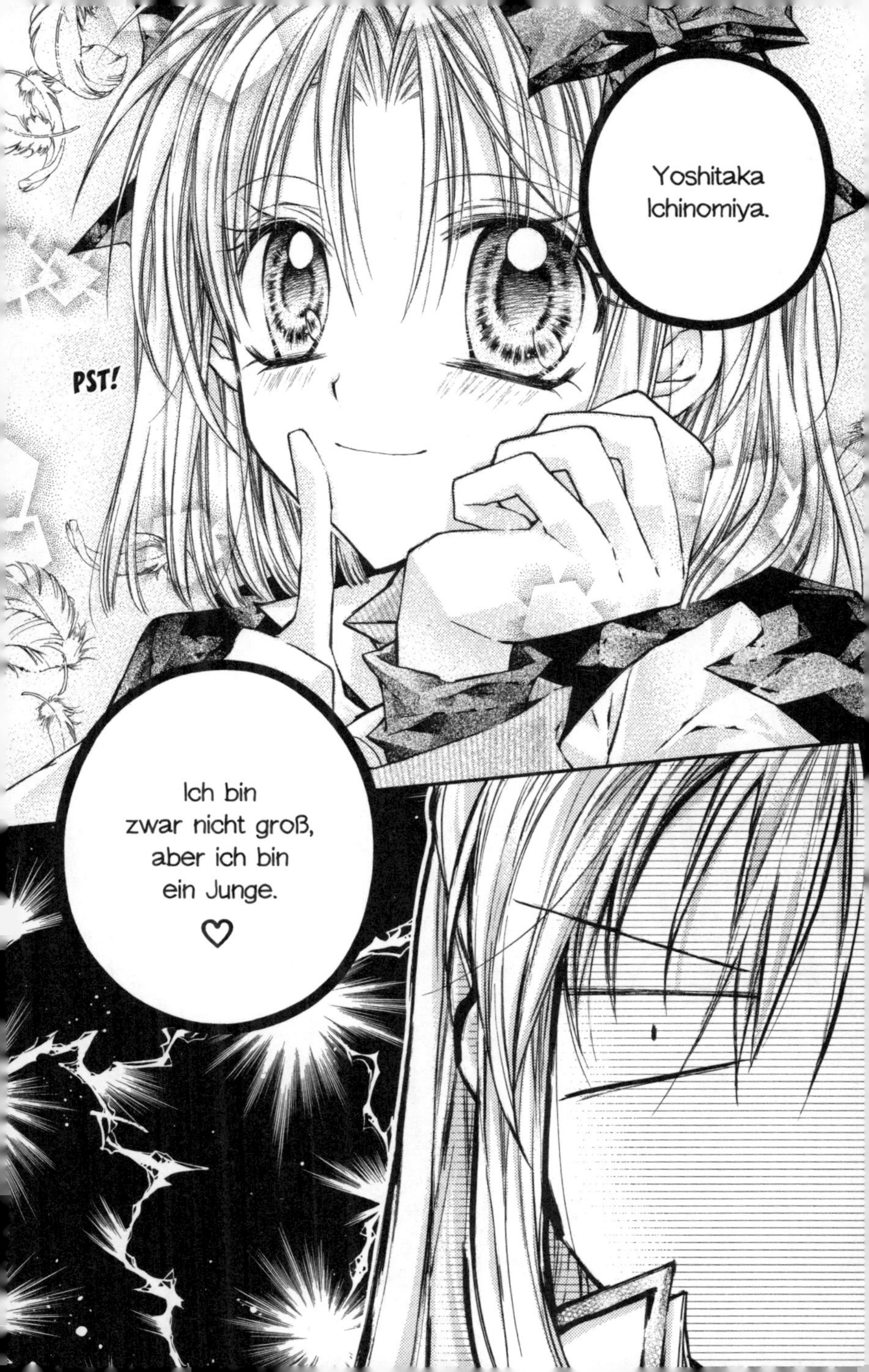
Yoshitaka Ichinomiya.
PST!
Ich bin zwar nicht groß, aber ich bin ein Junge. ♡

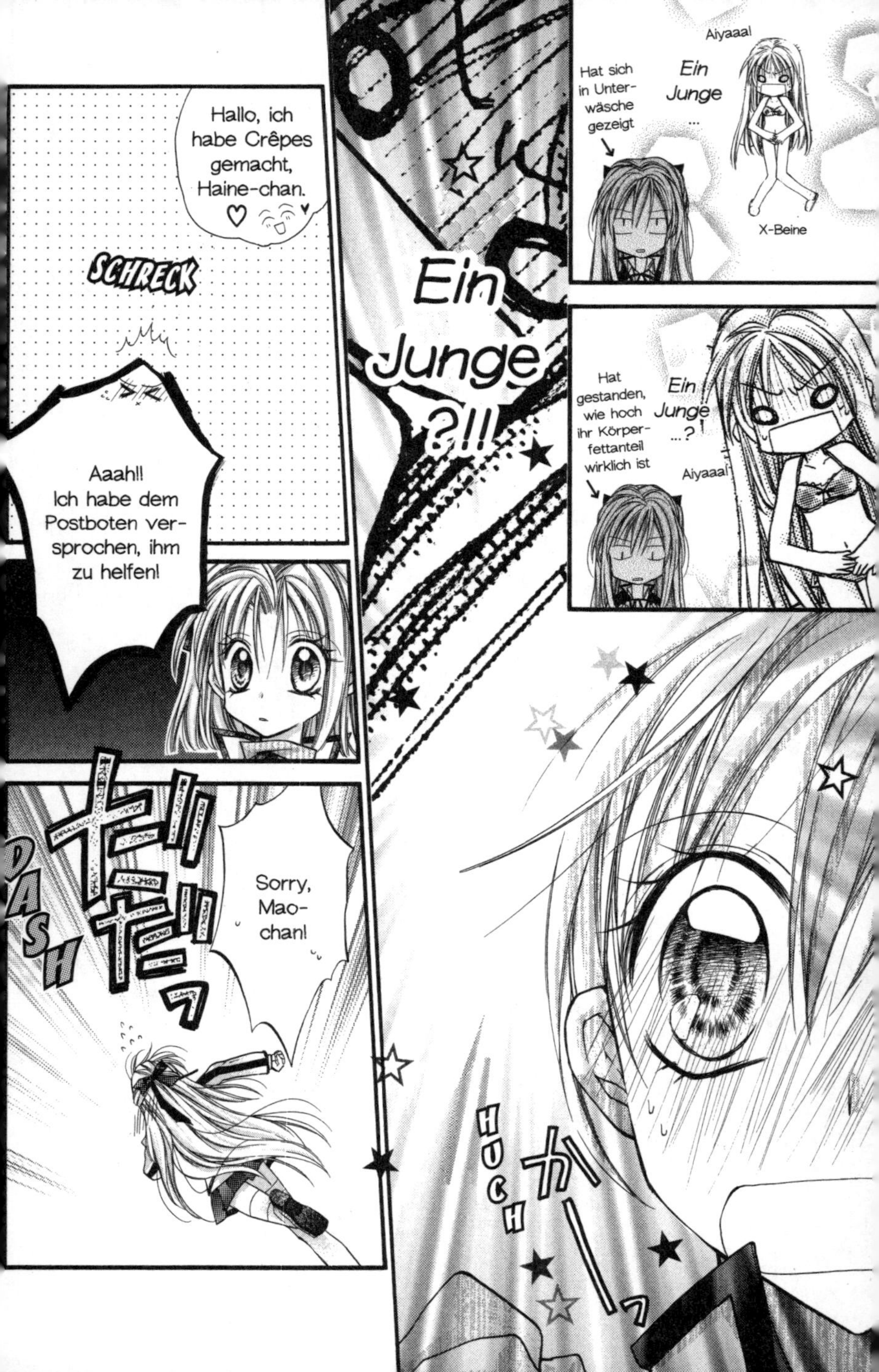
Aiyaaa!
Ein Junge ...
Hat sich in Unterwäsche gezeigt
X-Beine
Ein Junge ?!!
Ein Junge ...?
Aiyaaa!
Hat gestanden, wie hoch ihr Körperfettanteil wirklich ist
Hallo, ich habe Crêpes gemacht, Haine-chan.
SCHRECK
Aaah!! Ich habe dem Postboten versprochen, ihm zu helfen!
HUCH
Sorry, Mao-chan!
DASH

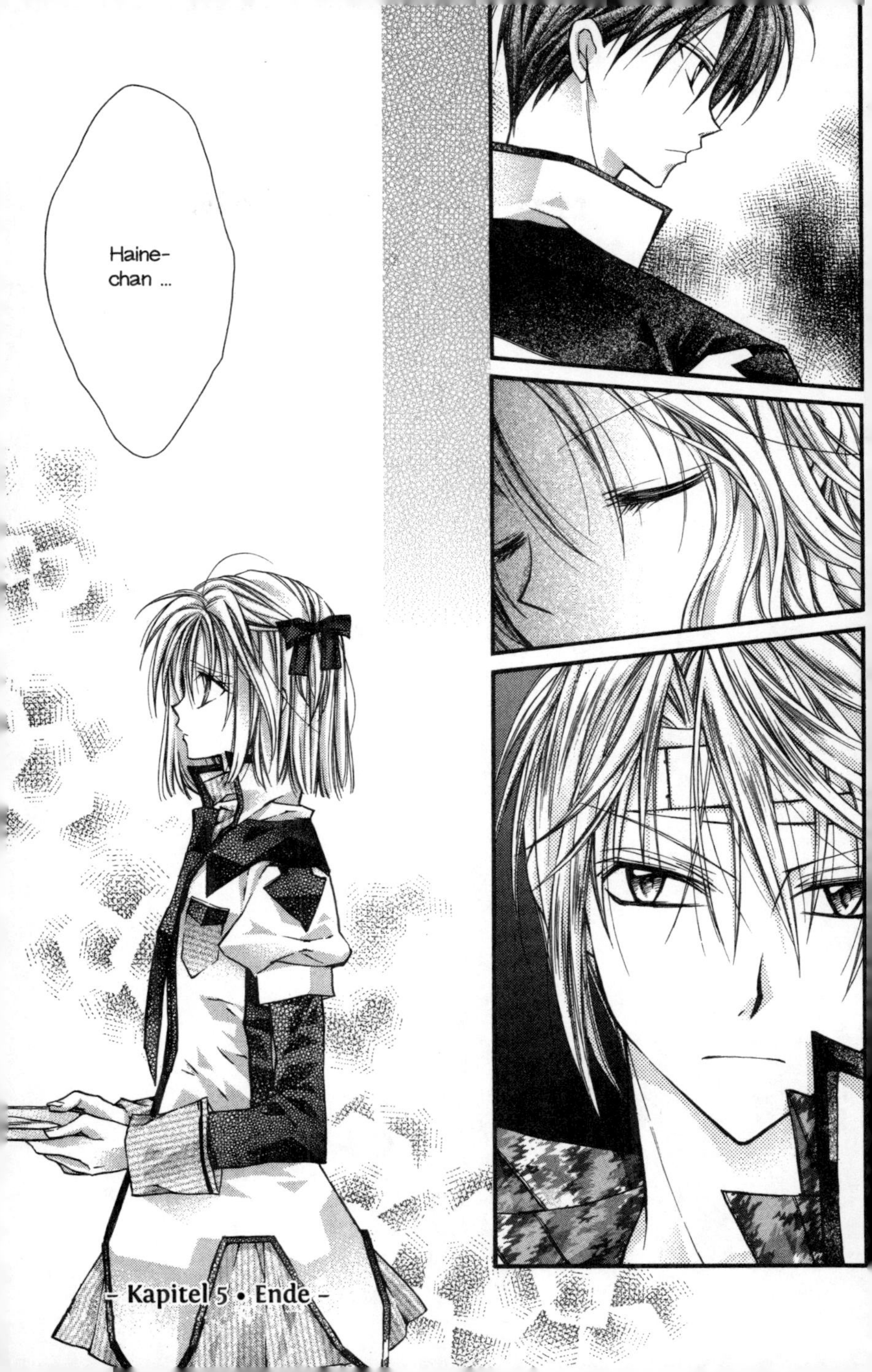
Haine-
chan ...
– Kapitel 5 • Ende –

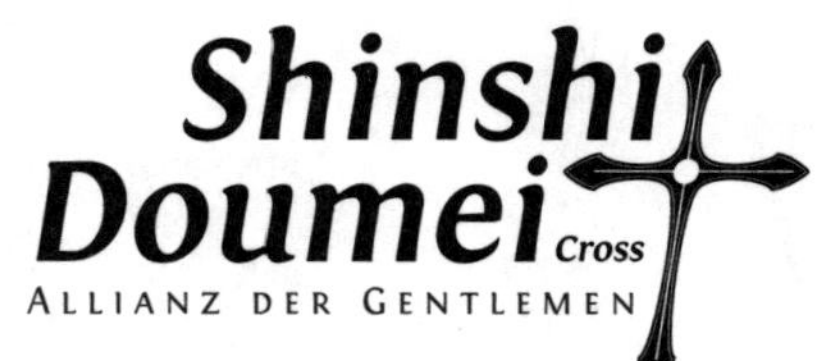
Shinshi
Doumei
Cross
ALLIANZ DER GENTLEMEN

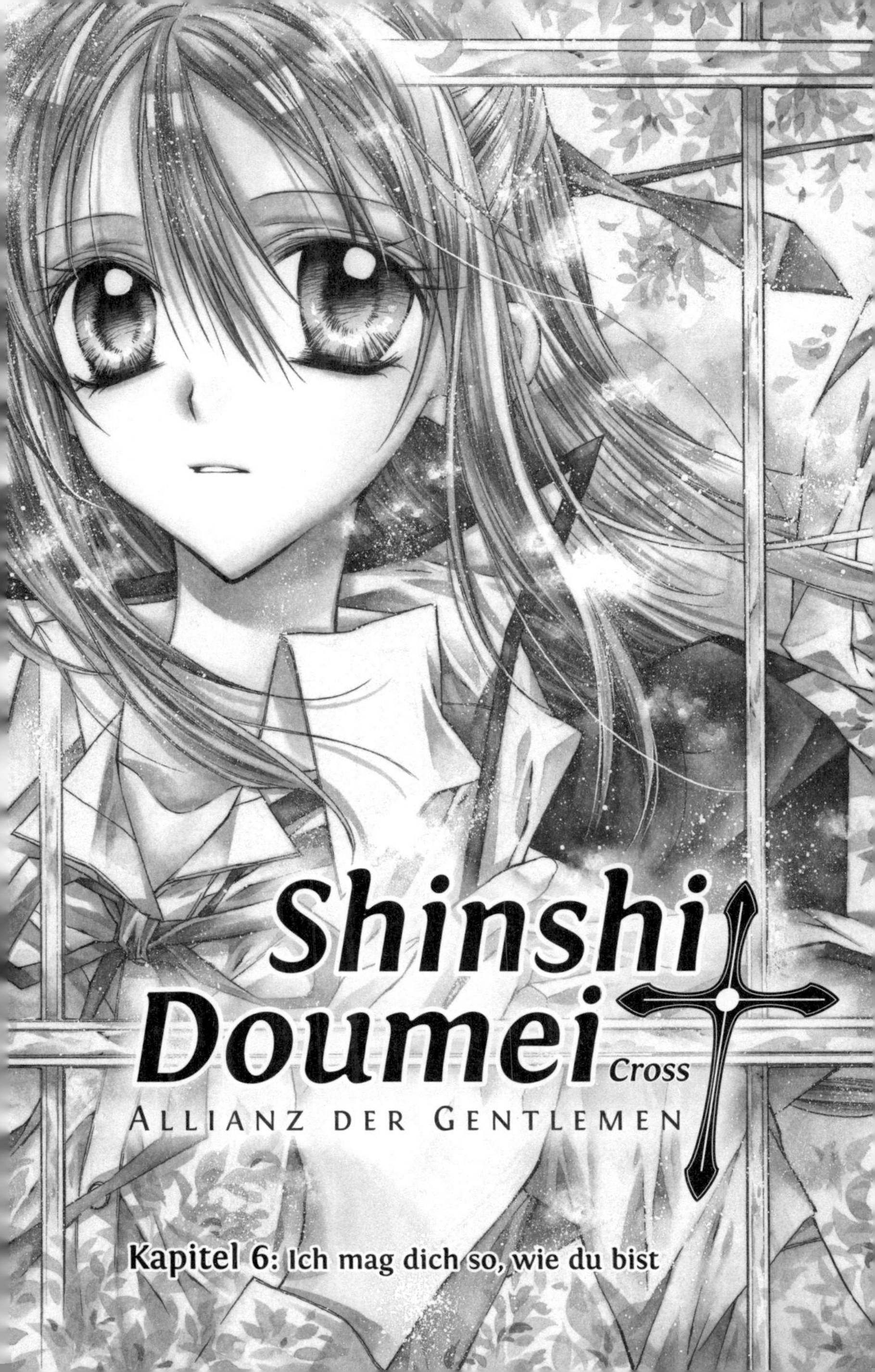
Shinshi Doumei Cross
Allianz der Gentlemen
Kapitel 6: Ich mag dich so, wie du bist

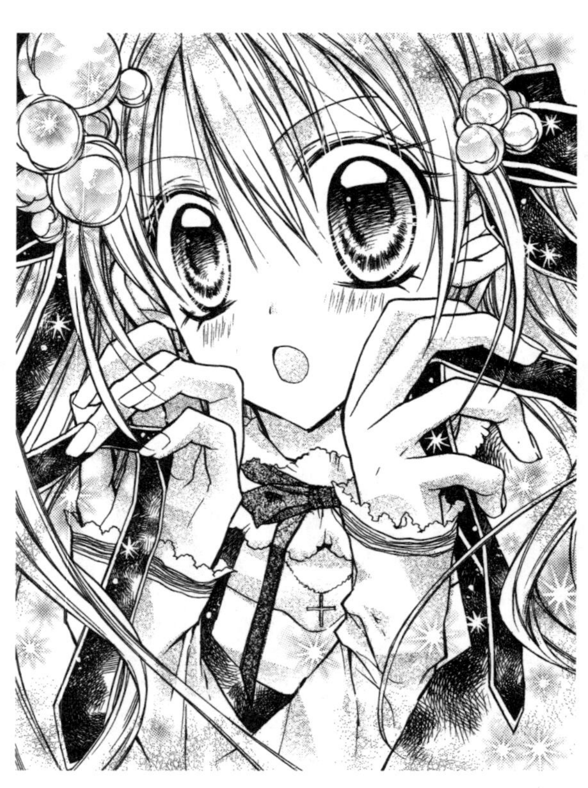

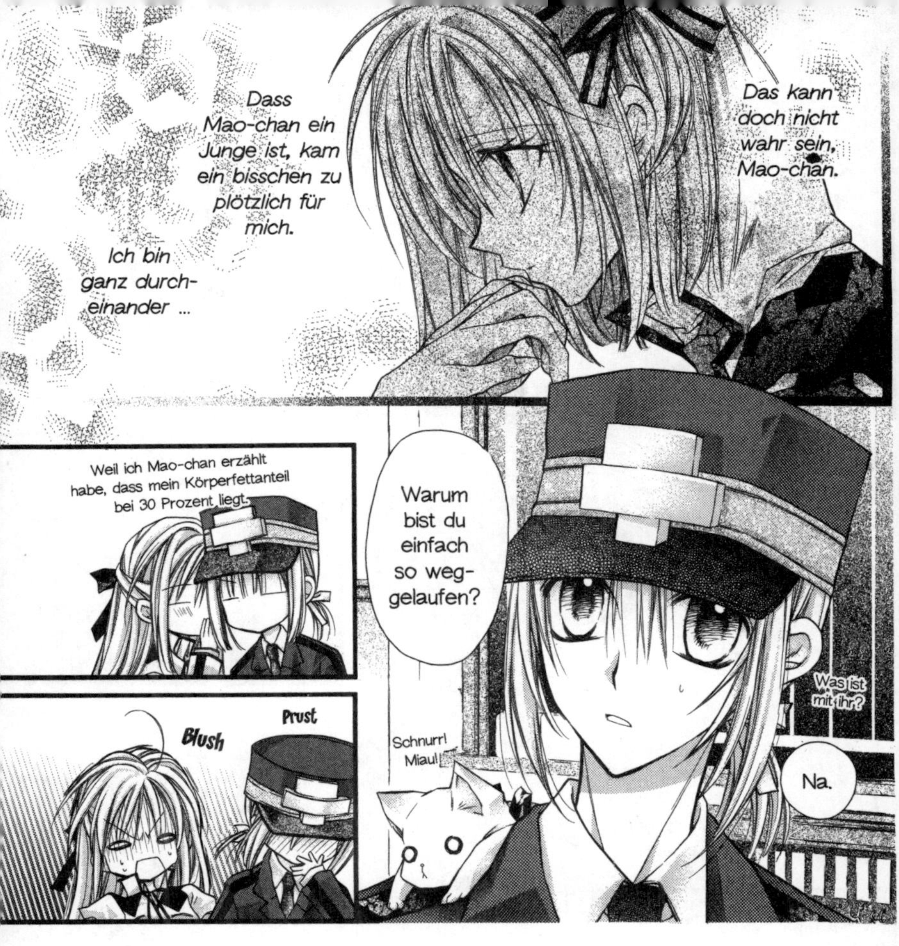

Shinshi Doumei Cross

ALLIANZ DER GENTLEMEN

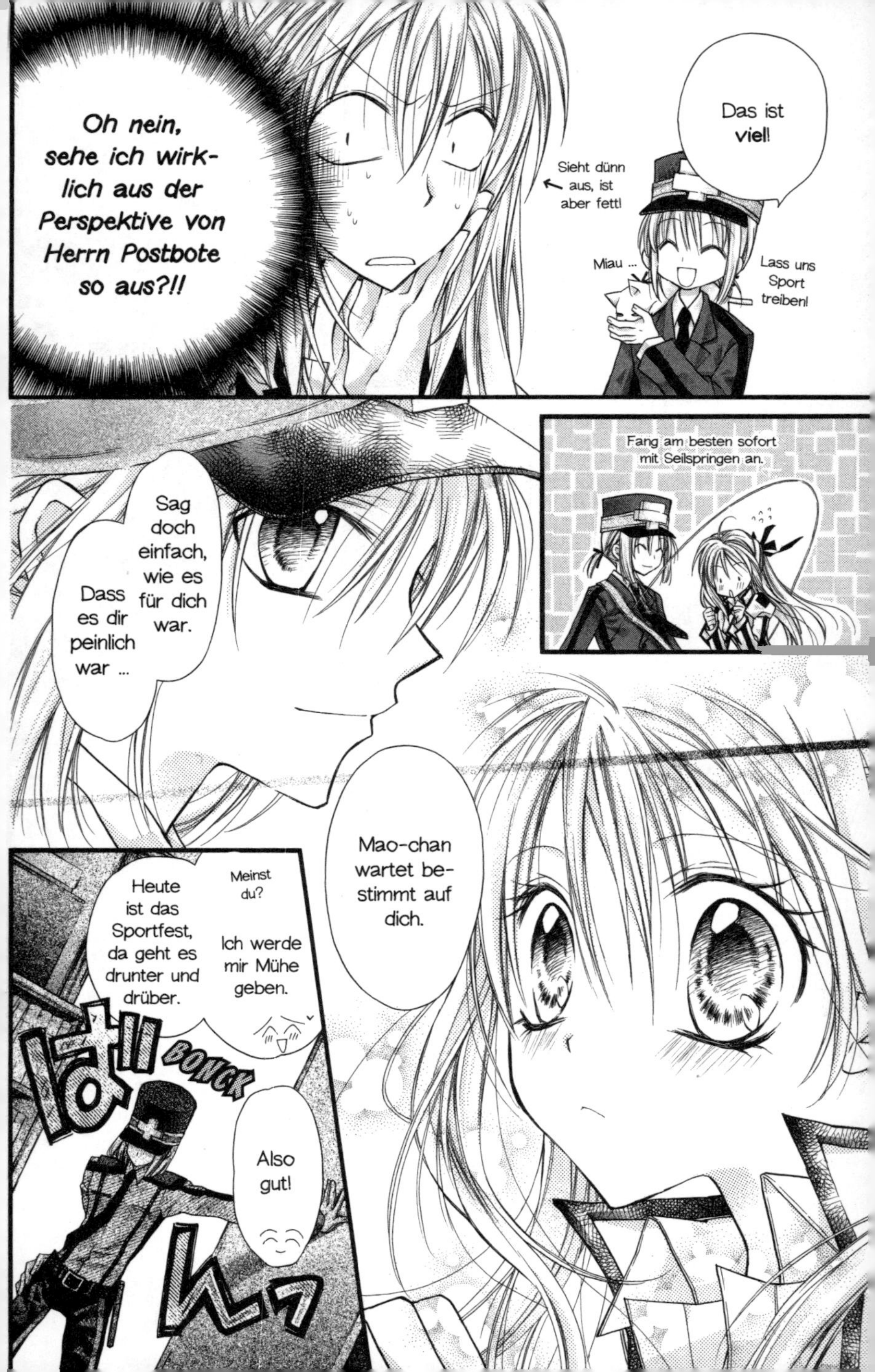
Das ist viel!
Sieht dünn aus, ist aber fett!
Lass uns Sport treiben!
Miau ...
Oh nein, sehe ich wirklich aus der Perspektive von Herrn Postbote so aus?!!
Fang am besten sofort mit Seilspringen an.
Sag doch einfach, wie es für dich war.
Dass es dir peinlich war ...
Mao-chan wartet bestimmt auf dich.
Meinst du?
Ich werde mir Mühe geben.
Heute ist das Sportfest, da geht es drunter und drüber.
Also gut!
BONCK

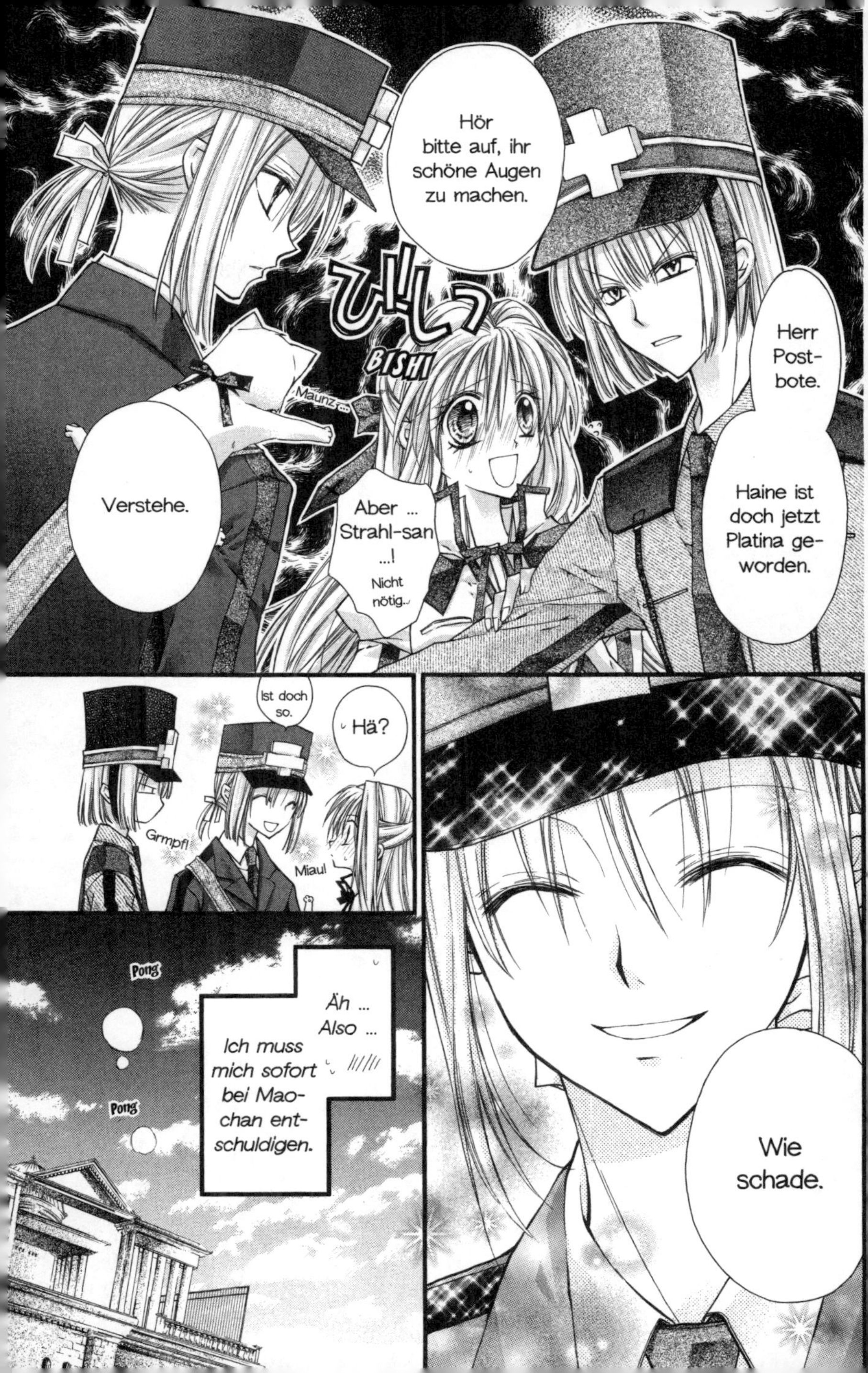

Hör bitte auf, ihr schöne Augen zu machen.
BISHI
Herr Postbote.
Haine ist doch jetzt Platina geworden.
Aber ... Strahl-san ...!
Nicht nötig.
Maunz ...
Verstehe.
Wie schade.
Hä?
Ist doch so.
Miau!
Grmpf!
Äh ... Also ...
Ich muss mich sofort bei Mao-chan entschuldigen.
Pong
Pong

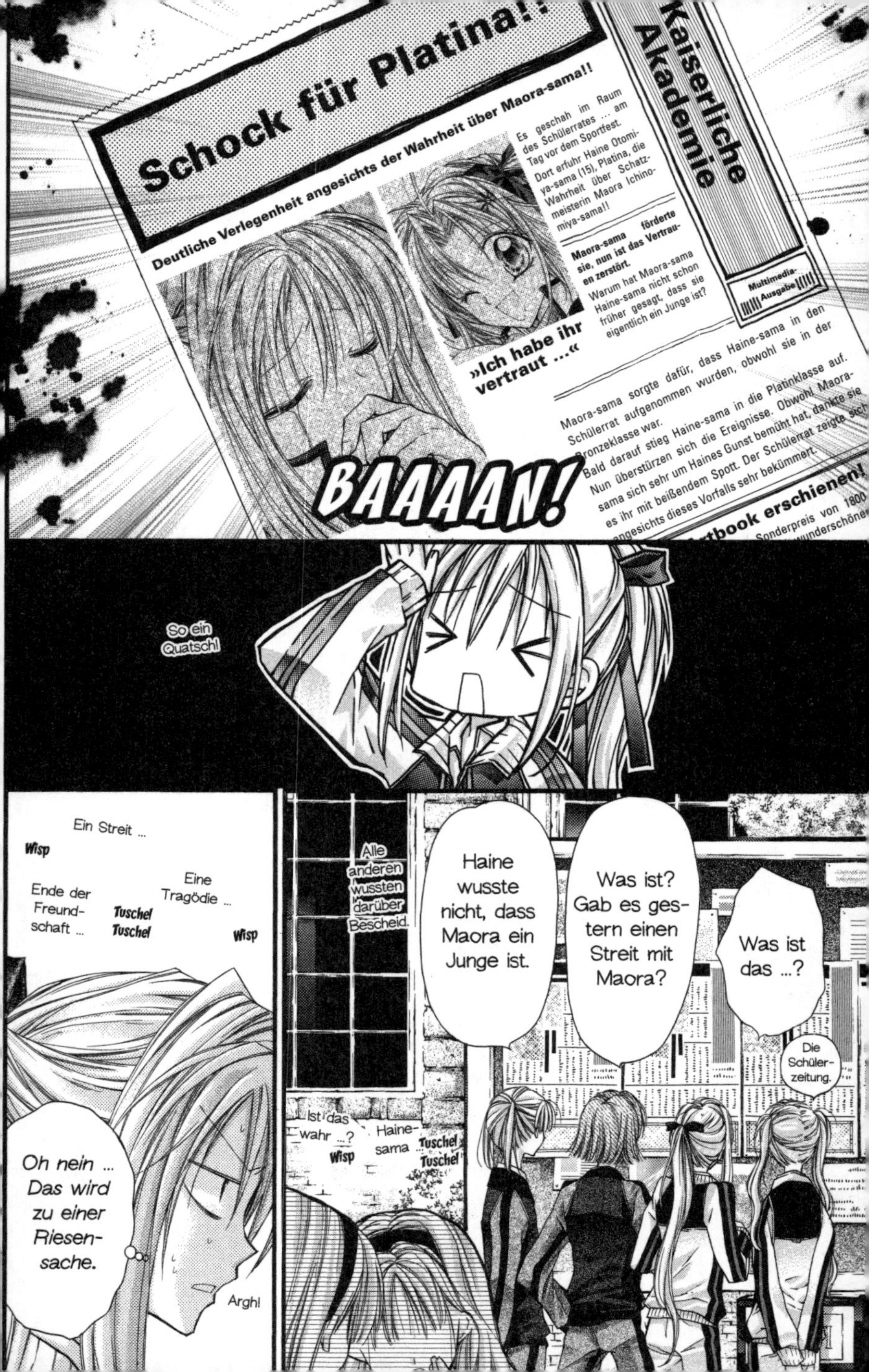
Kaiserliche Akademie
Multimedia-Ausgabe
Schock für Platina!!
Deutliche Verlegenheit angesichts der Wahrheit über Maora-sama!!
Es geschah im Raum des Schülerrates ... am Tag vor dem Sportfest. Dort erfuhr Haine Otomiya-sama (15), Platina, die Wahrheit über Schatzmeisterin Maora Ichinomiya-sama!!
Maora-sama förderte sie, nun ist das Vertrauen zerstört.
Warum hat Maora-sama nicht schon Haine-sama früher gesagt, dass sie eigentlich ein Junge ist?
»Ich habe ihr vertraut ...«
Maora-sama sorgte dafür, dass Haine-sama in den Schülerrat aufgenommen wurden, obwohl sie in der Bronzeklasse war.
Bald darauf stieg Haine-sama in die Platinklasse auf. Nun überstürzen sich die Ereignisse. Obwohl Maora-sama sich sehr um Haines Gunst bemüht hat, dankte sie es ihr mit beißendem Spott. Der Schülerrat zeigte sich angesichts dieses Vorfalls sehr bekümmert.
rtbook erschienen!
Sonderpreis von 1800
wunderschöner
BAAAAN!
So ein Quatsch!
Was ist das ...?
Die Schülerzeitung.
Was ist? Gab es gestern einen Streit mit Maora?
Haine wusste nicht, dass Maora ein Junge ist.
Alle anderen wussten darüber Bescheid.
Haine-sama ...
Tuschel Tuschel
Ist das wahr ...?
Wisp
Eine Tragödie ...
Ein Streit ...
Wisp
Ende der Freundschaft ...
Tuschel Tuschel
Wisp
Oh nein ... Das wird zu einer Riesensache.
Argh!

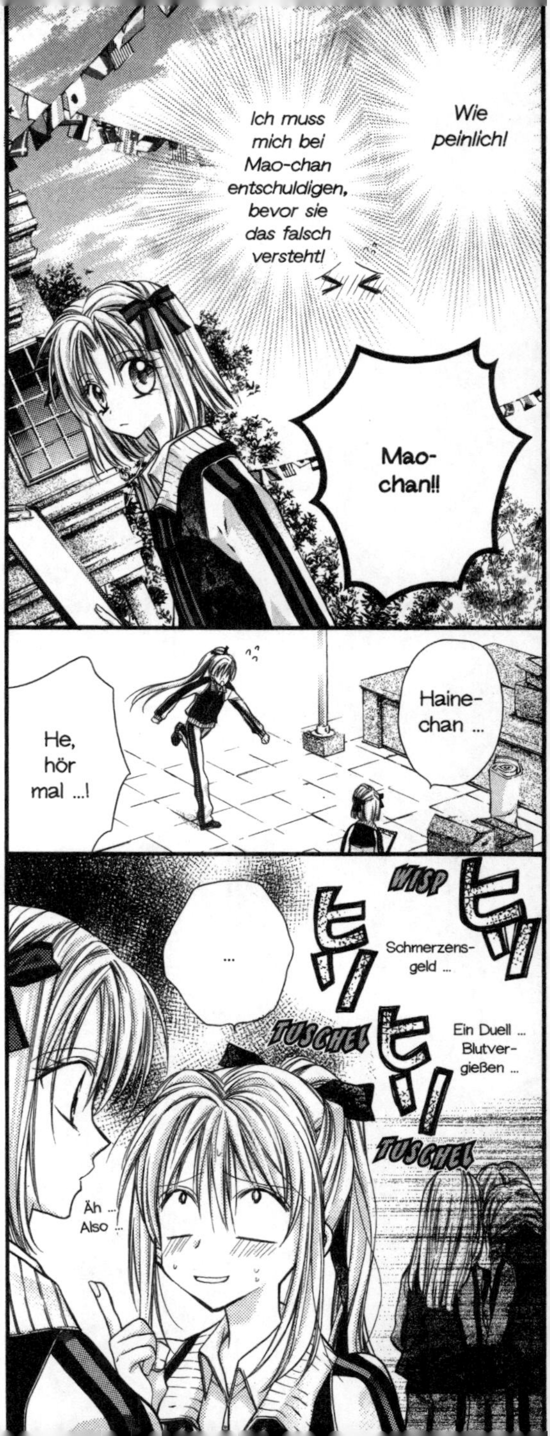

Wie peinlich!

Ich muss mich bei Mao-chan entschuldigen, bevor sie das falsch versteht!

Mao-chan!!

Haine-chan ...

He, hör mal ...!

...

WISP

Schmerzensgeld ...

TUSCHEL

Ein Duell ... Blutvergießen ...

TUSCHEL

Äh ... Also ...

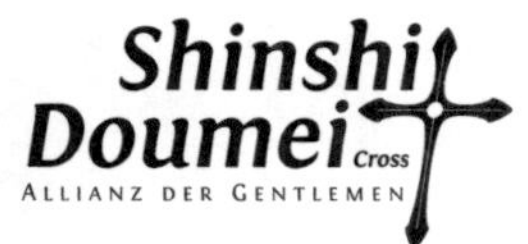

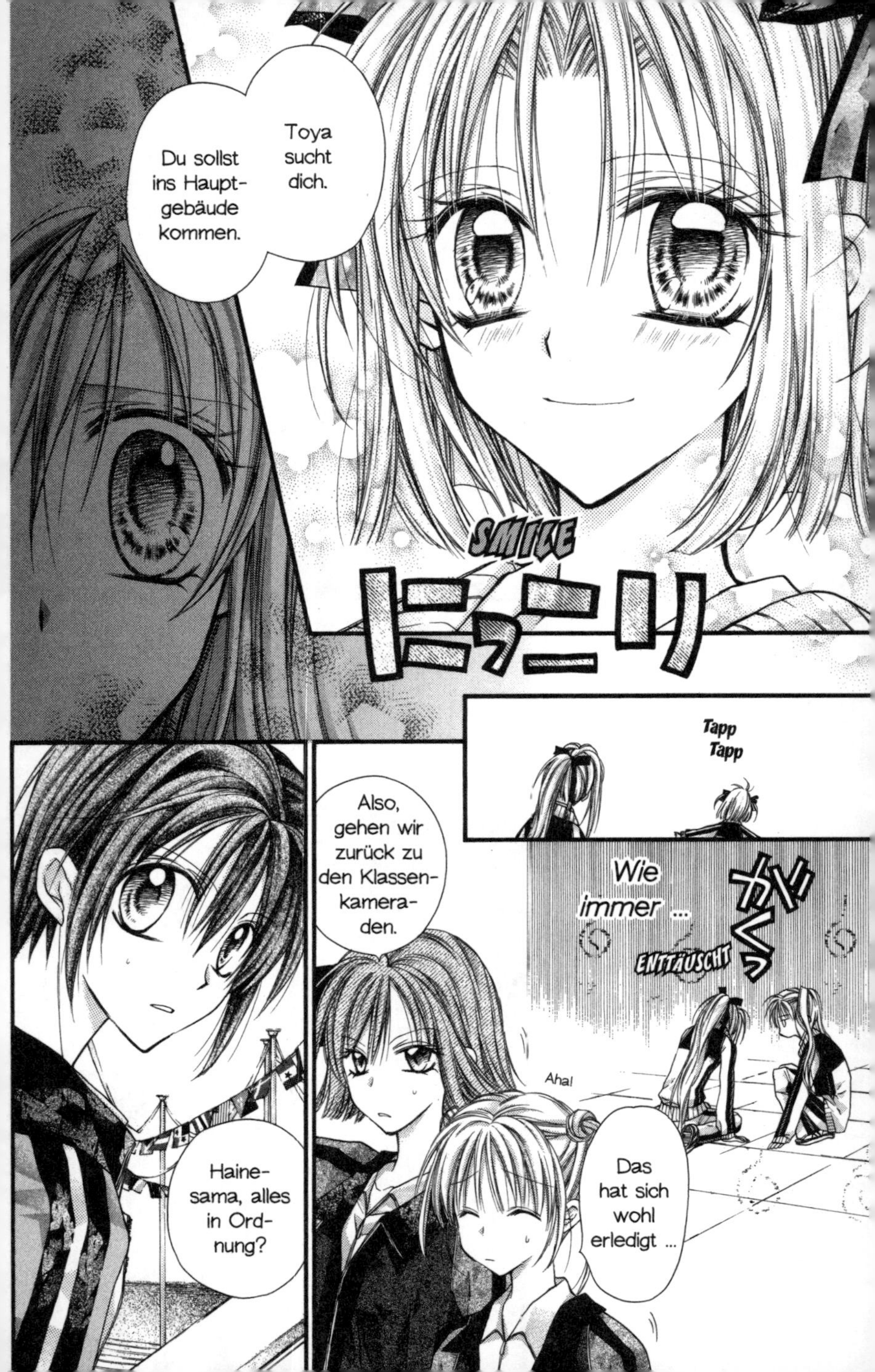

Toya sucht dich.
Du sollst ins Hauptgebäude kommen.
SMILE
にっこり
Tapp Tapp
Wie immer ...
ENTTÄUSCHT
がくっ
Also, gehen wir zurück zu den Klassenkameraden.
Aha!
Das hat sich wohl erledigt ...
Haine-sama, alles in Ordnung?

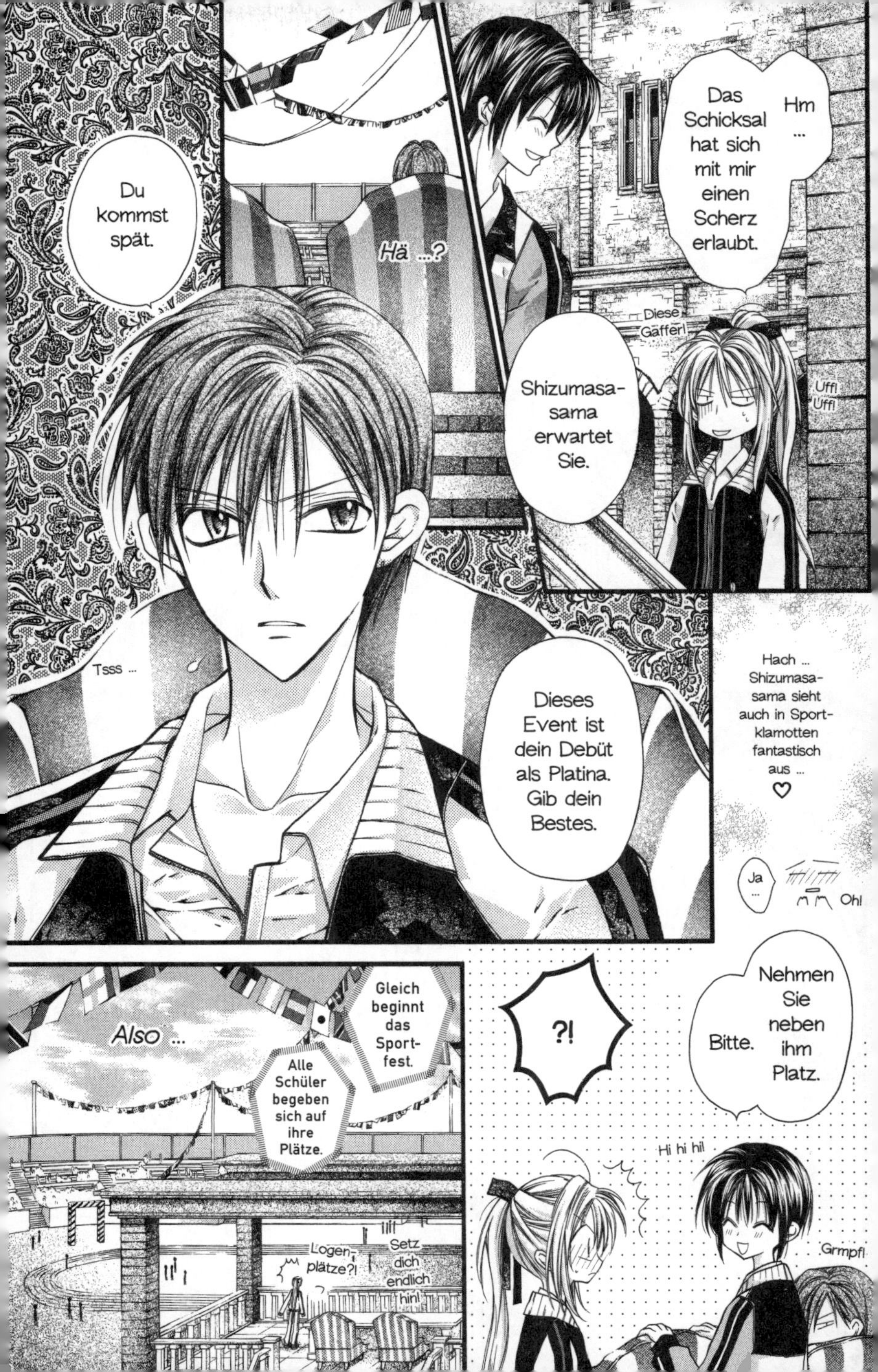
Hm ...
Das Schicksal hat sich mit mir einen Scherz erlaubt.
Hä ...?
Du kommst spät.
Diese Gaffer!
Uff! Uff!
Shizumasa-sama erwartet Sie.
Tsss ...
Dieses Event ist dein Debüt als Platina. Gib dein Bestes.
Hach ... Shizumasa-sama sieht auch in Sportklamotten fantastisch aus ... ♡
Oh!
Ja ...
Gleich beginnt das Sportfest.
Alle Schüler begeben sich auf ihre Plätze.
Also ...
Setz dich endlich hin!
Logenplätze?!
Nehmen Sie neben ihm Platz.
Bitte.
?!
Hi hi hi!
Grmpf!

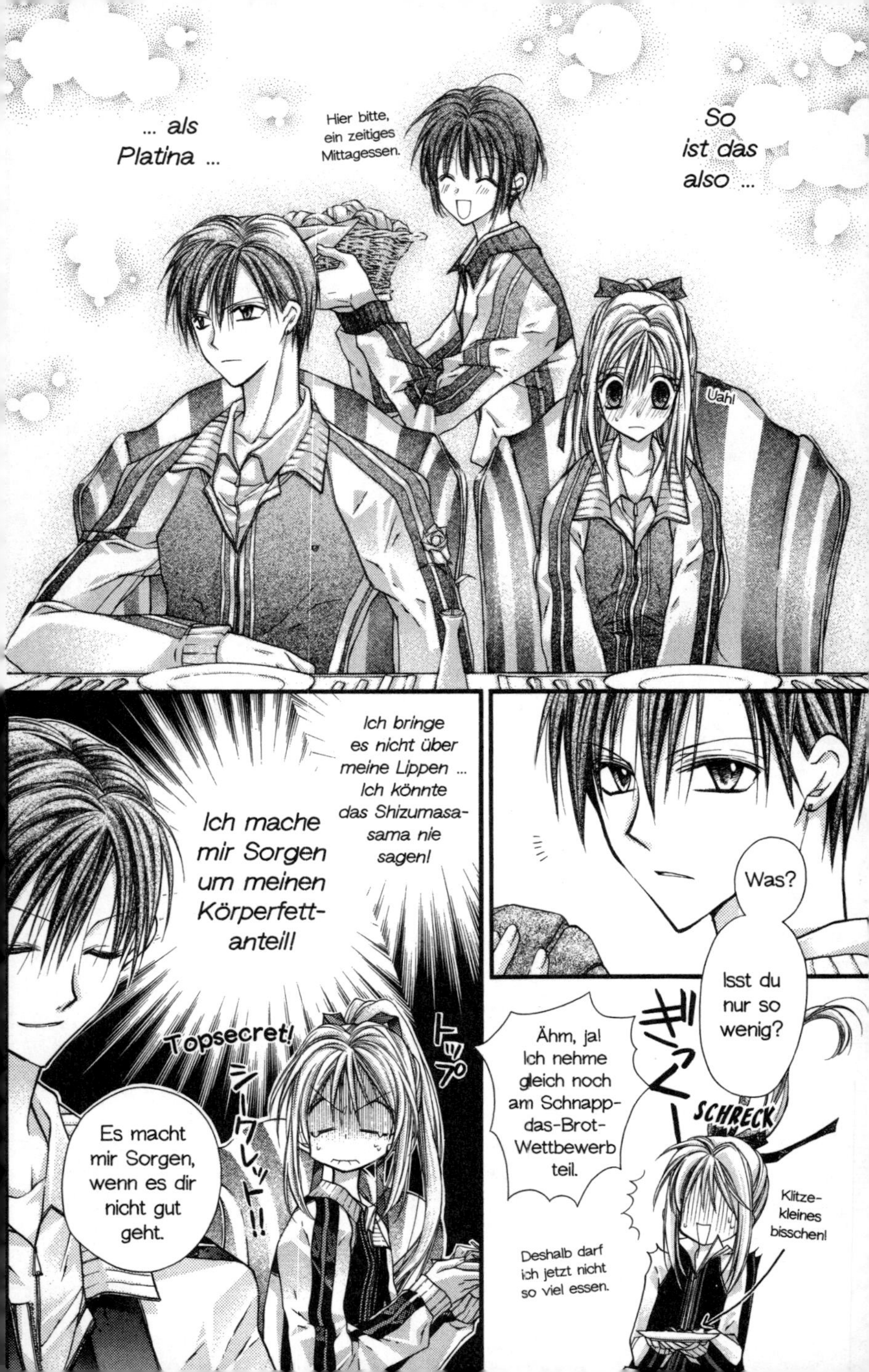
So ist das also ...
Hier bitte, ein zeitiges Mittagessen.
... als Platina ...
Uah!
Was?
Isst du nur so wenig?
SCHRECK
Ähm, ja! Ich nehme gleich noch am Schnapp-das-Brot-Wettbewerb teil.
Klitze-kleines bisschen!
Deshalb darf ich jetzt nicht so viel essen.
Ich bringe es nicht über meine Lippen ... Ich könnte das Shizumasa-sama nie sagen!
Ich mache mir Sorgen um meinen Körperfett-anteil!
Topsecret!
Es macht mir Sorgen, wenn es dir nicht gut geht.

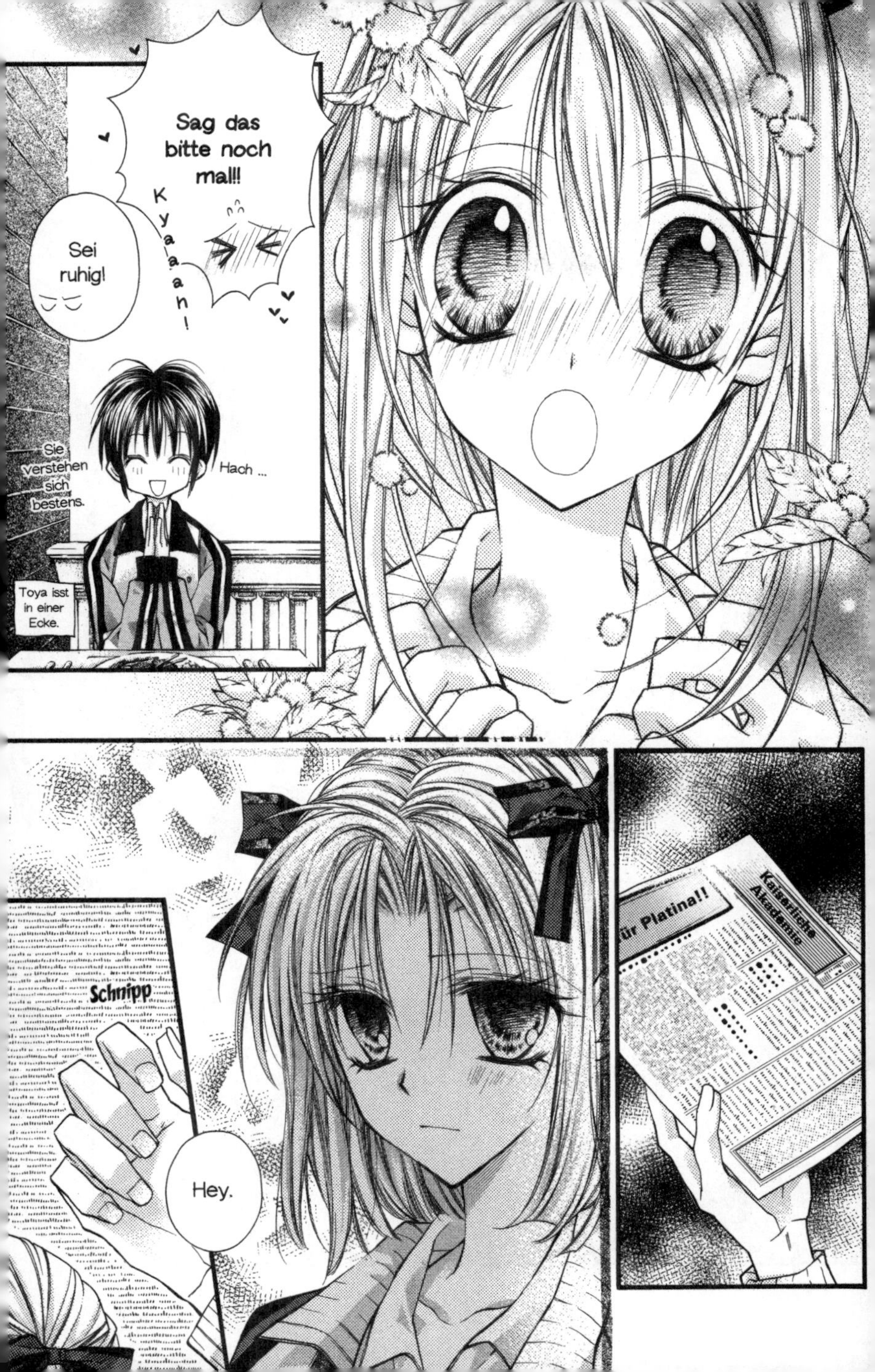

Sag das bitte noch mal!!
Kyaaah!
Sei ruhig!
Hach ...
Sie verstehen sich bestens.
Toya isst in einer Ecke.
Kaiserliche Akademie
ür Platina!!
Schnipp
Hey.

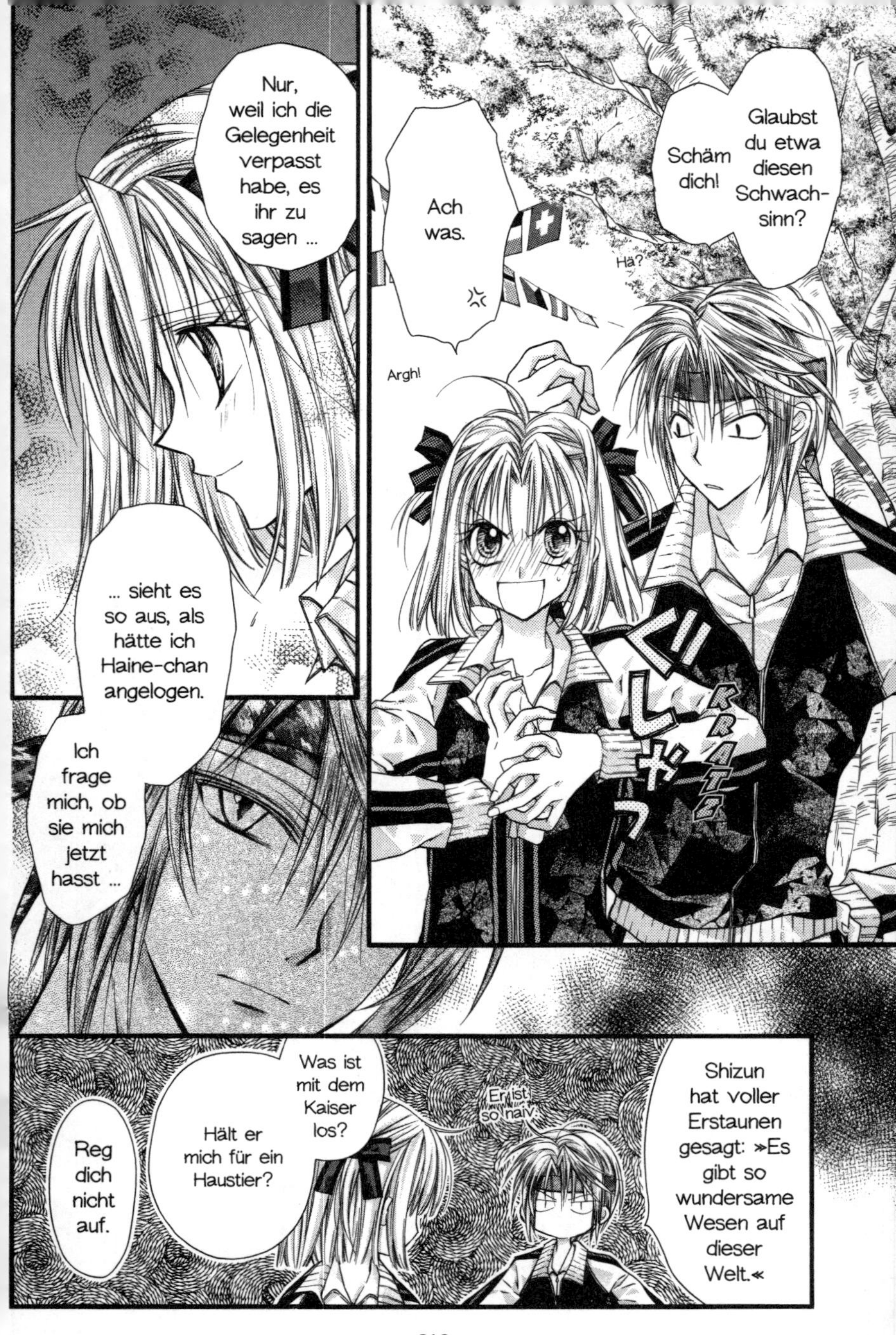

Glaubst du etwa diesen Schwachsinn?
Schäm dich!
Hä?
Ach was.
Argh!
KRATZ
Nur, weil ich die Gelegenheit verpasst habe, es ihr zu sagen ...
... sieht es so aus, als hätte ich Haine-chan angelogen.
Ich frage mich, ob sie mich jetzt hasst ...
Shizun hat voller Erstaunen gesagt: »Es gibt so wundersame Wesen auf dieser Welt.«
Er ist so naiv.
Was ist mit dem Kaiser los?
Hält er mich für ein Haustier?
Reg dich nicht auf.

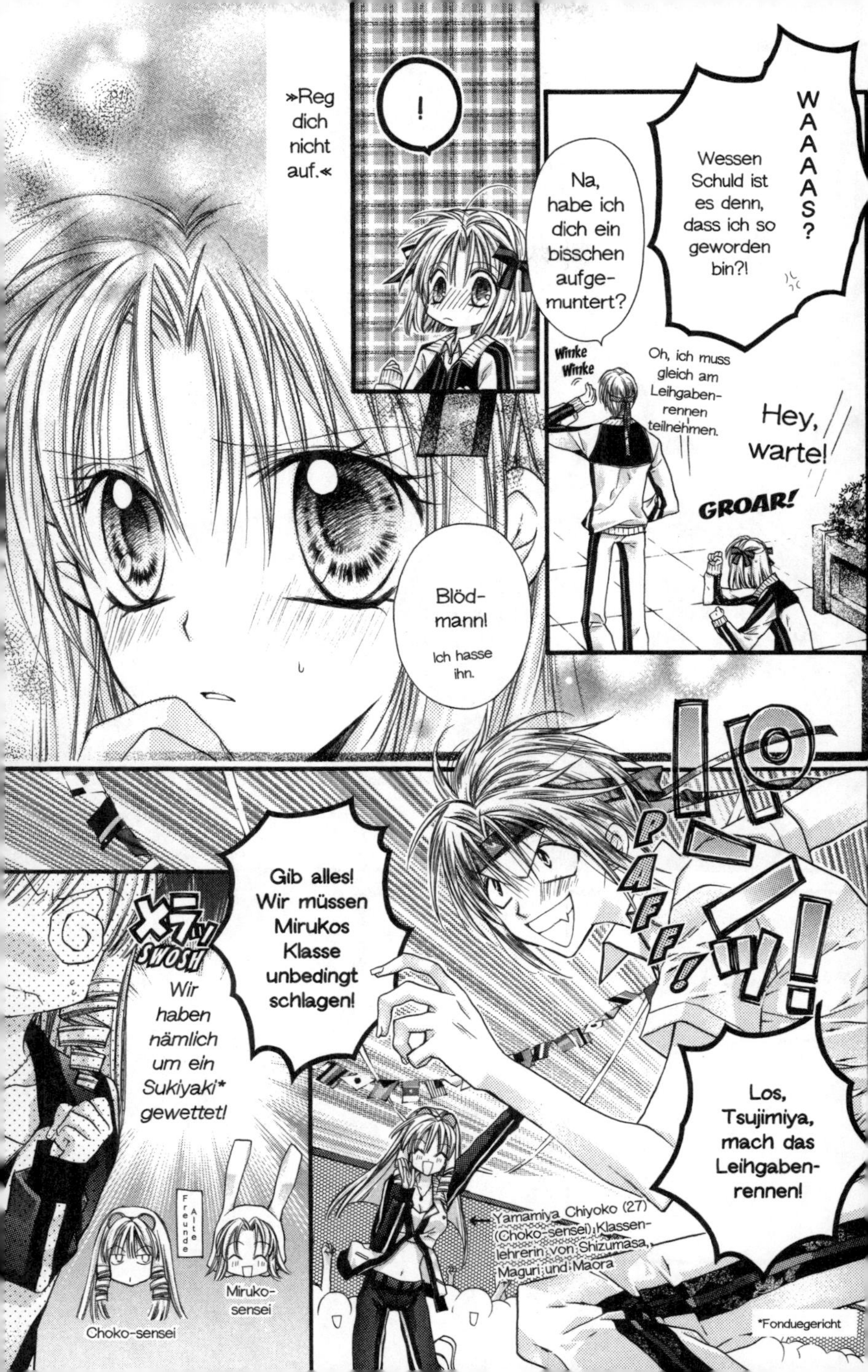
WAAAAAS?
Wessen Schuld ist es denn, dass ich so geworden bin?!
Na, habe ich dich ein bisschen aufgemuntert?
!
»Reg dich nicht auf.«
Winke Winke
Oh, ich muss gleich am Leihgabenrennen teilnehmen.
Hey, warte!
GROAR!
Blödmann!
Ich hasse ihn.
PAFF!
Los, Tsujimiya, mach das Leihgabenrennen!
Gib alles! Wir müssen Mirukos Klasse unbedingt schlagen!
SWOSH
Wir haben nämlich um ein Sukiyaki* gewettet!
Yamamiya Chiyoko (27) (Choko-sensei) Klassenlehrerin von Shizumasa, Maguri und Maora
Alte Freunde
Miruko-sensei
Choko-sensei
*Fonduegericht

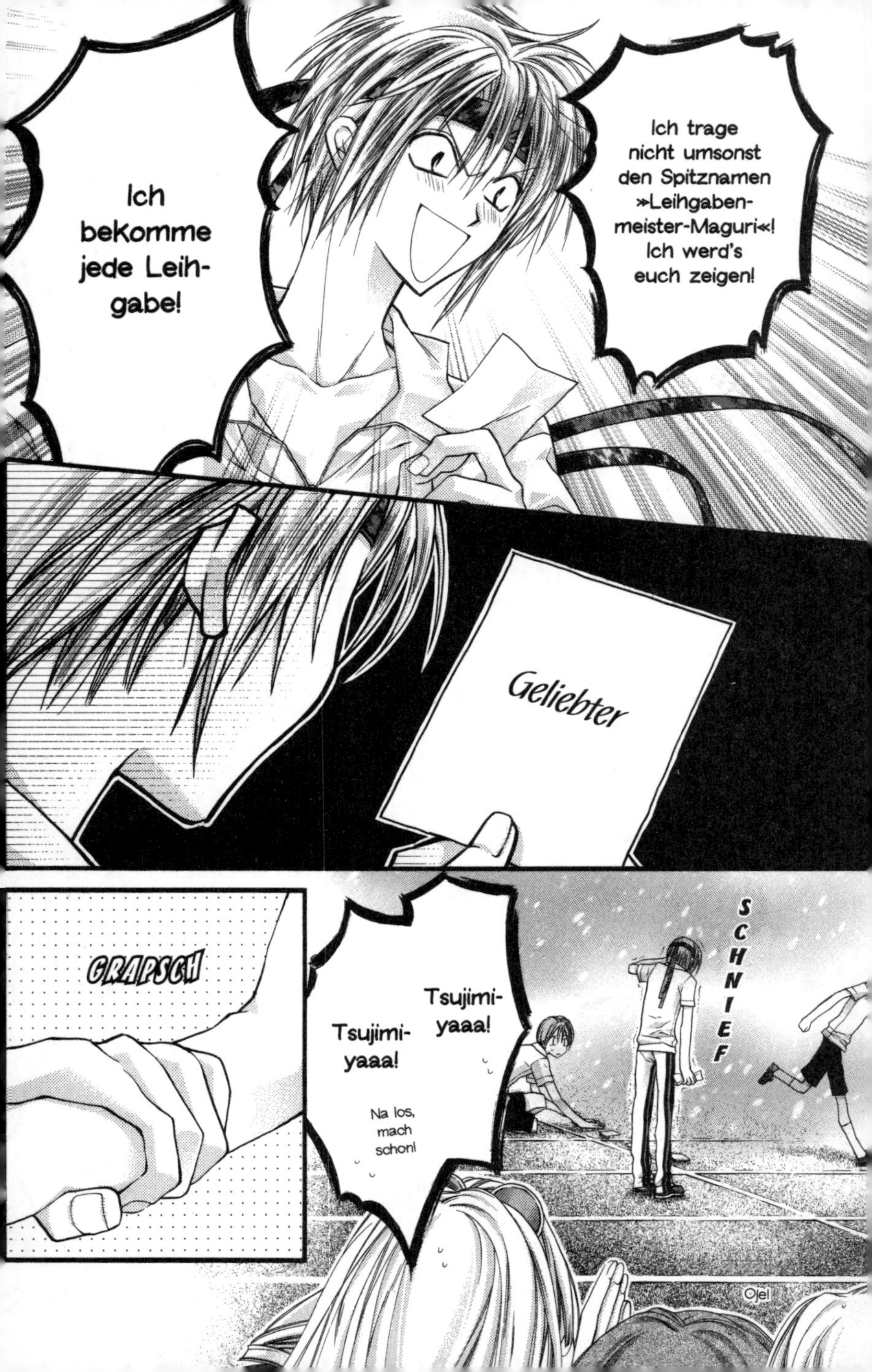
Ich trage nicht umsonst den Spitznamen »Leihgaben-meister-Maguri«! Ich werd's euch zeigen!
Ich bekomme jede Leih-gabe!
Geliebter
SCHNIEF
Tsujimi-yaaa!
Tsujimi-yaaa!
Na los, mach schon!
GRAPSCH
Ojel

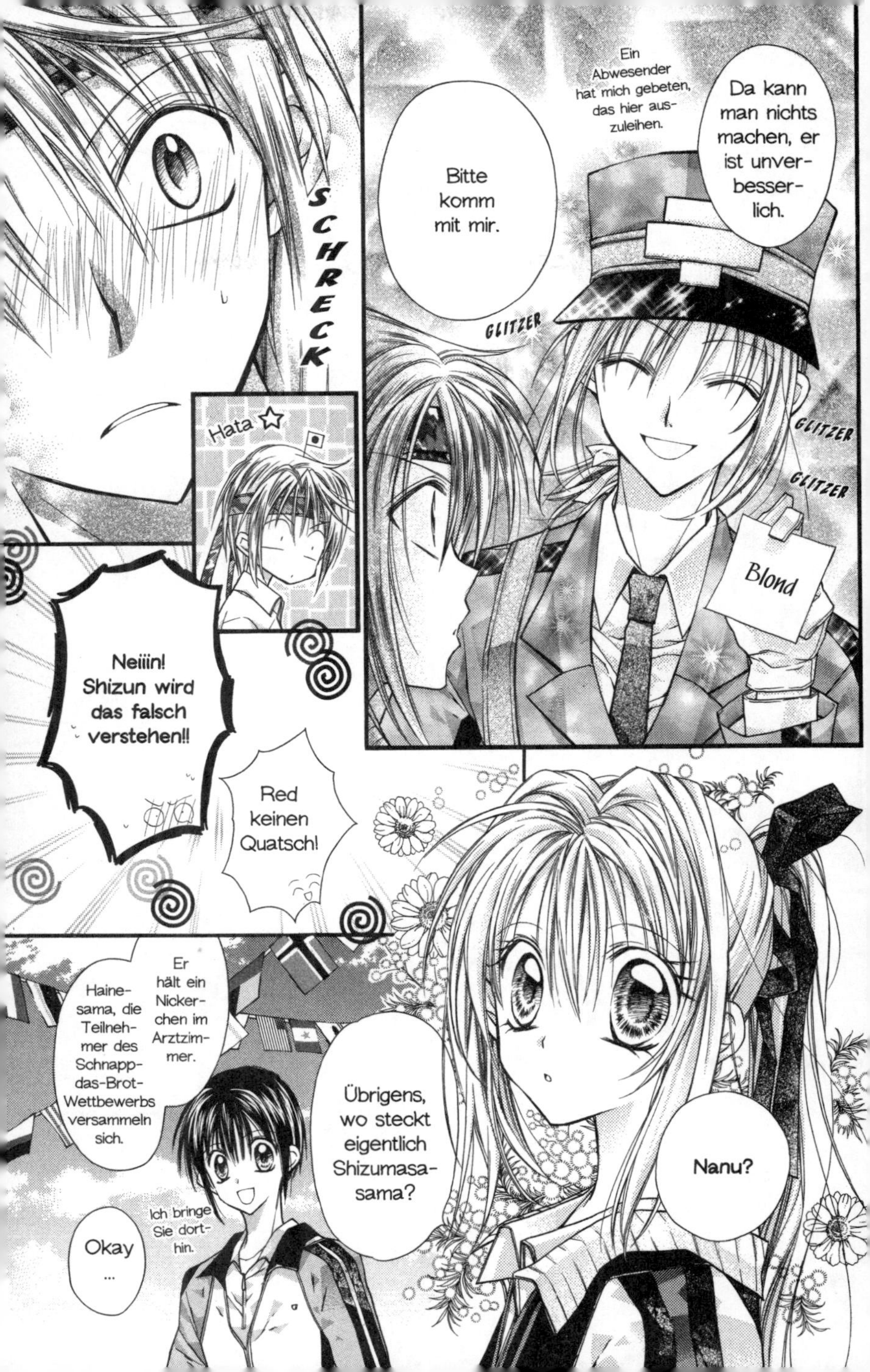
Da kann man nichts machen, er ist unverbesserlich.
Ein Abwesender hat mich gebeten, das hier auszuleihen.
Bitte komm mit mir.
GLITZER
GLITZER
GLITZER
Blond
SCHRECK
Hata ☆
Neiiin! Shizun wird das falsch verstehen!!
Red keinen Quatsch!
Nanu?
Übrigens, wo steckt eigentlich Shizumasa-sama?
Er hält ein Nickerchen im Arztzimmer.
Haine-sama, die Teilnehmer des Schnapp-das-Brot-Wettbewerbs versammeln sich.
Ich bringe Sie dorthin.
Okay ...

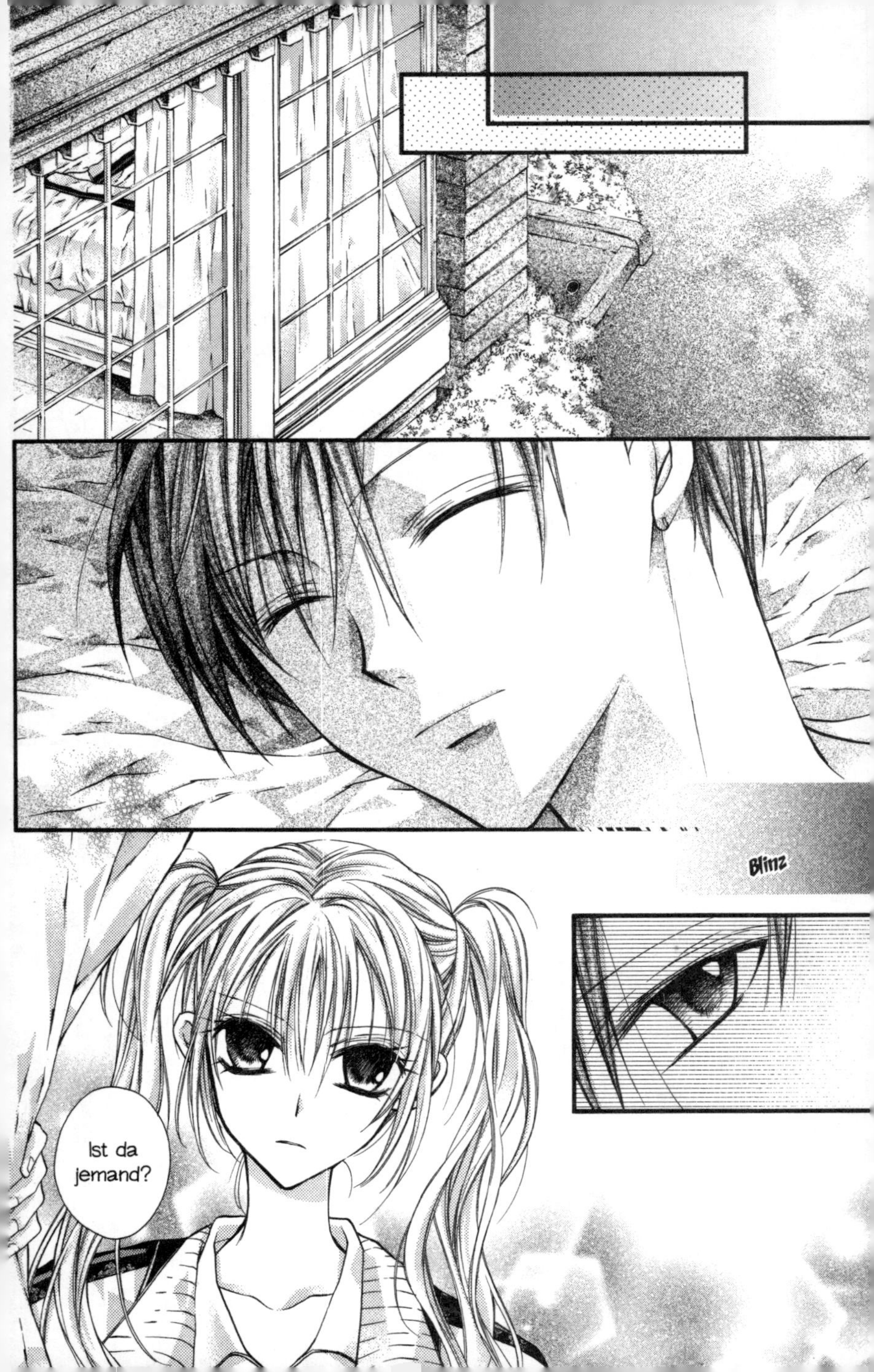
Blinz
Ist da jemand?

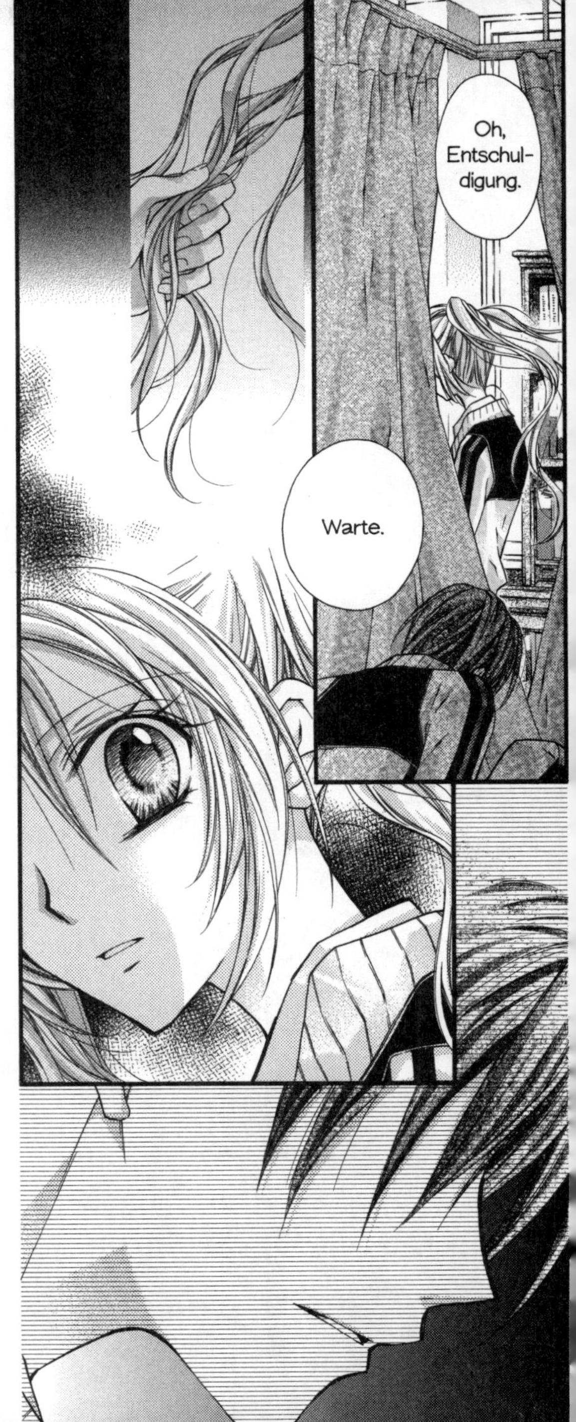

Shinshi Doumei Cross
Allianz der Gentlemen

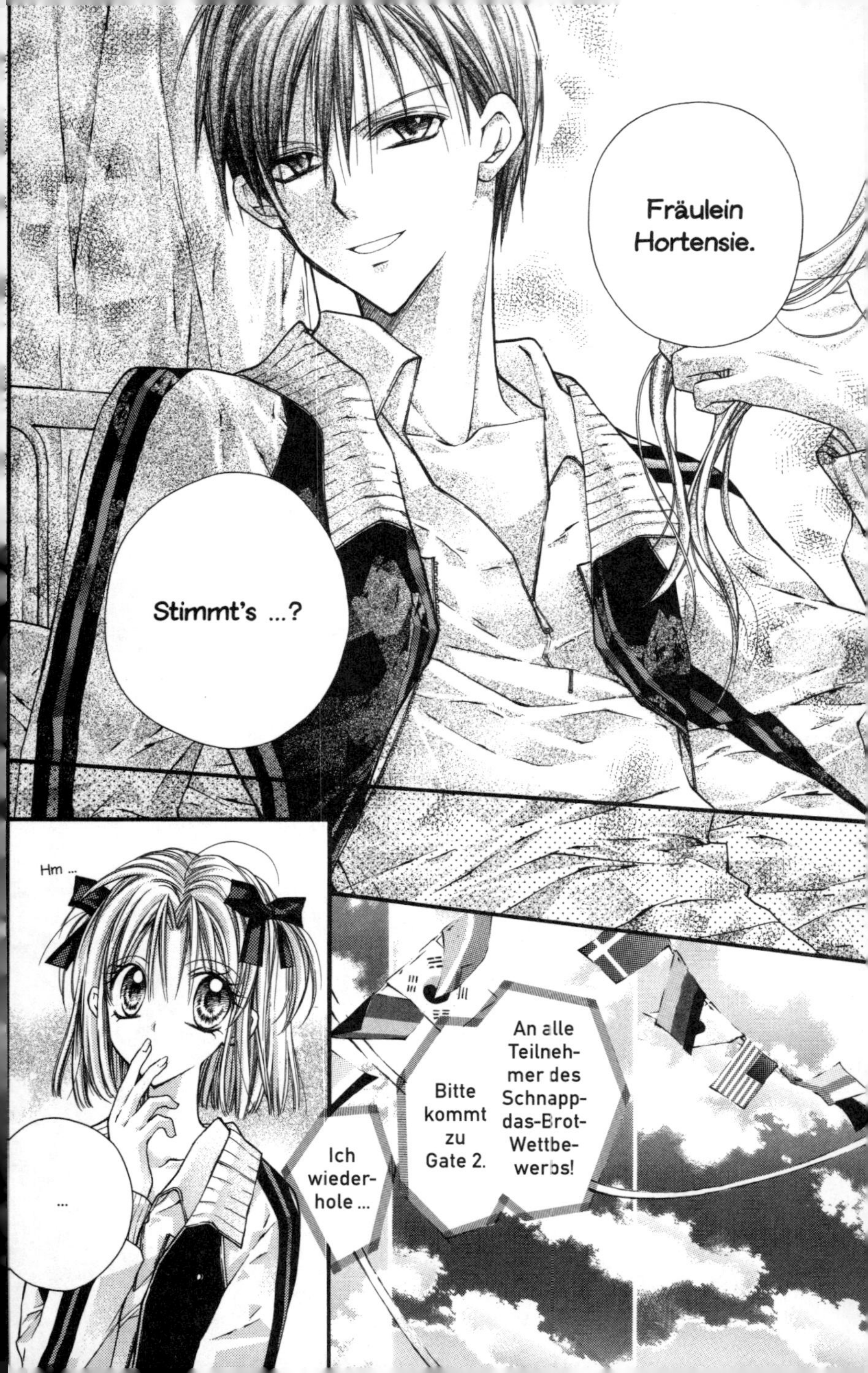

Fräulein Hortensie.
Stimmt's ...?
An alle Teilnehmer des Schnapp-das-Brot-Wettbewerbs!
Bitte kommt zu Gate 2.
Ich wiederhole ...
Hm ...
...

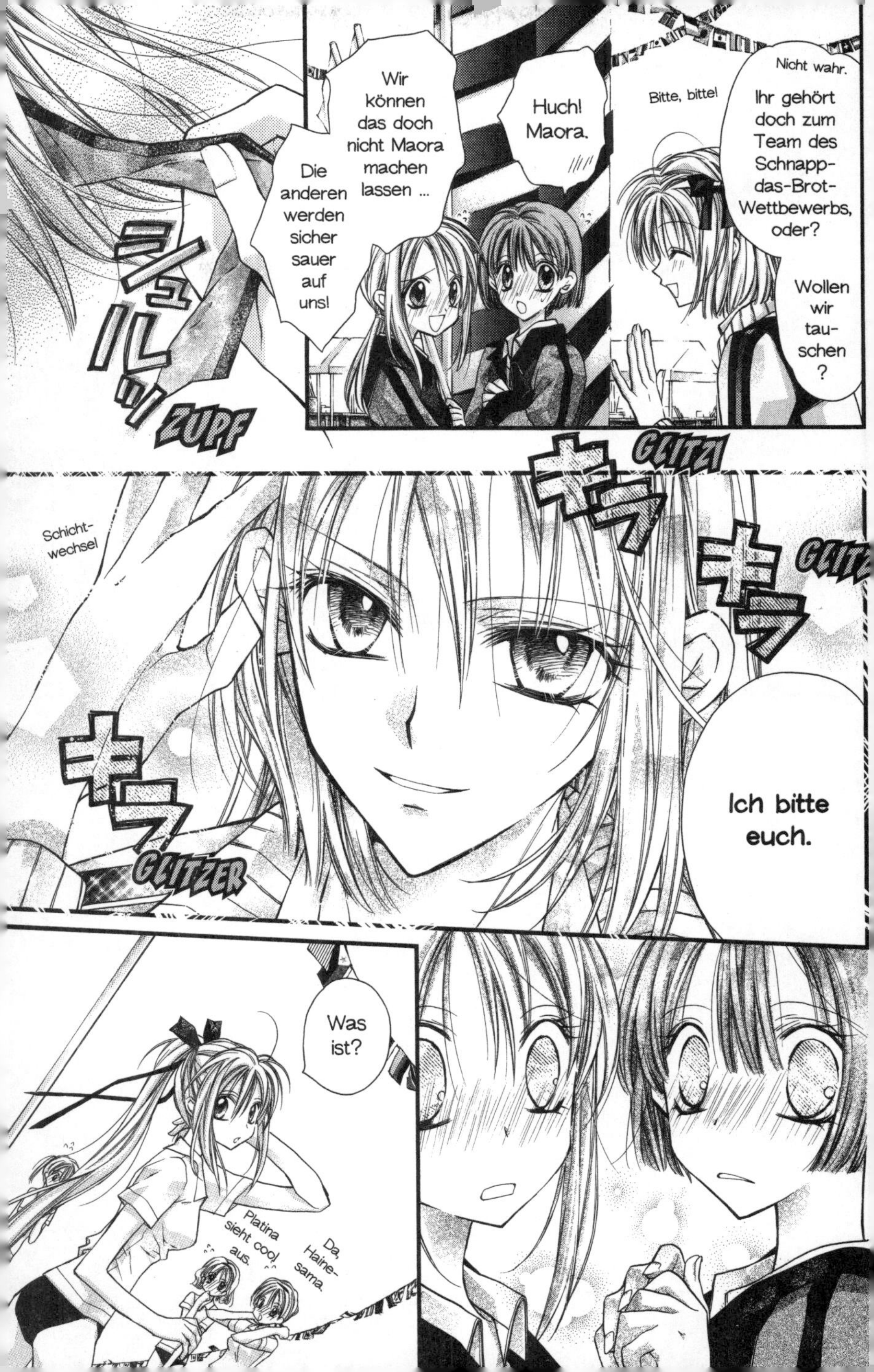
Nicht wahr.
Ihr gehört doch zum Team des Schnapp-das-Brot-Wettbewerbs, oder?
Wollen wir tau-schen?
Bitte, bitte!
Huch! Maora.
Wir können das doch nicht Maora machen lassen ...
Die anderen werden sicher sauer auf uns!
ZUPF
GLITZ
GLITZ
Schicht-wechsel
GLITZER
Ich bitte euch.
Was ist?
Da, Haine-sama.
Platina sieht cool aus.

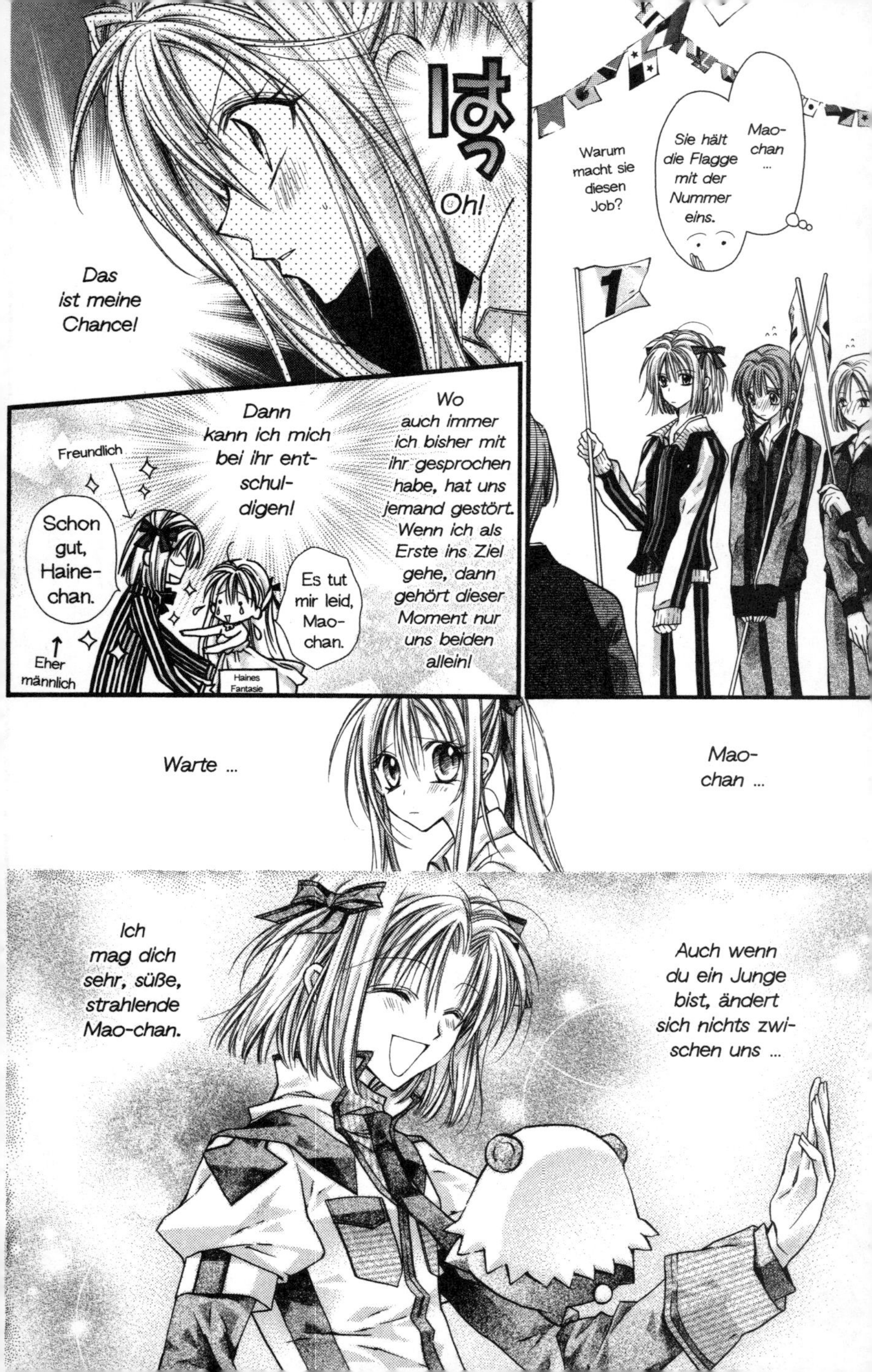
Mao-chan ...
Sie hält die Flagge mit der Nummer eins.
Warum macht sie diesen Job?
はっ
Oh!
Das ist meine Chance!
Wo auch immer ich bisher mit ihr gesprochen habe, hat uns jemand gestört. Wenn ich als Erste ins Ziel gehe, dann gehört dieser Moment nur uns beiden allein!
Dann kann ich mich bei ihr entschuldigen!
Es tut mir leid, Mao-chan.
Schon gut, Haine-chan.
Freundlich
Eher männlich
Haines Fantasie
Mao-chan ...
Warte ...
Auch wenn du ein Junge bist, ändert sich nichts zwischen uns ...
Ich mag dich sehr, süße, strahlende Mao-chan.

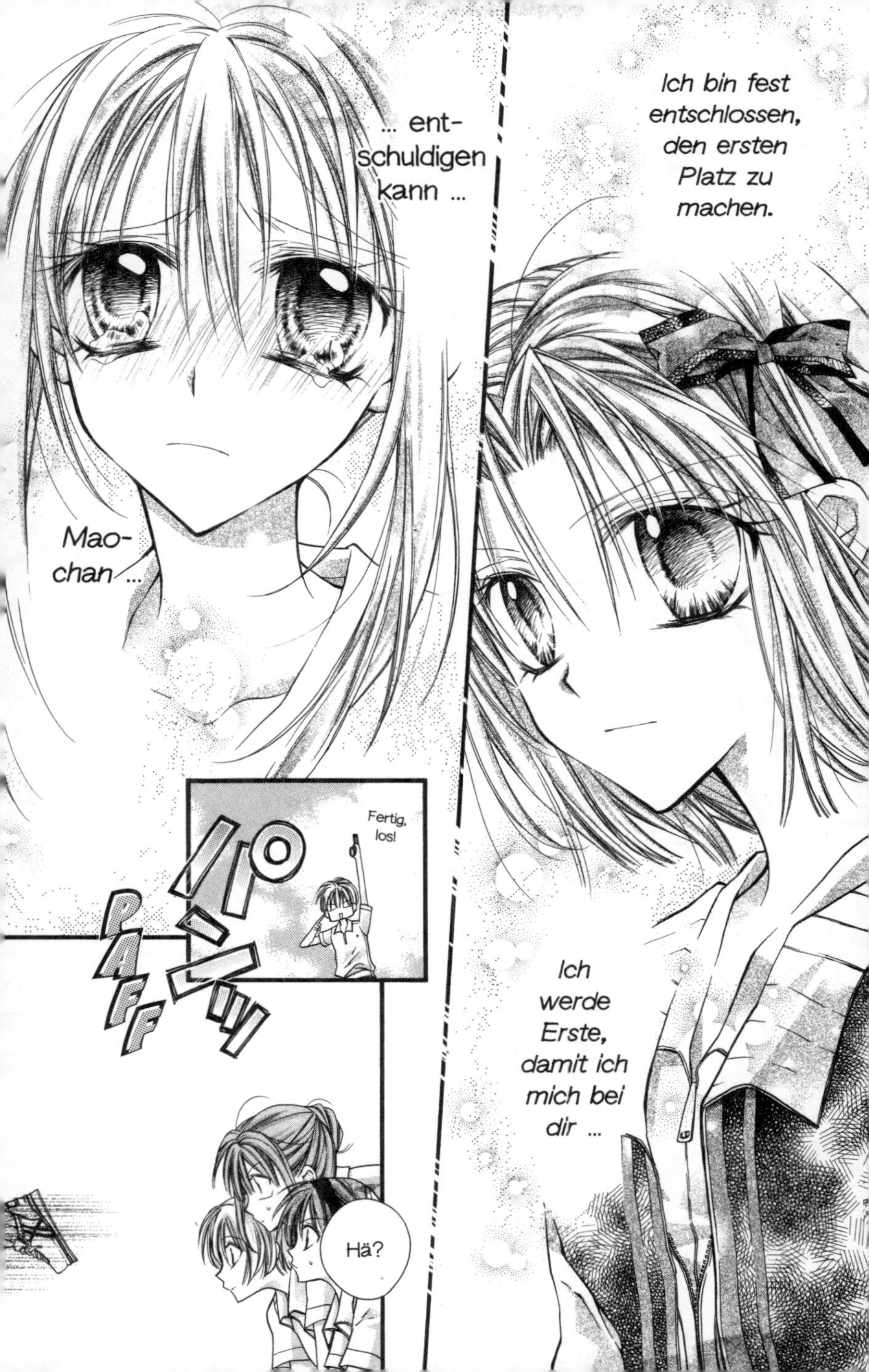
Ich bin fest entschlossen, den ersten Platz zu machen.
Ich werde Erste, damit ich mich bei dir ...
... ent-schuldigen kann ...
Mao-chan ...
Fertig, los!
PAFF
Hä?

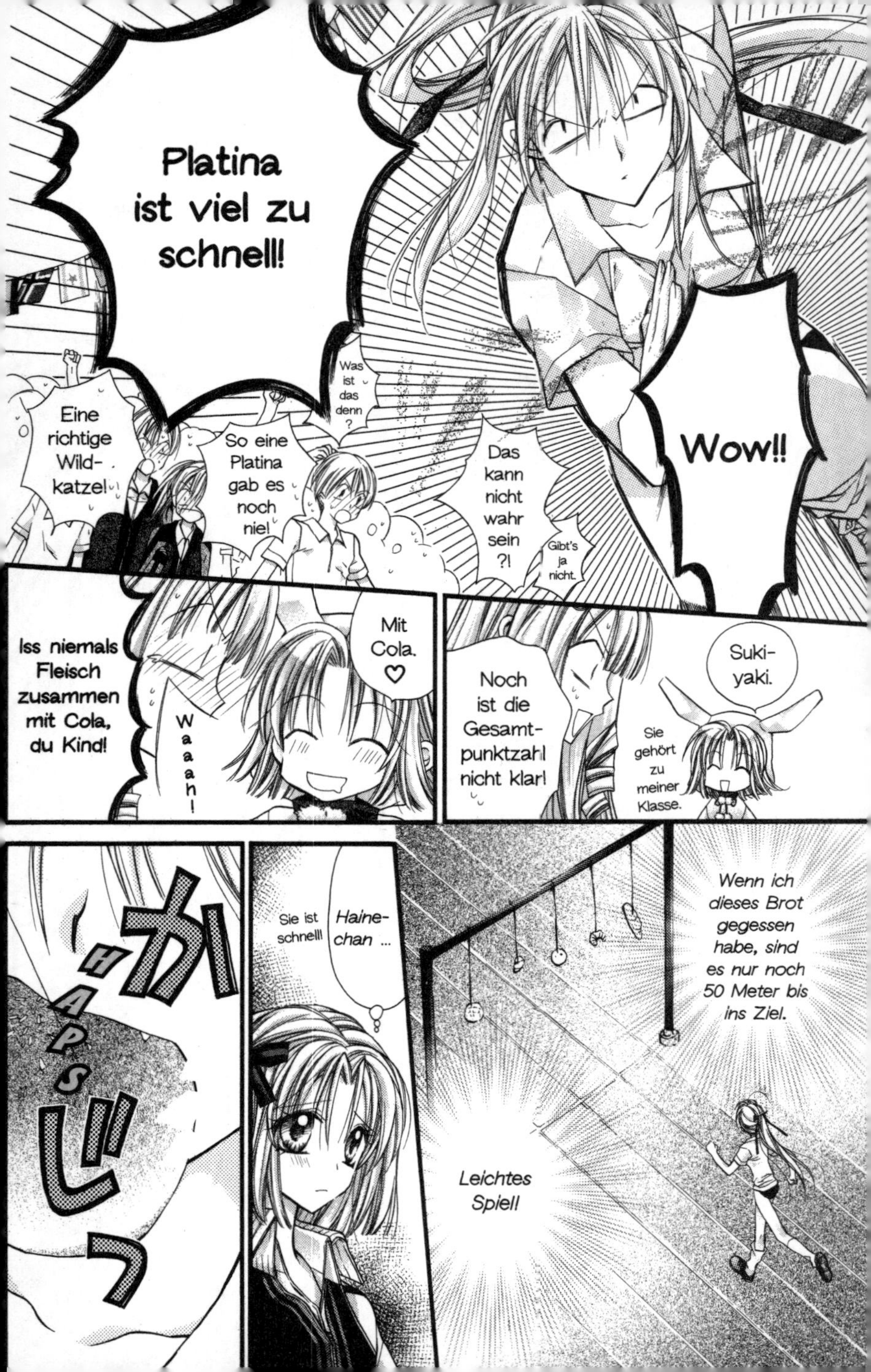

Platina ist viel zu schnell!
Wow!!
Was ist das denn?
Das kann nicht wahr sein?!
Gibt's ja nicht.
So eine Platina gab es noch nie!
Eine richtige Wild-katze!
Sukiyaki.
Sie gehört zu meiner Klasse.
Noch ist die Gesamtpunktzahl nicht klar!
Mit Cola. ♡
Waaah!
Iss niemals Fleisch zusammen mit Cola, du Kind!
Wenn ich dieses Brot gegessen habe, sind es nur noch 50 Meter bis ins Ziel.
Leichtes Spiel!
Haine-chan ...
Sie ist schnell!
HAPS

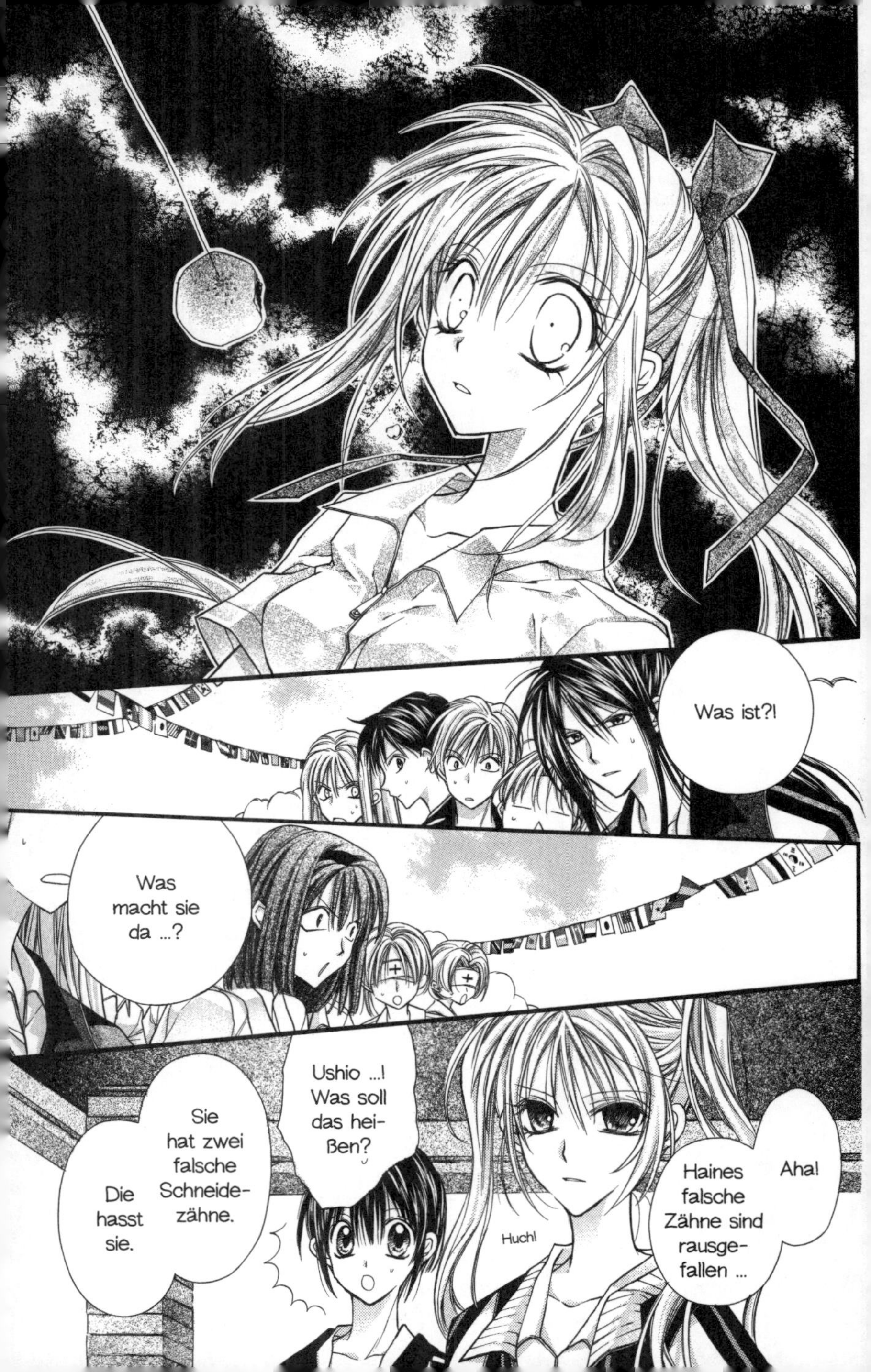
Was ist?!
Was macht sie da ...?
Aha!
Haines falsche Zähne sind rausgefallen ...
Huch!
Ushio ...! Was soll das heißen?
Sie hat zwei falsche Schneidezähne.
Die hasst sie.

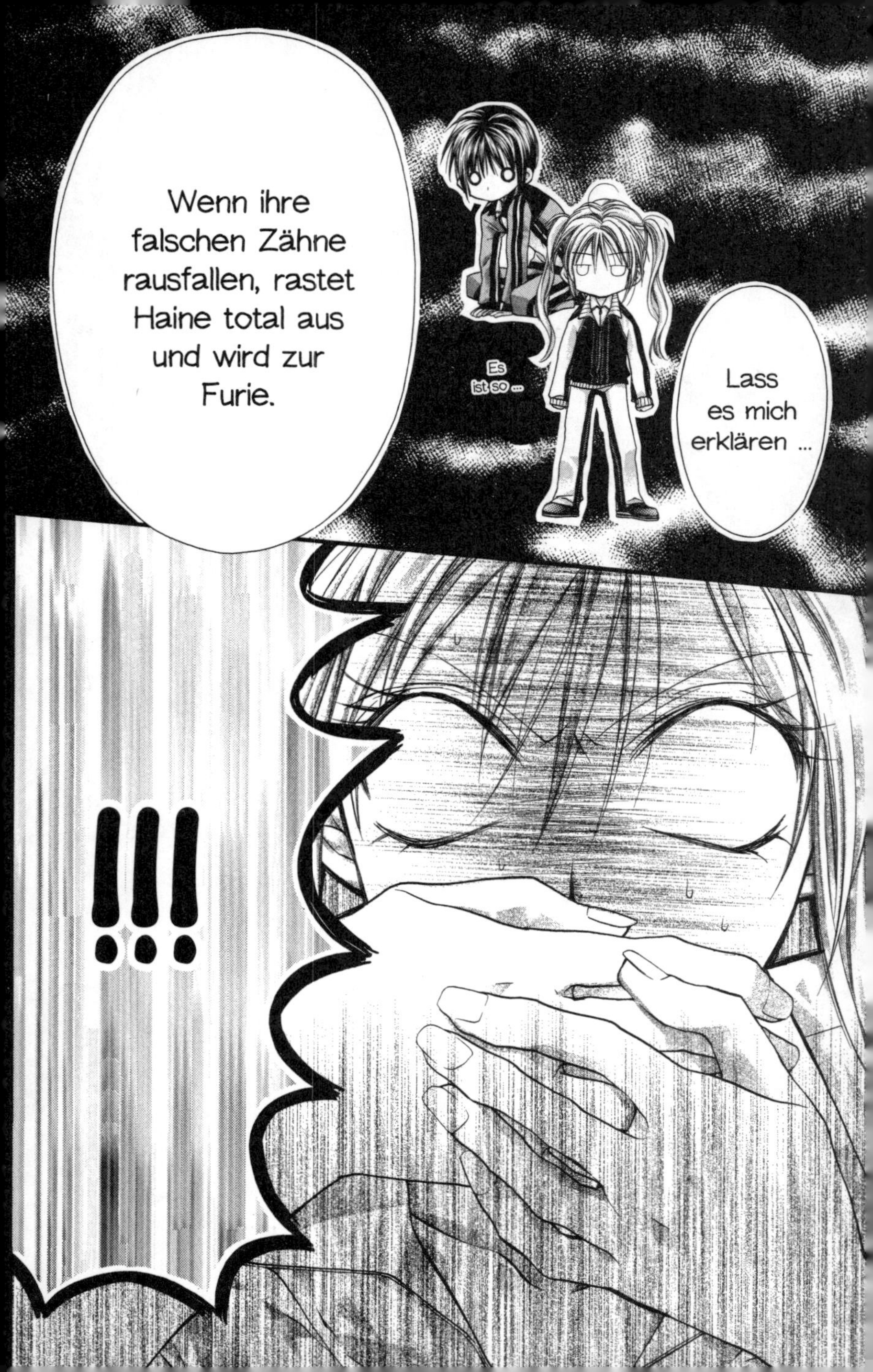
Lass es mich erklären ...
Es ist so ...
Wenn ihre falschen Zähne rausfallen, rastet Haine total aus und wird zur Furie.
!!!

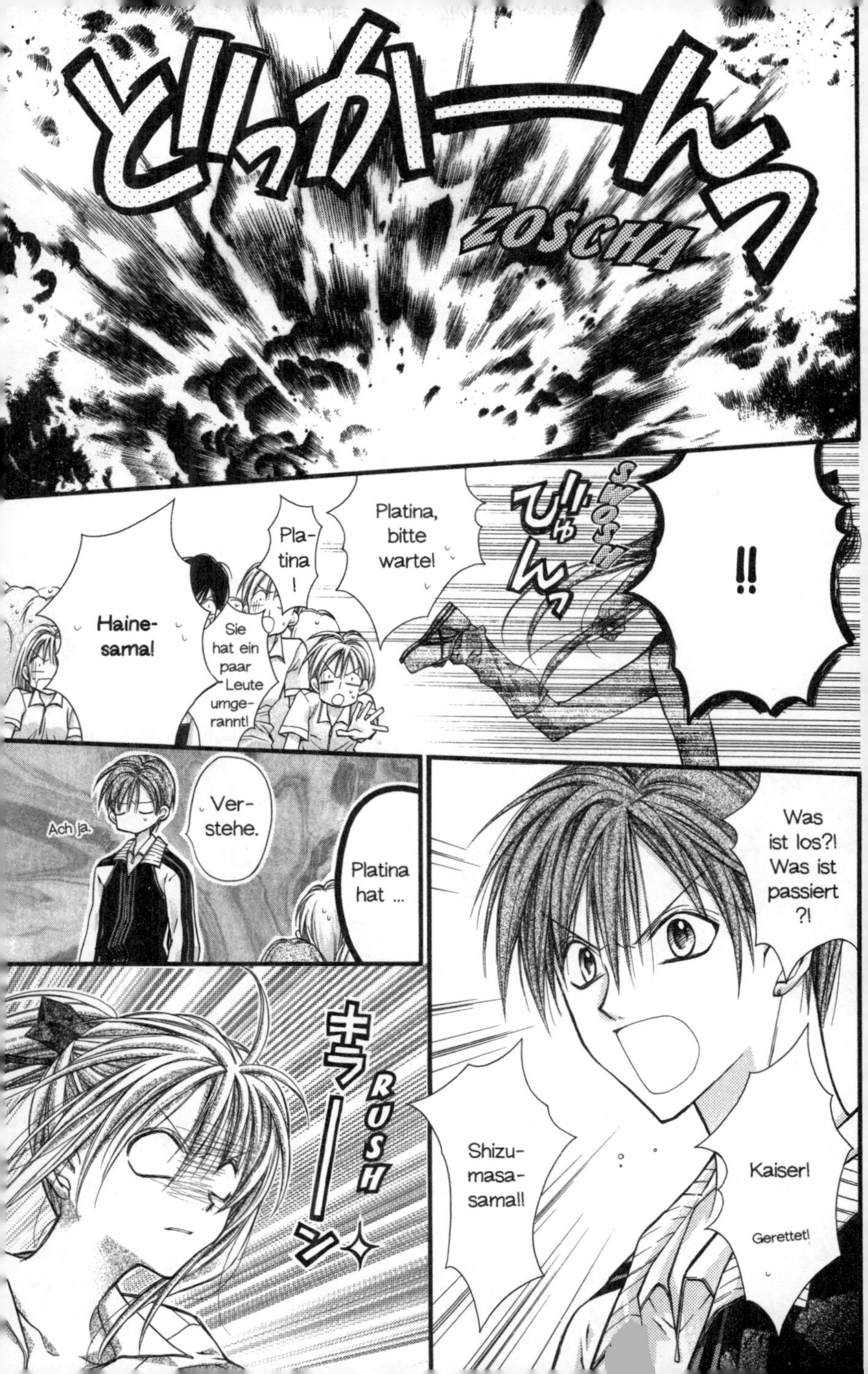
ZOSCHA
!!
SWOSH
ひゅんっ
Platina, bitte warte!
Pla-tina!
Sie hat ein paar Leute umgerannt!
Haine-sama!
Was ist los?! Was ist passiert?!
Platina hat ...
Ver-stehe.
Ach ja.
Kaiser!
Gerettet!
Shizu-masa-sama!!
RUSH

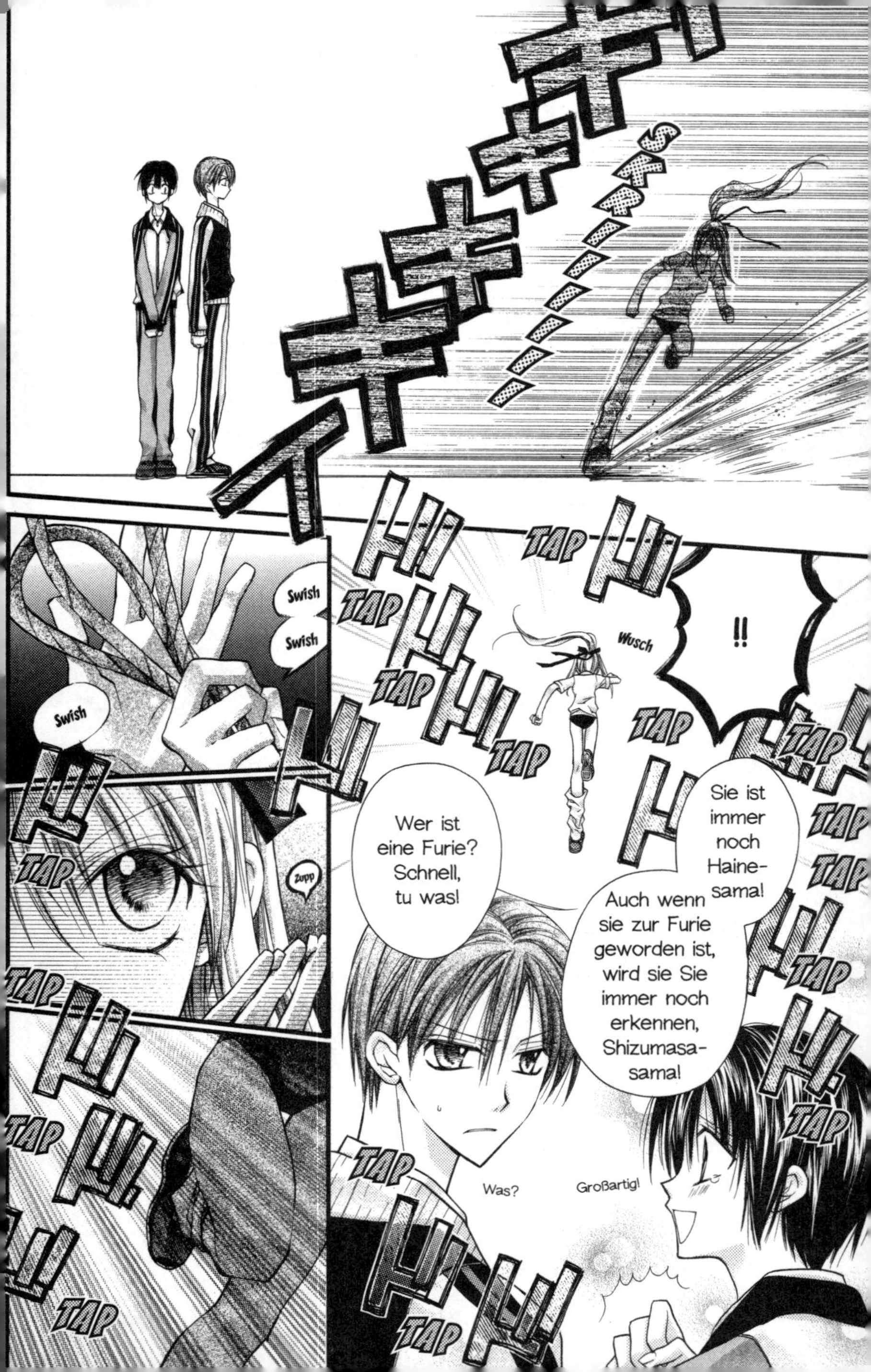
!!
Wusch
Swish
Swish
Swish
Zupp
Sie ist immer noch Haine-sama!
Auch wenn sie zur Furie geworden ist, wird sie Sie immer noch erkennen, Shizumasa-sama!
Wer ist eine Furie? Schnell, tu was!
Großartig!
Was?

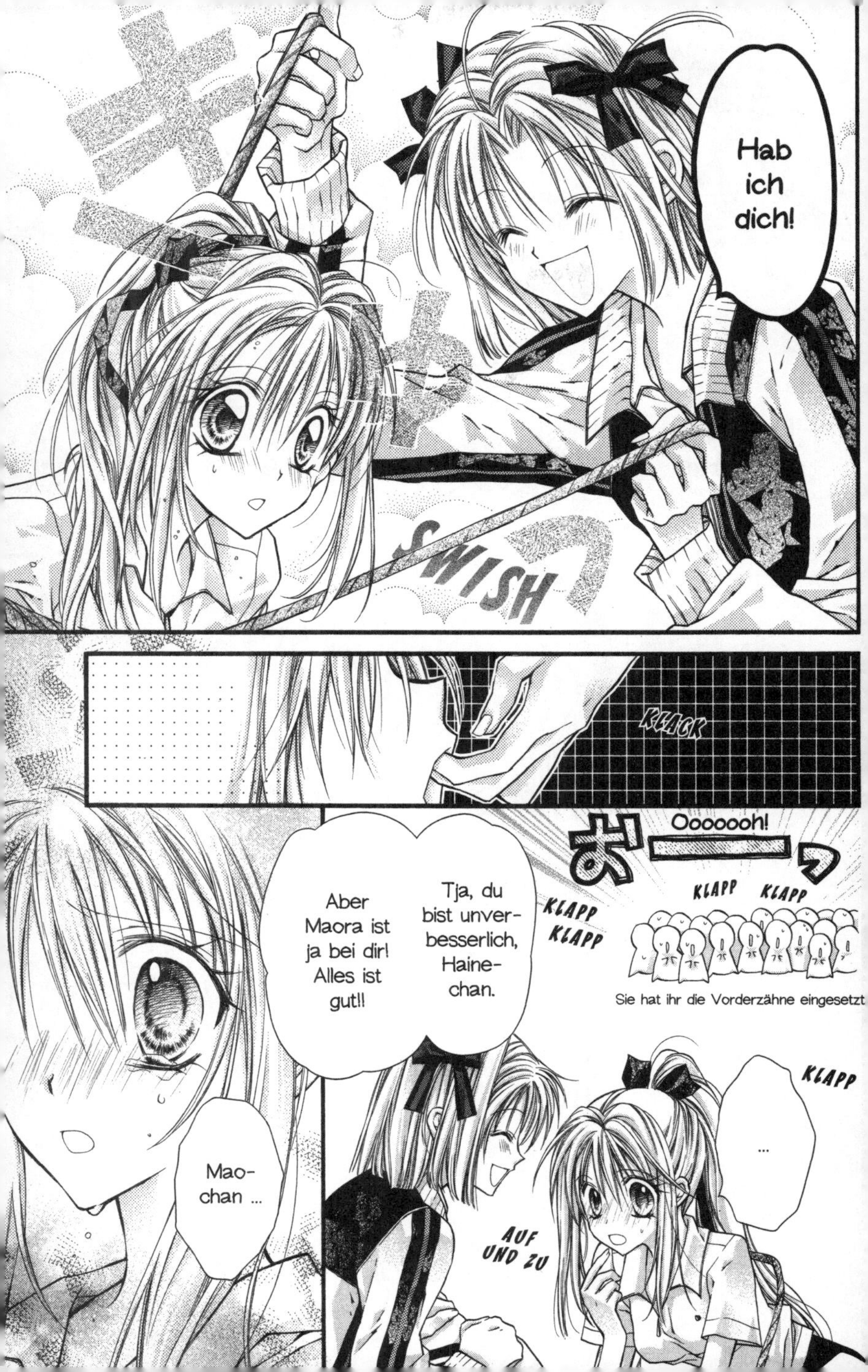
Hab ich dich!
SWISH
KLACK
Ooooooh!
KLAPP
KLAPP
KLAPP
KLAPP
Sie hat ihr die Vorderzähne eingesetzt
Tja, du bist unverbesserlich, Haine-chan.
Aber Maora ist ja bei dir! Alles ist gut!!
Mao-chan ...
KLAPP
...
AUF UND ZU

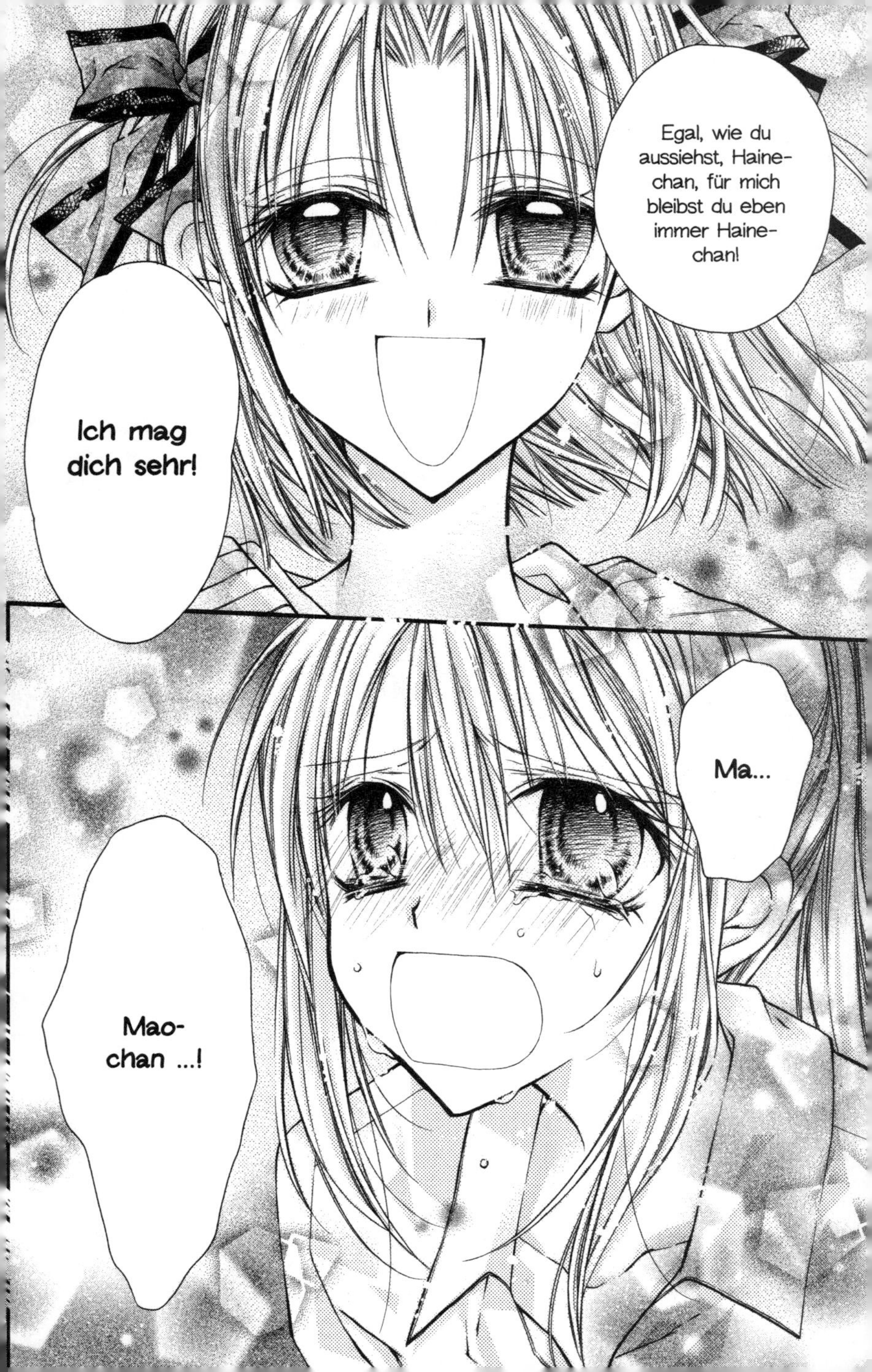
Egal, wie du aussiehst, Haine-chan, für mich bleibst du eben immer Haine-chan!
Ich mag dich sehr!
Ma...
Mao-chan ...!

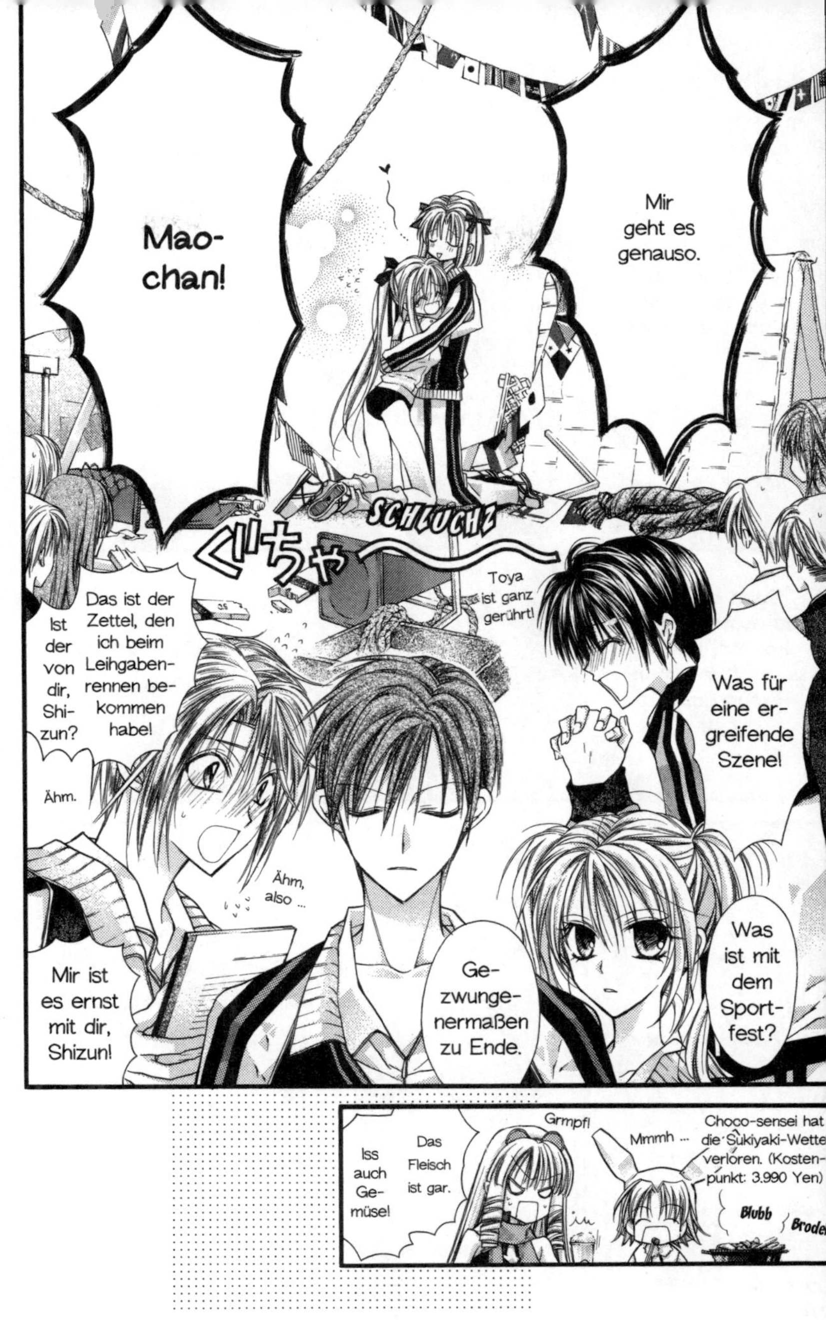
Mir geht es genauso.
Mao-chan!
SCHLUCHZ
ぐちゃ〜〜
Toya ist ganz gerührt!
Das ist der Zettel, den ich beim Leihgabenrennen bekommen habe!
Ist der von dir, Shizun?
Ähm.
Was für eine ergreifende Szene!
Ähm, also ...
Mir ist es ernst mit dir, Shizun!
Gezwungenermaßen zu Ende.
Was ist mit dem Sportfest?
Choco-sensei hat die Sukiyaki-Wette verloren. (Kostenpunkt: 3.990 Yen)
Mmmh ...
Grmpf!
Das Fleisch ist gar.
Iss auch Gemüse!
Blubb
Brodel

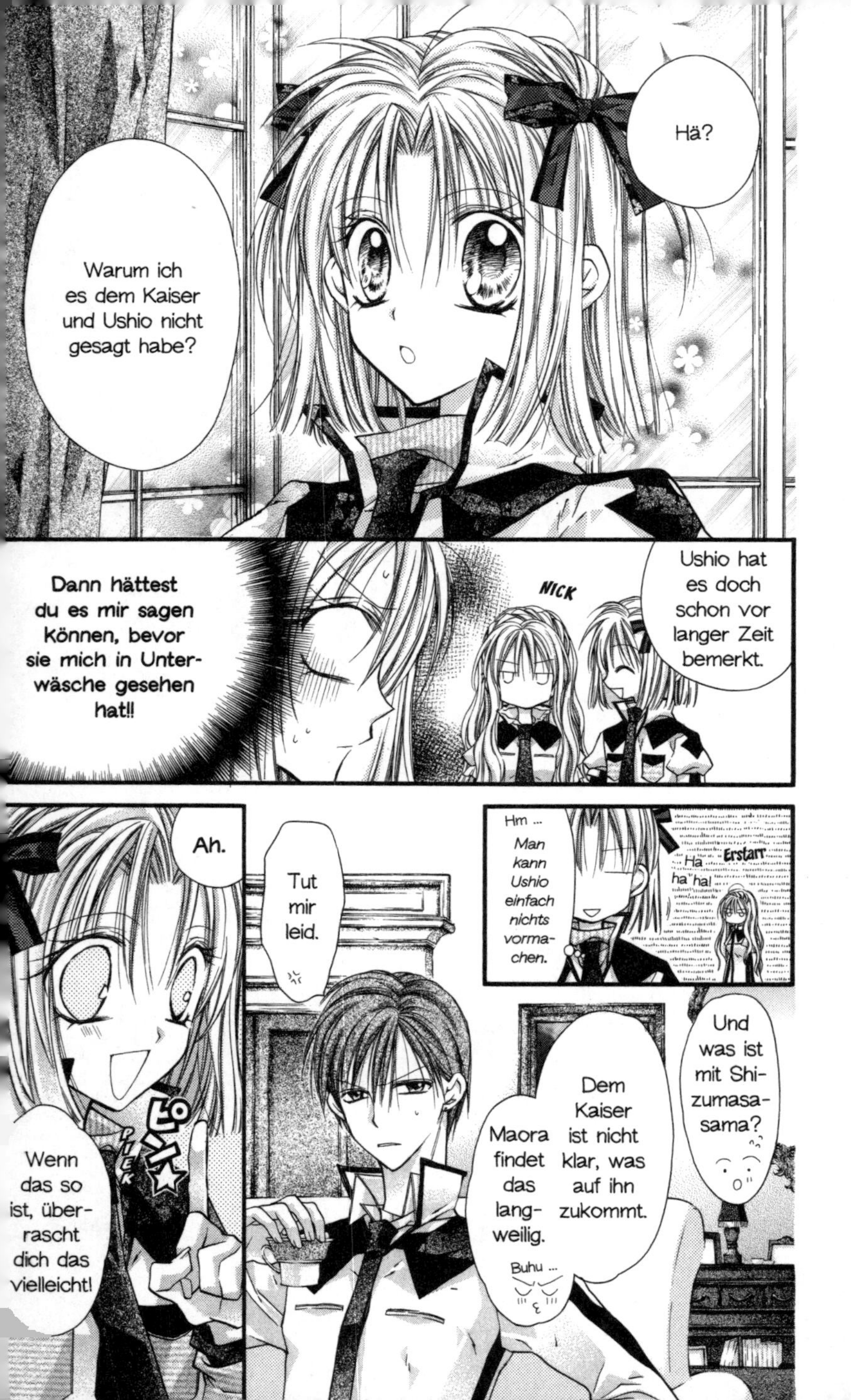
Hä?
Warum ich es dem Kaiser und Ushio nicht gesagt habe?
Ushio hat es doch schon vor langer Zeit bemerkt.
NICK
Dann hättest du es mir sagen können, bevor sie mich in Unterwäsche gesehen hat!!
Hm ... Man kann Ushio einfach nichts vormachen.
Ha ha ha!
Erstarr
Ah.
Tut mir leid.
Und was ist mit Shizumasa-sama?
Dem Kaiser ist nicht klar, was auf ihn zukommt.
Maora findet das langweilig.
Buhu ...
PIEK
Wenn das so ist, überrascht dich das vielleicht!

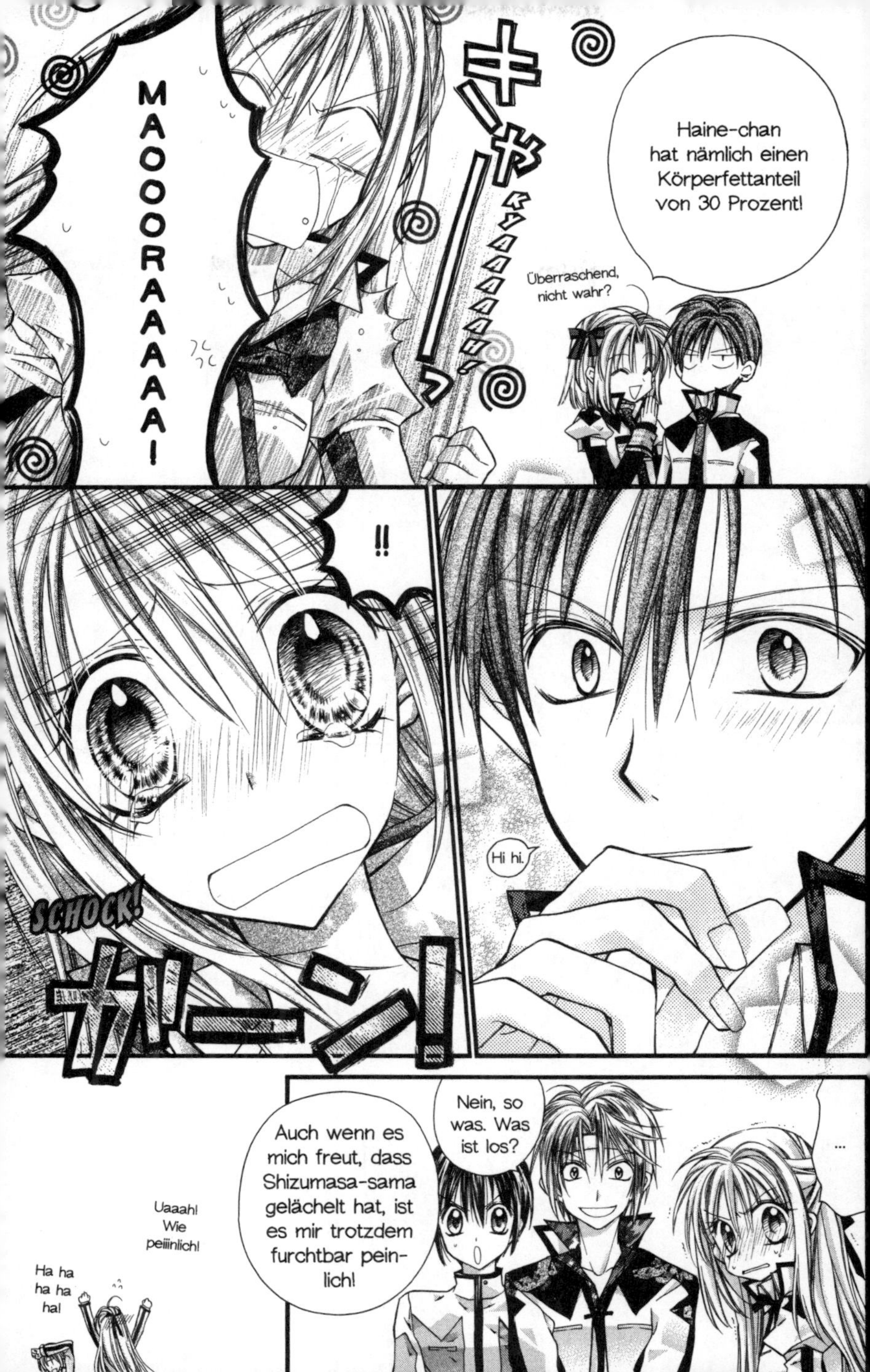
Haine-chan hat nämlich einen Körperfettanteil von 30 Prozent!
Überraschend, nicht wahr?
KYAAAAAAAAH!
MAOOOORAAAAAA!
!!
Hi hi.
SCHOCK!
...
Nein, so was. Was ist los?
Auch wenn es mich freut, dass Shizumasa-sama gelächelt hat, ist es mir trotzdem furchtbar pein-lich!
Uaaah! Wie peiiinlich!
Ha ha ha ha ha!

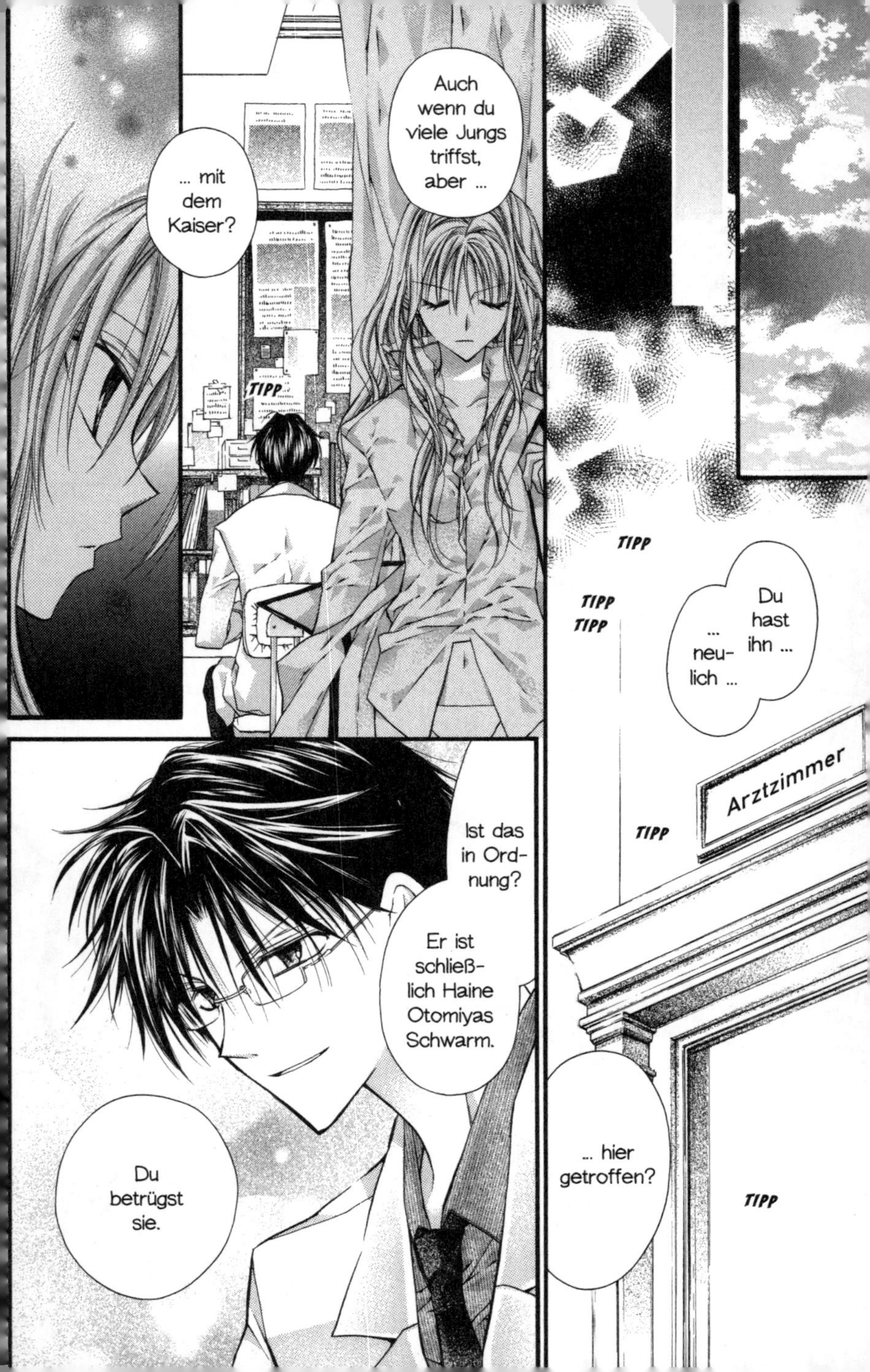
TIPP
TIPP
TIPP
Du hast ihn ... ... neulich ...
Arztzimmer
TIPP
... hier getroffen?
TIPP
Auch wenn du viele Jungs triffst, aber ...
... mit dem Kaiser?
TIPP
Ist das in Ordnung?
Er ist schließlich Haine Otomiyas Schwarm.
Du betrügst sie.

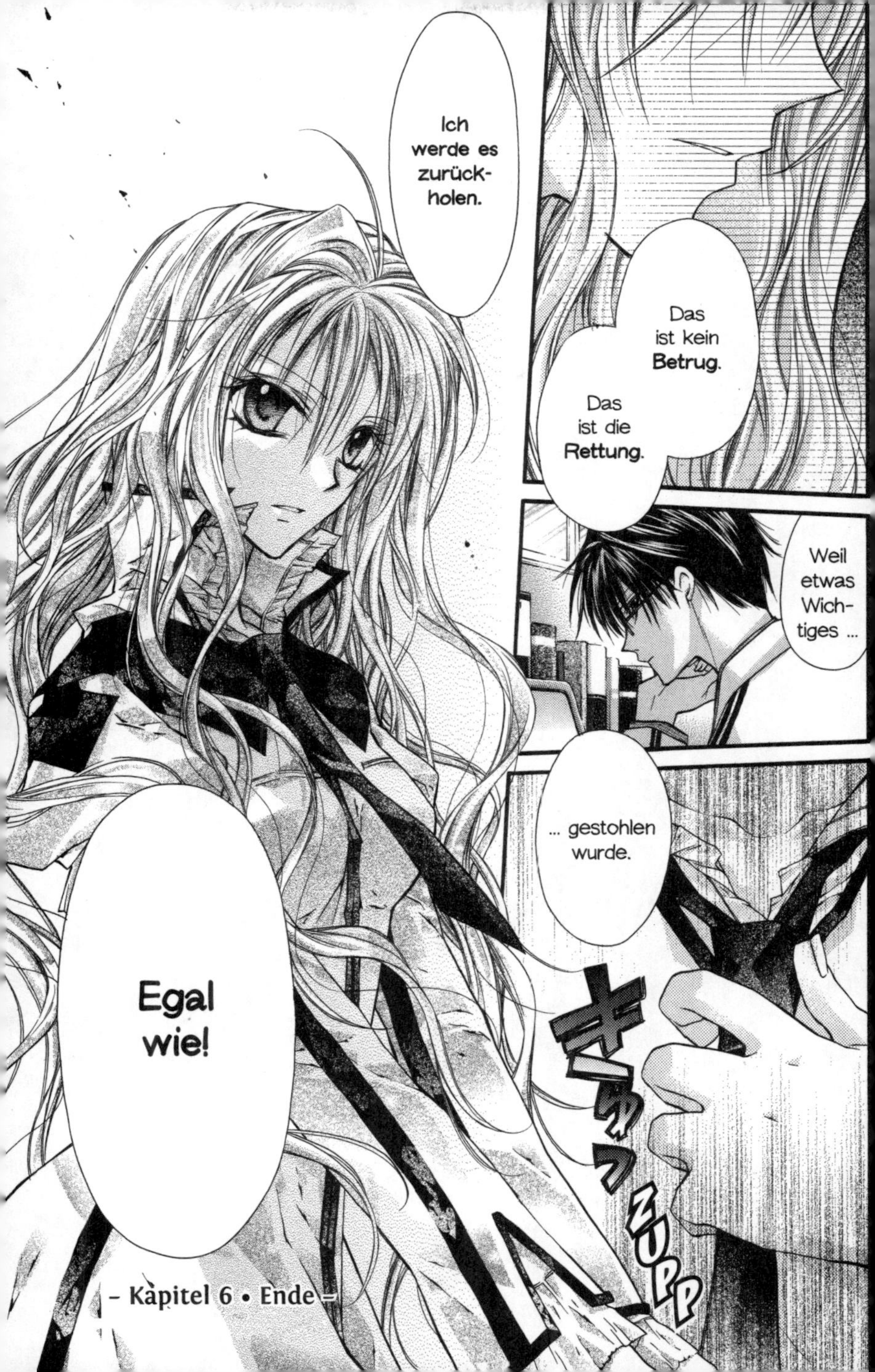

– Kapitel 6 • Ende –

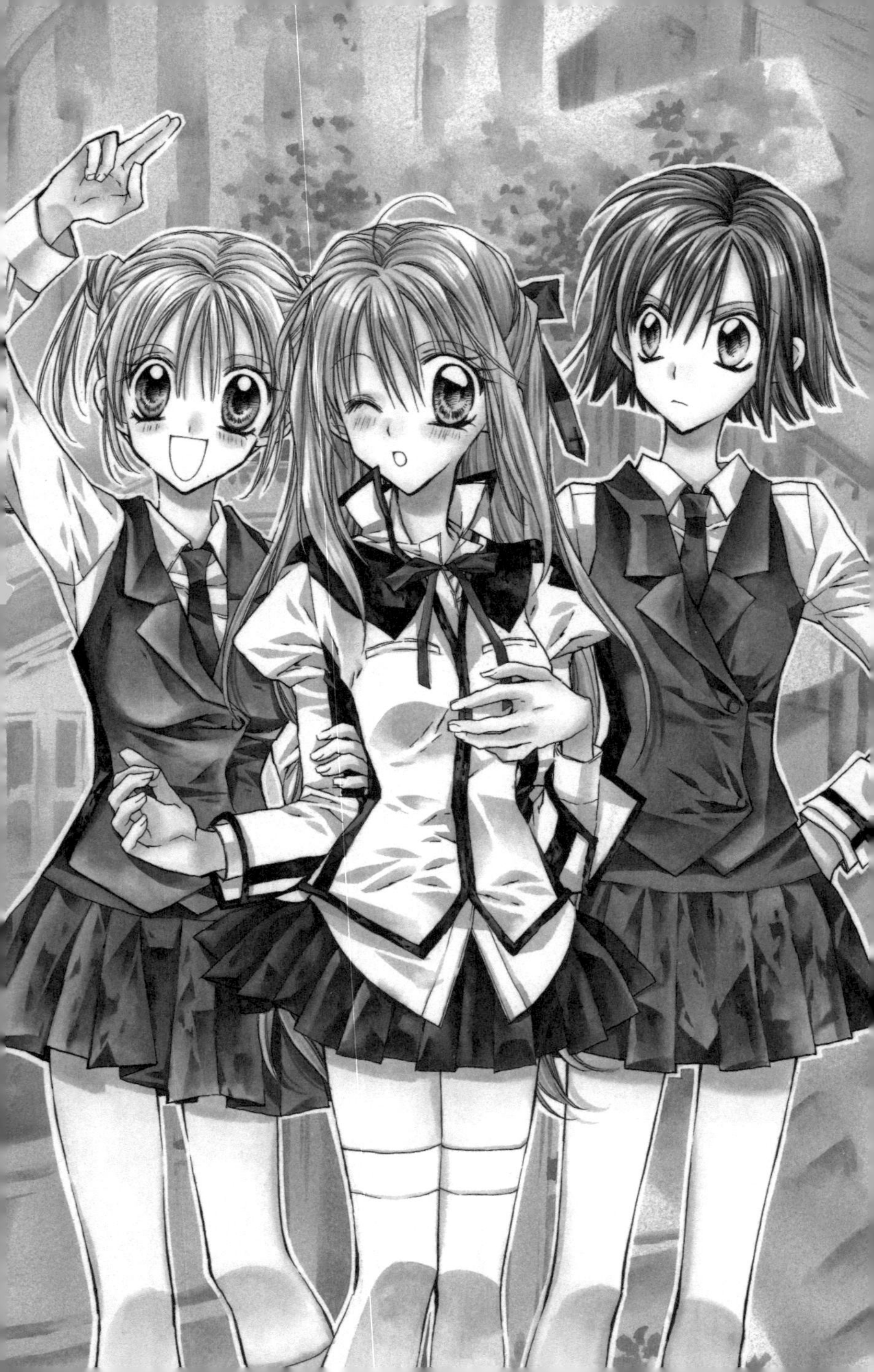

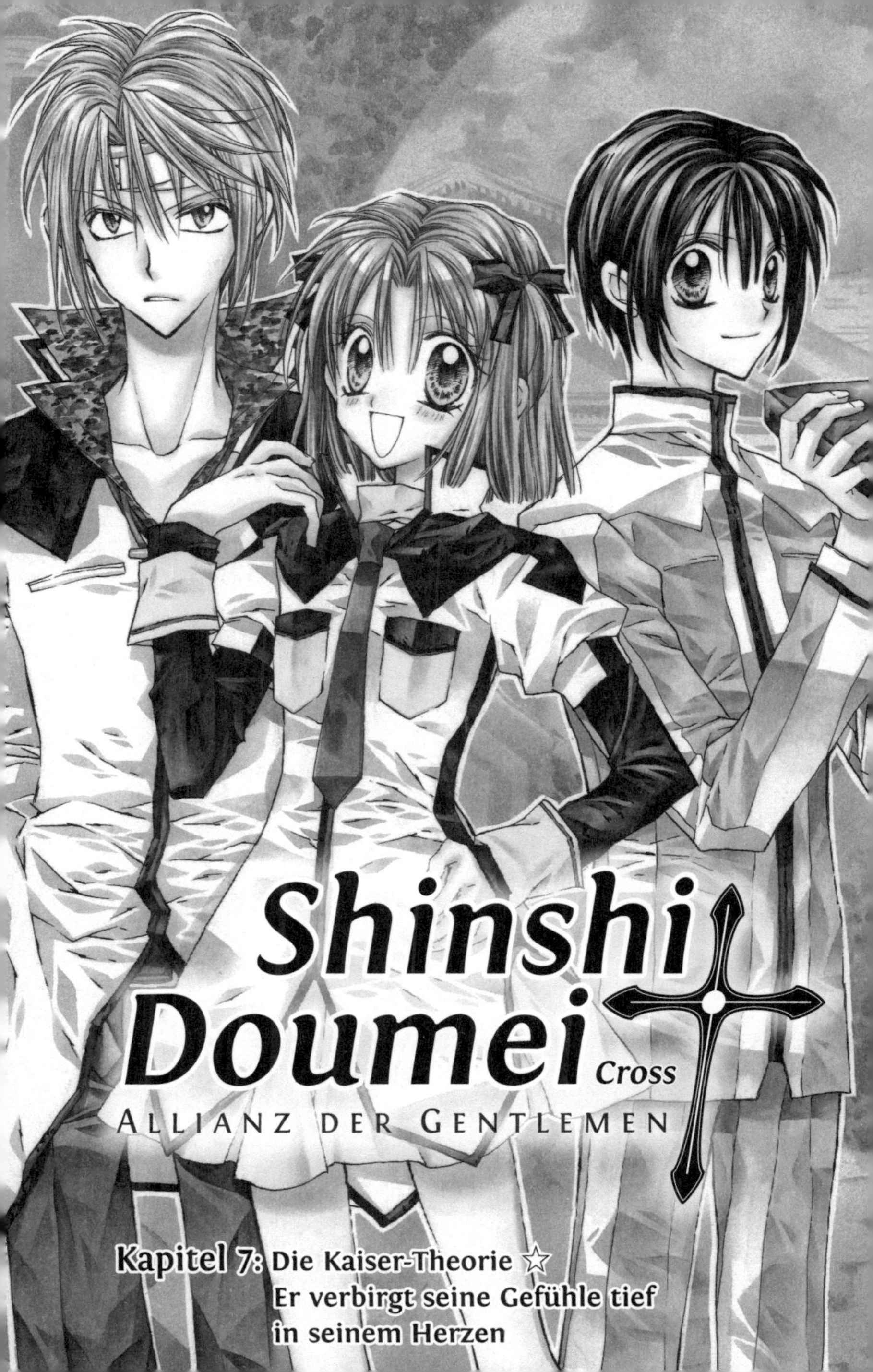
Shinshi Doumei Cross
Allianz der Gentlemen
Kapitel 7: Die Kaiser-Theorie ☆
Er verbirgt seine Gefühle tief
in seinem Herzen

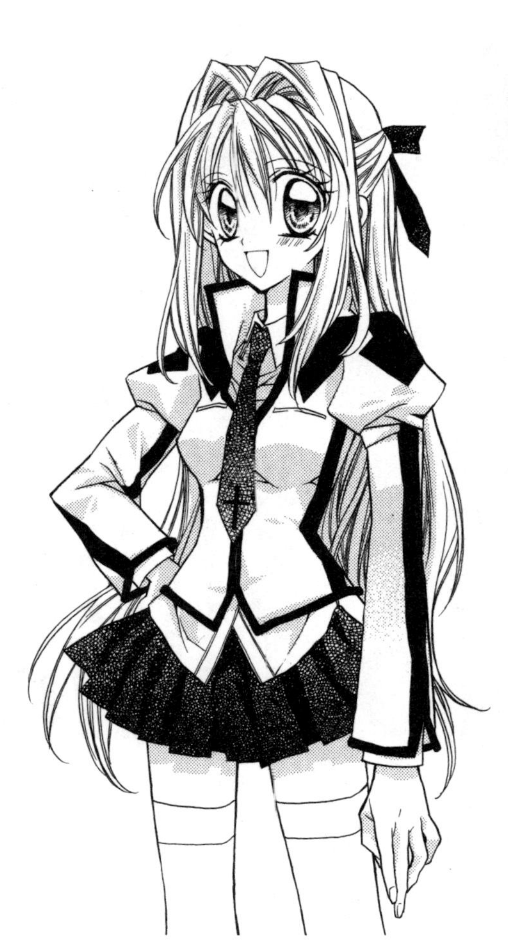

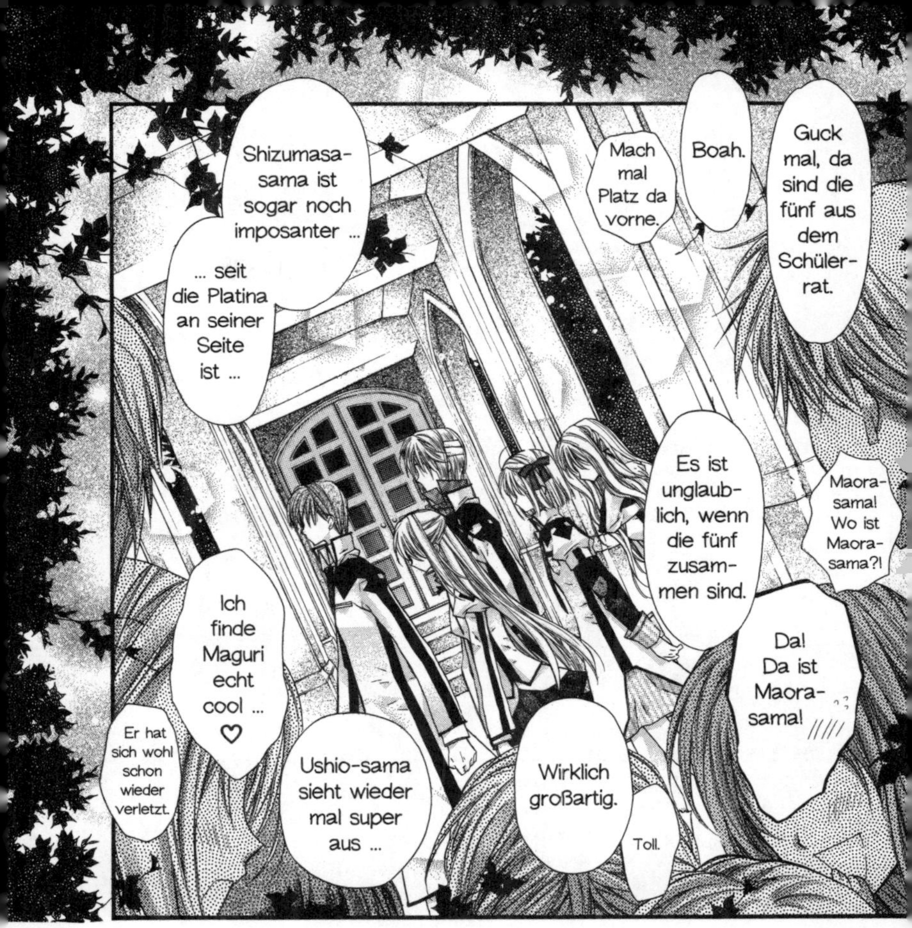

Guck mal, da sind die fünf aus dem Schülerrat.

Boah.

Mach mal Platz da vorne.

Shizumasa-sama ist sogar noch imposanter ...

... seit die Platina an seiner Seite ist ...

Maora-sama! Wo ist Maora-sama?!

Es ist unglaublich, wenn die fünf zusammen sind.

Da! Da ist Maora-sama!

Ich finde Maguri echt cool ... ♡

Wirklich großartig.

Toll.

Ushio-sama sieht wieder mal super aus ...

Er hat sich wohl schon wieder verletzt.

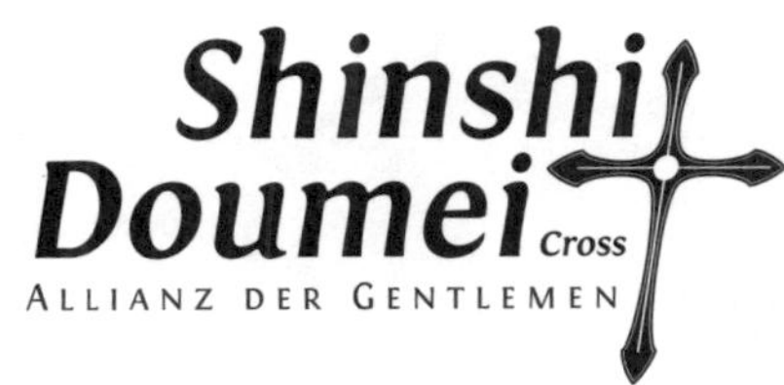

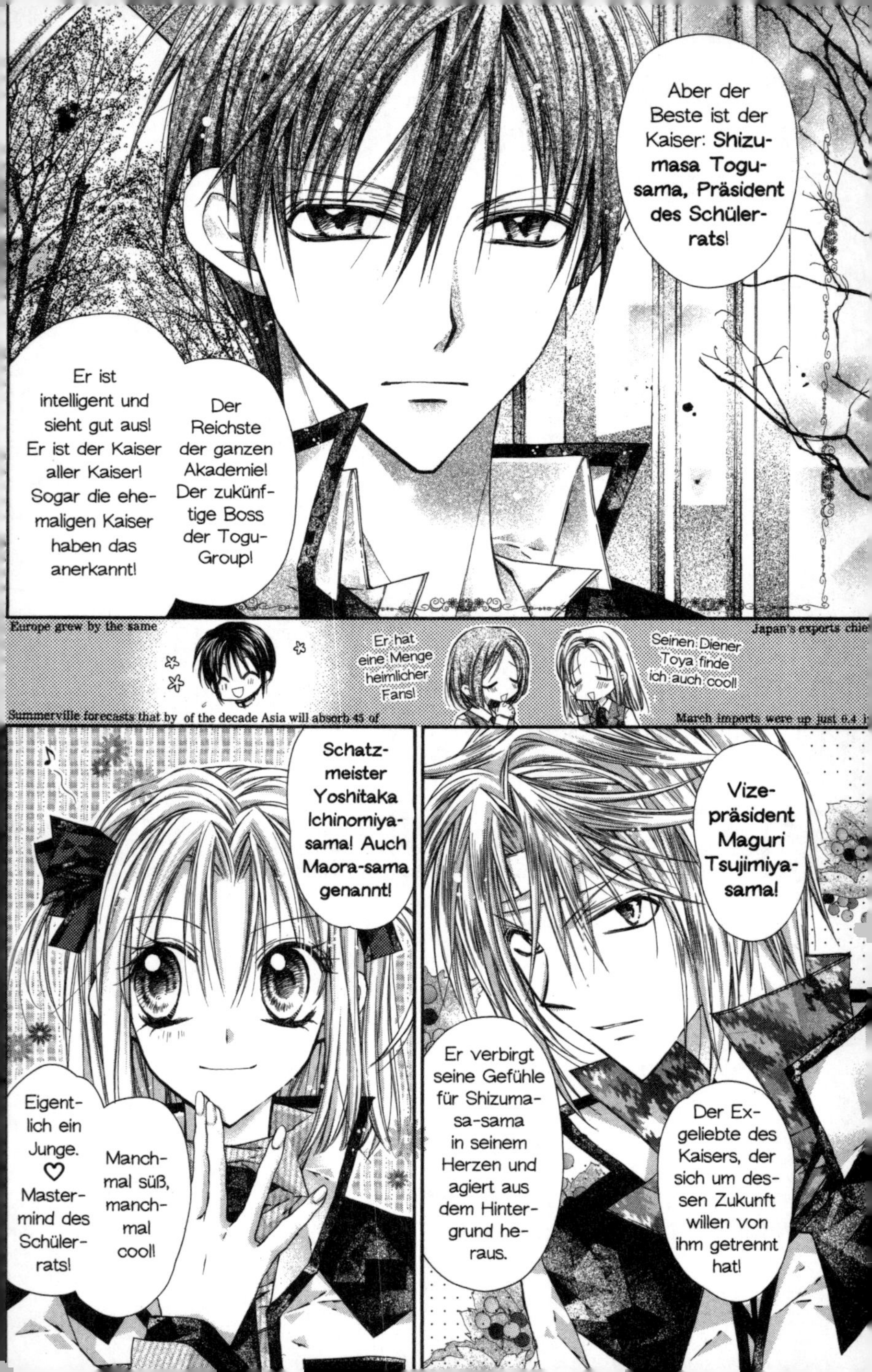
Aber der Beste ist der Kaiser: Shizumasa Togu-sama, Präsident des Schülerrats!
Der Reichste der ganzen Akademie! Der zukünftige Boss der Togu-Group!
Er ist intelligent und sieht gut aus! Er ist der Kaiser aller Kaiser! Sogar die ehemaligen Kaiser haben das anerkannt!
Europe grew by the same
Japan's exports chie
Summerville forecasts that by of the decade Asia will absorb 45 of
March imports were up just 0.4
Seinen Diener Toya finde ich auch cool!
Er hat eine Menge heimlicher Fans!
Vizepräsident Maguri Tsujimiya-sama!
Der Exgeliebte des Kaisers, der sich um dessen Zukunft willen von ihm getrennt hat!
Er verbirgt seine Gefühle für Shizumasa-sama in seinem Herzen und agiert aus dem Hintergrund heraus.
Schatzmeister Yoshitaka Ichinomiya-sama! Auch Maora-sama genannt!
Manchmal süß, manchmal cool!
Eigentlich ein Junge. ♡ Mastermind des Schülerrats!

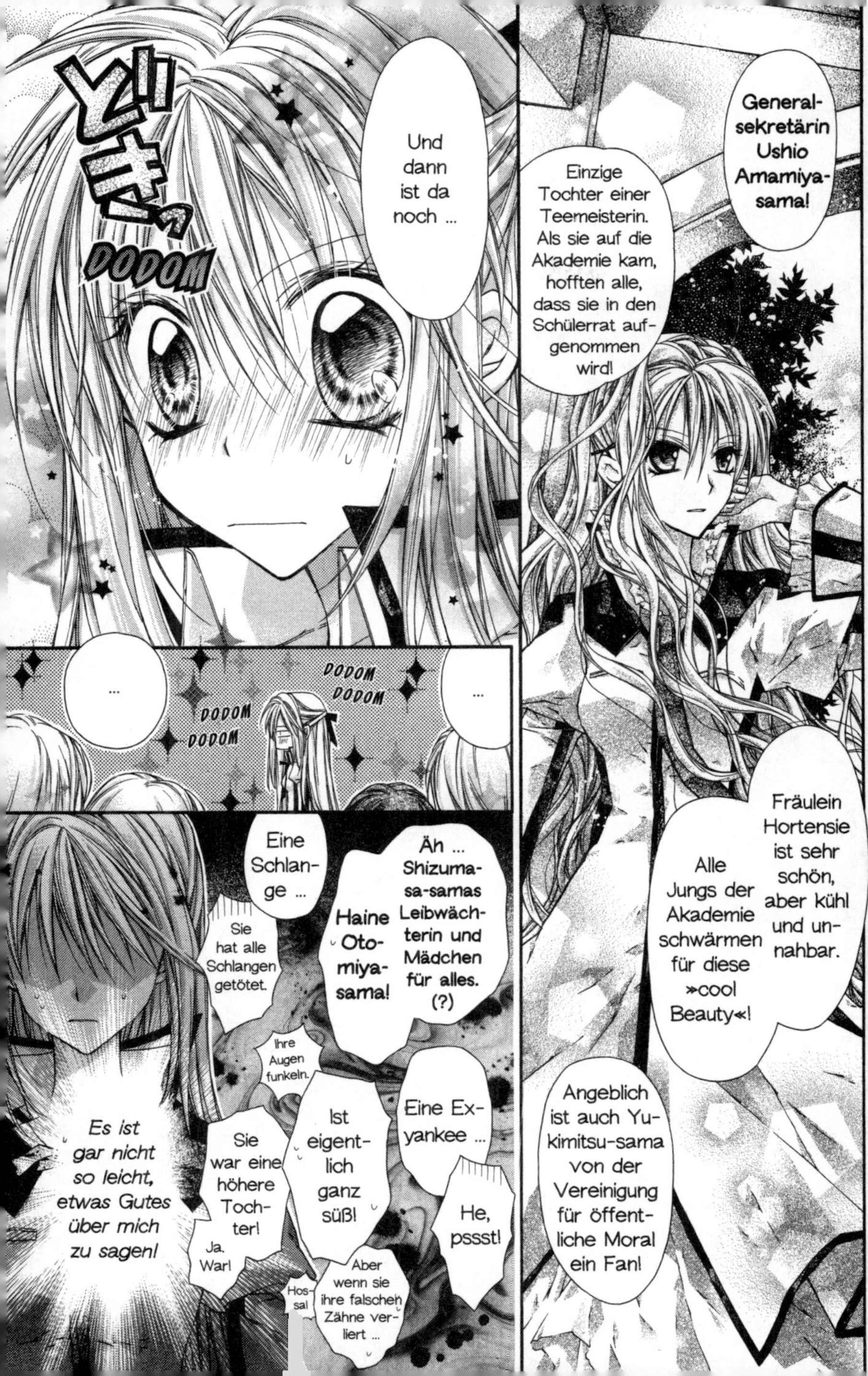
General-sekretärin Ushio Amamiya-sama!
Einzige Tochter einer Teemeisterin. Als sie auf die Akademie kam, hofften alle, dass sie in den Schülerrat aufgenommen wird!
Fräulein Hortensie ist sehr schön, aber kühl und unnahbar.
Alle Jungs der Akademie schwärmen für diese »cool Beauty«!
Angeblich ist auch Yukimitsu-sama von der Vereinigung für öffentliche Moral ein Fan!
DODOM
Und dann ist da noch ...
...
DODOM DODOM
DODOM DODOM
...
Äh ... Shizumasa-samas Leibwächterin und Mädchen für alles. (?)
Haine Otomiya-sama!
Eine Schlange ...
Sie hat alle Schlangen getötet.
Ihre Augen funkeln.
Eine Exyankee ...
He, pssst!
Ist eigentlich ganz süß!
Sie war eine höhere Tochter!
Ja. War!
Aber wenn sie ihre falschen Zähne verliert ...
Hossa!
Es ist gar nicht so leicht, etwas Gutes über mich zu sagen!

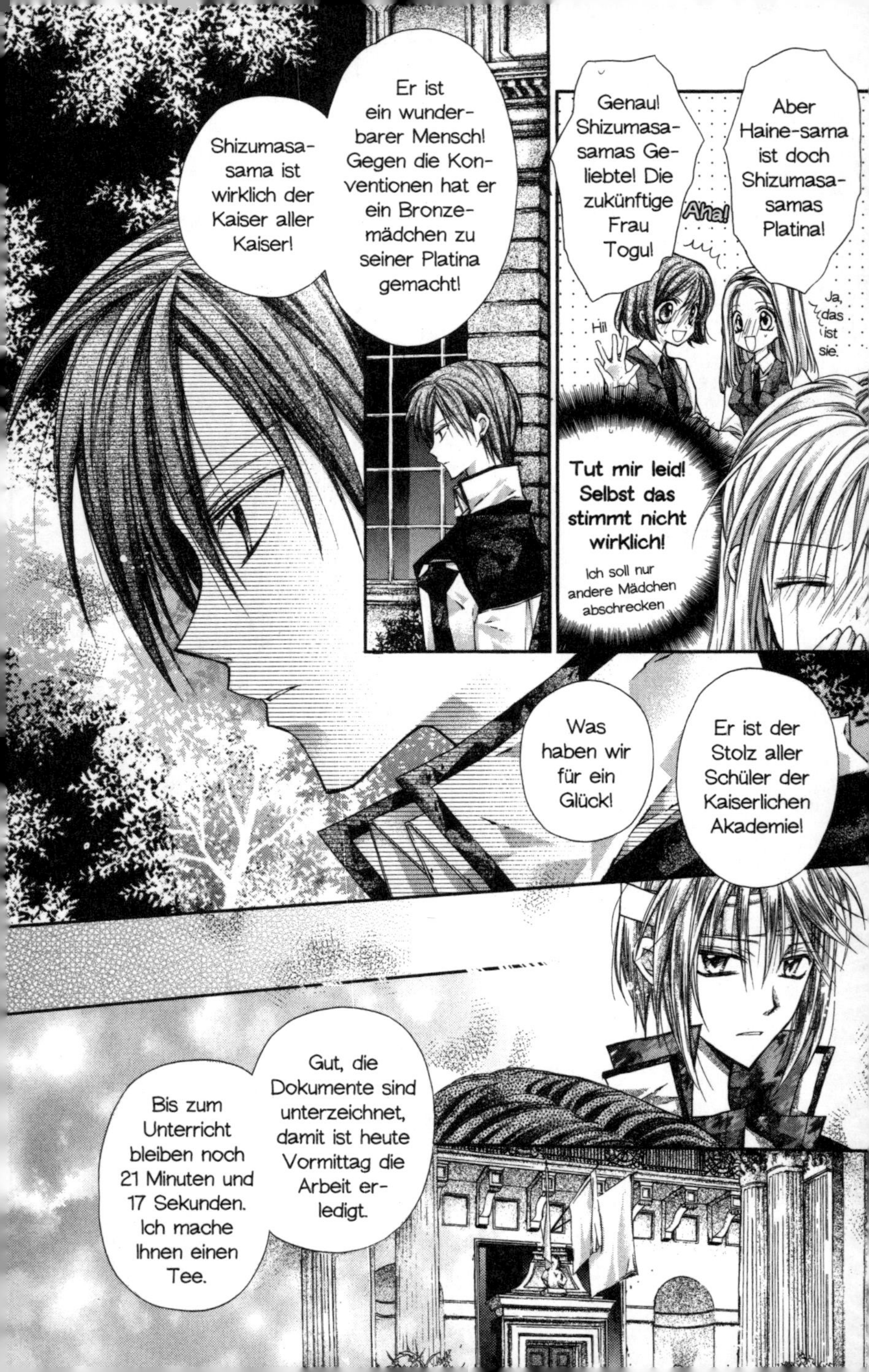

Aber Haine-sama ist doch Shizumasa-samas Platina!
Aha!
Genau! Shizumasa-samas Geliebte! Die zukünftige Frau Togu!
Ja, das ist sie.
Hi!
Tut mir leid! Selbst das stimmt nicht wirklich!
Ich soll nur andere Mädchen abschrecken
Er ist ein wunderbarer Mensch! Gegen die Konventionen hat er ein Bronzemädchen zu seiner Platina gemacht!
Shizumasa-sama ist wirklich der Kaiser aller Kaiser!
Er ist der Stolz aller Schüler der Kaiserlichen Akademie!
Was haben wir für ein Glück!
Gut, die Dokumente sind unterzeichnet, damit ist heute Vormittag die Arbeit erledigt.
Bis zum Unterricht bleiben noch 21 Minuten und 17 Sekunden. Ich mache Ihnen einen Tee.

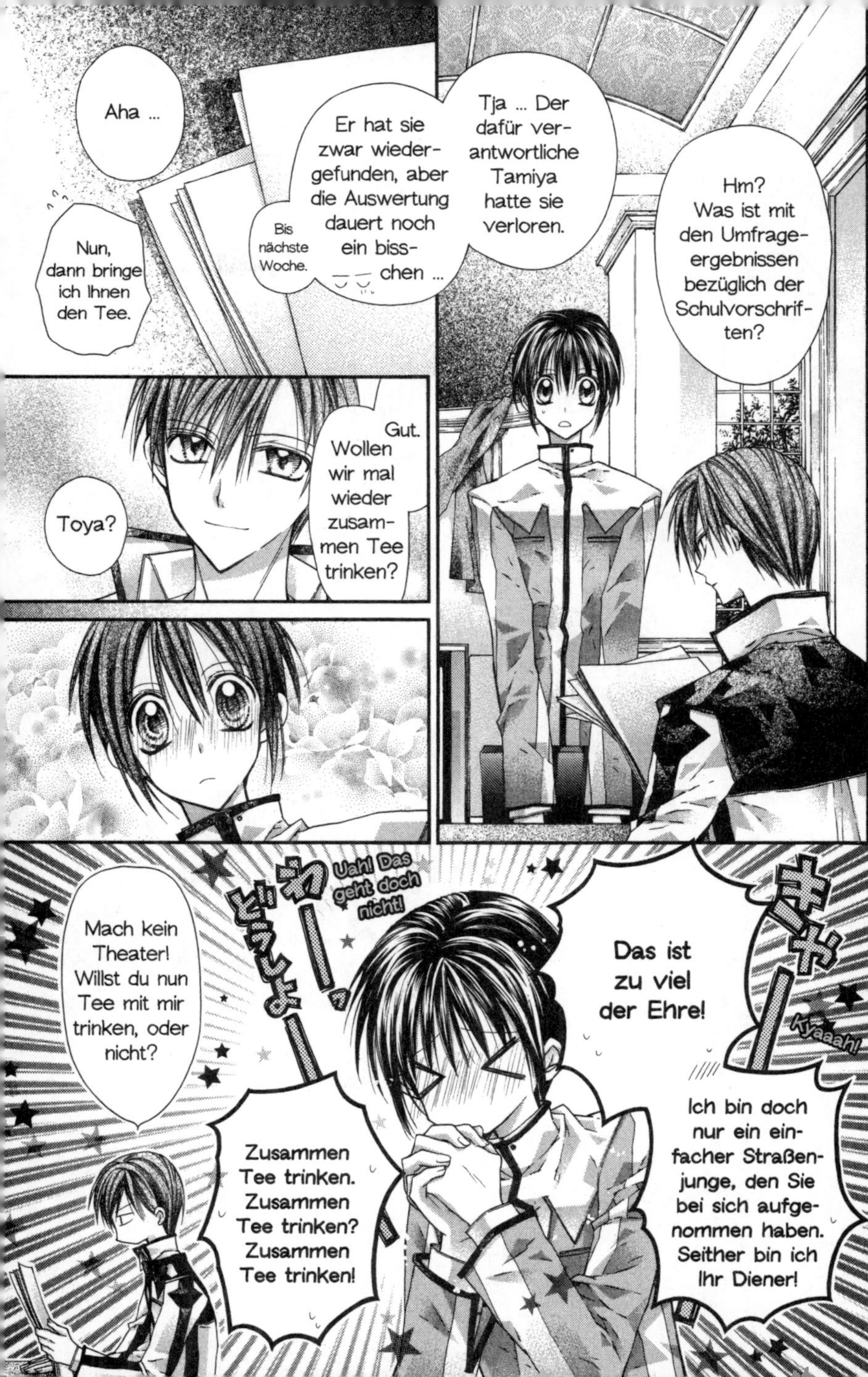
Hm? Was ist mit den Umfrageergebnissen bezüglich der Schulvorschriften?
Tja ... Der dafür verantwortliche Tamiya hatte sie verloren.
Er hat sie zwar wiedergefunden, aber die Auswertung dauert noch ein bisschen ...
Bis nächste Woche.
Aha ...
Nun, dann bringe ich Ihnen den Tee.
Gut. Wollen wir mal wieder zusammen Tee trinken?
Toya?
Kyaaah!
Das ist zu viel der Ehre!
Ich bin doch nur ein einfacher Straßenjunge, den Sie bei sich aufgenommen haben. Seither bin ich Ihr Diener!
Zusammen Tee trinken. Zusammen Tee trinken? Zusammen Tee trinken!
Uah! Das geht doch nicht!
Mach kein Theater! Willst du nun Tee mit mir trinken, oder nicht?

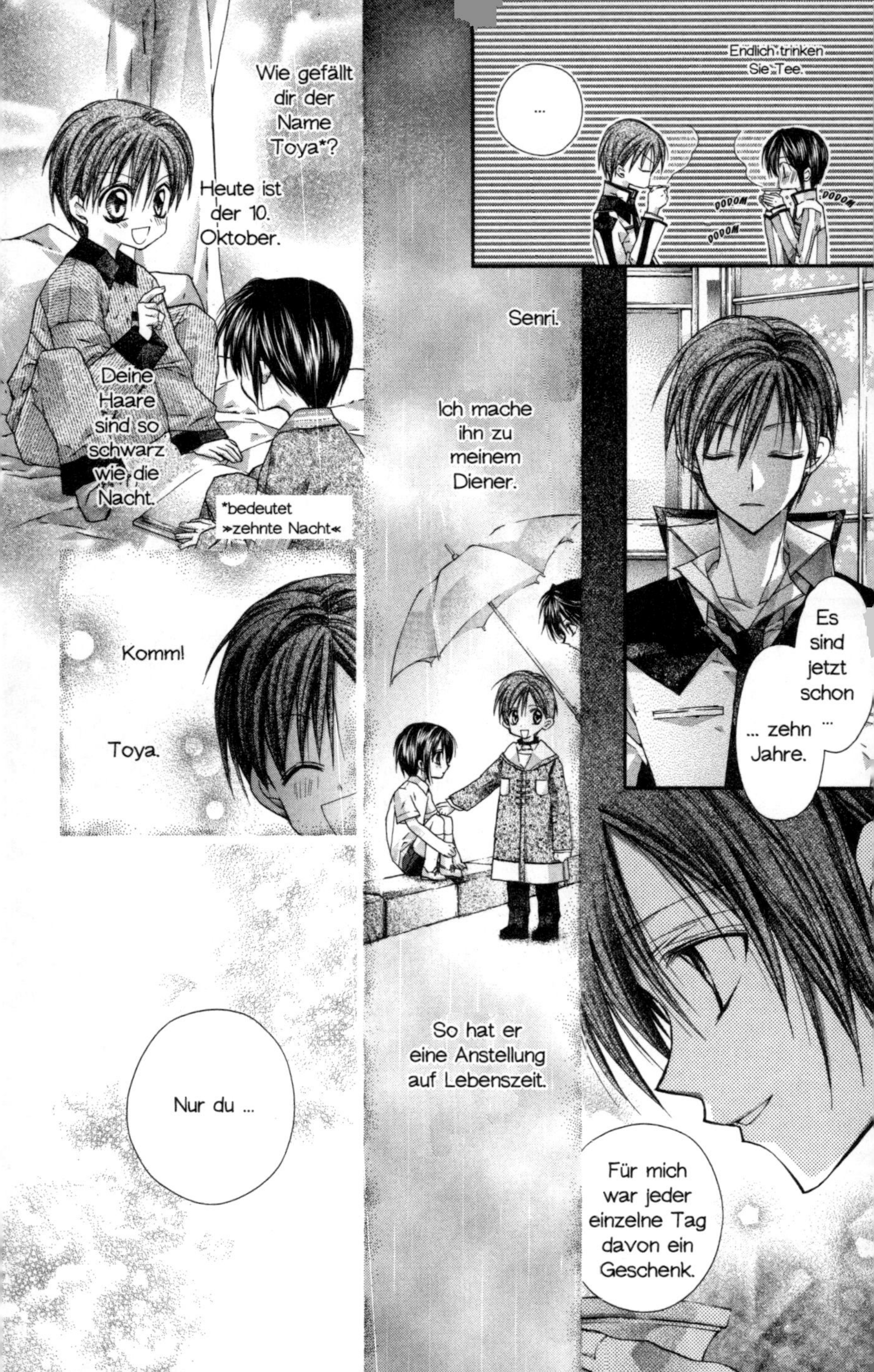
Endlich trinken Sie Tee.
...
DODOM
DODOM
DODOM
Es sind jetzt schon ... ... zehn Jahre.
Für mich war jeder einzelne Tag davon ein Geschenk.
Senri.
Ich mache ihn zu meinem Diener.
So hat er eine Anstellung auf Lebenszeit.
Wie gefällt dir der Name Toya*?
Heute ist der 10. Oktober.
Deine Haare sind so schwarz wie die Nacht.
*bedeutet »zehnte Nacht«
Komm!
Toya.
Nur du ...

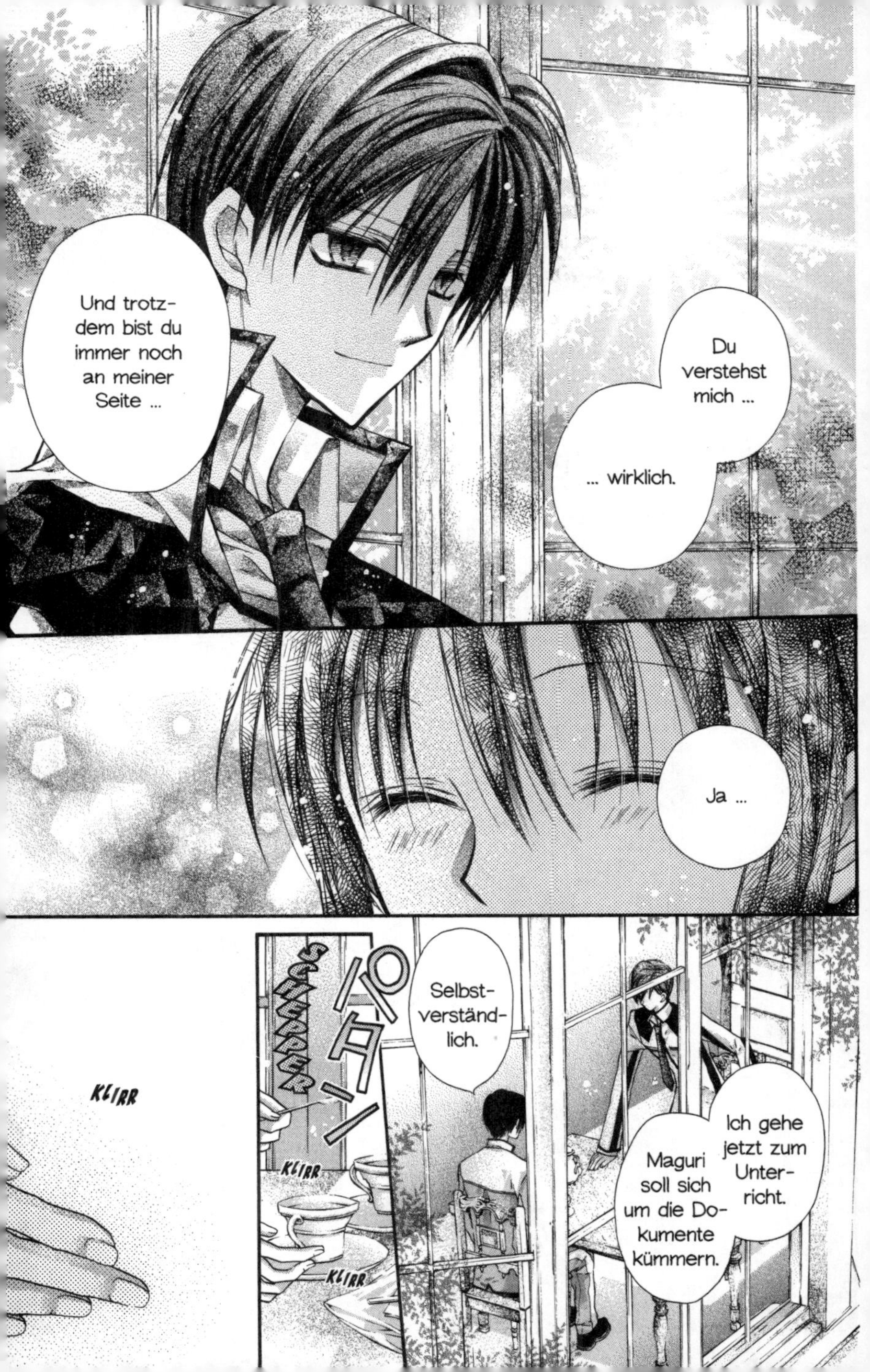
Du verstehst mich ...
... wirklich.
Und trotzdem bist du immer noch an meiner Seite ...
Ja ...
Ich gehe jetzt zum Unterricht.
Maguri soll sich um die Dokumente kümmern.
Selbstverständlich.
SCHEPPER
KLIRR
KLIRR
KLIRR

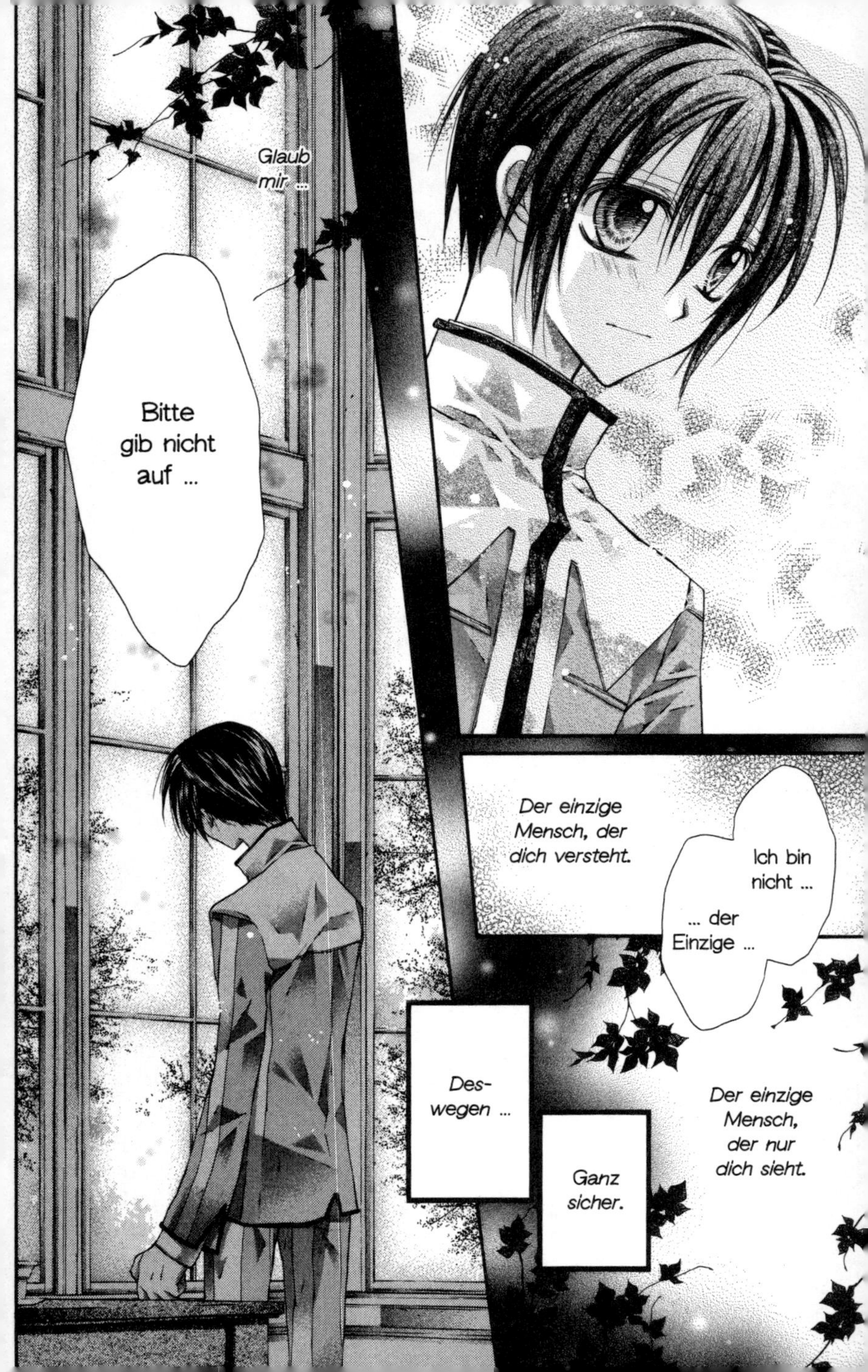
Glaub mir ...
Bitte gib nicht auf ...
Der einzige Mensch, der dich versteht.
Ich bin nicht ...
... der Einzige ...
Der einzige Mensch, der nur dich sieht.
Des-wegen ...
Ganz sicher.

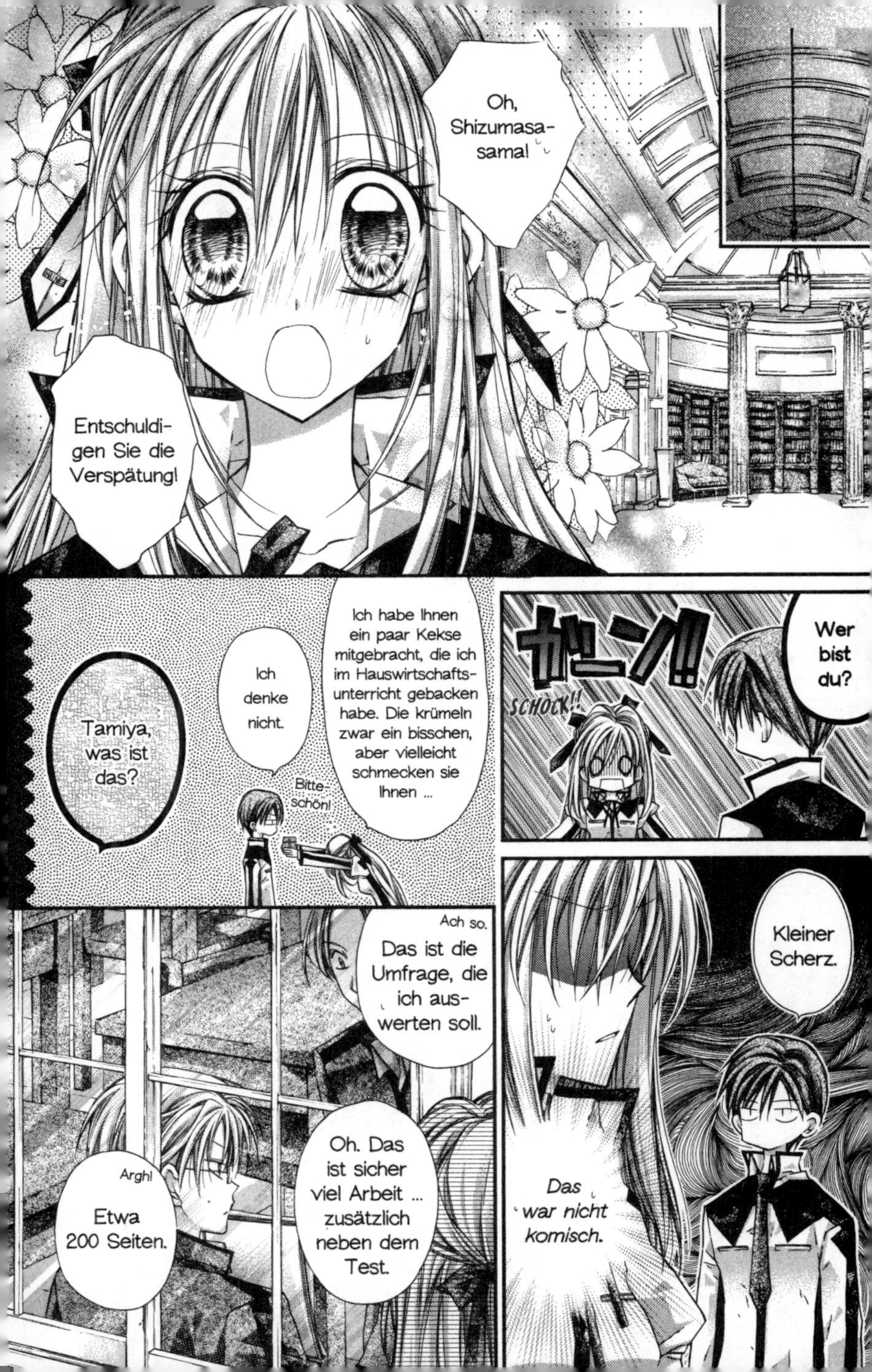
Oh, Shizumasa-sama!
Entschuldigen Sie die Verspätung!
Wer bist du?
SCHOCK!!
Ich habe Ihnen ein paar Kekse mitgebracht, die ich im Hauswirtschaftsunterricht gebacken habe. Die krümeln zwar ein bisschen, aber vielleicht schmecken sie Ihnen ...
Bitteschön!
Ich denke nicht.
Tamiya, was ist das?
Kleiner Scherz.
Das war nicht komisch.
Ach so.
Das ist die Umfrage, die ich auswerten soll.
Oh. Das ist sicher viel Arbeit ... zusätzlich neben dem Test.
Argh!
Etwa 200 Seiten.

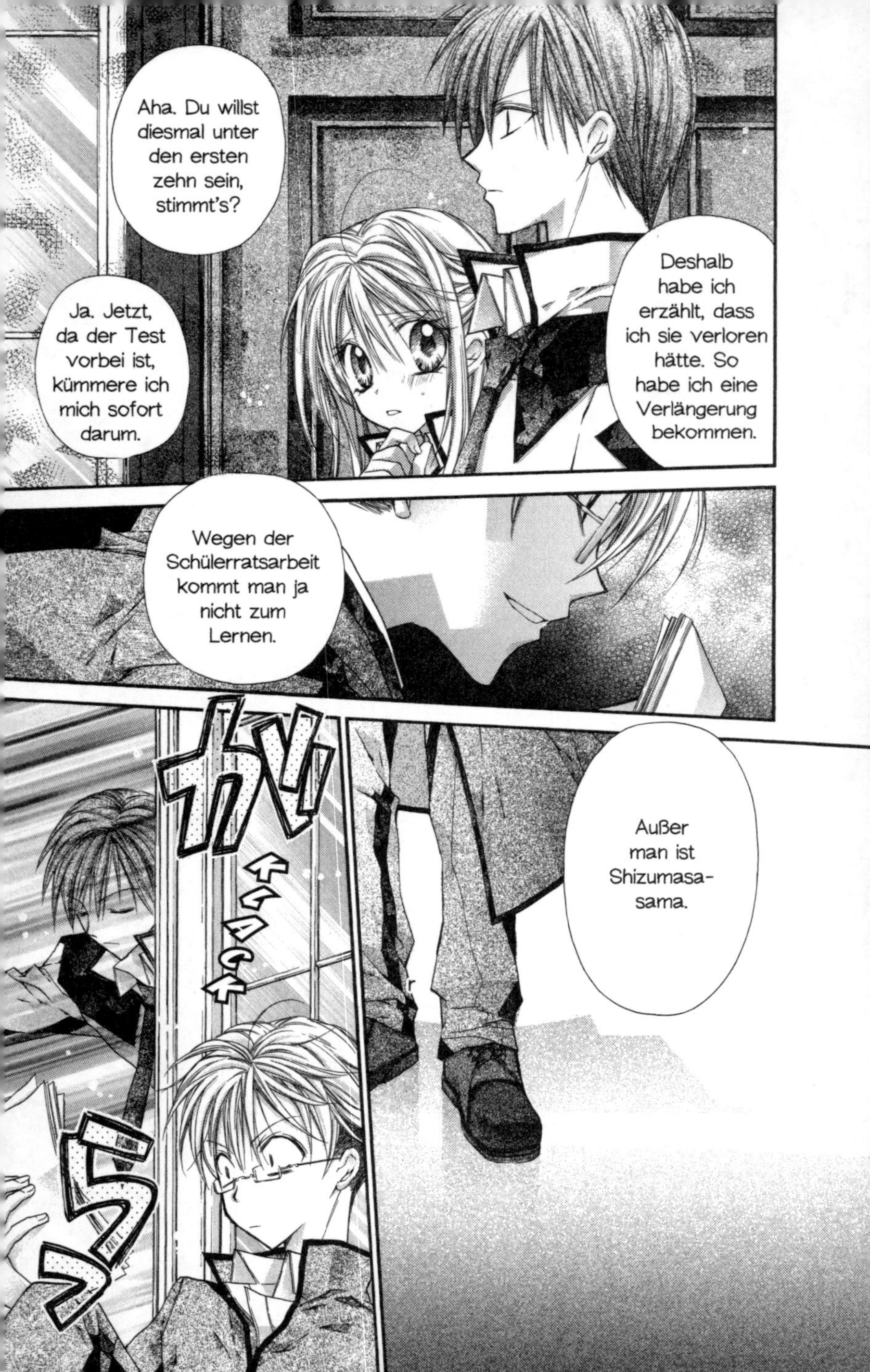
Deshalb habe ich erzählt, dass ich sie verloren hätte. So habe ich eine Verlängerung bekommen.
Aha. Du willst diesmal unter den ersten zehn sein, stimmt's?
Ja. Jetzt, da der Test vorbei ist, kümmere ich mich sofort darum.
Wegen der Schülerratsarbeit kommt man ja nicht zum Lernen.
Außer man ist Shizumasa-sama.
KLACK

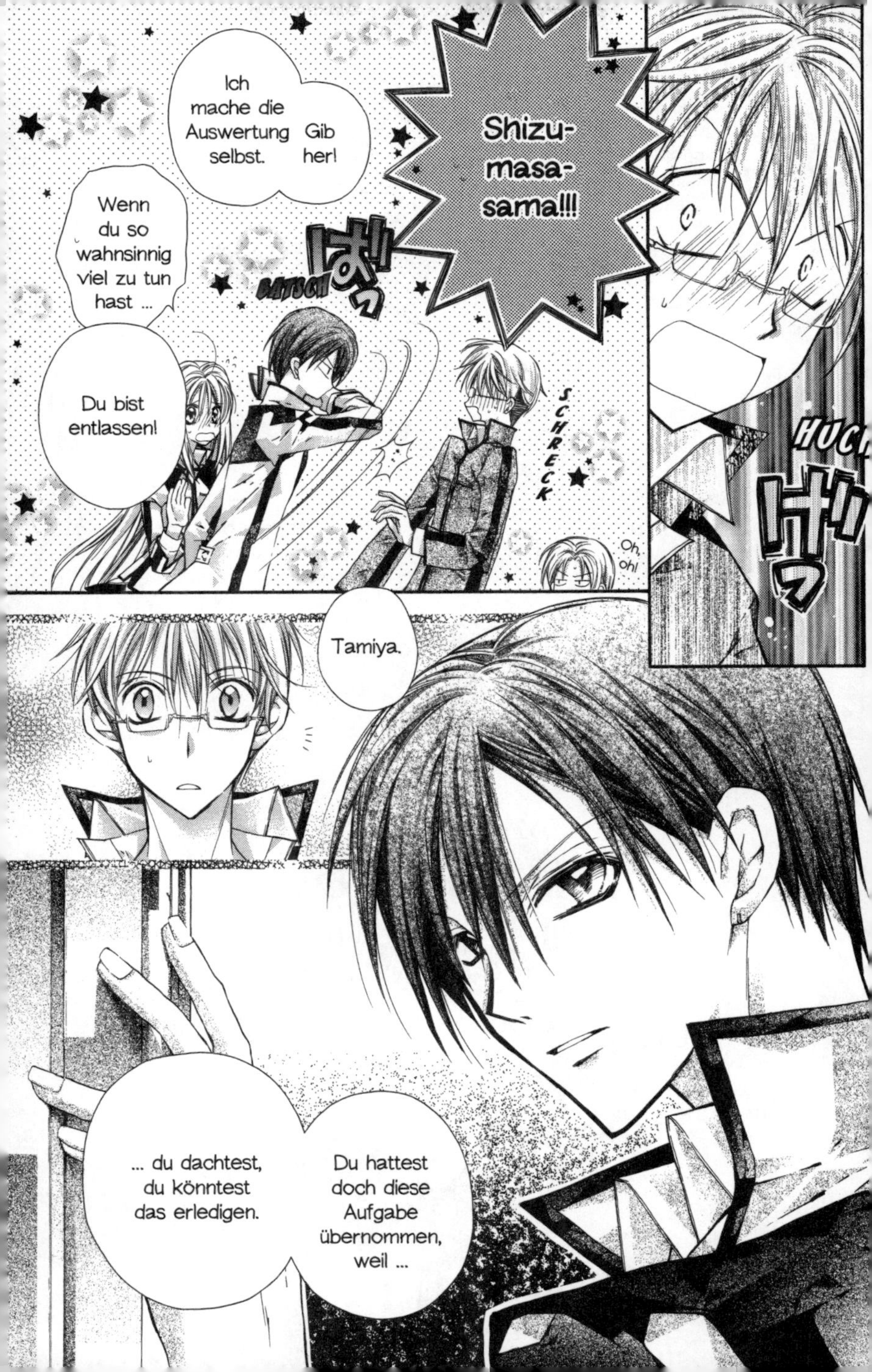
Shizu-masa-sama!!!
HUC
げっ
Gib her!
Ich mache die Auswertung selbst.
BATSCH
ばっ
Wenn du so wahnsinnig viel zu tun hast ...
Du bist entlassen!
SCHRECK
Oh, oh!
Tamiya.
Du hattest doch diese Aufgabe übernommen, weil ...
... du dachtest, du könntest das erledigen.

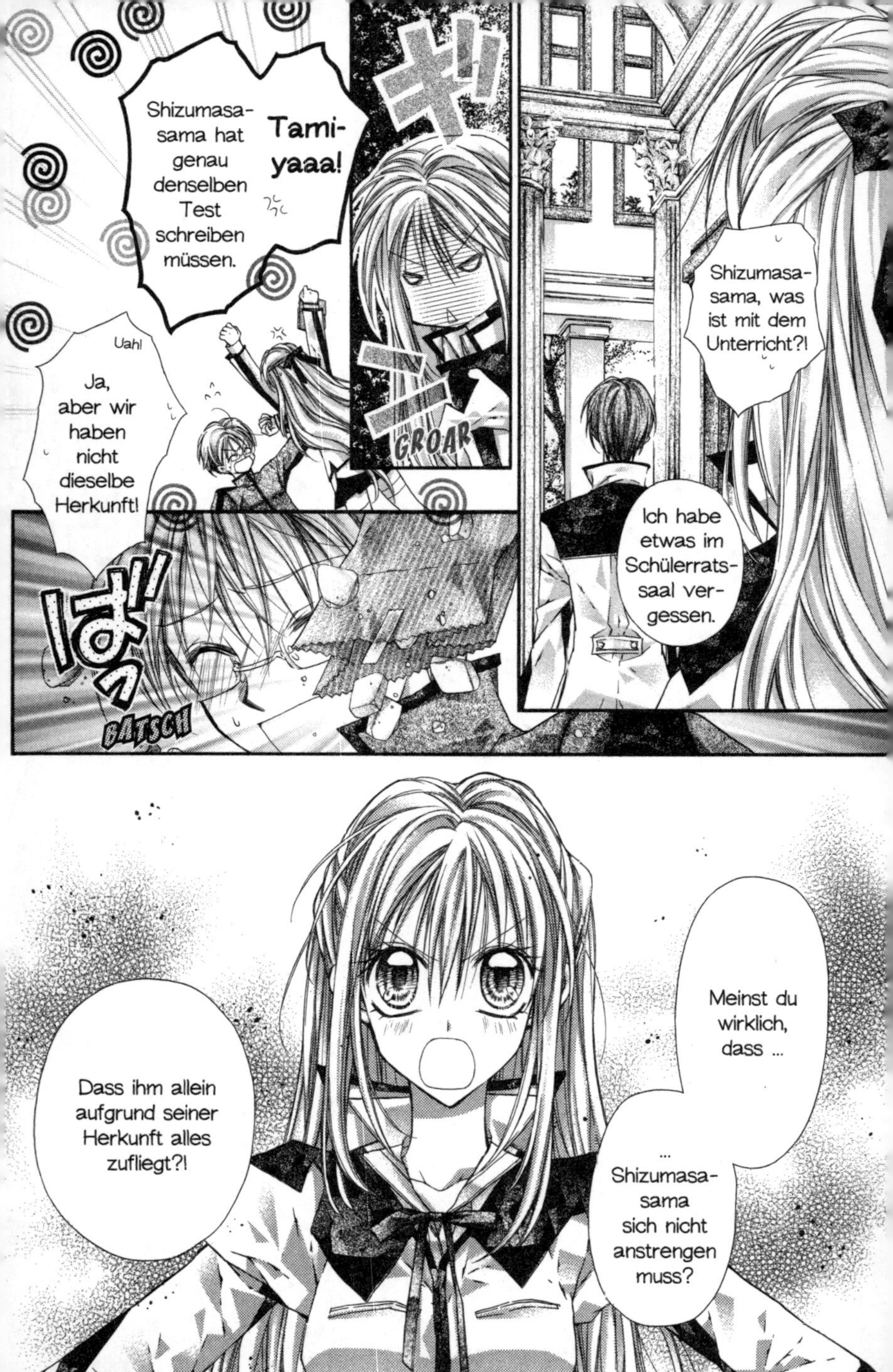
Shizumasa-sama, was ist mit dem Unterricht?!
Ich habe etwas im Schülerratssaal vergessen.
GROAR
Tami-yaaa!
Shizumasa-sama hat genau denselben Test schreiben müssen.
Uah!
Ja, aber wir haben nicht dieselbe Herkunft!
BATSCH
Meinst du wirklich, dass ...
... Shizumasa-sama sich nicht anstrengen muss?
Dass ihm allein aufgrund seiner Herkunft alles zufliegt?!

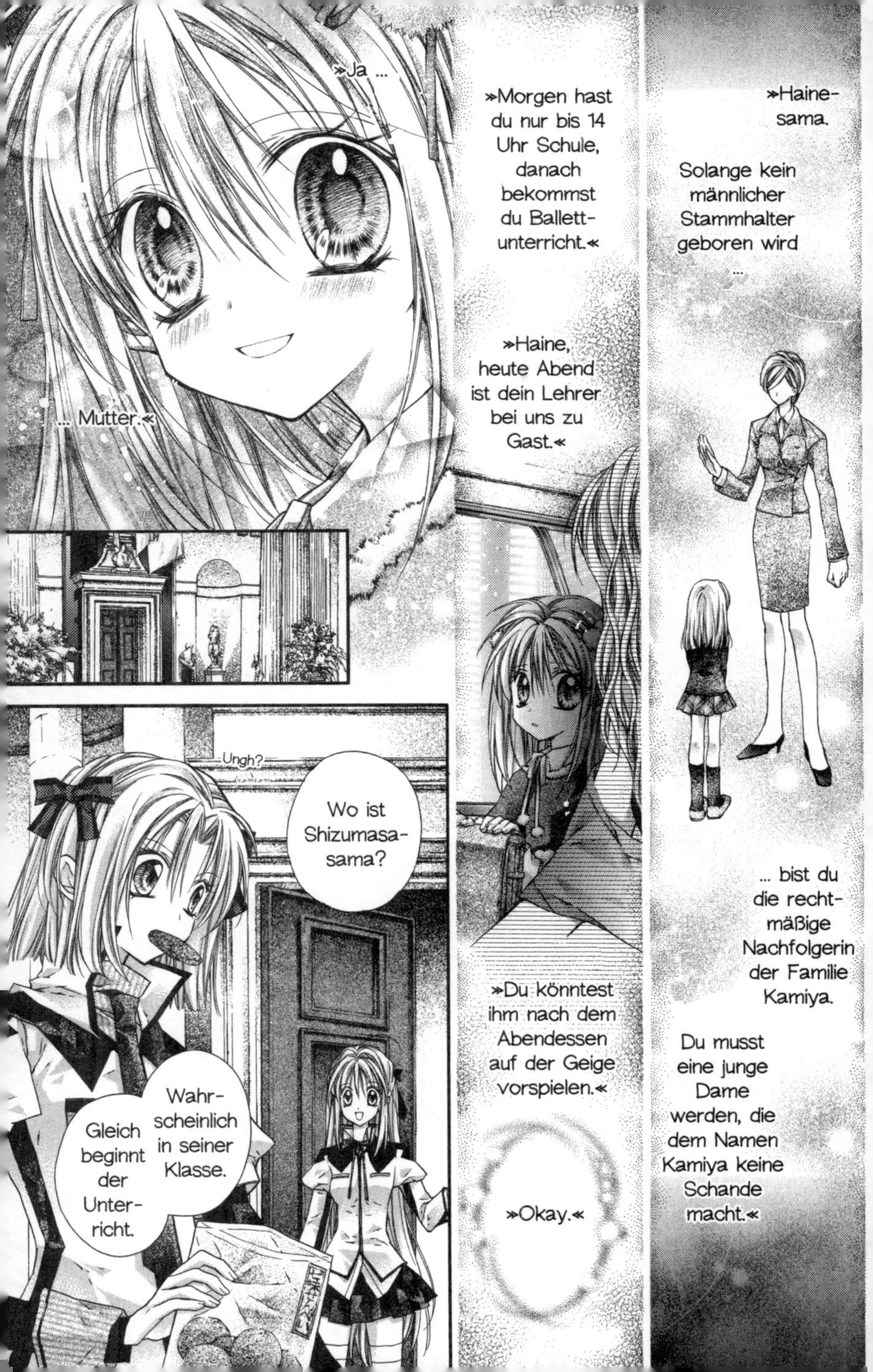

»Haine-sama.

Solange kein männlicher Stammhalter geboren wird ...

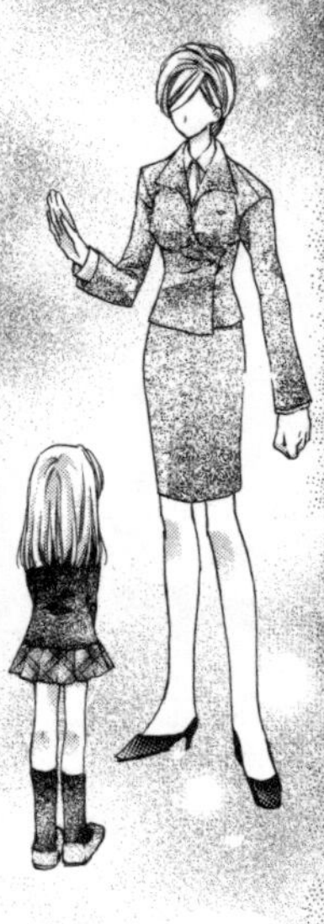

... bist du die rechtmäßige Nachfolgerin der Familie Kamiya.

Du musst eine junge Dame werden, die dem Namen Kamiya keine Schande macht.«

»Morgen hast du nur bis 14 Uhr Schule, danach bekommst du Ballettunterricht.«

»Haine, heute Abend ist dein Lehrer bei uns zu Gast.«

»Du könntest ihm nach dem Abendessen auf der Geige vorspielen.«

»Okay.«

»Ja ...

... Mutter.«

Ungh?

Wo ist Shizumasa-sama?

Wahrscheinlich in seiner Klasse.

Gleich beginnt der Unterricht.

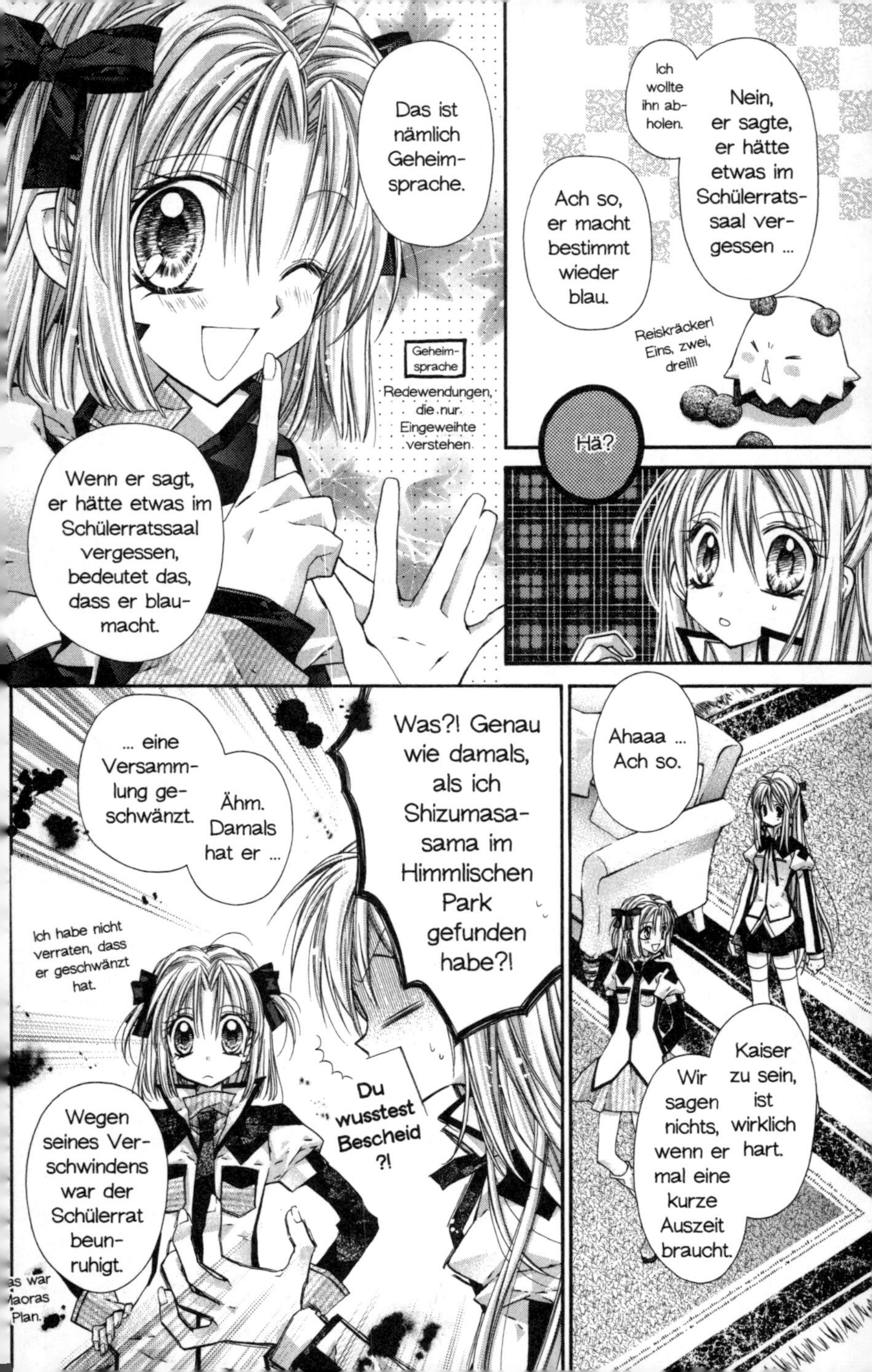
Nein, er sagte, er hätte etwas im Schülerratssaal vergessen ...
Ich wollte ihn abholen.
Ach so, er macht bestimmt wieder blau.
Reiskräcker! Eins, zwei, drei!!!
Das ist nämlich Geheimsprache.
Geheimsprache
Redewendungen, die nur Eingeweihte verstehen
Hä?
Wenn er sagt, er hätte etwas im Schülerratssaal vergessen, bedeutet das, dass er blaumacht.
Ahaaa ... Ach so.
Kaiser zu sein, ist wirklich hart.
Wir sagen nichts, wenn er mal eine kurze Auszeit braucht.
Was?! Genau wie damals, als ich Shizumasa-sama im Himmlischen Park gefunden habe?!
Ähm. Damals hat er ...
... eine Versammlung geschwänzt.
Ich habe nicht verraten, dass er geschwänzt hat.
Du wusstest Bescheid?!
Wegen seines Verschwindens war der Schülerrat beunruhigt.
as war Maoras Plan.

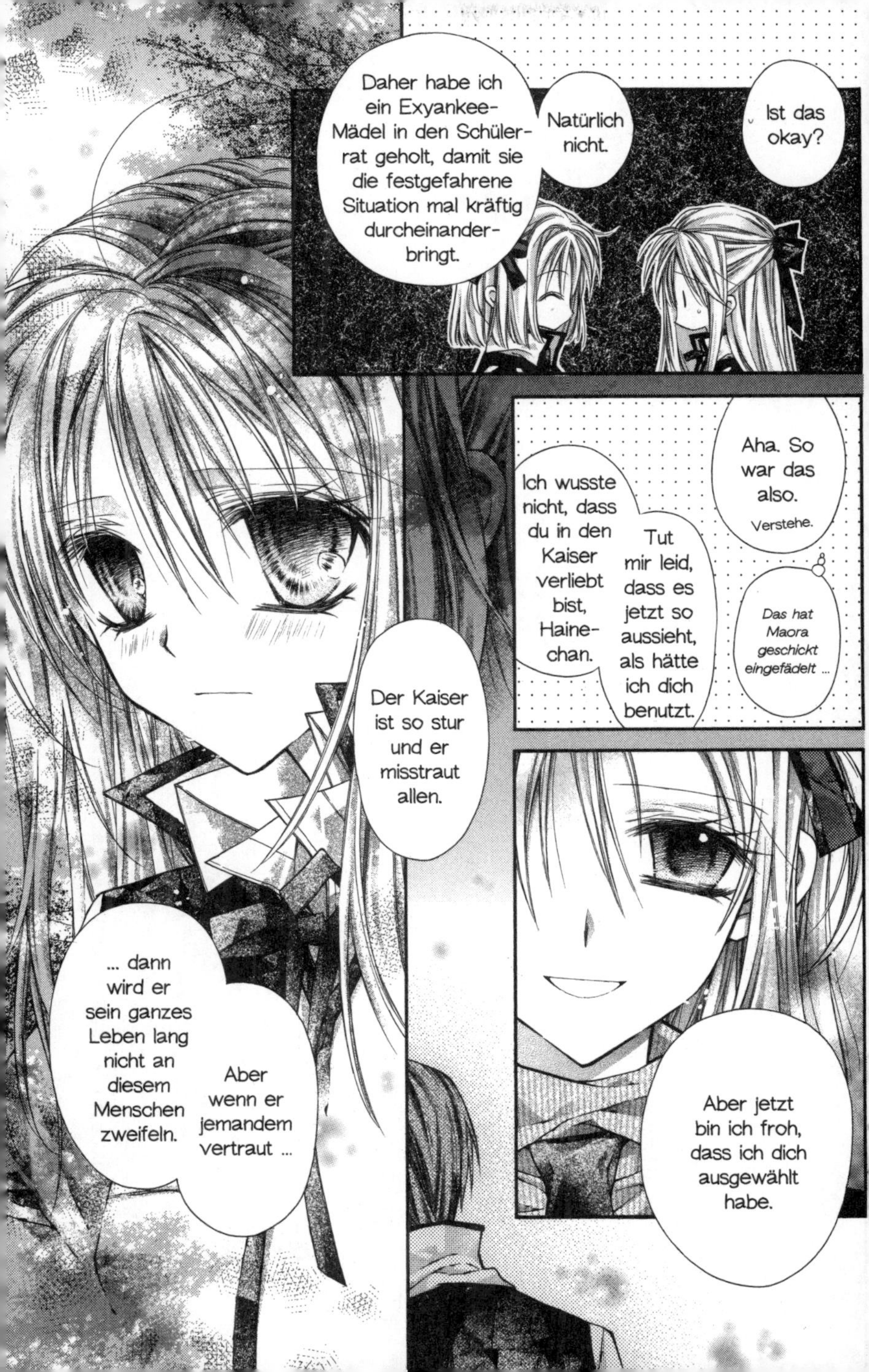
Ist das okay?
Natürlich nicht.
Daher habe ich ein Exyankee-Mädel in den Schülerrat geholt, damit sie die festgefahrene Situation mal kräftig durcheinanderbringt.
Aha. So war das also.
Verstehe.
Das hat Maora geschickt eingefädelt ...
Tut mir leid, dass es jetzt so aussieht, als hätte ich dich benutzt.
Ich wusste nicht, dass du in den Kaiser verliebt bist, Haine-chan.
Aber jetzt bin ich froh, dass ich dich ausgewählt habe.
Der Kaiser ist so stur und er misstraut allen.
Aber wenn er jemandem vertraut ...
... dann wird er sein ganzes Leben lang nicht an diesem Menschen zweifeln.

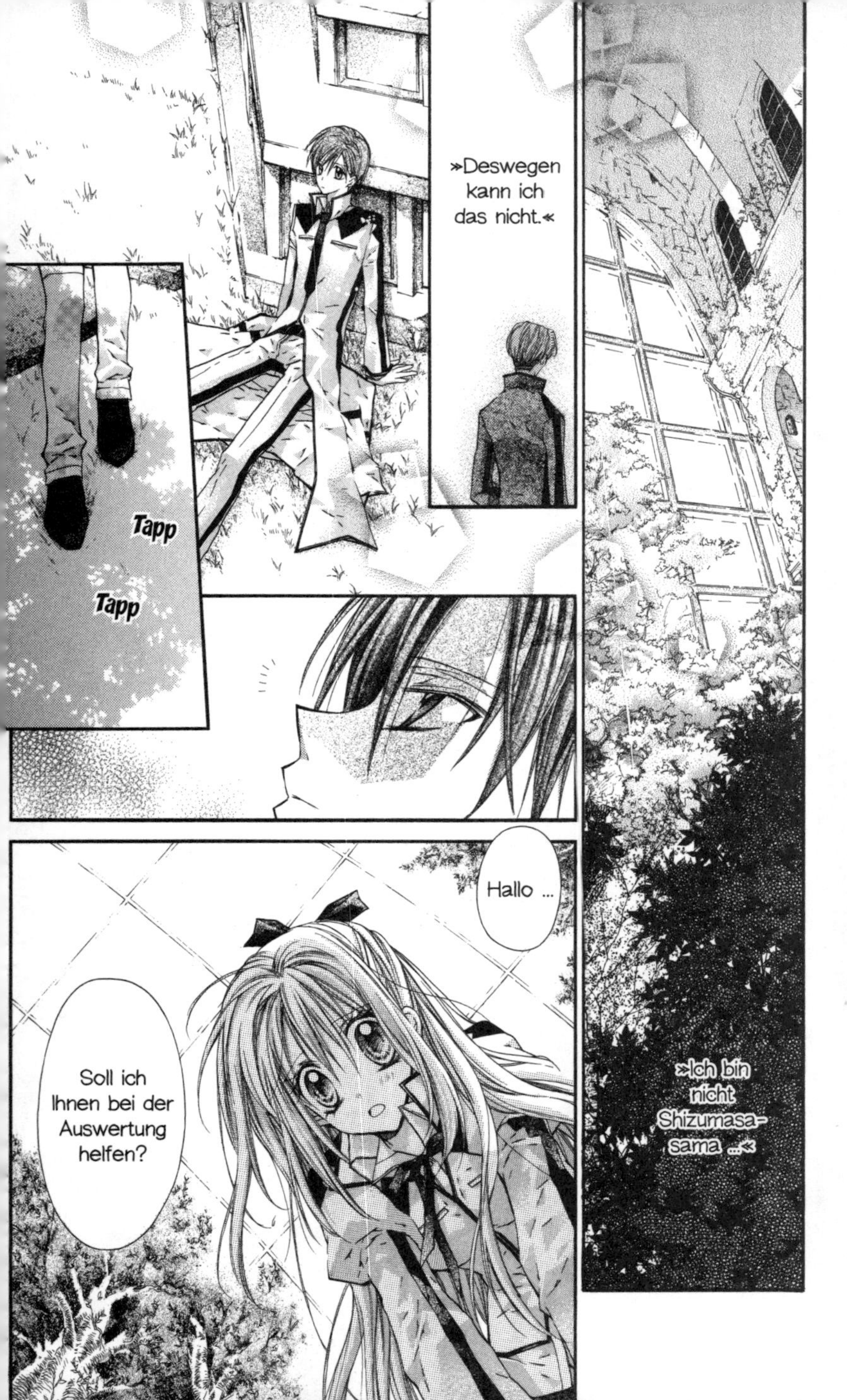
»Ich bin nicht Shizumasa-sama ...«
»Deswegen kann ich das nicht.«
Tapp
Tapp
Hallo ...
Soll ich Ihnen bei der Auswertung helfen?

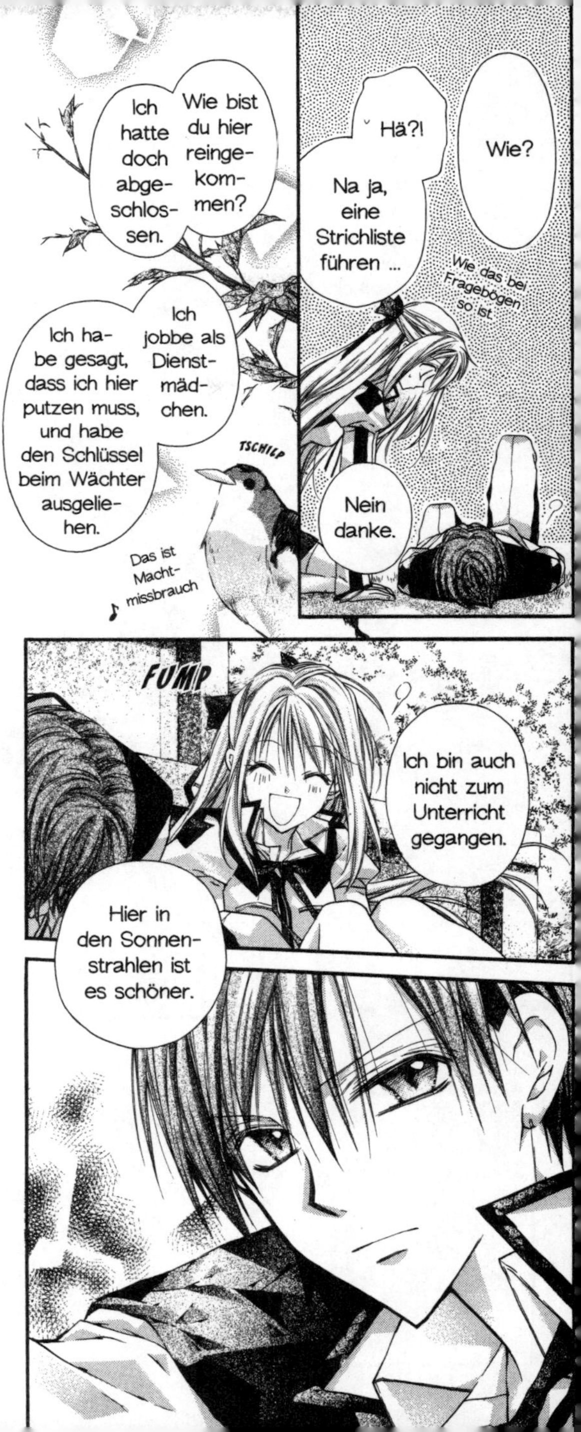

Wie?

Wie das bei Fragebögen so ist.

Hä?!

Na ja, eine Strichliste führen ...

Nein danke.

Wie bist du hier reingekommen?

Ich hatte doch abgeschlossen.

Ich jobbe als Dienstmädchen.

Ich habe gesagt, dass ich hier putzen muss, und habe den Schlüssel beim Wächter ausgeliehen.

TSCHILP

Das ist Machtmissbrauch ♪

FUMP

Ich bin auch nicht zum Unterricht gegangen.

Hier in den Sonnenstrahlen ist es schöner.

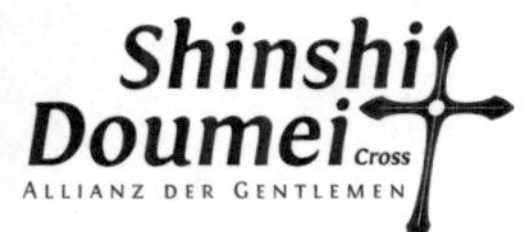

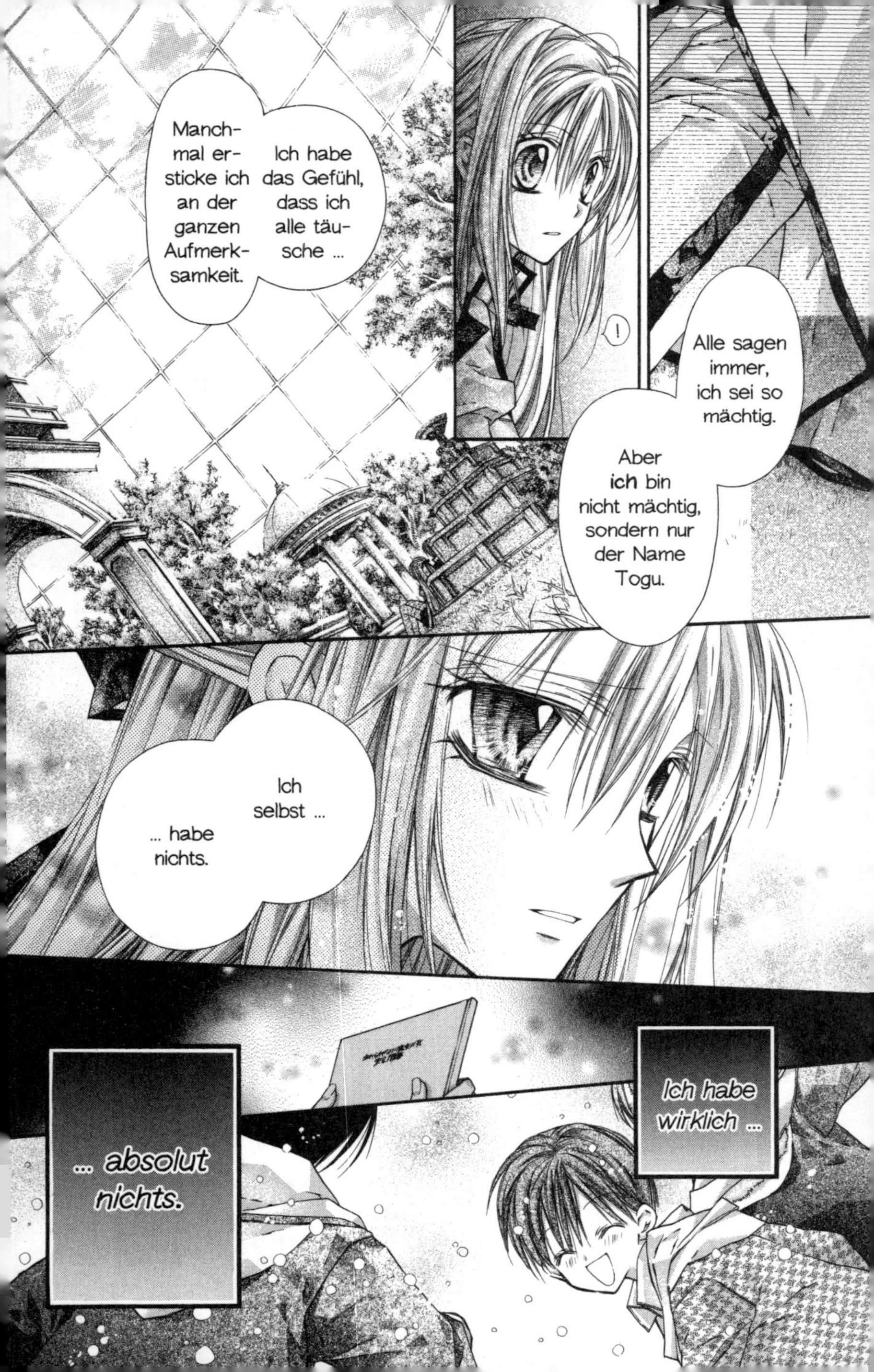
Ich habe das Gefühl, dass ich alle täu-sche ...
Manch-mal er-sticke ich an der ganzen Aufmerk-samkeit.
!
Alle sagen immer, ich sei so mächtig.
Aber **ich** bin nicht mächtig, sondern nur der Name Togu.
Ich selbst ...
... habe nichts.
Ich habe wirklich ...
... absolut nichts.

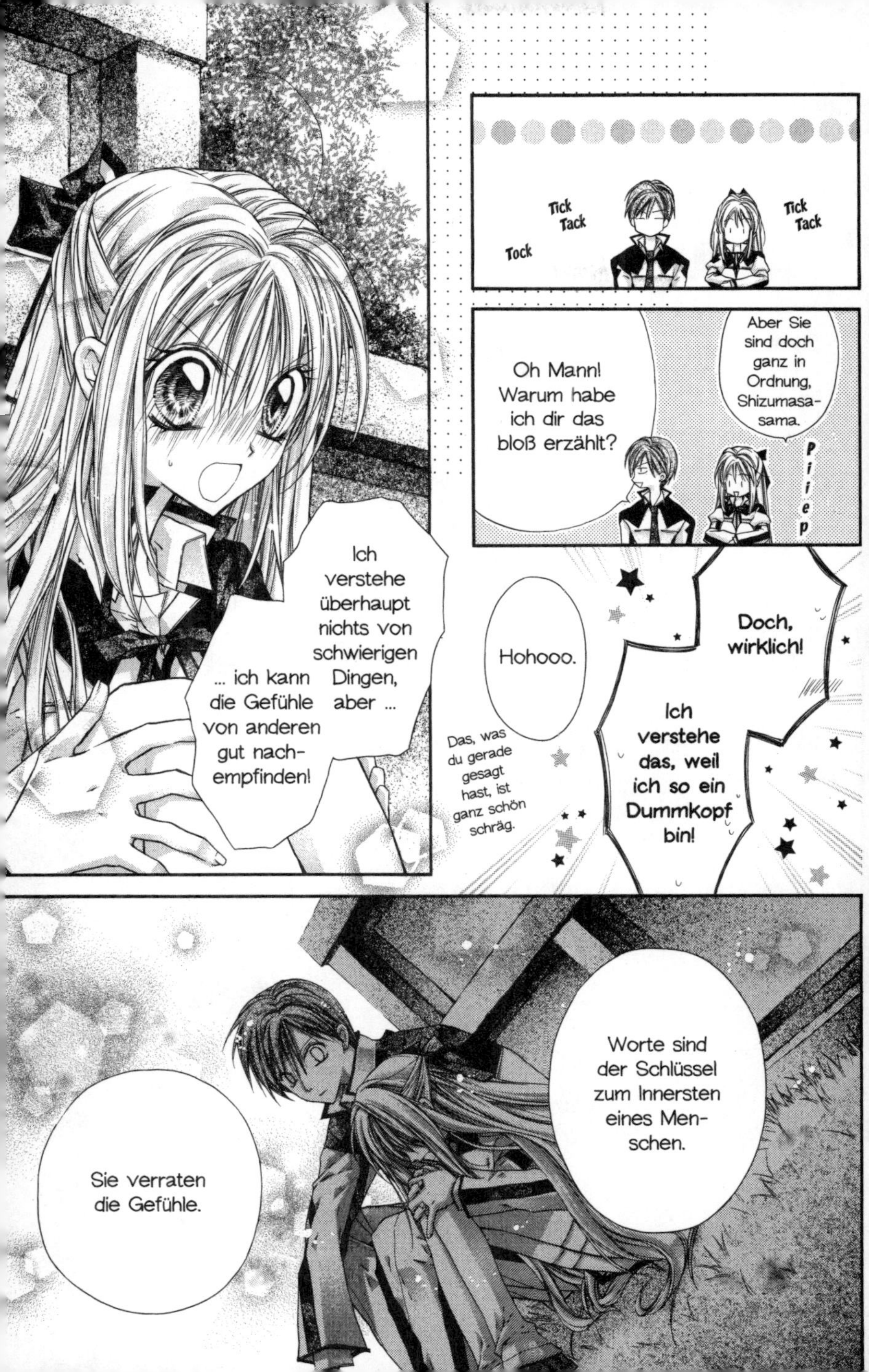

Tick Tack
Tick Tack
Tock
Aber Sie sind doch ganz in Ordnung, Shizumasa-sama.
Oh Mann! Warum habe ich dir das bloß erzählt?
Piiep
Doch, wirklich!
Ich verstehe das, weil ich so ein Dummkopf bin!
Hohooo.
Das, was du gerade gesagt hast, ist ganz schön schräg.
Ich verstehe überhaupt nichts von schwierigen Dingen, aber ...
... ich kann die Gefühle von anderen gut nachempfinden!
Worte sind der Schlüssel zum Innersten eines Menschen.
Sie verraten die Gefühle.

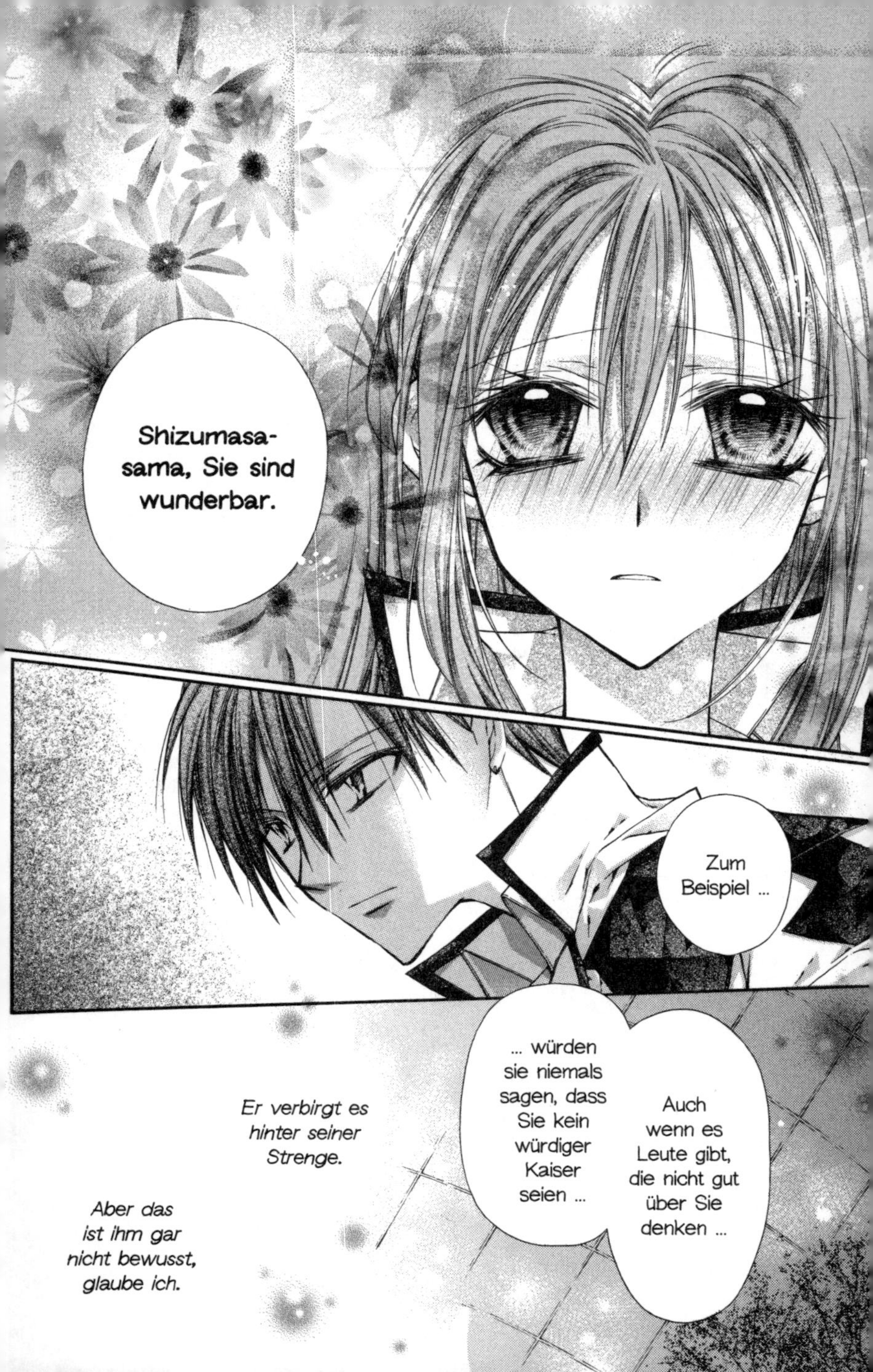
Shizumasa-sama, Sie sind wunderbar.
Zum Beispiel ...
Auch wenn es Leute gibt, die nicht gut über Sie denken ...
... würden sie niemals sagen, dass Sie kein würdiger Kaiser seien ...
Er verbirgt es hinter seiner Strenge.
Aber das ist ihm gar nicht bewusst, glaube ich.

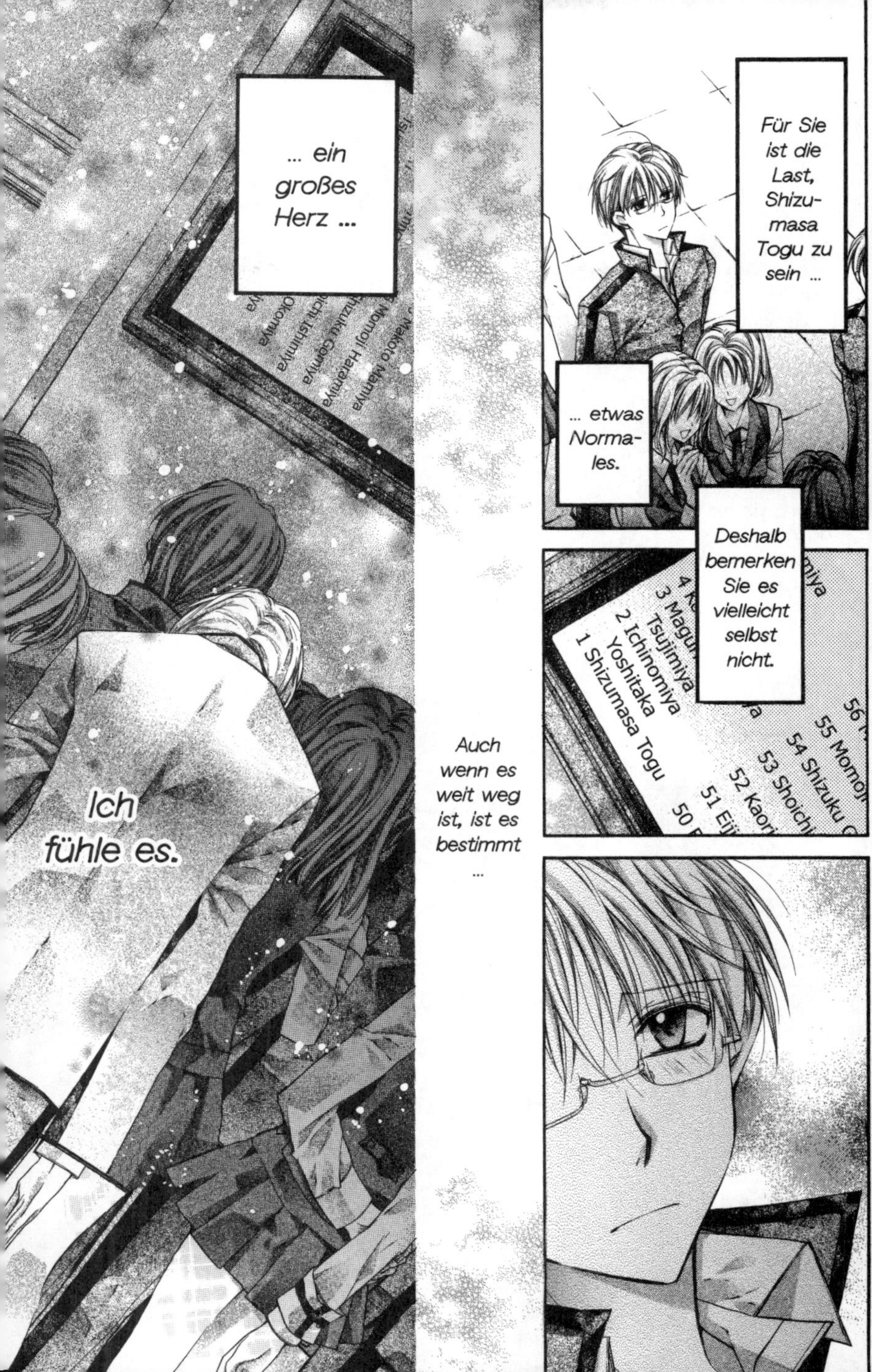
Für Sie ist die Last, Shizumasa Togu zu sein ...
... etwas Normales.
Deshalb bemerken Sie es vielleicht selbst nicht.
Auch wenn es weit weg ist, ist es bestimmt ...
... ein großes Herz ...
Ich fühle es.

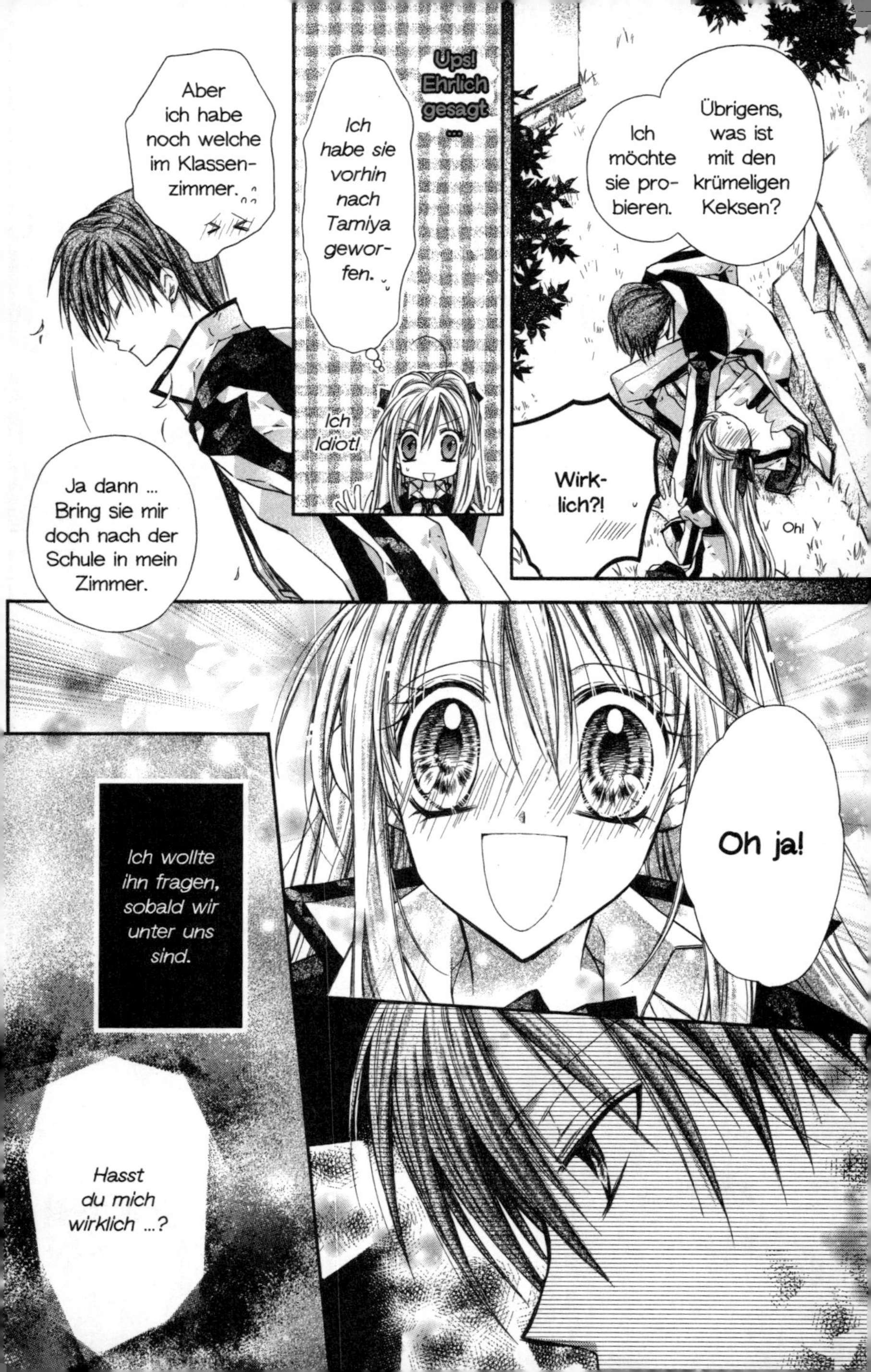
Übrigens, was ist mit den krümeligen Keksen?
Ich möchte sie probieren.
Wirklich?!
Oh!
Ups! Ehrlich gesagt ...
Ich habe sie vorhin nach Tamiya geworfen.
Ich Idiot!
Aber ich habe noch welche im Klassenzimmer.
Ja dann ... Bring sie mir doch nach der Schule in mein Zimmer.
Oh ja!
Ich wollte ihn fragen, sobald wir unter uns sind.
Hasst du mich wirklich ...?

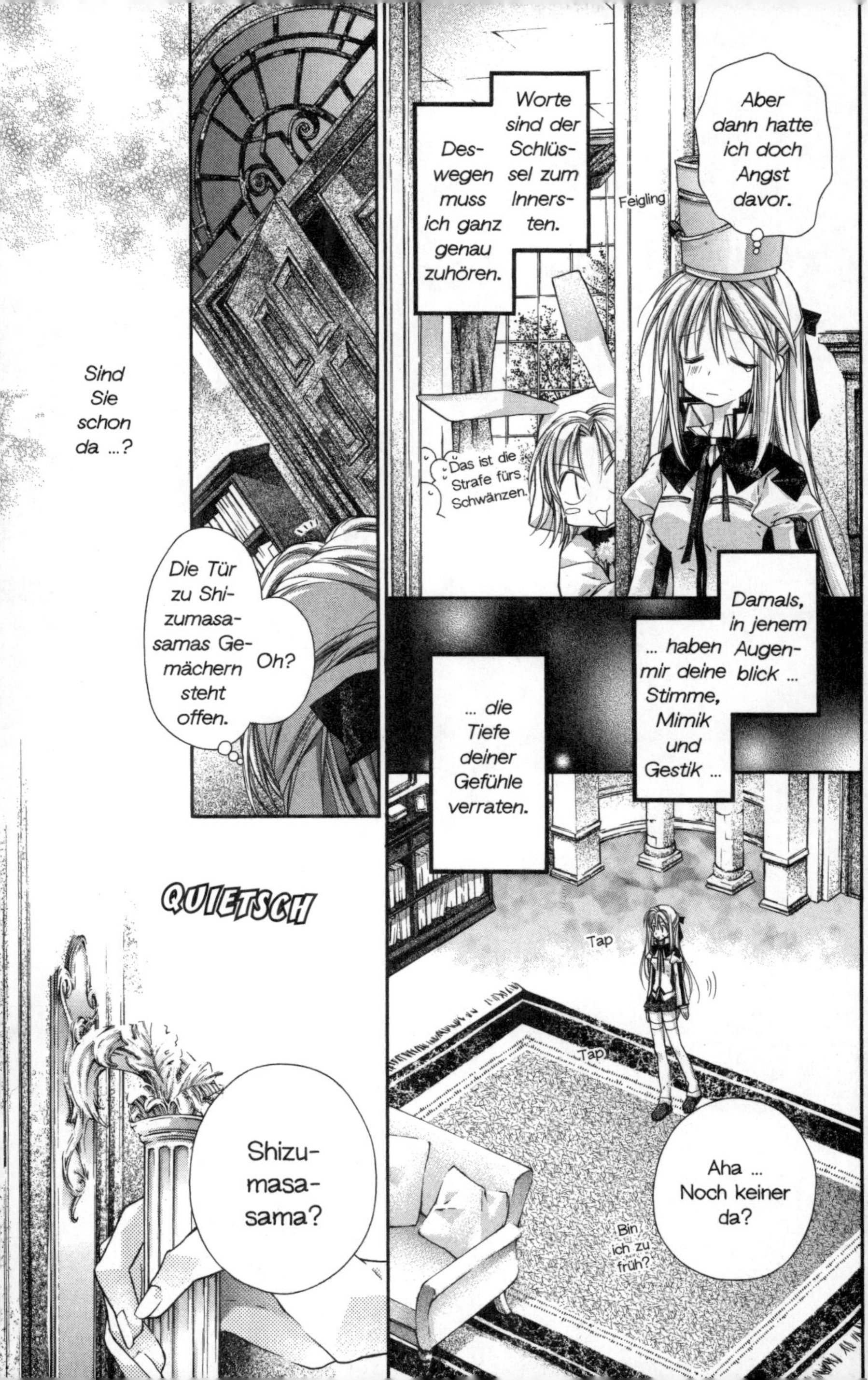
Aber dann hatte ich doch Angst davor.
Feigling
Worte sind der Schlüssel zum Innersten.
Deswegen muss ich ganz genau zuhören.
Das ist die Strafe fürs Schwänzen.
Sind Sie schon da ...?
Die Tür zu Shizumasa-samas Gemächern steht offen.
Oh?
Damals, in jenem Augenblick ...
... haben mir deine Stimme, Mimik und Gestik ...
... die Tiefe deiner Gefühle verraten.
Tap
Tap
Aha ... Noch keiner da?
Bin ich zu früh?
QUIETSCH
Shizumasa-sama?

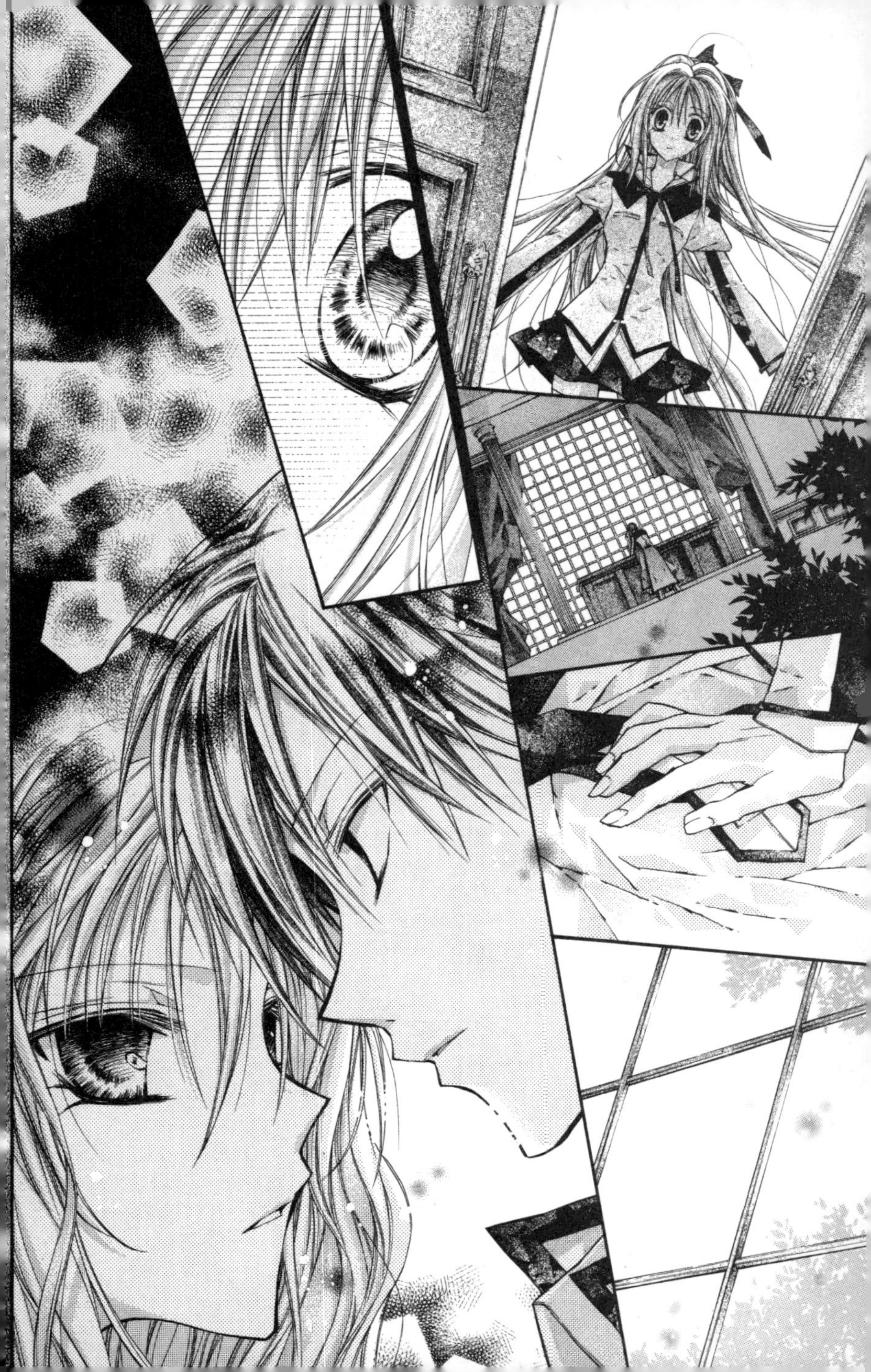

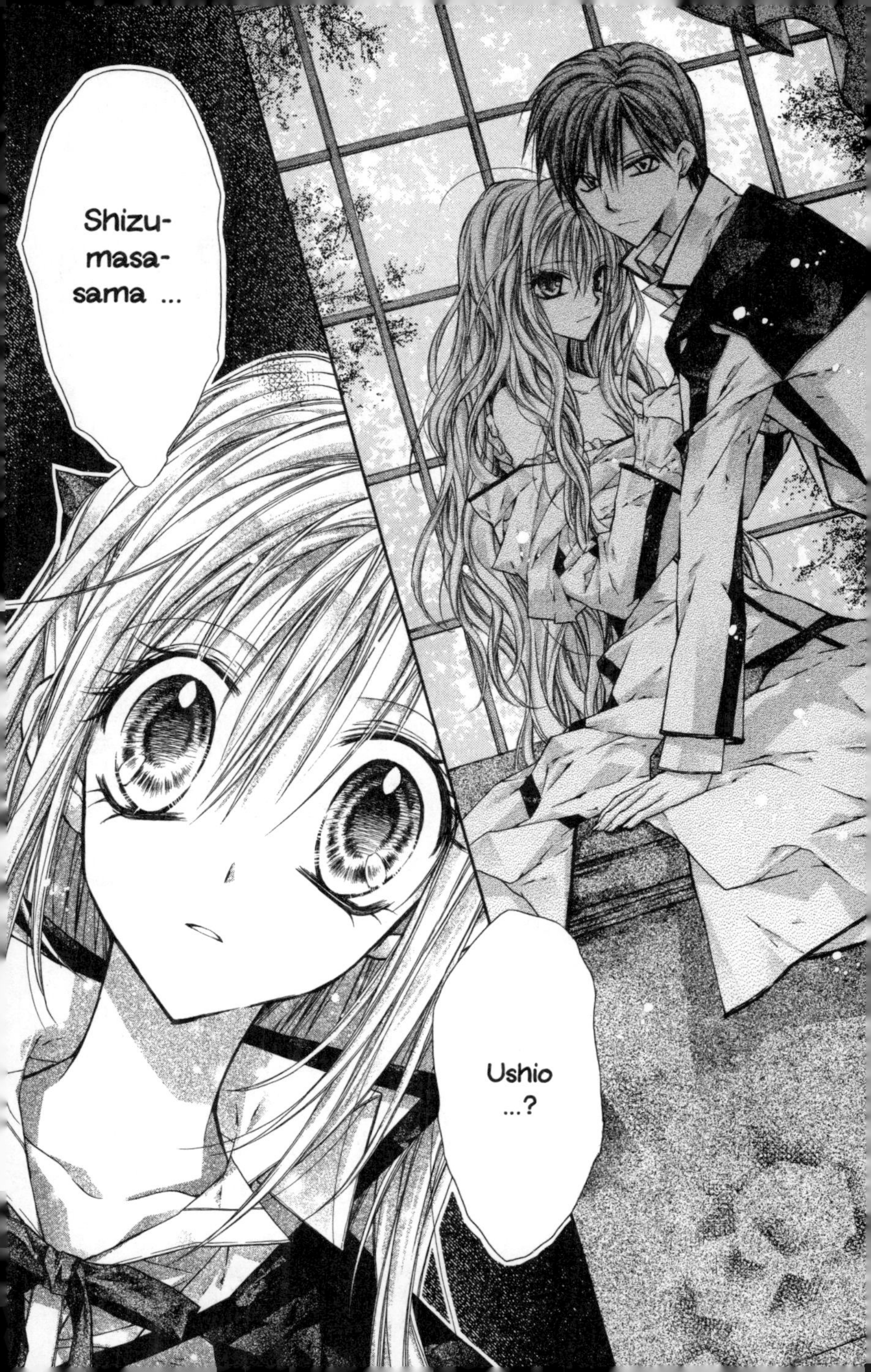
Shizu-masa-sama ...
Ushio ...?

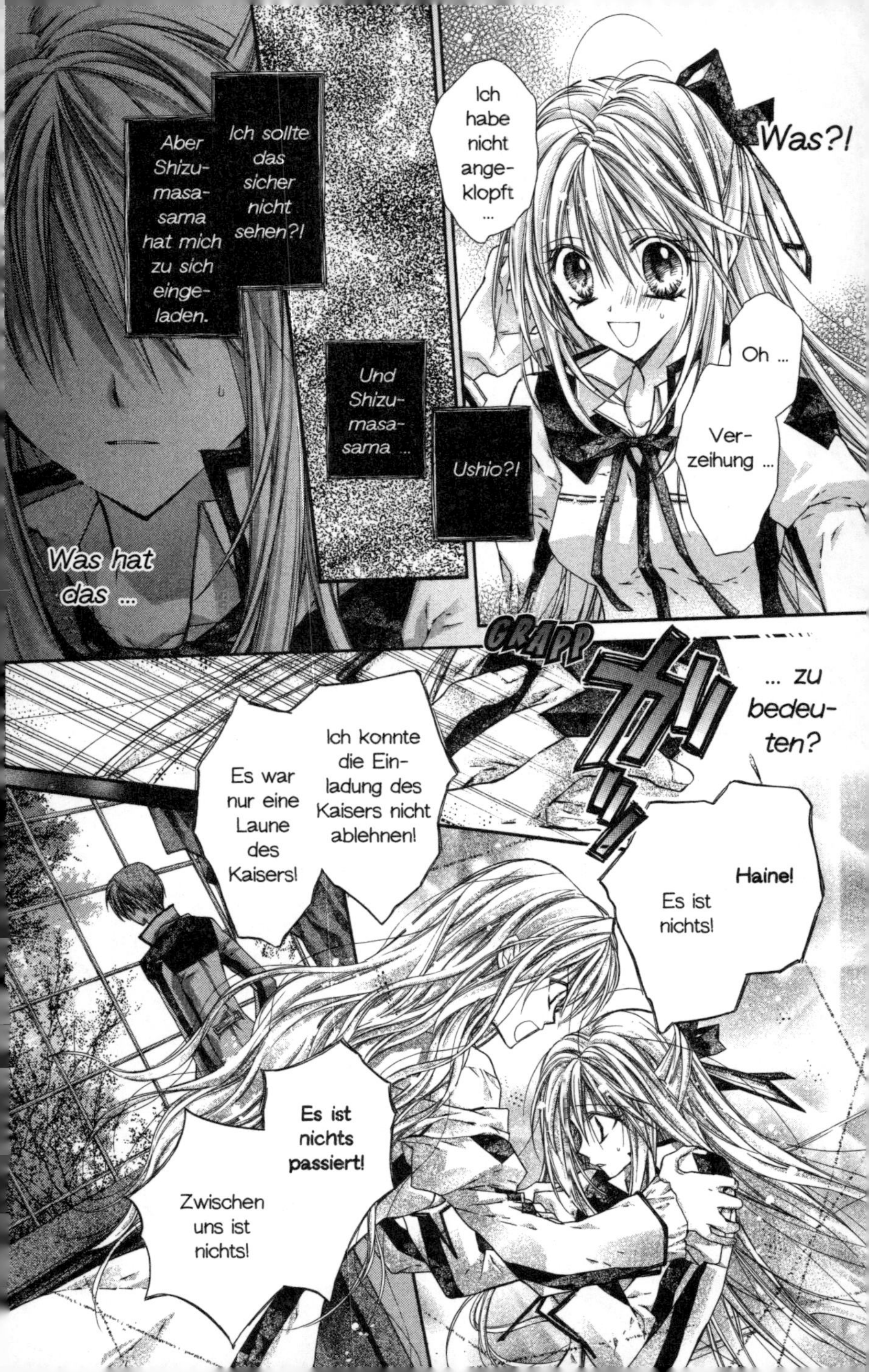
Was?!
Ich habe nicht ange- klopft ...
Oh ...
Ver- zeihung ...
Ushio?!
Und Shizu- masa- sama ...
Ich sollte das sicher nicht sehen?!
Aber Shizu- masa- sama hat mich zu sich einge- laden.
Was hat das ...
... zu bedeu- ten?
GRAPP
Haine! Es ist nichts!
Ich konnte die Ein- ladung des Kaisers nicht ablehnen!
Es war nur eine Laune des Kaisers!
Es ist nichts passiert!
Zwischen uns ist nichts!

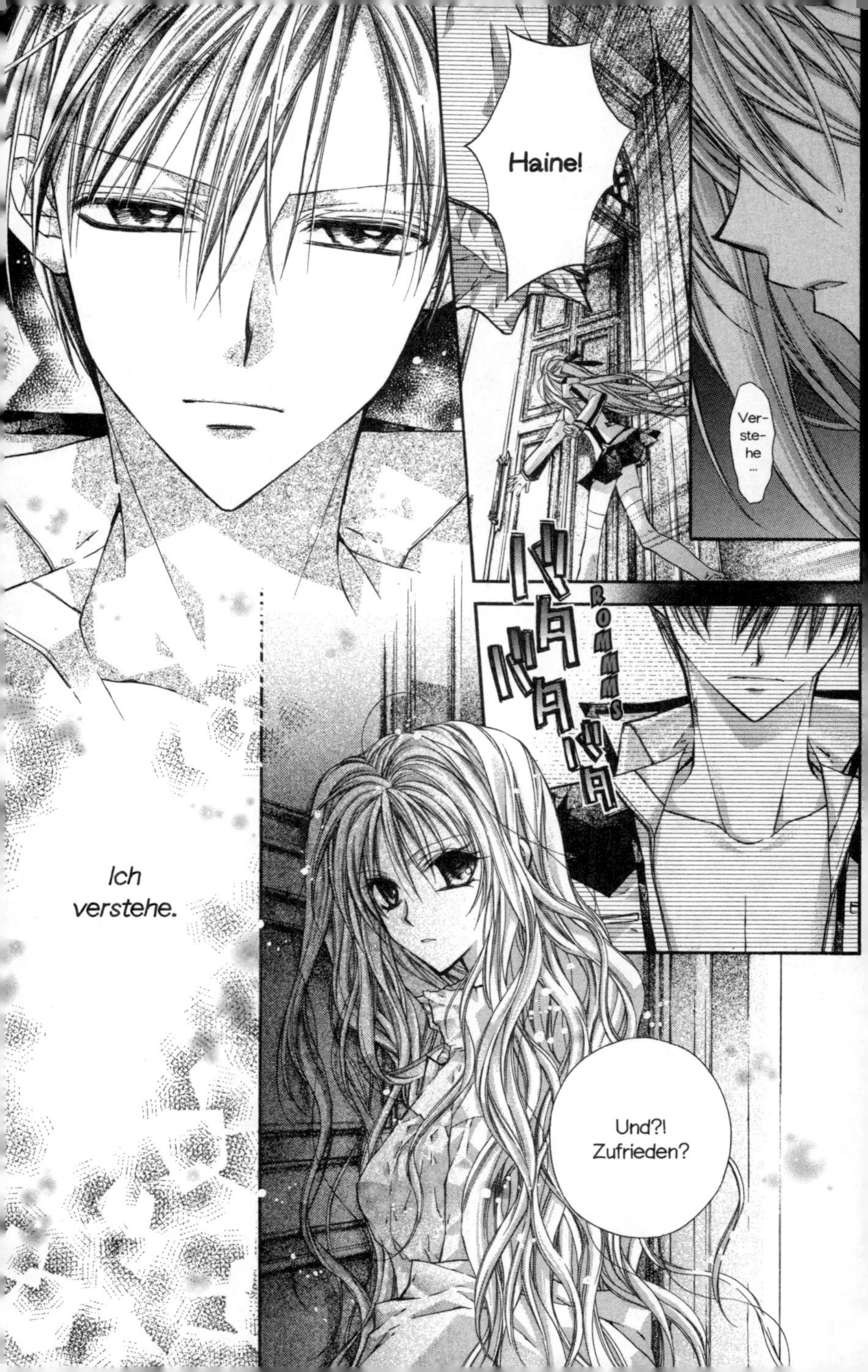
Ver-
ste-
he
...
Haine!
ROMMS
Ich
verstehe.
Und?!
Zufrieden?

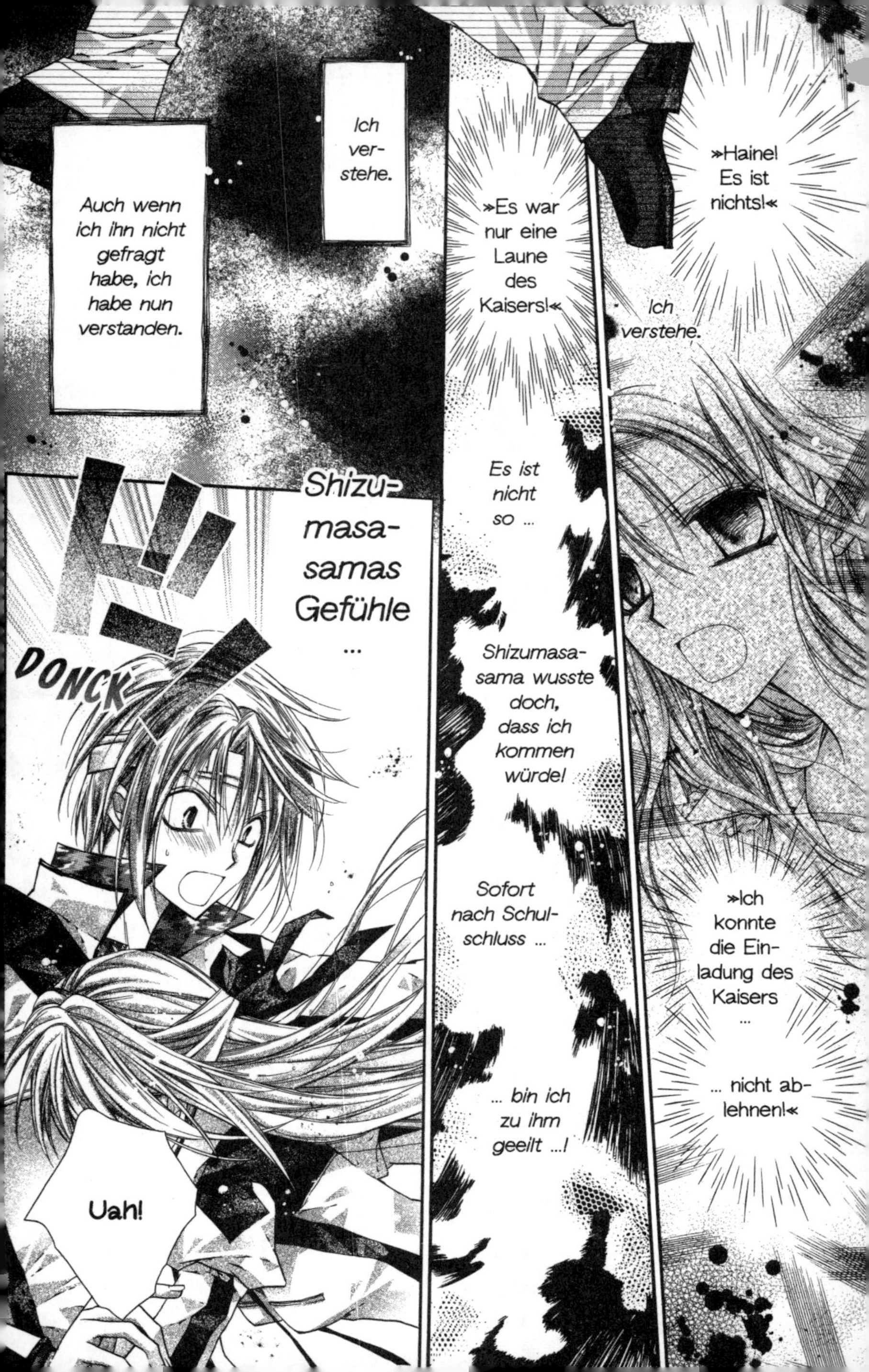
»Haine! Es ist nichts!«
Ich verstehe.
»Ich konnte die Einladung des Kaisers ...
... nicht ablehnen!«
»Es war nur eine Laune des Kaisers!«
Es ist nicht so ...
Shizumasa-sama wusste doch, dass ich kommen würde!
Sofort nach Schulschluss ...
... bin ich zu ihm geeilt ...!
Ich verstehe.
Auch wenn ich ihn nicht gefragt habe, ich habe nun verstanden.
Shizumasa-samas Gefühle ...
DONCK
Uah!

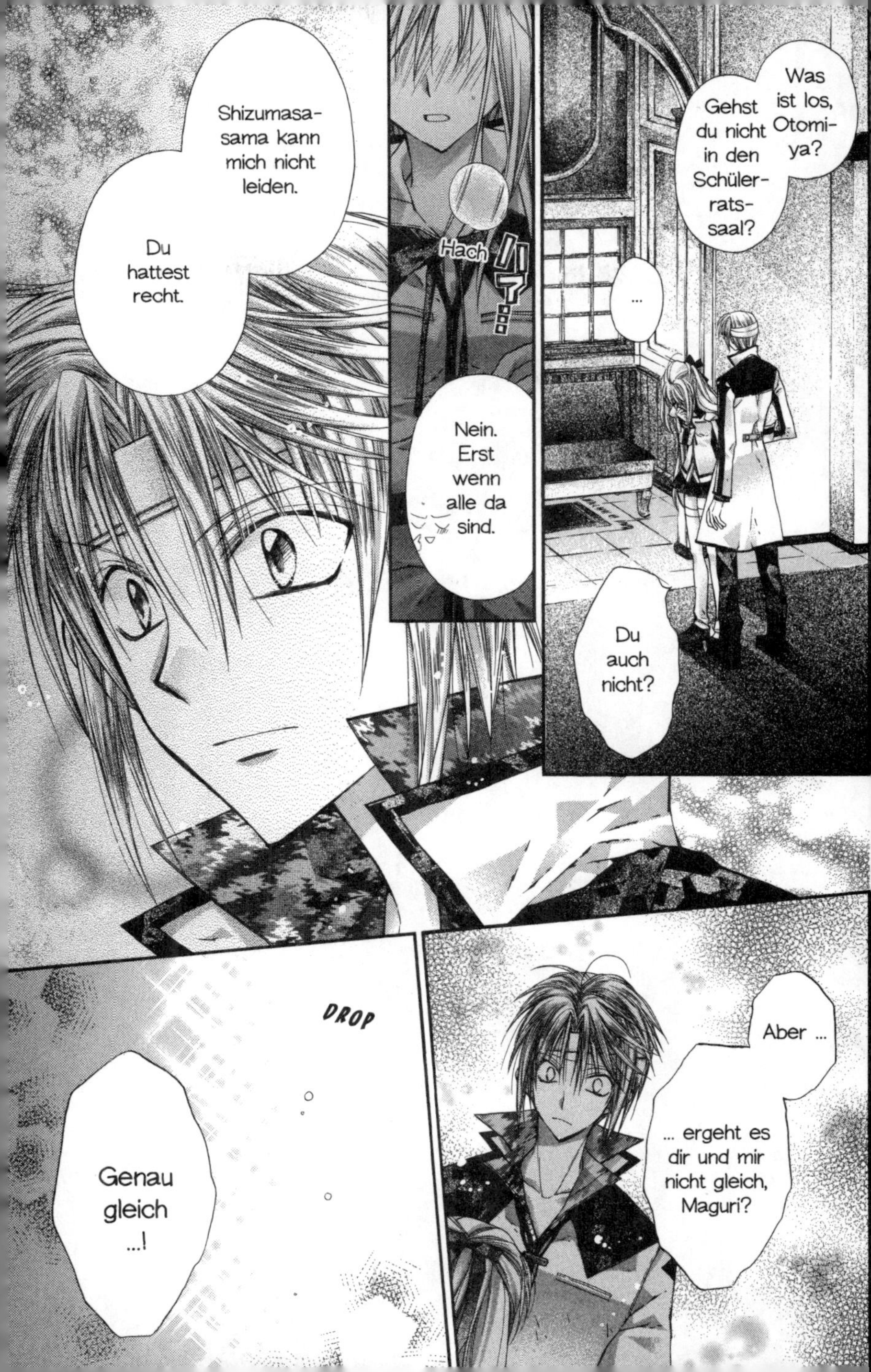

Was ist los, Otomiya?
Gehst du nicht in den Schüler-rats-saal?
...
Du auch nicht?
Hach
Nein. Erst wenn alle da sind.
Shizumasa-sama kann mich nicht leiden.
Du hattest recht.
Aber ...
... ergeht es dir und mir nicht gleich, Maguri?
DROP
Genau gleich ...!

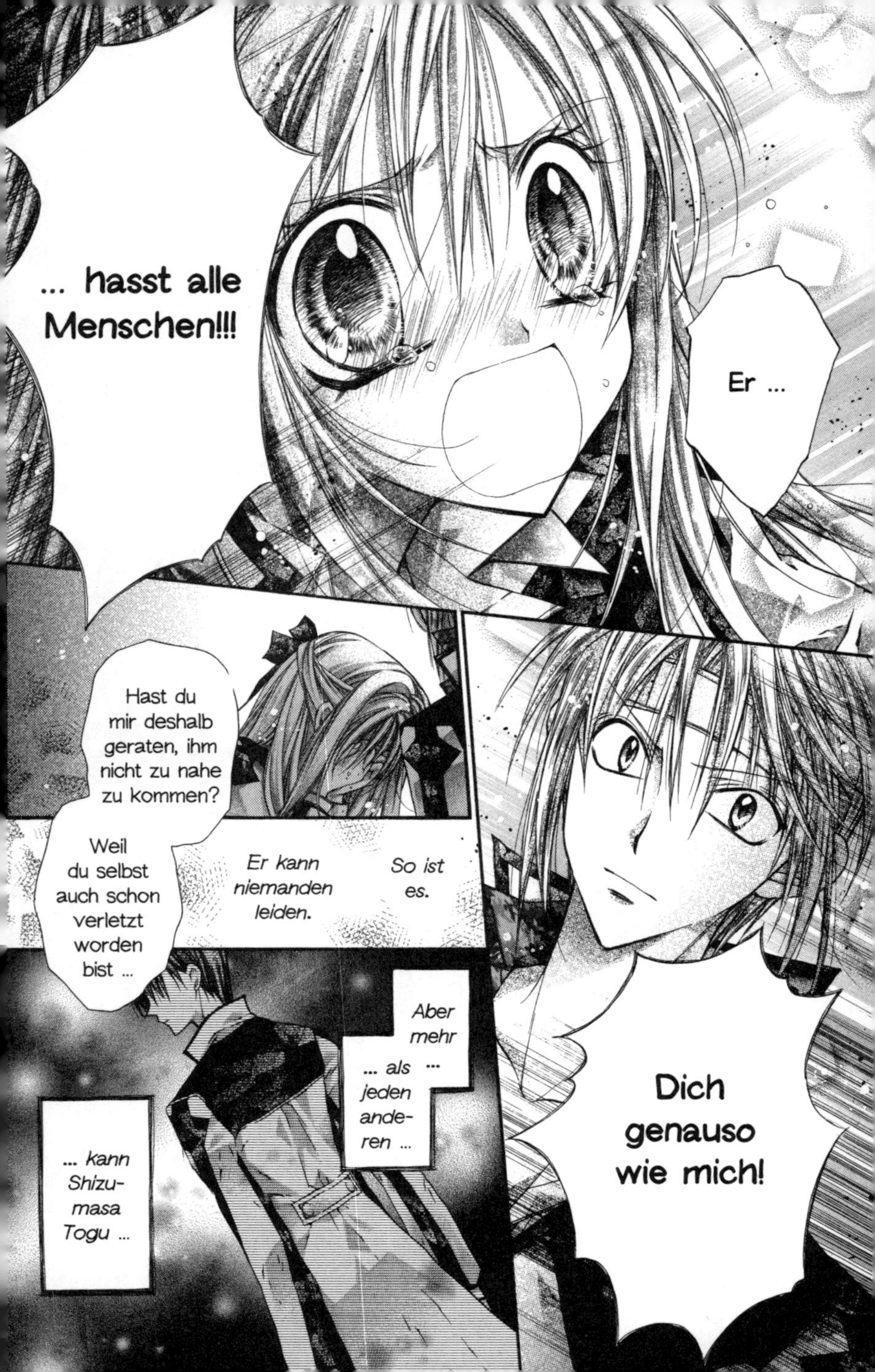
Er …
… hasst alle Menschen!!!
Dich genauso wie mich!
Hast du mir deshalb geraten, ihm nicht zu nahe zu kommen?
Weil du selbst auch schon verletzt worden bist …
So ist es.
Er kann niemanden leiden.
Aber mehr …
… als jeden anderen …
… kann Shizumasa Togu …

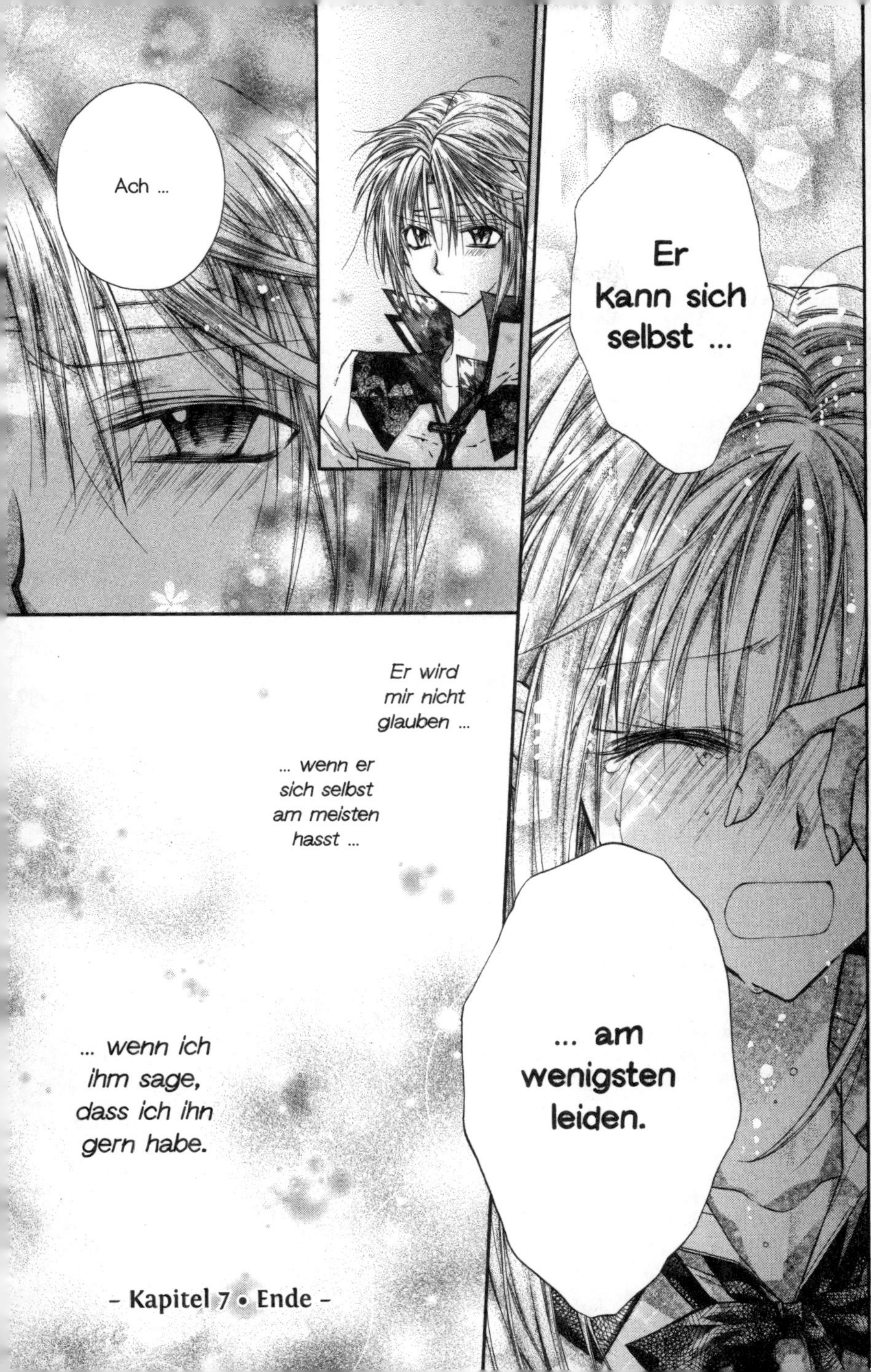

– Kapitel 7 • Ende –

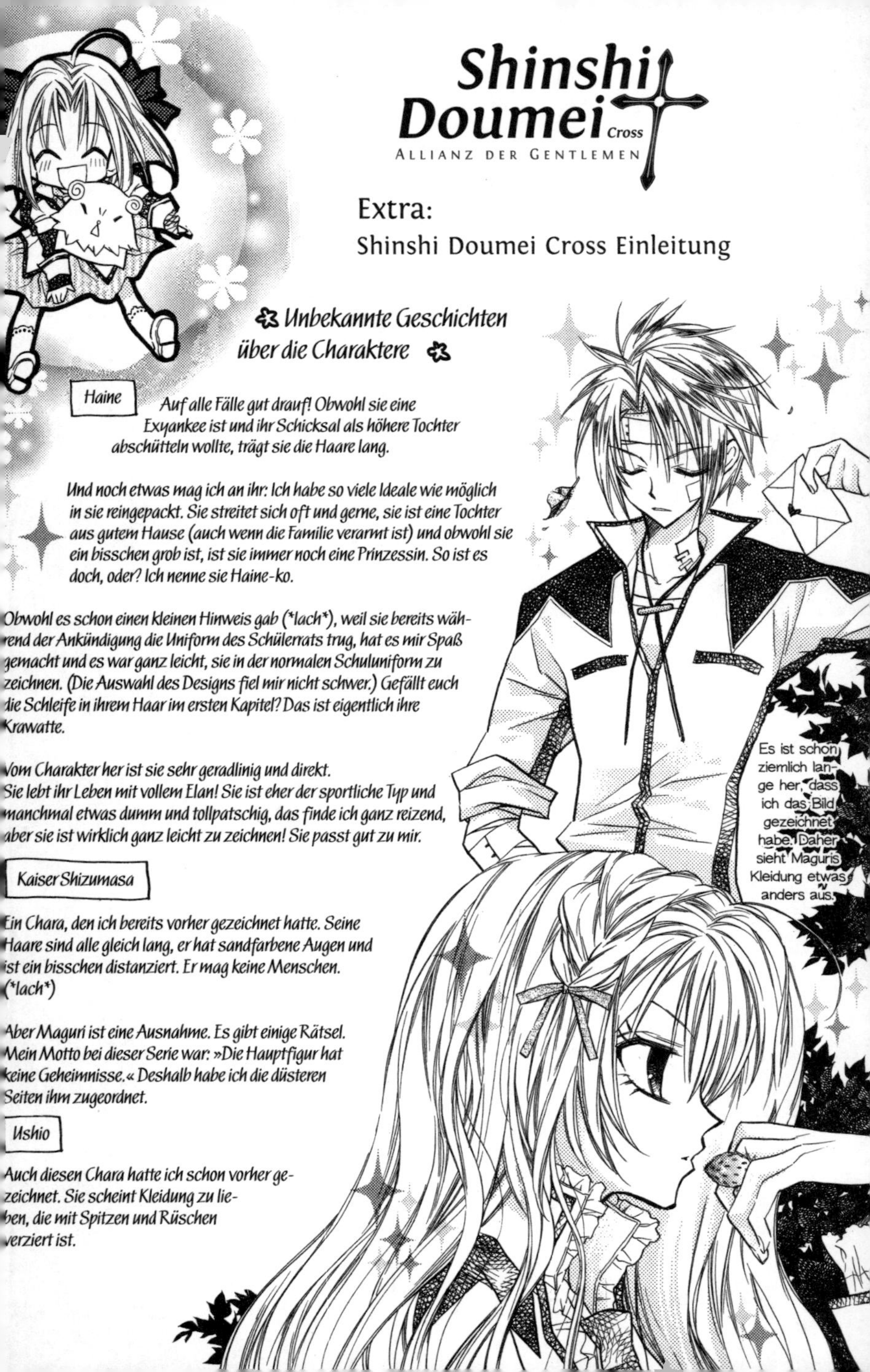

Shinshi Doumei Cross
ALLIANZ DER GENTLEMEN

Extra:
Shinshi Doumei Cross Einleitung

Unbekannte Geschichten über die Charaktere

Haine

Auf alle Fälle gut drauf! Obwohl sie eine Exyankee ist und ihr Schicksal als höhere Tochter abschütteln wollte, trägt sie die Haare lang.

Und noch etwas mag ich an ihr: Ich habe so viele Ideale wie möglich in sie reingepackt. Sie streitet sich oft und gerne, sie ist eine Tochter aus gutem Hause (auch wenn die Familie verarmt ist) und obwohl sie ein bisschen grob ist, ist sie immer noch eine Prinzessin. So ist es doch, oder? Ich nenne sie Haine-ko.

Obwohl es schon einen kleinen Hinweis gab (*lach*), weil sie bereits während der Ankündigung die Uniform des Schülerrats trug, hat es mir Spaß gemacht und es war ganz leicht, sie in der normalen Schuluniform zu zeichnen. (Die Auswahl des Designs fiel mir nicht schwer.) Gefällt euch die Schleife in ihrem Haar im ersten Kapitel? Das ist eigentlich ihre Krawatte.

Vom Charakter her ist sie sehr geradlinig und direkt.
Sie lebt ihr Leben mit vollem Elan! Sie ist eher der sportliche Typ und manchmal etwas dumm und tollpatschig, das finde ich ganz reizend, aber sie ist wirklich ganz leicht zu zeichnen! Sie passt gut zu mir.

Kaiser Shizumasa

Ein Chara, den ich bereits vorher gezeichnet hatte. Seine Haare sind alle gleich lang, er hat sandfarbene Augen und ist ein bisschen distanziert. Er mag keine Menschen. (*lach*)

Aber Maguri ist eine Ausnahme. Es gibt einige Rätsel. Mein Motto bei dieser Serie war: »Die Hauptfigur hat keine Geheimnisse.« Deshalb habe ich die düsteren Seiten ihm zugeordnet.

Ushio

Auch diesen Chara hatte ich schon vorher gezeichnet. Sie scheint Kleidung zu lieben, die mit Spitzen und Rüschen verziert ist.

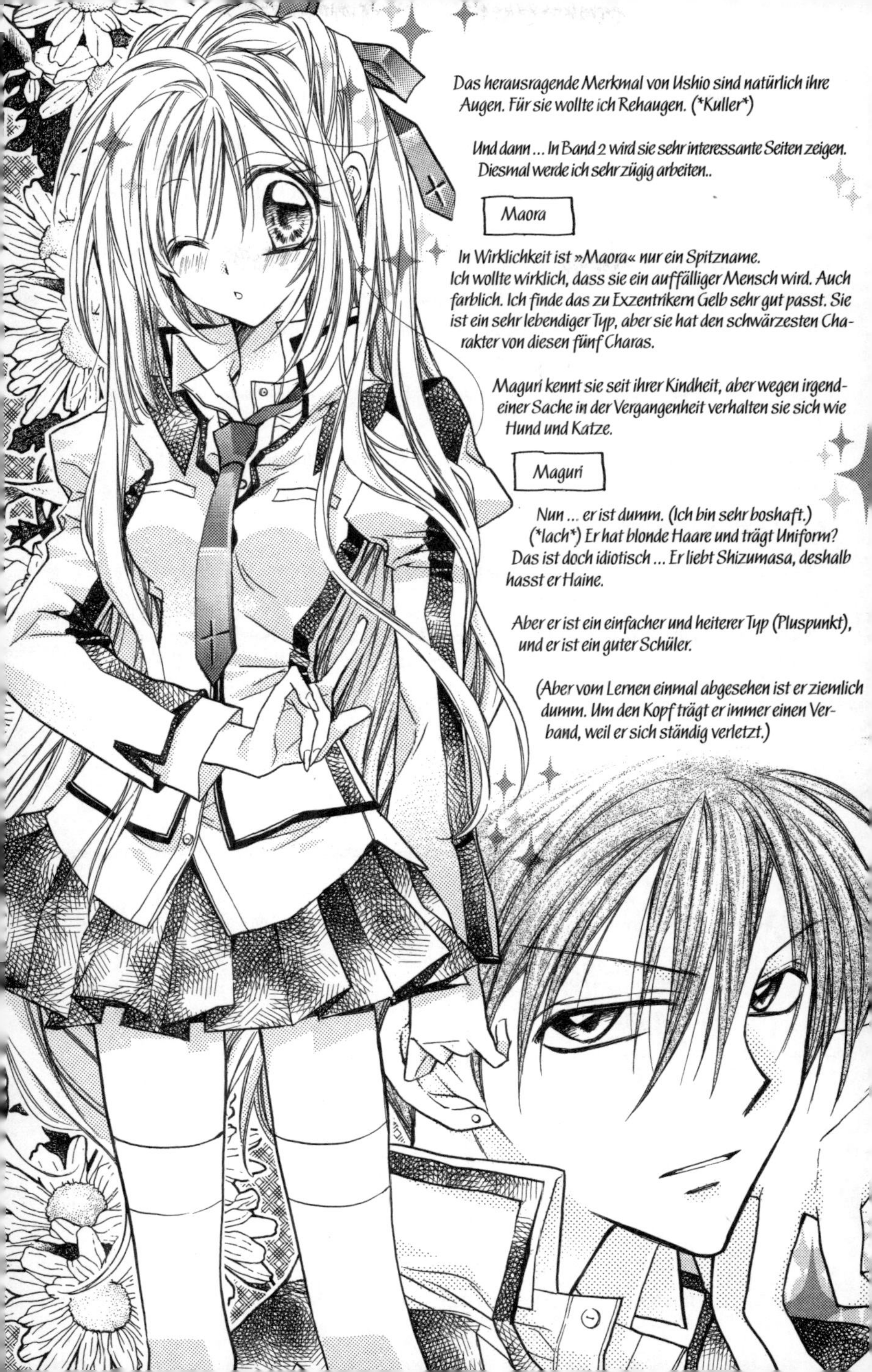
Das herausragende Merkmal von Ushio sind natürlich ihre Augen. Für sie wollte ich Rehaugen. (*Kuller*)
Und dann ... In Band 2 wird sie sehr interessante Seiten zeigen. Diesmal werde ich sehr zügig arbeiten..
Maora
In Wirklichkeit ist »Maora« nur ein Spitzname.
Ich wollte wirklich, dass sie ein auffälliger Mensch wird. Auch farblich. Ich finde das zu Exzentrikern Gelb sehr gut passt. Sie ist ein sehr lebendiger Typ, aber sie hat den schwärzesten Charakter von diesen fünf Charas.
Maguri kennt sie seit ihrer Kindheit, aber wegen irgendeiner Sache in der Vergangenheit verhalten sie sich wie Hund und Katze.
Maguri
Nun ... er ist dumm. (Ich bin sehr boshaft.) (*lach*) Er hat blonde Haare und trägt Uniform? Das ist doch idiotisch ... Er liebt Shizumasa, deshalb hasst er Haine.
Aber er ist ein einfacher und heiterer Typ (Pluspunkt), und er ist ein guter Schüler.
(Aber vom Lernen einmal abgesehen ist er ziemlich dumm. Um den Kopf trägt er immer einen Verband, weil er sich ständig verletzt.)

✿ Recherche ✿

Für meine Recherche bin ich in die Oberstufe der Aoyama-Akademie gegangen. (Aber man kann natürlich nicht sofort auf den ersten Blick erkennen, woher ich meine Inspiration habe ...) Dort habe ich Außergewöhnliches gesehen! Es gab wirklich einen Wachmann. Viele meiner Vorstellungen entsprachen der Wirklichkeit und ich habe noch einiges dazugelernt. Vielen Dank an alle Lehrer und Schüler!

✿ Die Kaiserliche Akademie ✿

Die Idee vom Postboten habe ich im Shueisha Verlag bekommen. Bei Shueisha gibt es einen Briefträger, der jedem persönlich die Briefe und Pakete bringt. (Vielleicht ist das bei anderen Firmen auch so?) Ich fand das sehr amüsant und wollte diese Idee irgendwann mal verwenden.

Weil es eine Schule für die jungen Herrschaften ist, dachte ich, ein Wachmann wäre notwendig. Deswegen habe ich noch einen Wachmann gezeichnet.

Ich wollte den Lesern gern das Gefühl vermitteln, dass sie wirklich in der Schule sind, während sie den Manga lesen.

✿ Zukünftige Ereignisse ✿

Ob ich es schaffe, einmal eine Geschichte mit dem vierten Band zu beenden? Auf jeden Fall möchte ich jetzt noch mit dem Thema Liebe weiterzeichnen.

Zu dem Thema, warum der Kaiser Haine-chan nicht leiden kann, werde ich in nächster Zeit nichts direkt zeichnen. Für den nächsten Band werde ich lieber viele heitere und peinliche Geschichten anfertigen. Darauf könnt ihr schon gespannt sein!

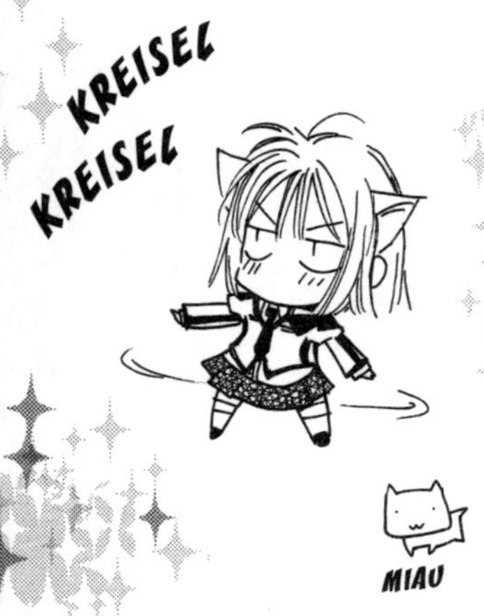

– Extra: Shinshi Doumei Cross Einleitung • Ende –

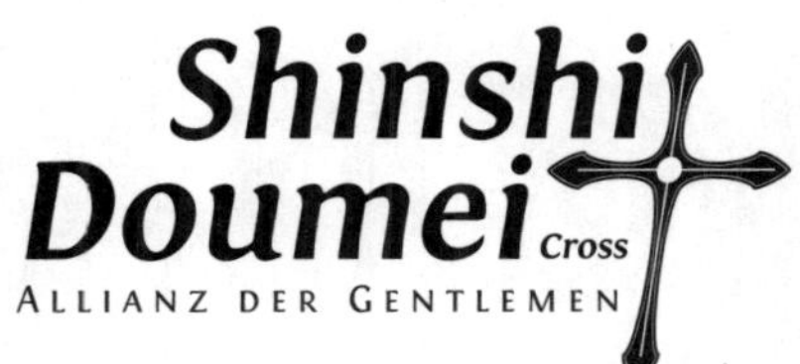
Shinshi
Doumei
Cross
ALLIANZ DER GENTLEMEN

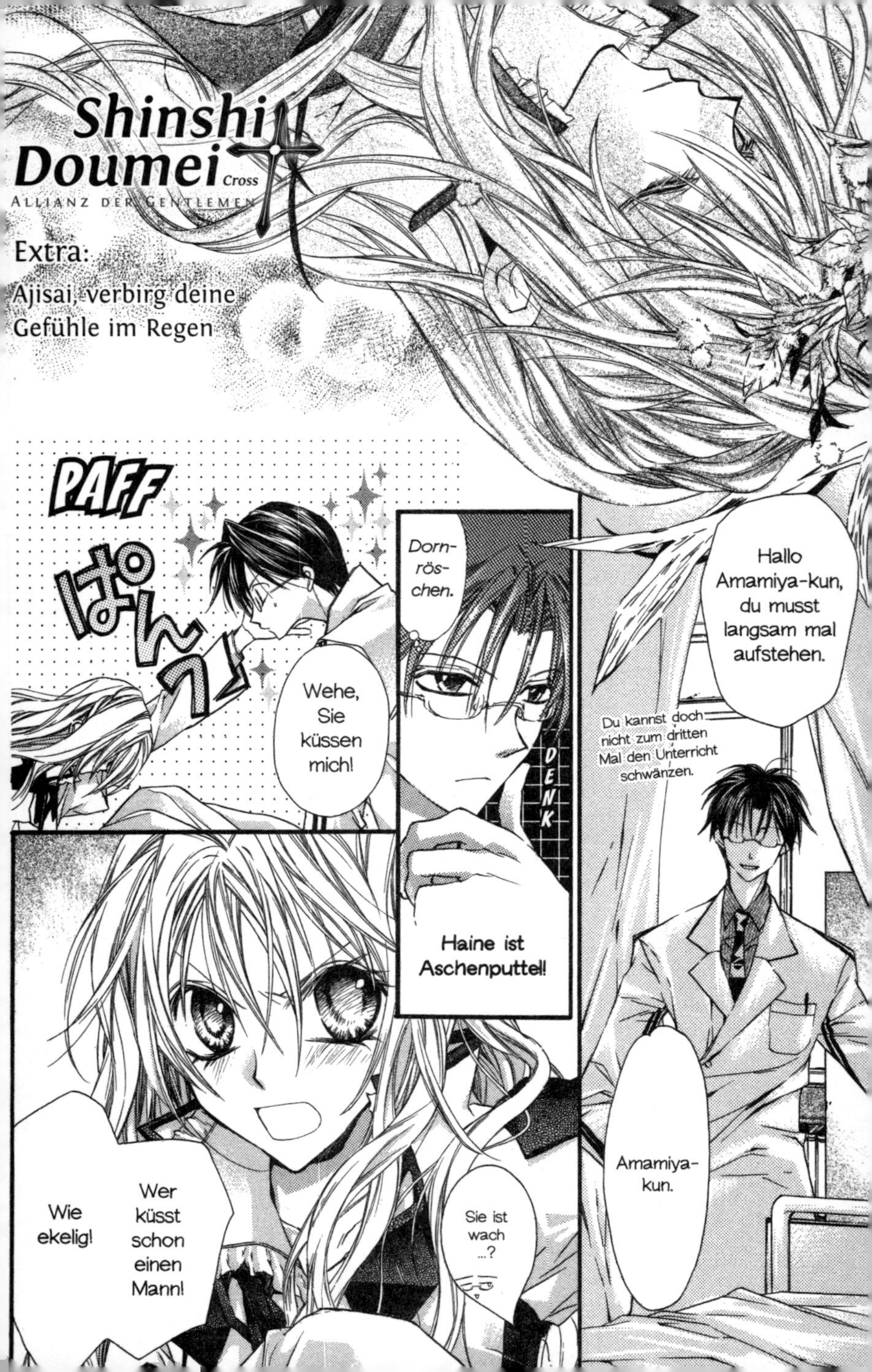
Shinshi Doumei Cross
Allianz der Gentlemen
Extra:
Ajisai, verbirg deine Gefühle im Regen
Hallo Amamiya-kun, du musst langsam mal aufstehen.
Du kannst doch nicht zum dritten Mal den Unterricht schwänzen.
Amamiya-kun.
Dornröschen.
DENK
Haine ist Aschenputtel!
PAFF
ぱんっ
Wehe, Sie küssen mich!
Sie ist wach ...?
Wer küsst schon einen Mann!
Wie ekelig!

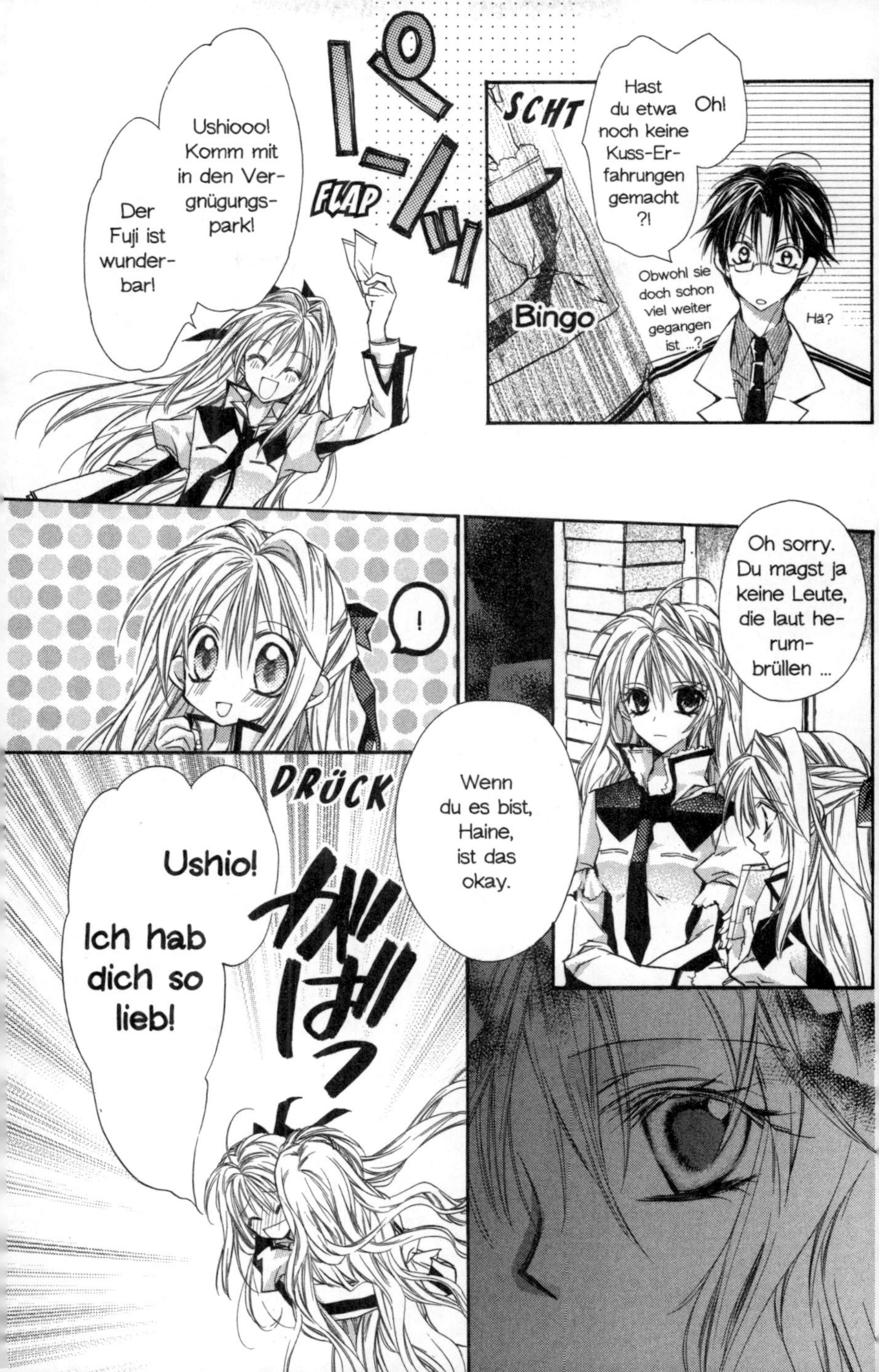

Oh!
Hast du etwa noch keine Kuss-Erfahrungen gemacht ?!
SCHT
Hä?
Obwohl sie doch schon viel weiter gegangen ist ...?
Bingo
Ushiooo! Komm mit in den Vergnügungspark!
Der Fuji ist wunderbar!
FLAP
Oh sorry. Du magst ja keine Leute, die laut herumbrüllen ...
!
Wenn du es bist, Haine, ist das okay.
DRÜCK
Ushio!
Ich hab dich so lieb!

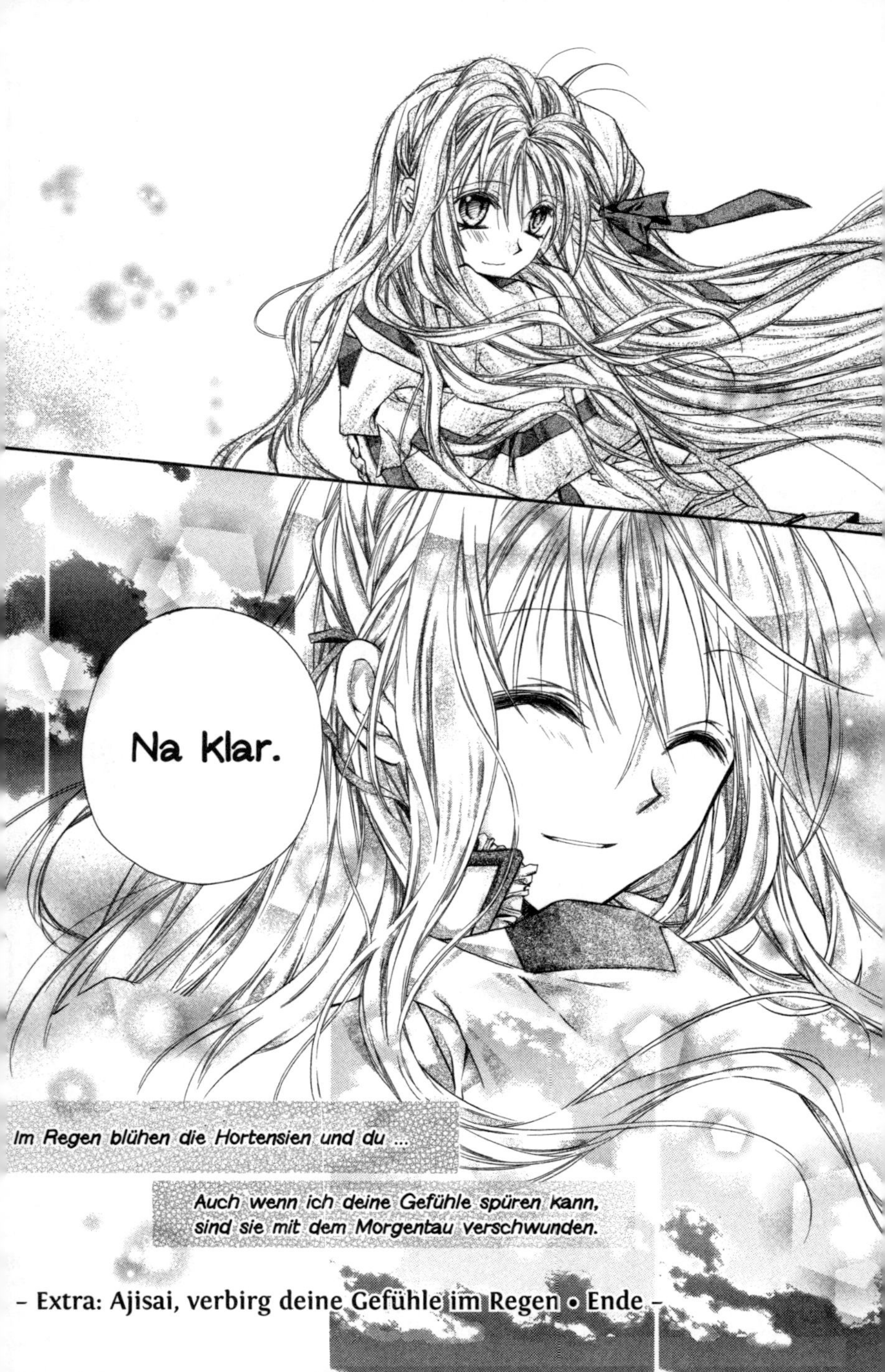
Na klar.
Im Regen blühen die Hortensien und du ...
Auch wenn ich deine Gefühle spüren kann,
sind sie mit dem Morgentau verschwunden.
– Extra: Ajisai, verbirg deine Gefühle im Regen • Ende –

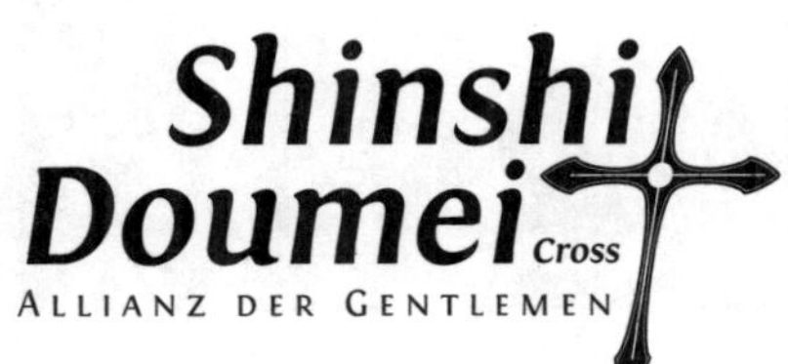
Shinshi
Doumei Cross
ALLIANZ DER GENTLEMEN

Das lustige Extra

Maguring

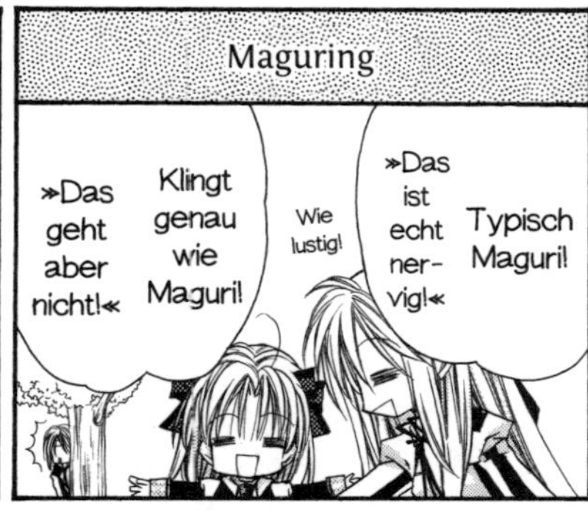

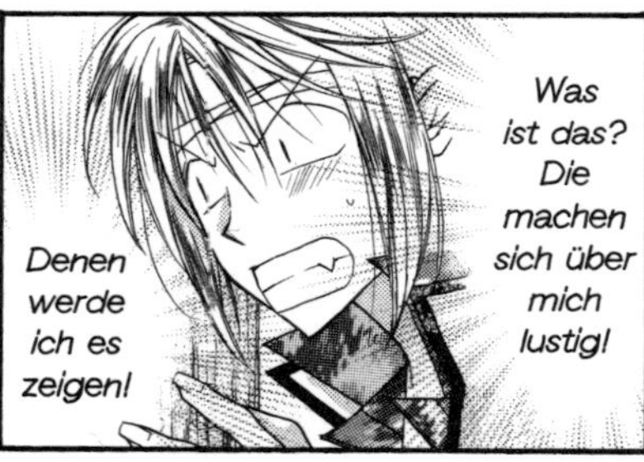

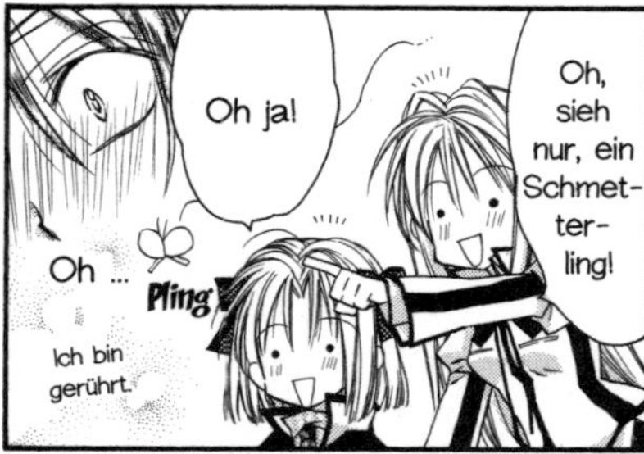

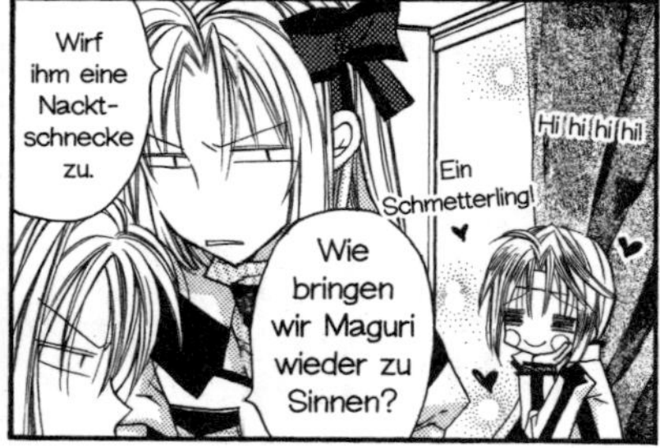

Ajisai-no-kimi

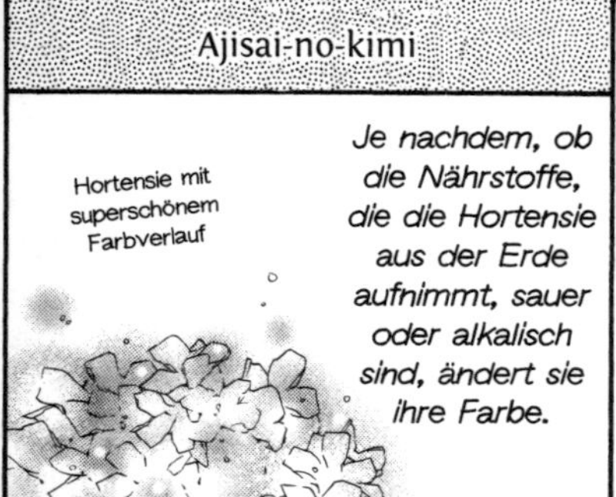

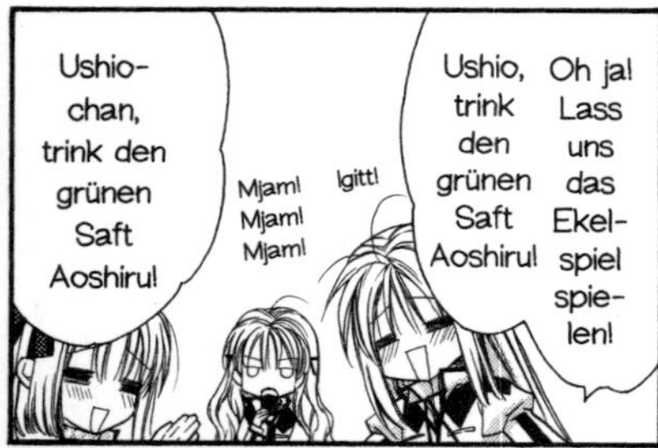

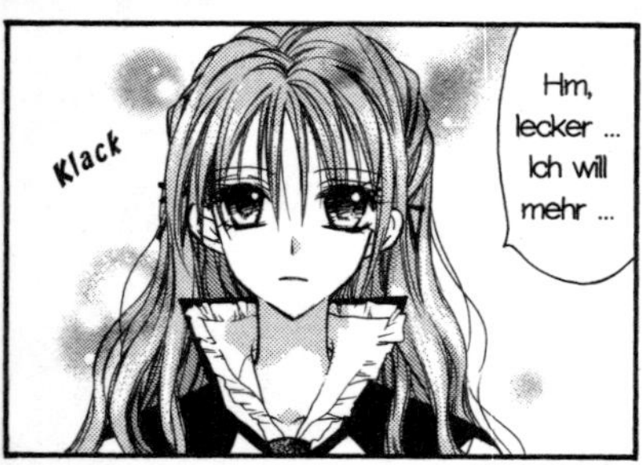

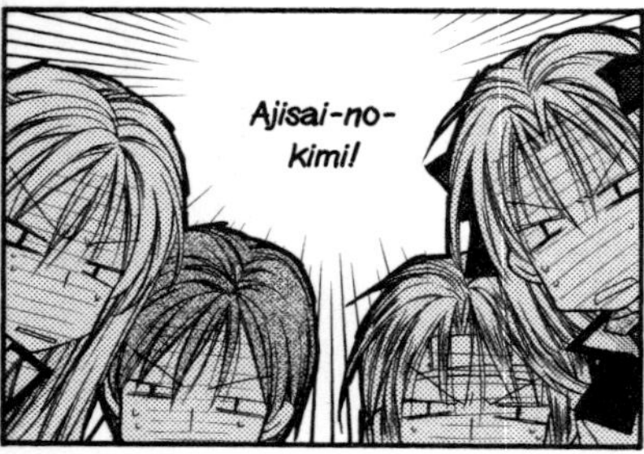

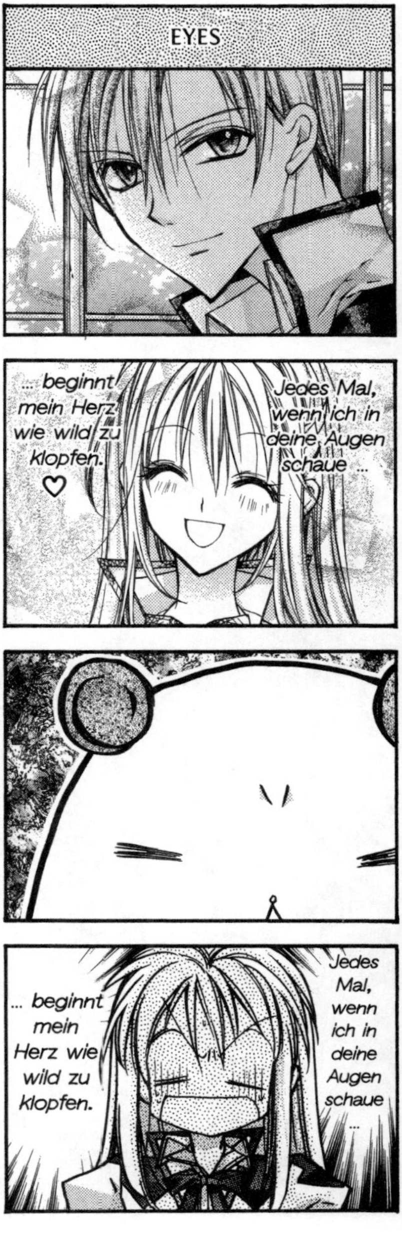

EYES

Jedes Mal, wenn ich in deine Augen schaue ...

... beginnt mein Herz wie wild zu klopfen. ♡

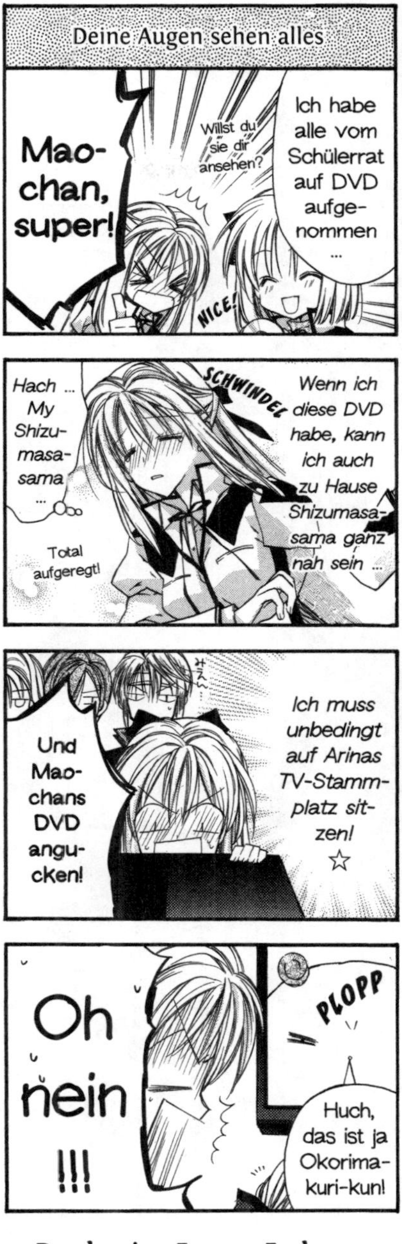

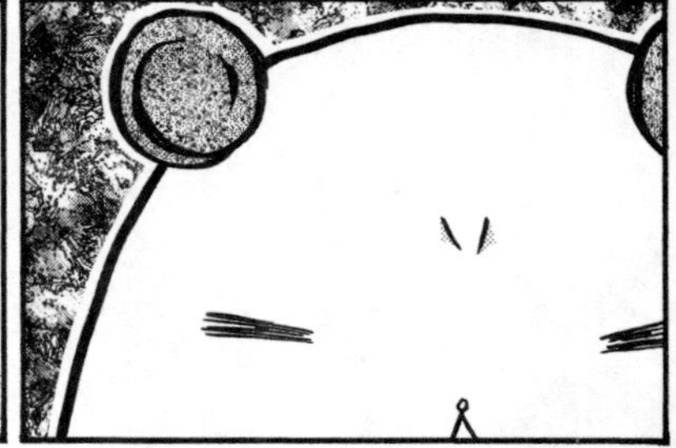

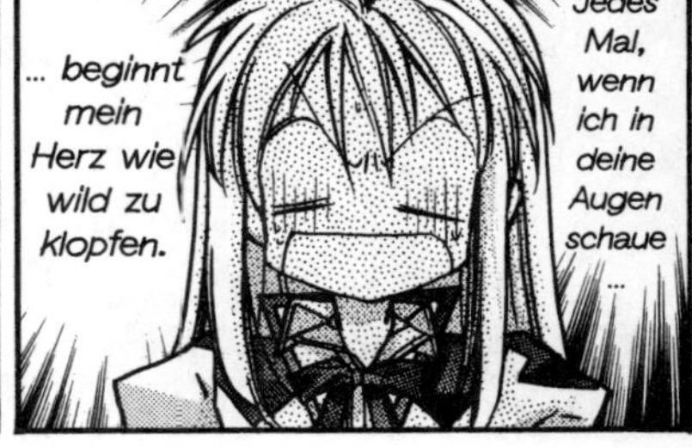

Deine Augen sehen alles

Ich habe alle vom Schülerrat auf DVD aufgenommen ...

Willst du sie dir ansehen?

Mao-chan, super!

NICE!

Wenn ich diese DVD habe, kann ich auch zu Hause Shizumasa-sama ganz nah sein ...

SCHWINDEL

Hach ... My Shizumasa-sama ...

Total aufgeregt!

Ich muss unbedingt auf Arinas TV-Stammplatz sitzen! ☆

Und Maochans DVD angucken!

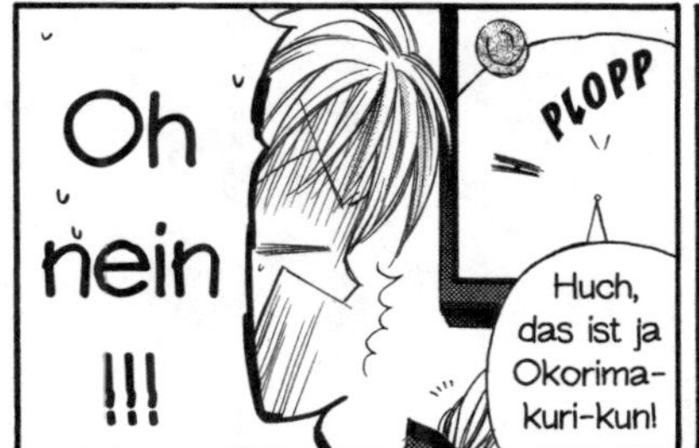

– Das lustige Extra • Ende –

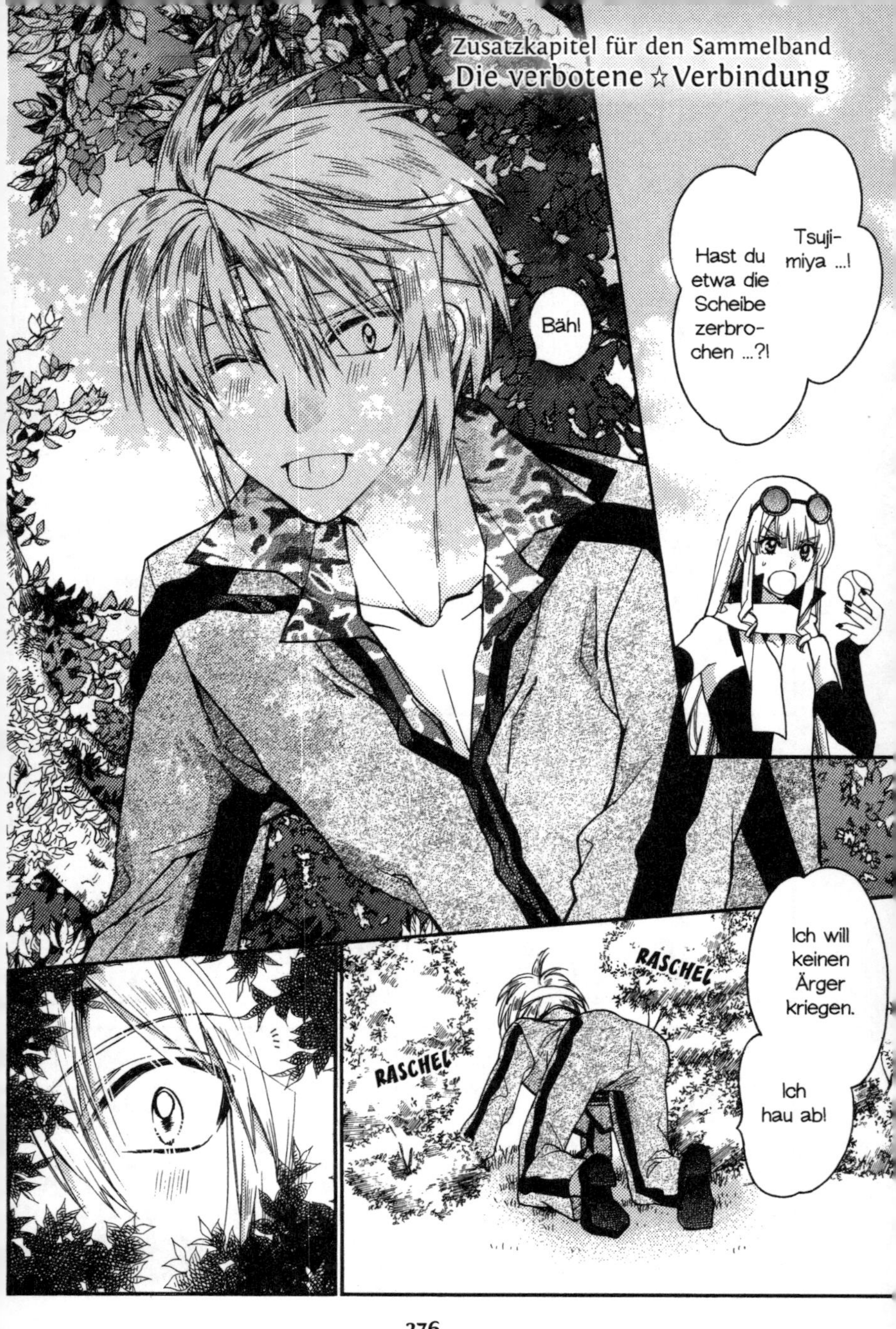
Zusatzkapitel für den Sammelband
Die verbotene ☆ Verbindung
Tsuji-miya ...!
Hast du etwa die Scheibe zerbrochen ...?!
Bäh!
Ich will keinen Ärger kriegen.
Ich hau ab!
RASCHEL
RASCHEL

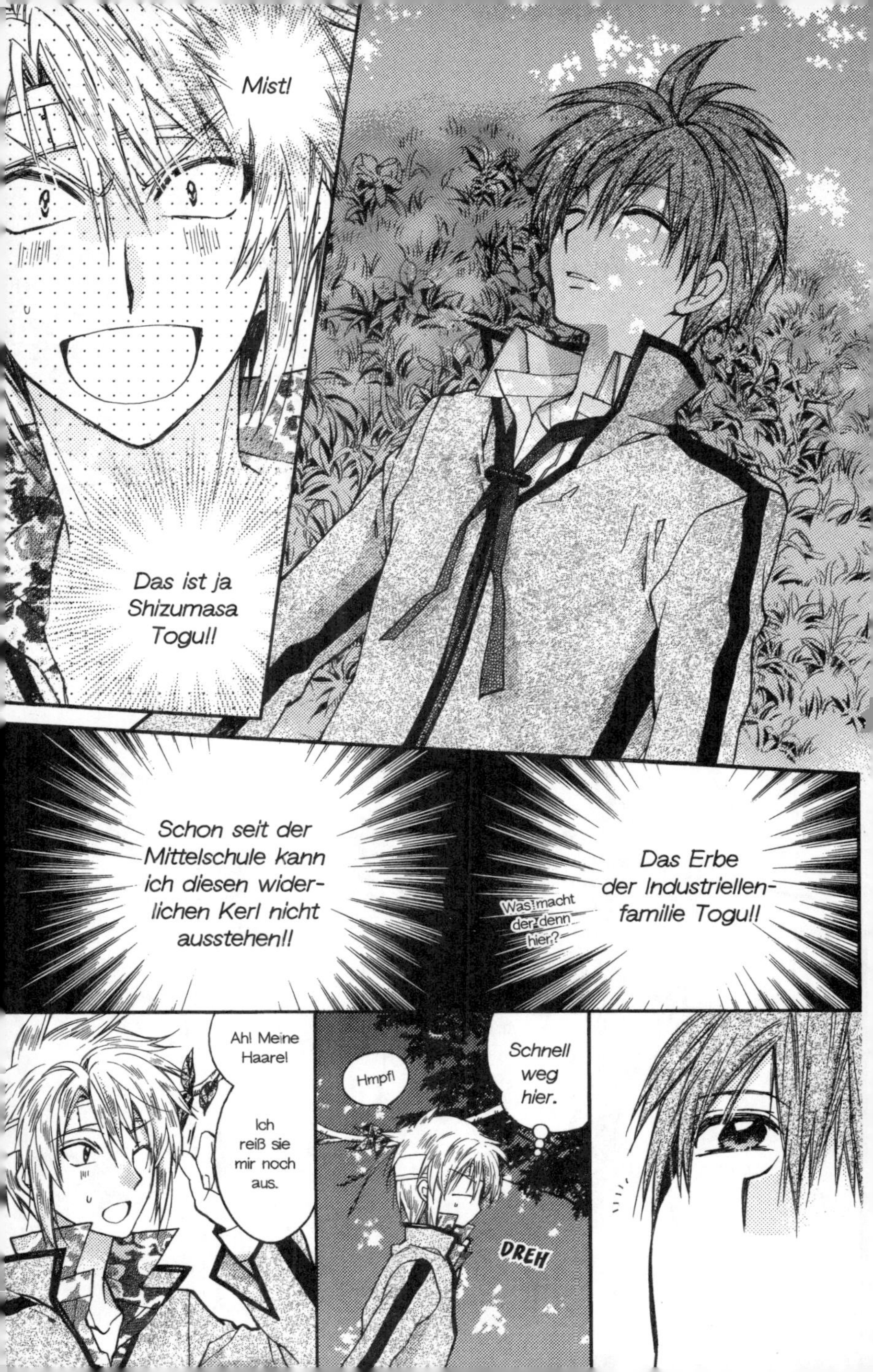
Mist!
Das ist ja Shizumasa Togu!!
Das Erbe der Industriellen-familie Togu!!
Was macht der denn hier?
Schon seit der Mittelschule kann ich diesen wider-lichen Kerl nicht ausstehen!!
Schnell weg hier.
Hmpf!
DREH
Ah! Meine Haare!
Ich reiß sie mir noch aus.

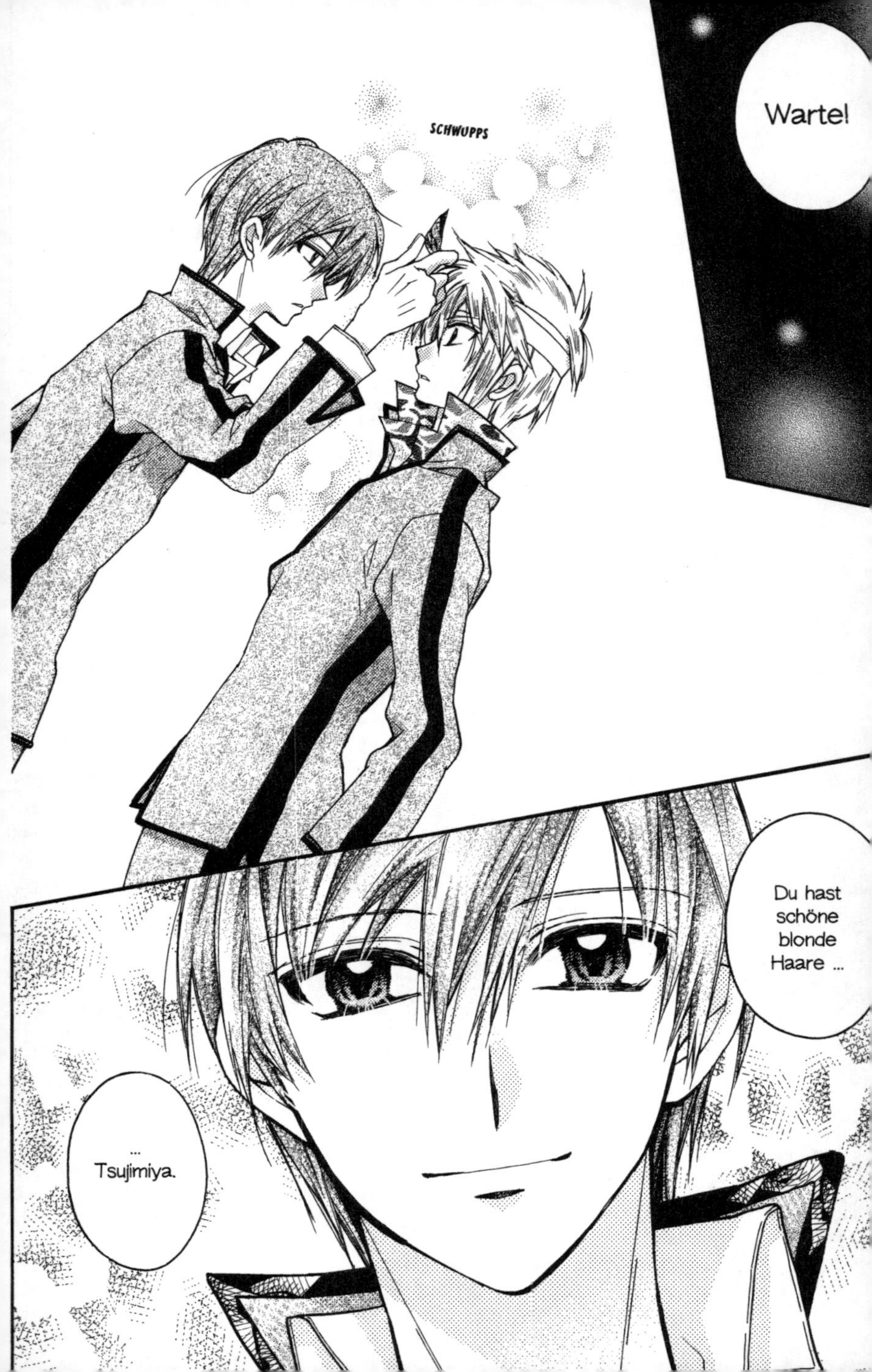
Warte!
SCHWUPPS
Du hast schöne blonde Haare ...
... Tsujimiya.

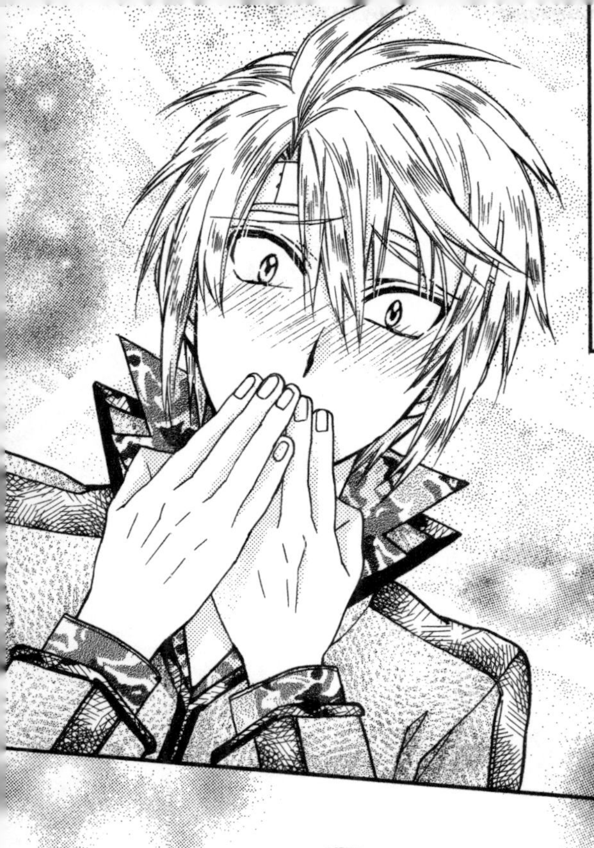

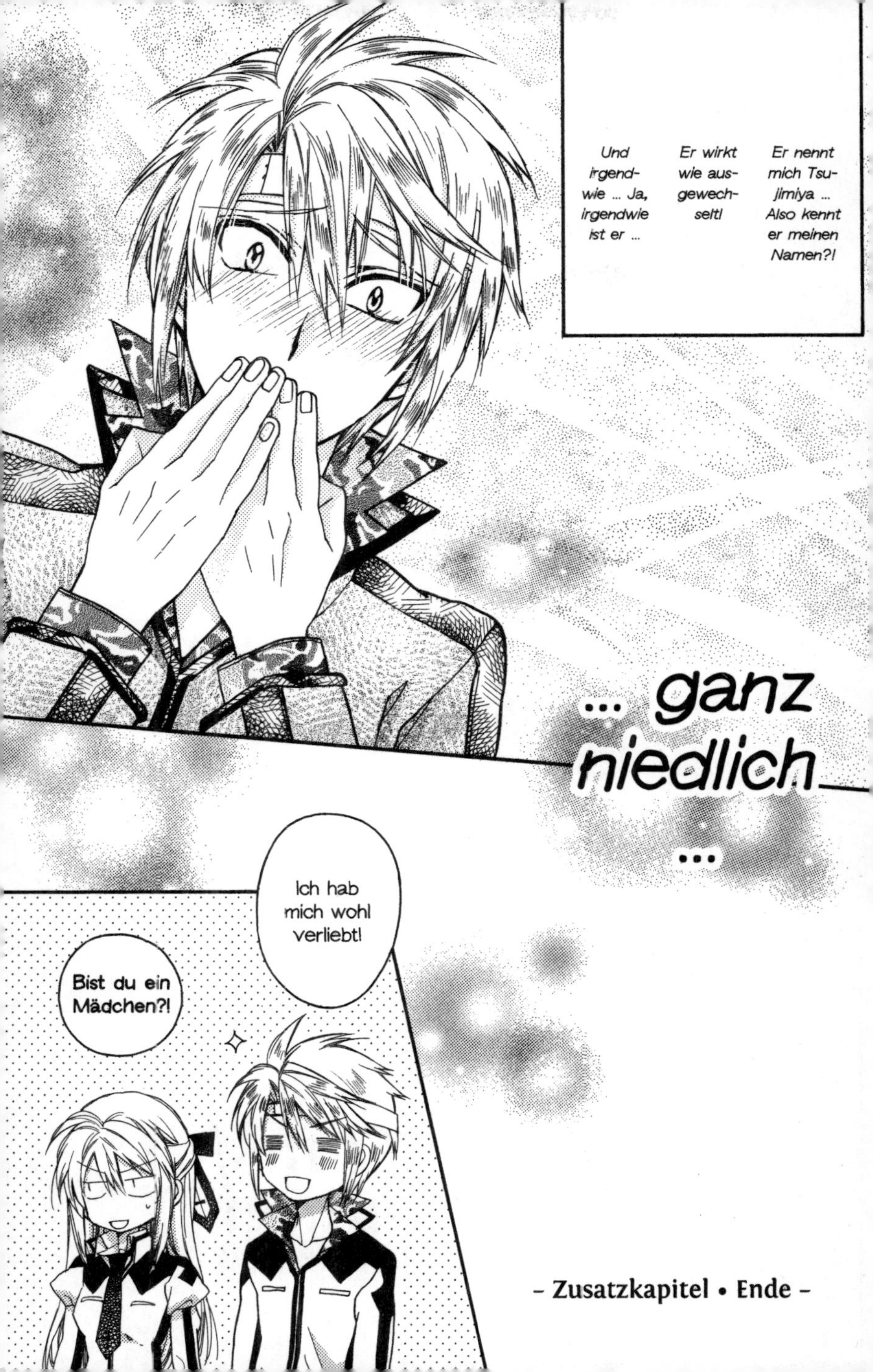

– Zusatzkapitel • Ende –

Shinshi Doumei Cross

ALLIANZ DER GENTLEMEN

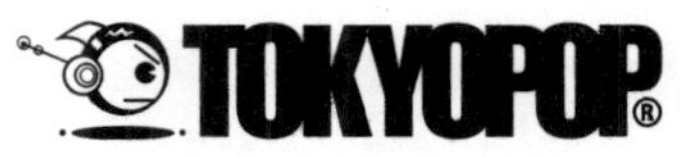

TOKYOPOP GmbH
Hamburg

TOKYOPOP
2. Auflage, 2017
Deutsche Ausgabe/German Edition

Aus dem Japanischen von Dagmar Seidel

THE GENTLEMEN ALLIANCE -CROSS- -POCKET EDITION-

First published in Japan in 2004 by SHUEISHA Inc., Tokyo.
German translation rights in Germany, Austria and German-speaking Switzerland arranged by SHUEISHA Inc. through VIZ Media Europe S.A.R.L., France.

Redaktion: Benjamin Spinrath
Lettering: Michael Möller
Herstellung: Jacqueline Bradtke
Druck und buchbinderische Verarbeitung:
CPI–Clausen & Bosse GmbH, Leck
Printed in Germany

ISBN 978-3-8420-3135-7

www.tokyopop.de

MY MAGIC FRIDAYS

Arina Tanemura

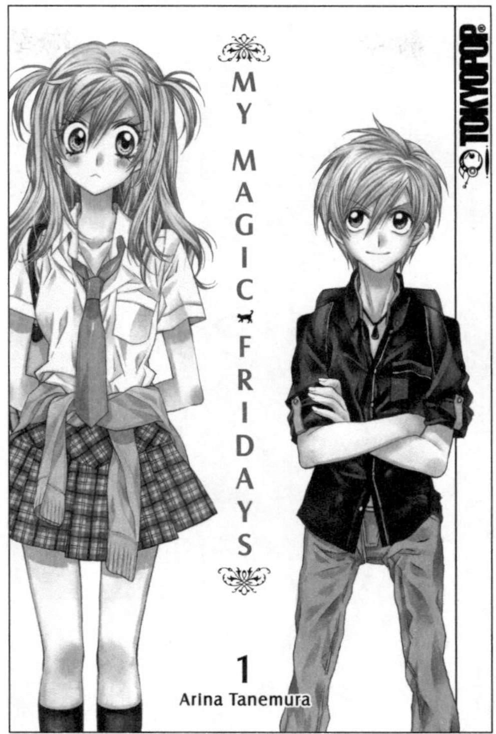

Liebe³

Für Ai ist der Freitag ein ganz besonderer Tag. Denn immer freitags trifft sie in der Schulbücherei ihren Schwarm Mia und gibt zu Hause ihrem Cousin Nekota, der in die 5. Klasse geht, Nachhilfe. Während Ai noch überlegt, ob sie Mia ihre Liebe gestehen soll, erhält sie plötzlich selbst eine Liebeserklärung von Nekota! Dies ist der Auftakt zu einer turbulenten Dreiecks-Liebesgeschichte ...

ARINAS SAMMELSURIUM

Arina Tanemura

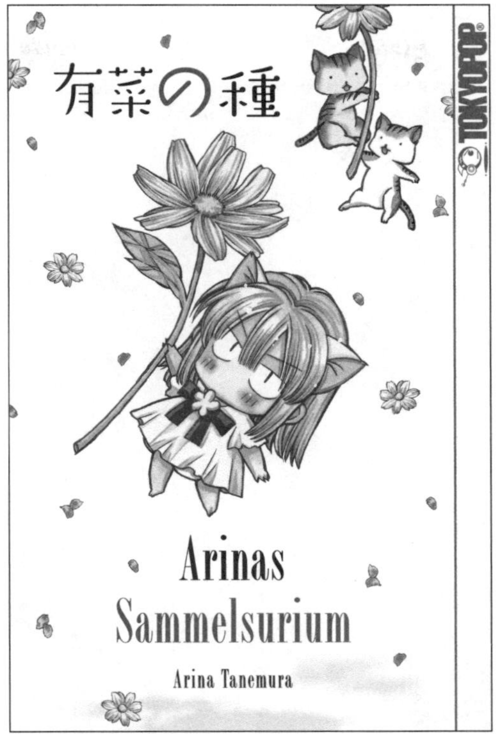

Das Nonplusultra für alle Fans von Arina Tanemura!

Du wolltest schon immer wissen, wer die Star-Mangaka wirklich ist? Dann bist du hier genau richtig! In kurzweiligen Episoden berichtet die Autorin vom Beginn ihrer Karriere, ihren Vorlieben und Interessen, schildert Situationen aus ihrem Arbeitsalltag, erzählt von Urlaubserlebnissen und gewährt somit ganz persönliche Einblicke in ihr Leben! Mit diesem Buch kommst du Arina Tanemura ganz nah!

ARINAS LOVE STORY COLLECTION

Arina Tanemura

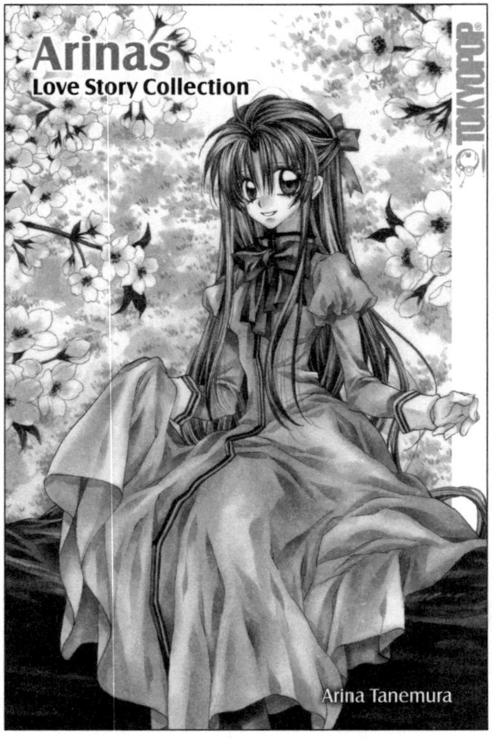

Herzklopfen⁵!

Fünf Liebesgeschichten der bezaubernden Arina Tanemura laden zum Träumen ein! Neben den bekannten Erzählungen *Das Mädchen Eve: 24 Stunden Apfelpflücken, Der Ozean im Globus – Nocturne, The Angelic Coin of Maple Rose* und *Vampire Rose* präsentiert die Autorin mit *Kanon* eine brandneue Lovestory, in der die Fantasie auf keinen Fall zu kurz kommt!

MISTRESS FORTUNE

Arina Tanemura

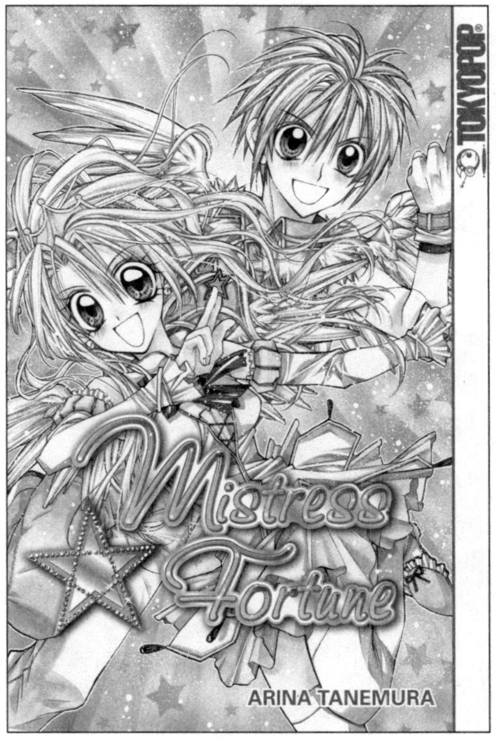

Ein fantastisches Abenteuer!

Kisaki hat nicht nur eine Traumfigur, sondern besitzt auch Superkräfte. Kein Wunder, dass Giniro ein Auge auf sie geworfen hat. Und auch Kisaki findet den supertalentierten Giniro sehr schnuckelig. Dumm nur, dass die beiden im Kampf gegen die außerterrestrischen Ebes alle Hände voll zu tun haben und ihnen als Kampfteam »Mistress Fortune« persönliche Kontakte strengstens verboten sind.

DIE FUDANJUKU STORY

Arina Tanemura

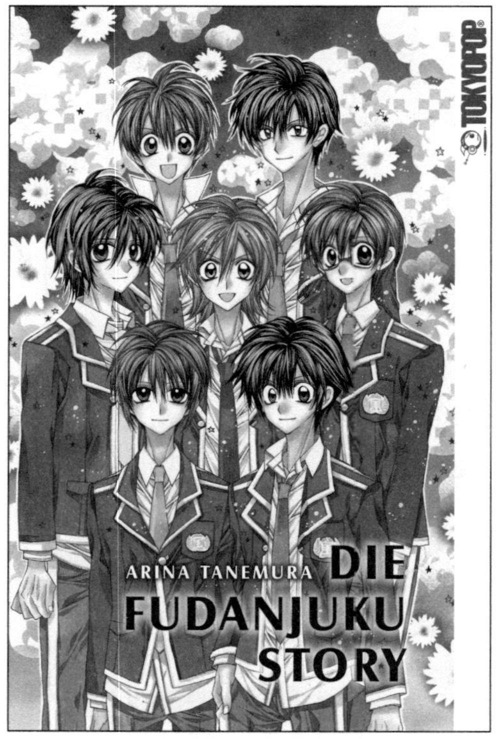

Von der Bühne in den Manga: Sieben Jungs zum Verlieben!

Star-Mangaka Arina Tanemura und die einzigartige Boygroup Fudanjuku präsentieren euch sieben bezaubernde Kurzgeschichten voller Leidenschaft und Liebe, wie sie nur das Leben schreiben kann!

SUGAR SOLDIER

Mayu Sakai

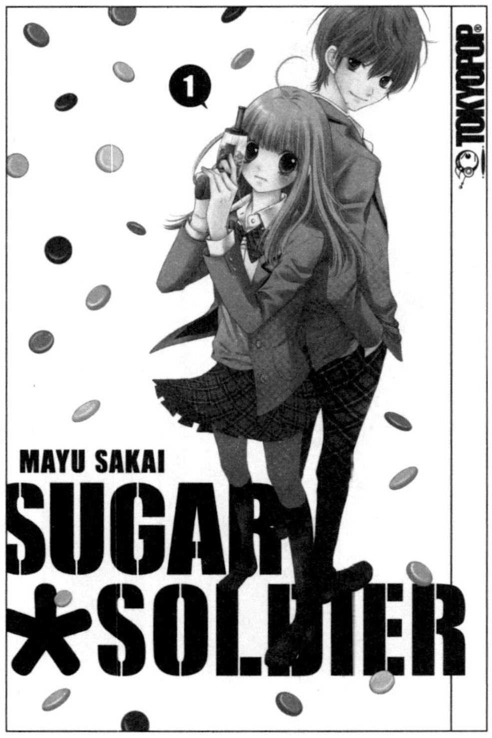

Bittersüß wie Schokolade

Ihr bisheriges Leben hat Makoto im Schatten ihrer wunderschönen Schwester gefristet, die als Model arbeitet. Damit soll jetzt Schluss sein! Makoto möchte endlich ihre Komplexe loswerden und genauso süß und selbstbewusst werden wie diese. Schützenhilfe erhält sie dabei von Shun, ihrem supercoolen neuen Schulkameraden. Aber aller Anfang ist schwer ...

STOPP!

Hier fängt der Manga an!
Dies ist die letzte Seite des Buches! Du willst dir doch nicht den Spaß verderben und das Ende zuerst lesen, oder?

Um die Geschichte unverfälscht und originalgetreu mitverfolgen zu können, musst du es wie die Japaner machen und von rechts nach links lesen. Deshalb schnell das Buch umdrehen und loslegen!

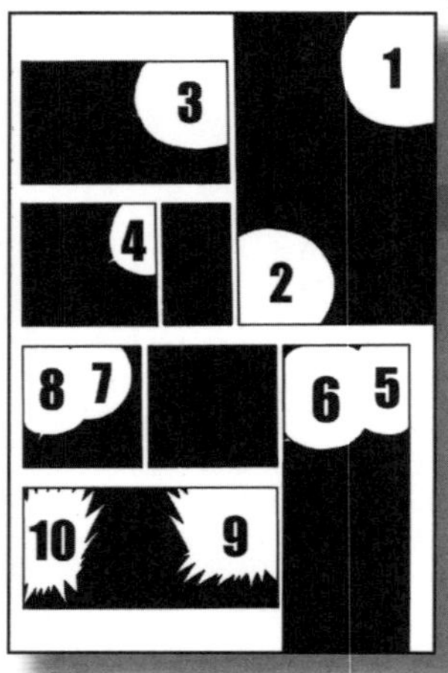

So geht's:

Wenn dies das erste Mal sein sollte, dass du einen Manga in den Händen hältst, kann dir die Grafik helfen, dich zurechtzufinden: Fang einfach oben rechts an zu lesen und arbeite dich nach unten links vor. Viel Spaß dabei wünscht dir TOKYOPOP®!